Anwendungsbereich und ordre public-Vorbehalt
des Haager Zustellungsübereinkommens

Berliner Schriften zum internationalen, ausländischen und deutschen Privatrecht

Herausgegeben von Prof. Dr. Helmut Grothe, Freie Universität Berlin

Band 9

Zur Qualitätssicherung und Peer Review der vorliegenden Publikation

Die Qualität der in dieser Reihe erscheinenden Arbeiten wird vor der Publikation durch den Herausgeber der Reihe geprüft.

Notes on the quality assurance and peer review of this publication

Prior to publication, the quality of the work published in this series is reviewed by the editors of the series.

Anja Costas-Pörksen

Anwendungsbereich und ordre public-Vorbehalt des Haager Zustellungsübereinkommens

PL ACADEMIC RESEARCH

Bibliografische Information der Deutschen Nationalbibliothek
Die Deutsche Nationalbibliothek verzeichnet diese Publikation in der Deutschen Nationalbibliografie; detaillierte bibliografische Daten sind im Internet über http://dnb.d-nb.de abrufbar.

Zugl.: Berlin, Freie Univ., Fachbereich Rechtswissenschaften, Diss., 2015

Erstgutachter: Univ.-Prof. Dr. Helmut Grothe
Zweitgutachter: Univ.-Prof. Dr. Christian Armbrüster
Tag der mündlichen Prüfung: 05.05.2015

D 188
ISSN 2364-4370
ISBN 978-3-631-66641-8 (Print)
E-ISBN 978-3-653-05988-5 (E-Book)
DOI 10.3726/978-3-653-05988-5

PL Academic Research ist ein Imprint der Peter Lang GmbH.

Peter Lang – Frankfurt am Main · Bern · Bruxelles · New York · Oxford · Warszawa · Wien

Diese Publikation wurde begutachtet.

www.peterlang.com

Meinen Eltern

Vorwort

Die vorliegende Arbeit wurde im Sommersemester 2015 vom Fachbereich Rechtswissenschaften an der Freien Universität Berlin als Dissertation angenommen.

Die Idee zur Arbeit entstand während meiner Tätigkeit als wissenschaftliche Mitarbeiterin im Forschungsprojekt „Rechtsstaatliches Verfahrensrecht – Mindeststandards für internationale Zivilverfahren" am Institut für Internationales Privatrecht, Internationales Zivilverfahrensrecht und Rechtsvergleichung unter der Leitung von Herrn Univ.-Professor Dr. Helmut Grothe an der Freien Universität Berlin. Das Forschungsprojekt wurde von der Fritz Thyssen Stiftung gefördert. Für die Förderung bedanke ich mich ausdrücklich.

Bei Herrn Univ.-Professor Dr. Helmut Grothe möchte ich mich für die Möglichkeit der Tätigkeit in diesem Projekt, die Betreuung meiner Arbeit sowie die Aufnahme in die vorliegende Schriftenreihe herzlich bedanken. Ebenso gilt mein Dank meinen Kolleginnen und Kollegen am Institut. Insbesondere bei Frau Constanze Hartmann möchte ich mich für den stets bereichernden Austausch und ihre sehr große Unterstützung bei der Erstellung dieser Arbeit bedanken. Bei Herrn Univ.-Professor Dr. Christian Armbrüster bedanke ich mich für die schnelle Einreichung des Zweitgutachtens.

Im Anschluss an die Tätigkeit an der Freien Universität Berlin wurde das Dissertationsprojekt dankenswerterweise durch ein Promotionsstipendium des Landes Berlin ermöglicht.

Sehr begünstigt wurde die Erstellung der Arbeit durch die hervorragenden Forschungsbedingungen an der Fachbereichsbibliothek der Rechtswissenschaften an der FU Berlin, deren Mitarbeiterinnen und Mitarbeiter mich stets sehr kompetent unterstützt haben. Hilfreich war ebenso die Nutzung der Bibliothek des Bundesministeriums der Justiz und für Verbraucherschutz. Auch hier gilt mein Dank den Mitarbeiterinnen und Mitarbeitern für ihre weiterführenden Hinweise.

Insbesondere in der Phase der Themenfindung und Strukturierung der Arbeit, aber auch darüber hinaus konnte ich mich auf die große Unterstützung durch die sehr lehrreichen Anregungen von Herrn Dr. Stephan Wilske verlassen.

Ausdrücklich möchte ich mich bei Herrn Thomas Klippstein für die stets sehr wertvollen Praxishinweise und Diskussionen bedanken, durch die die Arbeit nachhaltig bereichert wurde.

Bei der Erstellung der Arbeit haben mich ferner Herr Univ.-Prof. Dr. Detlef Leenen, Herr Dr. Florian Valentin sowie Frau Katrin Pörksen unterstützt. Für ihre große Hilfsbereitschaft und wertvollen Beiträge bin ich sehr dankbar.

Schließlich wäre diese Arbeit nicht vollendet worden ohne meine Familie, meine Schwiegereltern Maren Pörksen und Dr. Michael Ernst-Pörksen, meine Kinder Maya und Anika Pörksen, meine Schwester Professor Dr. Jana Costas, meine Eltern Professor Dr. Ilse und Dr. Peter Costas und insbesondere meinen Ehemann Til Pörksen.

Ohne ihr Verständnis und ihren Glauben an den Erfolg des Dissertationsprojektes wäre dieses nicht möglich gewesen.

Ich bin Til Pörksen zutiefst dankbar dafür, dass er mich durch alle Höhen und Tiefen des Vorhabens sicher begleitet hat.

Meinen Eltern widme ich die Arbeit aus Dankbarkeit für ihre unerschöpfliche Förderung meiner gesamten akademischen Ausbildung.

Berlin, August 2015 *Anja Costas-Pörksen*

Inhalt

Einleitung

Riezler meint, dass das internationale Zustellungswesen, obwohl von größter praktischer Bedeutung für eine wissenschaftliche Betrachtung, wenig ergiebig sei.[1]

Das wissenschaftliche Interesse an einer Definition des Anwendungsbereichs und einer inhaltlichen Bestimmung des Vorbehaltes in Art. 13 I des Übereinkommens über die Zustellung gerichtlicher und außergerichtlicher Schriftstücke im Ausland in Zivil- und Handelssachen vom 15. November 1965[2] wurde gerade durch die große praktische Bedeutung des Übereinkommens geweckt. Insbesondere seit dem vielbeachteten Verfahren gegen die Bertelsmann AG, in dem das Unternehmen aufgrund seiner Beteiligung an der Internettauschbörse Napster auf 17 Milliarden US-Dollar Schadensersatz vor US-amerikanischen Gerichten verklagt wurde, entstand eine große Neugier in Bezug auf die rechtlichen Grundlagen der internationalen Rechtshilfe. Das Bundesverfassungsgericht hatte eine einstweilige Anordnung gegen die Zustellung an die Bertelsmann AG nach dem HZÜ erlassen und diese alle sechs Monate verlängert, bis das Unternehmen selbst die Klage zurückgezogen hat. Das Verfahren in den USA endete mit Vergleichen bzw. der Klagerücknahme durch die Universal Music Group.[3]

Konfliktfälle hinsichtlich der Eröffnung des Anwendungsbereichs des HZÜ sowie der Auslegung des Vorbehaltes des Art. 13 I HZÜ treten regelmäßig in der deutschen Gerichtspraxis auf. Wann gemäß Art. 1 I HZÜ auf eine Zivil- oder Handelssache, in der ein gerichtliches oder außergerichtliches Schriftstück zum Zweck der Zustellung in das Ausland zu übermitteln ist, das Übereinkommen Anwendung findet und wann gemäß Art. 13 I HZÜ die Erledigung eines Zustellungsantrags abgelehnt werden kann, wenn der ersuchte Staat sie für geeignet hält, seine Hoheitsrechte oder seine Sicherheit zu gefährden, ist fraglich. Für die Lösung dieser Fälle fehlt es an einer umfassenden Analyse und klaren Definition als allgemeine Grundlage für die Anwendung des HZÜ. In der Literatur wird in Bezug auf Art. 13 I HZÜ bemerkt, dass bisher niemand bestimmen konnte und kann, wann die Durchführung eines ausländischen Zustellungsersuchens die Hoheitsrechte und die Sicherheit der Bundesrepublik Deutschland gefährdet.[4]

Hinsichtlich der Zustellungshilfe besteht zum Teil auch in Deutschland folgender Eindruck: „Die Rechtshilfe erscheint zuweilen als ein trojanisches Pferd, mit dem Unzulänglichkeiten ausländischer Rechtssysteme in die Schweiz importiert werden.

---

1 Vollkommer, ZZP 80 (1967), 248 (263); Riezler, S. 683.

2 Amtliche Übersetzung des englischen Originaltitels „Hague Convention on the Service Abroad of Judicial and Extrajudicial Documents in Civil and Commercial Matters" aus BGBl. II 1977, S. 1453; im Folgenden: HZÜ.

3 von Hein, RIW 2007, 249 (250); UMG Recordings, Inc. v. Bertelsmann AG, 222 F.R.D. 408 (N.D. Cal. 2004).

4 Geimer, IZPR, Rn 254b.

Das schweizerische Verfahren wird im Resultat dann von diesen Unzulänglichkeiten kontaminiert."[5]

Diesen Bildern liegt im Zusammenhang mit der internationalen Zustellungshilfe die Befürchtung zu Grunde, dass durch die Erledigung des Zustellungsersuchens inländische Personen Beklagte eines ausländischen Rechtsstreits werden, in dem Rechtsansprüche durchgesetzt werden, die der inländischen Rechtsordnung fremd und mit ihr unvereinbar sind. Zudem wird schon der Ablauf des ausländischen Zivilverfahrens mit seinen andersartigen Prozessrechtselementen als „unzulänglich" empfunden. Die Unzulänglichkeit der materiell- und prozessrechtlichen Besonderheiten der ausländischen Rechtsysteme soll sich aus dem Vergleich mit dem inländischen Recht und insbesondere seinen rechtsstaatlichen Grundsätzen ergeben. Durch die Erledigung des Zustellungsersuchens entfalten diese ausländischen „Unzulänglichkeiten" Wirkung im Inland. Jedoch ist bei aller Angst vor „Kontaminierung" zu berücksichtigen, dass eine Auslandszustellung grundsätzlich aus dem Grund erfolgt, das Recht auf rechtliches Gehör des im Ausland ansässigen Beklagten zu wahren.

Das Ziel der vorliegenden Arbeit ist – um mit den benutzten Bildern zu sprechen – die genaue Untersuchung des trojanischen Pferdes in Form des Zustellungsersuchens nach dem HZÜ und die Bestimmung des Grades der Kontaminierung, die zu einer Verweigerung der Erledigung des Ersuchens nach Art. 13 I HZÜ führt. Im Rahmen der Untersuchung wird die Frage beantwortet, ob eine solche „Kontaminierung" im Sinne der Unvereinbarkeit mit der inländischen Rechtsordnung anhand der praxisrelevanten Fallgruppen, die zu den beschriebenen Befürchtungen geführt haben, überhaupt erfolgt.

Jenseits der erwähnten Bilder sprechend ist es das Ziel der Arbeit, unabhängig von konkreten Anwendungsbeispielen zum einen die Voraussetzungen für die Anwendbarkeit des HZÜ zu definieren und zum anderen eine umfassende Untersuchung des Vorbehaltes in Art. 13 I HZÜ zu erstellen. Auf der erarbeiteten abstrakten Grundlage erfolgt die Anwendung auf in der Praxis relevante Fälle. Diese spielen sich zumeist im Rechtsverkehr mit den USA ab.

Die aufgeworfenen Fragen werden in sechs Kapiteln beantwortet. Nach der Einführung in das HZÜ und sein Vorgängerübereinkommen (A.) wird der Anwendungsbereich des Übereinkommens bestimmt (B.). Dabei bildet die Definition der Zivil- und Handelssache einen besonderen Schwerpunkt. Danach wird Stellung genommen zur Einordnung der Zustellung als Hoheitsakt (C.). Herzstück der Arbeit bildet Teil D, in dem untersucht wird, ob es sich bei Art. 13 I HZÜ um einen ordre public-Vorbehalt handelt. Ebenso wird bestimmt, was genau Gegenstand der Prüfung des Vorbehaltes ist und ob bei dieser Prüfung dem ersuchten Staat eine Einschätzungsprärogative zusteht. Unter E. wird untersucht, welcher Prüfungsmaßstab bei der Prüfung des Art. 13 I HZÜ anzulegen ist und welche Normen Gegenstand des Maßstabes sind. Schließlich erfolgt die Anwendung des Vorbehaltes in Art. 13 I HZÜ auf verschiedene praxisrelevante Fallbeispiele (F.).

---

5 Peter, in: Aktuelle Fragen der internationalen Amts- und Rechtshilfe, S. 189 (207).

Dieser umfassende Gang der Untersuchung und die vielfältigen Fragestellungen, die sich für die Definition des Anwendungsbereich und Art. 13 I HZÜ ergeben, zeigen, dass eine wissenschaftliche Beschäftigung mit der Zustellungshilfe durchaus ergiebig ist. Dabei wird deutlich werden, dass das internationale Zivilverfahrensrecht in zweierlei Hinsicht nicht als isolierte Rechtsmaterie zu betrachten ist. Zum einen ist der verfassungsrechtliche sowie völkerrechtliche Blick auf die Leistung internationaler Rechtshilfe maßgebend für die rechtlichen Parameter des Möglichen und Nötigen. Dieser spezielle Blickwinkel fehlt oft oder bleibt zu oberflächlich in Untersuchungen zur internationalen Rechtshilfe. Aufgrund der zum Teil identischen verfassungs- und völkerrechtlichen Grundlagen bietet sich ein punktueller Vergleich mit der internationalen Rechtshilfe in Straf- und Verwaltungssachen an. Zum anderen ist zwar Ausgangspunkt der vorliegenden Arbeit die Anwendung des HZÜ im internationalen Rechtshilfeverkehr aus der Sicht Deutschlands, aber aufgrund der Rechtsnatur als multilaterales Übereinkommen sowie der Internationalität der Rechtsmaterie ist eine rechtsvergleichende Betrachtung zwingend.

Zum Teil wird die praktische Relevanz des HZÜ bestritten, da es auf eine ordnungsgemäße Zustellung nach dem HZÜ in Deutschland für das ausländische Erkenntnisverfahren nicht ankäme.[6] Eine Zustellung an den in Deutschland ansässigen Beklagten könne im Ausland im Wege der fiktiven Inlandszustellung bewirkt werden, die auch im Rahmen der Beurteilung der Anerkennung und Vollstreckung eines späteren Urteils im Rahmen des § 328 I Nr. 2 ZPO standhalten würde.[7] Zum Beispiel begründete die Bertelsmann AG die Rücknahme ihrer Verfassungsbeschwerde damit, dass auch eine Verweigerung der Zustellung im Hauptsacheverfahren keinen Einfluss auf das Verfahren in den USA haben würde.[8] Die Zustellung war bereits an ein Vorstandsmitglied des beklagten Unternehmens persönlich bewirkt worden, und zwar während dessen Aufenthaltes in den USA.[9]

Dagegen wird zu Recht (etwas pathetisch) eingewandt, dass ebenso wenig wie sich ein Gehilfe im Strafrecht darauf berufen kann, dass die inkriminierte Tat im Ergebnis auch ohne seinen Beitrag ausgeführt worden wäre, dem an die Verfassung gebundenen Staat die Berufung darauf gestattet sein kann, dass eine Verletzung der berechtigten Belange des Bürgers im Ergebnis auch ohne staatliche Beteiligung nicht zu vermeiden gewesen wäre.[10] Wenn es dem Staat schon nicht

---

6 Juenger/Reimann, NJW 1994, 3274; Stadler, JZ 1995, 718; Zekoll, NJW 2003, 2885 (2887).

7 Juenger/Reimann, NJW 1994, 3274; Stadler, JZ 1995, 718; Zekoll, NJW 2003, 2885 (2887); siehe zu Zustellungsmöglichkeiten nach US-Recht Hopt/Kulms/von Hein, S. 101–122; Bezüglich der Wirksamkeit einer fiktiven Inlandszustellung kommt es darauf an, ob es sich nach dem Recht des Forumstaats oder nach dem HZÜ richtet, ob eine Auslandszustellung zu erfolgen hat oder nicht. Diese Frage wird unter B.II. geklärt.

8 Frankfurter Allgemeine Zeitung, 12.11.2005, Nr. 264, S. 14.

9 Hess, AG 2006, 809 (815); Schack, AG 2006, 823 (824).

10 Braun, ZIP 2003, 2225 (2229).

möglich ist, seine Bürger im Ausland vor Angriffen zu bewahren, die allen überkommenen Maßstäben angemessener Verfahrensgestaltung widersprechen, dann darf der Bürger wenigstens erfahren, dass sein eigener Staat hierzu nicht auch noch die Hand reicht.[11] Ob – wie oft behauptet – tatsächlich derart rechtsstaatswidrige Verfahrensvoraussetzungen im US-amerikanischen Zivilprozess vorliegen, bleibt zu untersuchen (F.).

Zudem wird für (vermeintlich) rechtsmissbräuchliche Klagen, deren Ziel die Erzwingung eines Vergleiches ist, bemerkt, dass die Verweigerung der Zustellung nach dem HZÜ häufig de facto als die letzte Chance angesehen werden kann, den deutschen Beklagten vor genau diesem erpresserischen Mechanismus zu bewahren.[12]

Es gibt auch Beispiele, in denen sich die Verweigerung der Zustellung der ersuchten deutschen Behörden auf das US-amerikanische Verfahren nachhaltig ausgewirkt hat. Im Fall Bauman v. Daimler Chrysler verneinte das angerufene kalifornische Gericht seine Zuständigkeit aufgrund der Souveränitätsbedenken, die Deutschland im Rahmen des Art. 13 HZÜ bei einer Zustellung an Daimler Chrysler in Deutschland äußern könnte.[13]

Auch der Fall Morrison v. National Australia Bank Ltd.[14], in dem es um die extraterritoriale Rechtsanwendung von US-amerikanischen Gesetzen geht, zeigt, dass der Berücksichtigung ausländischer Rechtsinteressen zunehmend mehr Bedeutung in den USA beigemessen wird.[15] Als Argument für die Beschränkung der Anwendung US-amerikanischen Rechts auf extraterritoriale Sachverhalte weist die Mehrheitsmeinung des Supreme Court auf den Effekt einer solchen Anwendung im Ausland hin. Die Wahrscheinlichkeit für die Unvereinbarkeit mit dem anzuwendenden Recht anderer Länder sei so eindeutig, dass der Kongress, wenn er die extraterritoriale Anwendung beabsichtigt hätte, die Konflikte mit ausländischen Rechtsordnungen und Verfahren benannt hätte.[16]

Aufgrund der völkerrechtlichen und verfassungsrechtlichen Grundlagen, die der Erledigung von Rechtshilfeersuchen Schranken aufweisen, sowie der Tatsache, dass zumindest nicht ausgeschlossen ist, dass die US-amerikanischen Gerichte Rücksicht auf die deutschen Rechtsansichten nehmen, ist die Untersuchung der Eröffnung des Anwendungsbereichs des HZÜ sowie der Auslegung von Art. 13 I HZÜ von praktischer Relevanz für den Rechtshilfeverkehr.

---

11 Braun, ZIP 2003, 2225 (2229).

12 Stadler, JZ 2007, 1047 (1049).

13 Bauman v. Daimler Chrysler AG, 2005 WL 3157472 (N.D. Cal. 2005); ausführlich hierzu Hess, AG 2006, 809 (816).

14 130 S. Ct. 2869 (2010); siehe Besprechung Lehmann, RIW 2010, 841 ff.

15 Siehe auch die Ausführungen des Supreme Court im Fall Daimler AG v. Bauman, 134 S. Ct. 746 (2014) zu Risiken für die *international comity* durch weitreichende Zuständigkeiten der US-amerikanischen Gerichte.

16 Morrison v. National Australia Bank Ltd., 130 S. Ct. 2869 (2885) (2010).

A. Einführung

Die 1893 ins Leben gerufene Hague Conference on private international law[17] ist eine intergouvernementale Organisation, die mehr als 60 Mitgliedsstaaten umfasst. Seitdem hat sie mehr als 40 Übereinkommen in den Bereichen des internationalen Zivilverfahrens-, Wirtschafts- und Familienrechts ausgearbeitet. Die Organisation versteht sich als Schmelztiegel der verschiedenen Rechtstraditionen, dessen höchstes Ziel die Schaffung einer Welt ist, in der trotz der Unterschiede zwischen den Rechtssystemen natürliche und juristische Personen einen hohen Grad an Rechtssicherheit genießen können.[18]

I. Das Haager Zustellungsübereinkommen

Das HZÜ wurde am 15. November 1965 verabschiedet. Heute regelt das Übereinkommen den Rechtsverkehr zwischen 52 Staaten.[19] Die Konvention regelt den Übermittlungsweg gerichtlicher und außergerichtlicher Schriftstücke, die im Ausland zugestellt werden sollen. In der Präambel des Übereinkommens heißt es, dass die Unterzeichnerstaaten dieses Übereinkommens –

> in dem Wunsch, durch geeignete Maßnahmen sicherzustellen, dass gerichtliche und außergerichtliche Schriftstücke, die im Ausland zuzustellen sind, ihren Empfängern rechtzeitig zur Kenntnis gelangen,
>
> in der Absicht, dafür die gegenseitige Rechtshilfe zu verbessern, indem das Verfahren vereinfacht und beschleunigt wird –
> beschlossen haben, zu diesem Zweck ein Übereinkommen zu schließen.

1. Kurzer Überblick über Struktur und Inhalte des HZÜ

Grob vereinfacht dargestellt, regelt das HZÜ, dass jeder Vertragsstaat eine Zentrale Behörde bestimmt, die Anträge auf Zustellung von Schriftstücken aus einem anderen Vertragsstaat entgegennimmt.[20] Bundesstaaten wie der Bundesrepublik Deutschland steht es nach Art. 18 III HZÜ frei, mehrere Zentrale Behörden zu ernennen. In Deutschland sind gemäß § 1 Ausführungsgesetz[21] sowie § 9 IV Rechtshilfeordnung

17 Im Folgenden: Haager Konferenz.
18 http://hcch.e-vision.nl/index_en.php?act=text.display&tid=26.
19 Laufende Aktualisierung des Statuses unter http://hcch.e-vision.nl/upload/statmtrx_e.pdf.
20 Eine ausführliche Darstellung enthält Pfeil-Kammerer, Deutsch-amerikanischer Rechtshilfeverkehr in Zivilsachen, S. 85–134.
21 Abgedruckt in Jayme/Hausmann, Nr. 212a.

in Zivilsachen[22] die Landesjustizverwaltungen die Zentralen Behörden. Der Antrag auf Zustellung muss nach einem bestimmten Muster, das dem Übereinkommen als Anlage anhängt, erfolgen und dem Antrag wird das zuzustellende Schriftstück oder eine Abschrift davon beigefügt. Die Zustellung wird von der Zentralen Behörde des ersuchten Staates nach dem Recht des ersuchten Staates oder in einer von der ersuchenden Stelle gewünschten Form bewirkt oder veranlasst, wenn diese mit dem Recht des ersuchten Staates vereinbar ist. Die Behörden des ersuchten Staates stellen ein Zustellungszeugnis entsprechend einem dem Übereinkommen als Anlage beigefügten Muster aus.

Im HZÜ werden auch unmittelbare – also direkte Zustellungen an die Parteien ohne Einschaltung einer staatlichen Behörde -, konsularische und diplomatische Zustellungswege genannt, die jedem Vertragsstaat freistehen, Art. 8 und Art. 10 HZÜ. Allerdings hat Deutschland diesen alternativen Übermittlungswegen widersprochen.[23]

Art. 15 und Art. 16 HZÜ sanktionieren mittelbar eine nicht ordnungsgemäße Zustellung eines verfahrenseinleitenden Schriftstückes, indem der Richter ein laufendes Verfahren aussetzen oder nach dem Erlass eines Versäumnisurteils in Abwesenheit des Beklagten in Bezug auf Rechtsmittelfristen die Wiedereinsetzung in den vorigen Stand bewilligen kann, wenn der Beklagte keine Kenntnis vom Verfahren erlangt hat. Hiermit soll die Verteidigungsmöglichkeit des Beklagten gewahrt und die Folgen einer fiktiven Inlandszustellung, insbesondere nach dem System der *remise au parquet*, abgemildert werden.[24] Bei dem französischen Konzept der Auslandszustellung, der *remise au parquet*, ist der Zustellungsvorgang abgeschlossen, wenn durch die *signification au parquet* die Abschrift des zuzustellenden Schriftstückes an die zuständige Staatsanwaltschaft ausgehändigt wird.[25] Der Zugang an den im Ausland ansässigen Zustellungsadressaten wird fingiert. Er wird lediglich im Wege der *notification au parquet* benachrichtigt. Trotz intensiver Verhandlungen konnte die Abschaffung der *remise au parquet* im Anwendungsbereich des HZÜ nicht durchgesetzt werden. Insofern stellten die Regelungen in den Artt. 15, 16 HZÜ einen Kompromiss dar.[26]

22 Die Rechtshilfeordnung in Zivilsachen, im Folgenden ZRHO, ist eine Verwaltungsvorschrift des Bundes und der Länder, abrufbar im Justizportal des Landes NRW (http://www.datenbanken.justiz.nrw.de/pls/jmi/ir_par_start).

23 § 6 AusführungsG.

24 Denkschrift zum HZÜ, BT-Drucks. 7/4892, S. 41; siehe Roth, IPRax 2000, 497 ff.

25 Siehe Art. 683 ff. Nouveau Code de procédure civile.

26 Seit 2006 löst die remise au parquet im Anwendungsbereich internationaler Übereinkommen und europäischer Rechtsvorgaben in Frankreich keine Zustellungsfiktion mehr aus. Die französische Behörde lässt vielmehr im Einklang mit dem HZÜ oder der EuZVO das zuzustellende Schriftstück dem Adressaten direkt oder an die Empfangsstaat zuständigen Behörden übersenden. Siehe Décret No 2005–1678 du 28 décembre 2005 relatif à la procedure civile, à certaines procedures d'éxécution at à la procedure de changement de nom; Heckel, IPRax 2008, 218 (222); Kondring, RIW 2007, 330 (331).

2. Rang und Bedeutung des HZÜ

Trotz zum Teil heftiger Kritik am HZÜ[27], insbesondere aufgrund der – damals – mangelnden Abschaffung der *remise au parquet,* stellt das Übereinkommen einen vereinfachten Rechtsverkehr zwischen den Vertragsstaaten im Vergleich zum vertragslosen Zustand sicher.[28] Das Übereinkommen hat trotz aller Diskussionen zum so genannten transatlantischen Justizkonflikt im deutsch-U.S.-amerikanischen Rechtsverkehr eine große Bedeutung. Nur für das Jahr 2007 sind allein im Rechtsverkehr mit den USA 1.084 ausgehende und 535 eingehende Zustellungsersuchen nach dem HZÜ verzeichnet.[29] Nicht zuletzt wird die Aktualität des Übereinkommens dadurch bewiesen, dass ihm immer noch jedes Jahr neue Vertragsparteien beitreten.

Das HZÜ wird als „open convention" bezeichnet.[30] Hier wird Bezug genommen auf die Möglichkeit des Beitritts neuer Vertragsstaaten zum HZÜ gemäß Art. 28 HZÜ. Mehr als die Hälfte der 67 Vertragsstaaten sind über diese Möglichkeit nachträglich dem Übereinkommen beigetreten.[31] Zwar kann ein Vertragsstaat gegen den Beitritt eines neuen Vertragsstaates innerhalb von sechs Monaten nach Bekanntmachung des Beitritts ein Veto einlegen. Jedoch wurde diese Möglichkeit noch nie in Anspruch genommen.[32]

Im Rechtsverkehr zwischen den Mitgliedsstaaten der Europäischen Union hat die Bedeutung des Übereinkommens jedoch seit Inkrafttreten der Verordnung (EG) Nr. 1348/2000 des Rates über die Zustellung gerichtlicher und außergerichtlicher Schriftstücke in Zivil- und Handelssachen[33] im Jahr 2001 deutlich abgenommen. Gemäß Art. 20 I EuZVO und Art. 11 HZÜ verdrängt die EuZVO in ihrem Anwendungsbereich das HZÜ. Die EuZVO orientiert sich inhaltlich jedoch stark am HZÜ.[34] Allerdings enthält die EuZVO keinen ordre public-Vorbehalt.

Gemäß Artt. 59 II, 73 Nr. 1 GG hat das HZÜ als völkerrechtlicher Vertrag in Deutschland den Rang eines einfachen Bundesgesetzes. Somit geht es jedem früheren Bundesgesetz und gemäß Art. 31 GG jedem früheren oder späteren Landesgesetz vor.

Das schon erwähnte Ausführungsgesetz zum HZÜ regelt unter anderem die Wahrnehmung der Aufgaben durch die Zentralen Behörden, Zuständigkeiten der Entgegennahme, Erledigung und Absenden von Zustellungsersuchen und die Durchführung oder Nichtdurchfurchführung von anderen Zustellungswegen als über die Zentralen Behörden.

---

27 Siehe Nachweise in G. Geimer, S. 38.

28 Siehe hierzu ausführlich Pfeil-Kammerer, S. 167–170.

29 Questionnaire 2008, Antwort Deutschlands zu Fragen 9 und 10.

30 Practical Handbook, Rn 13.

31 Practical Handbook, Rn 14.

32 Practical Handbook, Rn 13.

33 ABl EU Nr. L 324, S. 79; im Folgenden: EuZVO.

34 Zur EuZVO im Vergleich zum HZÜ siehe Heß, NJW 2001, 15–23; Jastrow, NJW 2002, 3382–3384.

II. Haager Übereinkommen über den Zivilprozess von 1905 und 1954

Vor dem Inkrafttreten des HZÜ regelten die Haager Übereinkommen über den Zivilprozess von 1905 und von 1954 Vorgaben für den internationalen Zivilprozess im Allgemeinen und auch speziell die internationale Zustellung zwischen den Vertragsstaaten. Die Bundesrepublik ist Vertragsstaat des Haager Übereinkommens von 1954 und des Übereinkommens von 1905, so dass das Übereinkommen von 1954 gemäß seinem Art. 29 im Verhältnis zu fast allen Vertragsstaaten das Übereinkommen von 1905 ersetzt.[35] Gemäß Art. 22 HZÜ tritt das HZÜ in die Stelle der Art. 1–7 der Haager Übereinkommen über den Zivilprozess von 1905 und von 1954, die sich mit der internationalen Zustellung befassen, soweit die Staaten Vertragsparteien der Übereinkommen sind. Insofern werden die für die Zustellung relevanten Bestimmungen der Haager Übereinkommen von 1905 und 1954 im Verhältnis zu den meisten Vertragsstaaten verdrängt.[36]

Das HZPÜ sieht einen konsularischen Zustellungsweg vor. Subsidiär, und wenn die Vertragsstaaten hierüber übereingekommen sind, können auch unmittelbare Zustellungswege gewählt werden (Art. 1 IV, Art. 6 HZPÜ). Ebenso können sich die Vertragsstaaten nach Art. 1 III HZPÜ den diplomatischen Weg vorbehalten. Insofern stellt die Zustellung über die zentralen Behörden, die das HZÜ vorsieht, eine bedeutende Vereinfachung und Beschleunigung der Zustellung nach den Haager Übereinkommen dar. Weitere Einzelheiten der Haager Prozessübereinkommen von 1905 und 1954 werden an den auch für das HZÜ relevanten Stellen diskutiert.[37]

35 Siehe Jayme/Hausmann, HZPÜ Nr. 210, S. 527, Fn 2.

36 Siehe Jayme/Hausmann, HZPÜ Nr. 210, S. 527, Fn 5.

37 Ausführlich zu den Übereinkommen von 1905 und 1954 siehe Bischof, S. 211–240.

B. Anwendungsbereich des HZÜ

Die Auslegung des Anwendungsbereichs des HZÜ erfolgt in einem Spannungsfeld. Nach dem lex fori-Prinzip unterliegt der Zivilprozess grundsätzlich dem Verfahrensrecht des Gerichtsstaates. Beim HZÜ handelt es sich um ein internationales Übereinkommen, welches grundsätzlich vertragsautonom auszulegen ist. Nach dem lex-fori-Prinzip wendet der Forumstaat auch auf Fragen der Zustellung für ein bei ihm anhängiges Gerichtsverfahren sein eigenes Prozessrecht an. Jedoch haben sich die Vertragsstaaten des HZÜ für bestimmte Fragen der internationalen Zustellung auf die Geltung des Übereinkommens geeinigt. Dieses wird daher vorrangig angewendet, soweit es eine Rechtsmaterie regelt. Insofern verdrängt das Übereinkommen die lex fori als Ausnahme vom Grundsatz des lex-fori-Prinzips. Im Hinblick auf den Anwendungsbereich in Art. 1 I HZÜ stellt sich jedoch die Frage, inwieweit diese Verdrängung erfolgt bzw. auf welche Zustellungen die Regelungen des HZÜ und nicht mehr die der lex fori Anwendung finden.

Im Folgenden werden daher die einzelnen Tatbestandsmerkmale des Art. 1 I HZÜ mit dem Ziel untersucht zu bestimmen, wann das HZÜ auf eine Zustellung im Rechtshilfeverkehr zwischen den Vertragsstaaten Anwendung findet. Dabei erfolgt die Prüfung aus der Sicht des deutschen Rechtsanwenders, wenn der Rechtskontext der Anwendung in einem nationalen Verfahren von Relevanz ist. Die gefundenen Ergebnisse hinsichtlich der Definition des Anwendungsbereichs beanspruchen aber Gültigkeit bei jeder Anwendung des Übereinkommens zwischen den Vertragsstaaten.

Der sachliche Anwendungsbereich des Übereinkommens lautet gemäß Art. 1 I HZÜ nach den gleichermaßen authentischen englischen und französischen Vertragstexten:

> The present Convention shall apply in all cases, in civil or commercial matters, where there is occasion to transmit a judicial or extrajudicial document for service abroad.
>
> La présente Convention est applicable, en matière civile ou commerciale, dans tous les cas où un acte judiciaire ou extrajudiciaire doit être transmis à l'étranger pour y être signifié ou notifié.

Art. 1 I HZÜ wird im Deutschen wie folgt übersetzt:

> Dieses Übereinkommen ist in Zivil- oder Handelssachen in allen Fällen anzuwenden, in denen ein gerichtliches oder außergerichtliches Schriftstück zum Zweck der Zustellung in das Ausland zu übermitteln ist.

In Bezug auf Art. 1 I HZÜ stellt sich die Frage, wie der Begriff der Zustellung auszulegen ist (I.), welches Recht bestimmt, ob eine Auslandszustellung stattzufinden hat (II.), was unter gerichtlichen und außergerichtlichen Schriftstücken zu verstehen ist (III.) und wann eine Zivil- und Handelssache nach dem HZÜ vorliegt (IV.).

Methodisch wird die Auslegung des HZÜ als völkerrechtlicher Vertrag durch die Regelungen der Wiener Übereinkommen über das Recht der Verträge[38] geleitet. Zwar ist die WVK erst nach dem HZÜ in Kraft getreten,[39] wodurch die Konvention gemäß Art. 4 WVK nicht unmittelbar auf das HZÜ anwendbar ist. Allerdings gilt die WVK de facto auch für Verträge, die zeitlich vor ihr in Kraft getreten sind, da sie – zumindest großteils – nur völkergewohnheitsrechtliche Regeln enthält, die bereits vor diesem Datum universell anwendbar waren. Insofern spielt bei der Auslegung insbesondere die in Art. 31 und Art. 32 WVK kodifizierte Methodik eine entscheidende Rolle.

Artikel 31 Allgemeine Auslegungsregel

(1) Ein Vertrag ist nach Treu und Glauben in Übereinstimmung mit der gewöhnlichen, seinen Bestimmungen in ihrem Zusammenhang zukommenden Bedeutung und im Lichte seines Zieles und Zweckes auszulegen.
(2) Für die Auslegung eines Vertrags bedeutet der Zusammenhang außer dem Vertragswortlaut samt Präambel und Anlagen
  a) jede sich auf den Vertrag beziehende Übereinkunft, die zwischen allen Vertragsparteien anlässlich des Vertragsabschlusses getroffen wurde;
  b) jede Urkunde, die von einer oder mehreren Vertragsparteien anlässlich des Vertragsabschlusses abgefasst und von den anderen Vertragsparteien als eine sich auf den Vertrag beziehende Urkunde angenommen wurde.
(3) Außer dem Zusammenhang sind in gleicher Weise zu berücksichtigen
  a) jede spätere Übereinkunft zwischen den Vertragsparteien über die Auslegung des Vertrags oder die Anwendung seiner Bestimmungen;
  b) jede spätere Übung bei der Anwendung des Vertrags, aus der die Übereinstimmung der Vertragsparteien über seine Auslegung hervorgeht;
  c) jeder in den Beziehungen zwischen den Vertragsparteien anwendbare einschlägige Völkerrechtssatz.
(4) Eine besondere Bedeutung ist einem Ausdruck beizulegen, wenn feststeht, dass die Vertragsparteien dies beabsichtigt haben.

Artikel 32 Ergänzende Auslegungsmittel

Ergänzende Auslegungsmittel, insbesondere die vorbereitenden Arbeiten und die Umstände des Vertragsabschlusses, können herangezogen werden, um die sich unter Anwendung des Artikels 31 ergebende Bedeutung zu bestätigen oder die Bedeutung zu bestimmen, wenn die Auslegung nach Artikel 31

a) die Bedeutung mehrdeutig oder dunkel lässt oder
b) zu einem offensichtlich sinnwidrigen oder unvernünftigen Ergebnis führt.

---

38 vom 23.5.1969, BGBl. II 1985, S. 926; im Folgenden: WVK.
39 Die WVK ist am 27. Januar 1980 und das HZÜ bereits am 10. Februar 1969 in Kraft getreten.

Den Sitzungen der Expertenkommission der Haager Konferenz zum HZÜ sowie den verabschiedeten Abschlusserklärungen kommt gemäß Art. 31 III lit. a WVK eine besondere Bedeutung für die Auslegung des Übereinkommens zu. Subsidiär sind gemäß Art. 32 WVK die vorbereitenden Arbeiten zum HZÜ heranzuziehen.

Ebenso wird im Rahmen der Untersuchung nach dem Auslegungskanon der Wortlaut der Norm, ihre Entstehungsgeschichte, Systematik und Teleologie der jeweiligen Tatbestandsvoraussetzung des Anwendungsbereichs herangezogen. Aufgrund der Nähe zum Übereinkommen über die Beweisaufnahme im Ausland in Zivil- oder Handelssachen[40] der Haager Konferenz (HBÜ), die sich aus dem gemeinsamen Ursprung der Übereinkommen aus dem HZPÜ sowie der Ähnlichkeit der Regelungsmaterien des Zustellungs- und Beweisrechts als Bestandteile der internationalen Rechtshilfe ergeben, hat der Vergleich mit dem HBÜ ebenfalls besondere Bedeutung für die Auslegung des HZÜ.

I. Begriff der Zustellung

Das Übereinkommen enthält keine Definition des Begriffs der Zustellung. Der englische Konventionstext benutzt das Wort *service*, der französische spricht von *signification* und *notification*. Im Deutschen wurden diese Begriffe einheitlich mit Zustellung übersetzt.

Die Haager Konferenz verweist für die Definition des Zustellungsbegriffs auf die lex fori.[41]

Im anglo-amerikanischen Rechtskreis bedeutet *service* in etwa die formelle Übermittlung eines rechtlich relevanten Dokumentes in einer Art und Weise, dass dem Adressaten der Empfang zur Last gelegt wird: „the formal delivery of a legal document to the addressee in such a manner as legally to charge him with the notice of receiving it".[42] Im Fall Volkswagen AG v. Schlunk wurde eine Zustellung nach dem HZÜ ebenso als "formal delivery of documents in a legally sufficient manner to charge the recipient/defendant with notice of a pending action"[43] definiert. Danach kommt es auf die formelle Übermittlung von Unterlagen in einer rechtlich ausreichenden Art und Weise an, die den Empfänger mit der Nachricht von einem anhängigen Verfahren belastet.

Art. 651 S. 2 des französischen *Nouveau Code de Procédure Civile* beschreibt die *signification* als eine *notification*, die durch einen Akt des Gerichtsvollziehers (huissier de justice) vollzogen wird. *Notification* bedeutet das Senden eines Dokumentes in den Fällen und Formen, die das Recht vorsieht, ohne dass ein Gerichtsvollzieher hieran beteiligt ist.[44]

40 Vom 18.3.1970, BGBl. II 1977, S. 1472 ff.

41 Practical Handbook, Rn 46.

42 Ristau, International Judicial Assistance, Band I, § 4–5–2.

43 Volkswagenwerk Aktiengesellschaft v. Schlunk, 486 U.S. 694 (1988).

44 Practical Handbook, Rn 48.

In § 166 I ZPO wird die Zustellung als die Bekanntgabe eines Dokuments an eine Person in der in diesem Titel der ZPO bestimmten Form definiert. Unter Bekanntgabe ist die absichtliche Schaffung der Möglichkeit der Kenntnisnahme von einem Schriftstück durch den Empfänger zu verstehen. Im deutschen Recht wird auf die Bekanntgabe und nicht auf den Akt des Versendens, also die Übermittlung wie im französischen und anglo-amerikanischen Recht abgestellt.

Trotz dieser unterschiedlichen Definitionen des Begriffs der Zustellung kann festgehalten werden, dass es nach der Auslegung des Wortlautes jeweils auf die Übermittlung eines Schriftstückes an einen Adressaten ankommt. Laut *rapport explicatif*, der Erläuterungen zum HZÜ von den Verfassern des Vertrages enthält, findet das Übereinkommen denn auch auf die Übermittlung des Schriftstückes des ersuchenden Staates an den ersuchten Staat und die Zustellung (*notification* oder *signification*) an die Person Anwendung, an die das Schriftstück adressiert ist.[45] Durch die Benutzung beider französischen juristischen Termini sollte sichergestellt werden, dass die Konvention nur Anwendung in den Fällen findet, in denen ein Schriftstück in formeller Art und Weise übermittelt werden soll.[46]

Das bedeutete, dass das HZÜ vor der Abschaffung der *remise au parquet* auch auf die Abschrift des schon im Inland erfolgten Zustellungsaktes Anwendung fand, die der huissier de justice dem im Ausland ansässigen Beklagten zusendet. Artt. 15, 16 setzen die Anwendbarkeit des HZÜ auf die *notification* voraus.[47] Daraus folgt, dass auch die historische und teleologische Auslegung ein weites Verständnis des Begriffs der Zustellung im Sinne der Übermittlung von Schriftstücken nahe legen.

Tatsächlich ziehen die Unterschiede in der Definition des Begriffs der Zustellung unterschiedlicher Vertragsstaaten in der Praxis keine Probleme nach sich.

II. Voraussetzung der Auslandszustellung

Voraussetzung für die Anwendbarkeit des HZÜ ist, dass es sich um eine Zustellung in das Ausland handelt. Diese Voraussetzung wird schon durch den Wortlaut des Art. 1 I HZÜ deutlich, denn im Englischen besagt dies die Formulierung „occasion for service abroad", im Französischen die Bestimmung „tous les cas où un acte doit être transmis à l'étranger pour y être signifié ou notifié".

Bei der Untersuchung des Tatbestandsmerkmals ist die Frage, ob eine Auslandszustellung zu bewirken ist, von der Frage zu unterscheiden, ob eine Auslandszustellung zwischen den HZÜ Vertragsstaaten zwingend nach den Zustellungswegen des HZÜ zu erfolgen hat. Es geht zum einen um die Anwendbarkeit des Übereinkommens überhaupt und zum anderen darum, ob, die Anwendbarkeit des Übereinkommens vorausgesetzt, die Übermittlungswege, die das Übereinkommen vorsieht, eingehalten werden müssen.

---

45 Rapport explicatif, S. 366.

46 Rapport explicatif, S. 366.

47 Nagel/Gottwald, § 7, Rn 103; Stadler, IPRax 2006, 116 (117–118).

Die Haager Konferenz unterscheidet terminologisch zwischen der Fragestellung nach dem zwingenden Charakter des Übereinkommens (1.) und seiner Exklusivität (2.).[48]

1. Zwingender Charakter des Übereinkommens

Wenn das HZÜ vertragsautonom bestimmen würde, wann eine Auslandszustellung zu erfolgen hat und hierfür nicht das Recht des ersuchenden Staates maßgeblich wäre, dann hätte das Übereinkommen zwingenden Charakter.

Welche Methode tatsächlich zur Geltung kommt, lässt sich aus dem Wortlaut des Art. 1 HZÜ nicht entnehmen. Das Übereinkommen geht nicht näher darauf ein, wann ein Schriftstück zum Zwecke der Zustellung in das Ausland zu übermitteln ist. Insofern geht aus dem Wortlaut von Art. 1 I HZÜ weder zwingend eine vertragsautonome Auslegung noch eine Bestimmung des Begriffs der Auslandszustellung nach der lex fori hervor.

In den Unterlagen zur 10. Sitzung der Haager Konferenz, bei der das HZÜ ausgearbeitet wurde, wird verschiedentlich erwähnt, dass das Recht des ersuchenden Staates bestimme, wann ein Schriftstück ins Ausland zuzustellen sei.[49] Die Entstehungsgeschichte des HZÜ lässt demnach auf eine Bestimmung der Voraussetzung der Auslandszustellung durch das Recht der Vertragsstaaten schließen. Insbesondere vor dem Hintergrund verschiedener Techniken der Inlandszustellung trotz Auslandsbezugs des Beklagten, zum Beispiel Zustellung an das ausländische Mutterunternehmen über das inländische Tochterunternehmen (in den USA gemäß der sog. *alter ego theory*)[50], ergeben sich daraus je nach Forum, also je nach angerufenem Gerichtsstaat zum Teil erhebliche Unterschiede im Anwendungsbereich des Übereinkommens.

Ebenso spricht die Systematik des HZÜ dafür, dass das Recht der Vertragsstaaten bestimmt, ob eine Auslandszustellung zu erfolgen hat. Denn nur vor diesem Hintergrund lassen sich die Regelungen der Artt. 15 und 16 HZÜ erklären.[51] In Fällen der Ersatzzustellung schützen sie den Beklagten, wenn er das Schriftstück, welches zum Zwecke der Zustellung an ihn übermittelt werden sollte, nicht erhält und die Gefahr besteht, dass ohne seine Kenntnis gegen ihn im Ausland ein Verfahren läuft. Es soll sichergestellt werden, dass der Beklagte sich hätte verteidigen können. Somit wird das Recht auf rechtliches Gehör des Beklagten, was sich in Deutschland etwa aus Art. 103 I GG ergibt, gewahrt. Wenn das HZÜ bestimmen würde, wann eine Auslandszustellung zu erfolgen hätte, dann würden zwischen den Vertragsstaaten keine Ersatzzustellungen mehr erfolgen und es hätte nicht der Regelungen der Artt. 15 und 16 HZÜ bedurft.

48 Practical Handbook, Rn 25.
49 Actes et Documents de la Dixième Session, Tome III, S. 81, 167, 254.
50 nach Rule 4 (h) (1) Federal Rules of Civil Procedure (im Folgenden FRCP), siehe Volkswagenwerk Aktiengesellschaft v. Schlunk, 486 U.S. 694 (1988).
51 Siehe bereits A.I.1. und B. I.

Eine andere Auffassung würde auch nicht den Feststellungen im *rapport explicatif* zum Verhältnis der Konvention und dem „droit interne" der Staaten entsprechen: Das Übereinkommen müsse, um sein Ziel zu erreichen, die notwendigen Anpassungen an das interne Recht der Staaten akzeptieren. Man wolle währenddessen die Veränderungen auf ein *Maximum reduzieren.*[52] Als eine dieser Anpassungen muss daher akzeptiert werden, dass das HZÜ seinen Anwendungsbereich nicht vertragsautonom definiert, sondern vom nationalen Recht der Vertragsstaaten (mit-)bestimmt wird. Insofern spricht die teleologische Auslegung ebenfalls für eine Bestimmung der Auslandszustellung durch die lex fori.

1989 hielt die Haager Konferenz fest, dass es allgemein von den Vertragsstaaten akzeptiert wurde, wenn nach dem geltenden Prinzip der Entscheidung über die Auslandszustellung durch den Forumstaat verfahren wurde, obwohl die Gefahren, die hiermit verbunden sind, bekannt waren.[53] Diese bestehen zum Beispiel darin, dass eine Inlandszustellung an eine Person erfolgt, die nicht ausdrücklich als Bevollmächtigte für die Entgegennahme von Zustellungen bestimmt wurde. Eine solche Zustellung könnte die Ziele des Übereinkommens der Sicherstellung zeitnaher Benachrichtigung der Person, an die zugestellt werden soll, nicht erfüllen.[54] Die Auslegung nach dem lex-fori-Prinzip ist auch durch die Expertenkomissionen in den Jahren 2003[55] und 2009[56] bekräftigt worden. Insofern liegt eine gemäß Art. 31 III lit. a WVK maßgebliche Übereinkunft der Vertragsstaaten vor.

Gegen den zwingenden Charakter des HZÜ spricht ebenfalls ein Grundsatz der internationalen Rechtshilfe, wonach nur dann ein Gericht den Rechtshilfeweg beschreiten muss, wenn es aus seiner Sicht erforderlich ist.[57] Es gibt keine allgemeine, über die internationale Courtoisie hinausgehende Verpflichtung zur Leistung oder Inanspruchnahme von internationaler Rechtshilfe, die sich aus dem Völkerrecht oder Völkergewohnheitsrecht ergibt.[58]

Der Grundsatz kann aber von einem als verbindlich vereinbarten Staatsvertrag, wie es das HZÜ ist, außer Kraft gesetzt werden. Die Verpflichtung zur Leistung von internationaler Rechtshilfe kann durch einen internationalen Staatsvertrag geschaffen werden. Nimmt ein Staat also keine Rechtshilfe in Anspruch und beschreitet Wege abseits des Staatsvertrages, obwohl die Verpflichtung zur Inanspruchnahme von internationaler Rechtshilfe durch einen Staatsvertrag in diesem Fall festgelegt ist, dann stellt dieses Handeln einen Vertragsbruch dar. Daher gilt es zu untersuchen, ob im Fall des HZÜ eine solche Pflicht kodifiziert worden ist. Sollte dies der

---

52 Rapport explicatif, S. 363 (375) so die wörtliche Übersetzung aus dem Französischen. Sinngemäß kann damit nur die Reduktion auf ein Minimum gemeint sein.

53 Special Commission 1989, S. 9; so auch Practical Handbook, Rn 41; Special Commission 2009, Rn 12.

54 Special Commission 1989, S. 9.

55 Special Commission 2003, Rn 73.

56 Special Commission 2009, Rn 12.

57 Siehr, RIW 2007, 321 (323).

58 Bischof, S. 17; Geimer, IZPR, Rn 2082 und 2086; Kondring, S. 81; Pfeil-Kammerer, S. 1.

Fall sein, dann bestimmt das HZÜ selbst, wann eine Auslandszustellung durch die Vertragsstaaten zu erfolgen hat.

a. Ausländische Rechtspraxis

Bisher spricht sowohl die Untersuchung des Wortlautes, der Entstehungsgeschichte, der Systematik und der Teleologie von Art. 1 I HZÜ sowie der Bericht der Expertenkommission von 1989 für eine Auslegung der Tatbestandsvoraussetzung der Auslandszustellung anhand der lex fori des ersuchenden Staates. Im Folgenden wird die Rechtspraxis der Vertragsstaaten dahingehend untersucht, ob sich aus ihr gemäß Art. 31 III lit.b WVK auf eine zwingende Anwendbarkeit des HZÜ schließen ließe.

aa. Volkswagen AG v. Schlunk – USA

Auf der Haager Konferenz im Jahre 1989 wurde die Frage des zwingenden Charakters des Übereinkommens anläßlich des Falles Volkswagen AG v. Schlunk[59] diskutiert, der dem Supreme Court der USA zur Entscheidung vorlag. Nachdem die Eltern des Klägers Schlunk bei einem Autounfall im Jahr 1983 in einem Volkswagen ums Leben gekommen waren, wandte sich der Kläger mit einer Schadensersatzklage aufgrund von Mängeln am Fahrzeug an Volkswagen of America. Volkswagen of America verteidigte sich mit dem Hinweis, dass es das Fahrzeug weder entwickelt noch produziert habe. Daraufhin versuchte der Kläger die Klage gegen die deutsche Muttergesellschaft, der Volkswagen AG, durch die Zustellung an Volkswagen of America als „agent“ zuzustellen. Die Volkswagen AG wehrte sich dagegen mit dem Argument, dass die Zustellung an sie nicht über ihre 100% US-Tochter, sondern nur über die Regelungen des HZÜ möglich sei und diese hier nicht eingehalten worden seien.

aaa. Entscheidung der US-Gerichte

Die Gerichte aller Instanzen einschließlich des Supreme Court kamen zu dem Ergebnis, dass das HZÜ hier keine Anwendung finde. Im vorliegenden Fall erlaube das Illinois long-arm statute, dass der Kläger Schlunk an die Volkswagen AG die Klageschrift durch ersatzweise Zustellung an die Volkswagen of America zustellt, ohne die Dokumente nach Deutschland zu senden.[60] Nach sorgfältiger Auseinandersetzung mit der Entstehungsgeschichte des HZÜ schloss die Entscheidung der Mehrheit der Richter des Supreme Court damit, dass im vorgelegten Fall keine Auslandszustellung zu erfolgen habe, daher das Haager Zustellungsübereinkommen keine Anwendung

59 Volkswagenwerk Aktiengesellschaft v. Schlunk, 486 U.S. 694 (1988); zur Anwendung des HBÜ siehe Societe Nationale Industrielle Aerospatiale v. United States District Court, 482 U.S. 522 (1987); Dietrich v. Bauer, 192 F.R.D. 119 (S.D.N.Y. 2000); siehe auch Junker, Electronic Discovery, Rn 39–58.

60 Volkswagenwerk Aktiengesellschaft v. Schlunk, 486 U.S. 694 (706) (1988).

finde und die Zustellung ordnungsgemäß erfolgt sei.[61] Damit schufen die Richter einen Präzedenzfall, dem die US-amerikanische Judikatur bis heute folgt.[62]

Die abweichenden drei Richter im Fall Schlunk stimmten zwar dem Ergebnis des Urteils zu, sie waren aber der Ansicht, dass nicht allein das Recht des Forums entscheide, wann eine Auslandszustellung zu erfolgen hat und in der Konsequenz, wann das HZÜ angewendet werden muss.[63] Vor dem Hintergrund der Verhandlungen zum HZÜ enthielten die Worte „service abroad" einen substantiellen Standard, der die Freiheit des Forums, eine Zustellung nur nach seinem nationalen Recht zu beurteilen, begrenze.[64] Andernfalls könne ein Land die Direktzustellung durch die Post an jeden Ausländer erlauben und die Zustellung als erfolgt ansehen, wenn das Schriftstück in den Briefkasten eingeworfen worden sei. Ebenso könne ein Forum einen inländischen Vertreter für jeden ausländischen Beklagten bestimmen und immer von einer Inlandszustellung ausgehen, obwohl die Wahrscheinlichkeit, dass die Zustellung je den ausländischen Beklagten erreicht, gering sei.[65] Die abweichende Ansicht gibt zu, dass das Übereinkommen selbst keine Konturen zur Abgrenzung zwischen Inlands- und Auslandszustellung enthält.[66]

Sie führt an, dass gegen die Entscheidung der Mehrheit vor allem spricht, dass ansonsten die Zustellungspraxis der *notification au parquet* nicht abgeschafft worden wäre und ihre Abschaffung doch von der Haager Konferenz gewollt war.[67]

Entgegen der abweichenden Ansicht im Fall Volkswagen AG v. Schlunk ist es jedoch zu bezweifeln, dass es im Rahmen des HZÜ gelungen ist, die *remise au parquet* abzuschaffen und damit im Staatsvertrag zu regeln, wann eine Auslandszustellung zu erfolgen hat und eine fiktive Inlandszustellung nicht möglich ist. Wie oben bereits erwähnt, stellt die deutsche Denkschrift zum HZÜ fest, dass die vollständige Beseitigung der *remise au parquet* nicht erreicht werden konnte.[68] Daher sieht das Übereinkommen einen Kompromiss in den Regelungen der Artt. 15 und 16 HZÜ vor. Daher überzeugt die Argumentation der abweichenden Richter nicht.

bbb. Amicus Curiae Briefe anderer HZÜ Vertragsstaaten

Anderer Ansicht als die deutsche Denkschrift hinsichtlich der Abschaffung der *notification au parquet* und damit der zwingenden Anwendung des HZÜ war auch

---

61 Volkswagenwerk Aktiengesellschaft v. Schlunk, 486 U.S. 694 (707–708) (1988).

62 Vergleiche Questionnaire 2008, Antwort der USA zur Frage 20; Schwung, AG 2006, 818 (819); für weitere Nachweise siehe Practical Handbook, Rn 38–39.

63 Volkswagenwerk Aktiengesellschaft v. Schlunk, 486 U.S. 694 (708) (1988).

64 Volkswagenwerk Aktiengesellschaft v. Schlunk, 486 U.S. 694 (708) (1988).

65 Volkswagenwerk Aktiengesellschaft v. Schlunk, 486 U.S. 694 (710–711) (1988).

66 Volkswagenwerk Aktiengesellschaft v. Schlunk, 486 U.S. 694 (710, 714) (1988).

67 Volkswagenwerk Aktiengesellschaft v. Schlunk, 486 U.S. 694 (711) (1988).

68 Denkschrift, BGBl II 1977, 1453.

die Bundesregierung in ihrem Amicus Curiae Brief[69] an den Supreme Court im Fall Volkswagen AG v. Schlunk. Sollte die Zustellung an einen sogenannten *involuntary agent* in den USA als zulässige Zustellung an einen Beklagten erachtet werden, wäre die Tür für die Anerkennung jeglicher Methoden der Ersatzzustellungen geöffnet, einschließlich der *notification au parquet*, welche durch das HZÜ abgeschafft werden sollte.[70] Die Position der Bundesrepublik Deutschland wurde unterstützt durch Großbritannien, Japan und Frankreich.[71]

In einem Schreiben der französischen Botschaft an das US State Departement werden die Entscheidungen der unteren Instanzen kritisiert, sie widersprächen der Exklusivität des HZÜ.[72] Das HZÜ schließe andere Arten der Auslandszustellung bei der Übersendung von Schriftstücken ins Ausland aus.[73] Insbesondere scheint sich die französische Position an der Zustellung an eine US-amerikanische Tochter eines ausländischen Unternehmens zu stören.

Das System der *remise au parquet* findet in dem Schreiben keine Erwähnung. Die Stellungnahme ist wahrscheinlich nur vor dem Hintergrund einer stark national geprägten Sichtweise auf das Übereinkommen zu verstehen. Die französische Position sieht die *remise au parquet* nicht als Auslandzustellung an, ansonsten dürfte sie nach der oben entwickelten Argumentation aufgrund ihres Charakters als Ersatzzustellung und des zwingenden Charakters des HZÜ ebenfalls nicht mehr zur Anwendung kommen. Dies sollte das Schreiben der französischen Botschaft bestimmt nicht zum Ausdruck bringen.

Interessant erscheint, dass im Amicus Curiae Brief Frankreichs der Begriff der Exklusivität des Übereinkommens erwähnt wird. Frankreich sieht im Fall des Supreme Court einen Verstoß gegen den exklusiven Charakter des Übereinkommens, da die Übermittlung eines Schriftstückes an eine inländische Tochter eines ausländischen Unternehmens keinen Übermittlungsweg des HZÜ darstellt. Dies bedeutet, dass Frankreich hier von der alleinigen Anwendbarkeit des Übereinkommens ausgeht und diese Entscheidung nicht dem nationalen Recht (das Recht des Staates Illinois als Forum im Fall Schlunk) überlässt. Wie bereits oben erwähnt, widerspräche die konsequente Weiterführung dieser Sicht der Anwendung der *remise au parquet* zwischen den Vertragsstaaten des HZÜ. Frankreich griff jedoch – bis zu ihrer Abschaffung[74] – weiterhin auch im Rechtsverkehr mit Vertragsstaaten des HZÜ auf die *remise au parquet* zurück.[75]

---

69 Lat. Freunde des Gerichtes; Nicht-Parteien eines Rechsstreites wird erlaubt in einem Rechsstreit Stellung zu beziehen und Schriftsätze einzureichen.

70 1986 U.S. Briefs 1052, S. 10.

71 1986 U.S. Briefs 1052, S. 1.

72 1986 U.S. Briefs 1052, S. 24.

73 1986 U.S. Briefs 1052, S. 24.

74 Siehe Décret No 2005–1678 du 28 décembre 2005 relatif à la procédure civile, à certaines procédures d'éxécution at à la procédure de changement de nom.

75 Vergleiche EuGH, 13.10.2005 – Rs. C-522/03 – Scania Finance France SA/Rockinger, NJW 2005, 3627.

bb. Niederlande

Das niederländische Verfassungsgericht kam zu dem Ergebnis, dass das Recht des jeweiligen Forums bestimmt, ob eine Auslandszustellung zu erfolgen hat oder nicht. Der niederländische Hoge Raad musste im Fall Mabanaft entscheiden, ob das HZÜ zur Anwendung kommt, wenn eine Partei sich ein *domicile*[76] zum Zweck der Zustellung in den Niederlanden sucht, obwohl sie im Ausland lebt oder eingerichtet ist.[77]

cc. Schweiz

Die Schweiz hat zu Art. 1 HZÜ eine Erklärung abgegeben, nach der im Zustellungsverkehr mit Vertragsstaaten ausschließlich das HZÜ zur Anwendung kommt.[78] Insbesondere die durchgriffsweise Zustellung an eine inländische, nicht bevollmächtigte Rechtspersönlichkeit, welche als Ersatz für die Zustellung an eine ausländische Rechtspersönlichkeit dienen soll, sei eine Umgehung des Übereinkommens, welche mit Art. 1 und Art. 15 I lit. b HZÜ unvereinbar sei.[79] Hiernach akzeptiert die Schweiz keine Zustellung an eine Schweizer Muttergesellschaft durch Inlandszustellung an die im Forum ansässige Tochtergesellschaft.

b. Ansicht des EuGH

Der EuGH sah die Anwendung des HZÜ als zwingend an.[80] Der EuGH hatte vor der Anwendbarkeit der EuZVO über die Anerkennung einer in Frankreich erlassenen Entscheidung vor deutschen Gerichten zu befinden. An den in Deutschland ansässigen Beklagten wurde eine Klageschrift für den in Frankreich anhängigen Prozess nur im Wege der *remise au parquet* zugestellt. Der Beklagte wehrte sich gegen die Anerkennung des Urteils in Deutschland und bezog sich darauf, dass gemäß Art. 27 Nr. 2 des Brüsseler EWG-Übereinkommens über die gerichtliche Zuständigkeit und die Vollstreckung gerichtlicher Entscheidungen in Zivil- und Handelssachen[81] das verfahrenseinleitende Schriftstück nicht ordnungsgemäß zugestellt worden sei. Der EuGH urteilte in der Scania-Entscheidung, dass nur eine Zustellung nach staatsvertraglichen Regeln, also dem HZÜ den Anforderungen des

76 Darunter ist die Zugehörigkeit einer Person zu einem Jurisdiktionsbereich zu verstehen, in etwa vergleichbar mit dem Begriff des Wohnsitzes.

77 HR 27 June 1986, NJ 1987, 764, RvdW 1986, 144, Segers and Rufa BV v. Mabanaft GmbH; siehe auch HR 2 Februar 1996, NJ 1997, S. 26, Nieuwersteeg v Colonia Versicherungen AG.

78 Siehe Questionnaire 2008, Antwort der Schweiz zur Frage 21.

79 AS 1995, 958; Siehr, RIW 2007, 231 (323); kritisch zu der Zulässigkeit der Erklärung und ihrer Tragweite Bischof, S. 191–192.

80 EuGH, 13.10.2005 – Rs. C-522/03 – Scania Finance France SA/Rockinger, NJW 2005, 3627; zustimmend Heiderhoff, ZZPInt 10 (2005), 296 (297); so bereits Stürner, JZ 1992, 325 (328); a.A. Fleischhauer, S. 47.

81 BGBl II 1972, S. 774, im Folgenden: EuGVÜ.

Art. 27 Nr. 2 EuGVÜ genüge.[82] Daher mangele es hier an einer ordnungsgemäßen Zustellung.

Mit Inkrafttreten der EuZVO ist eine europarechtliche Regelung an die Stelle des HZÜ getreten und daher ist die Scania-Entscheidung nur für Altfälle von Relevanz. Selbst wenn eine exklusive Anwendung des HZÜ für Fälle, in denen eine Anerkennung nach der EuGVÜ angestrebt wird, anzunehmen wäre, wären die übrigen Vertragsstaaten an diese Praxis nicht gebunden. Der EuGH ist keine Auslegungsinstanz für das HZÜ.

c. *Deutsche Rechtspraxis*

Das Bundesverfassungsgericht ging 1994 davon aus, dass das nationale Recht regelt, wann eine Zustellung im Ausland erforderlich ist.[83] Es formulierte diesen Grundsatz insofern missverständlich, als dass es von einer Zustellung an Ausländer im Ausland ausgeht.[84] Ob die Person, an die die Zustellung erfolgt, jedoch aus der Sicht des Verfahrensstaates Ausländer oder Inländer ist, spielt für die Anwendbarkeit des HZÜ keine Rolle. Dies ist nur dann relevant, wenn Staaten ihren Staatsangehörigen grundsätzlich einen inländischen Wohnsitz einräumen[85] und es sich dann um keine Auslandszustellung aus der Perspektive des Verfahrensstaates handelt.

Die deutschen Gerichte der unteren Instanzen sind ebenfalls der Überzeugung, dass das HZÜ nicht regele, wann eine Auslandszustellung zu erfolgen hat, und dass sich dies nach dem Recht des Verfahrensstaates richtet.[86] Der Bundesgerichtshof erwähnt ausdrücklich im Jahr 1999, dass das HZÜ nur die Modalitäten einer Auslandszustellung regele, nicht aber, ob überhaupt eine förmliche Zustellung im Ausland vorzunehmen sei.[87] Das OLG Saarbrücken hielt in Bezug auf eine fiktive Inlandszustellung wie die *remise au parquet* fest, dass das HZÜ keine Anwendung hierauf finde.[88]

Zu erwähnen ist in diesem Zusammenhang insbesondere eine Entscheidung des OLG Köln[89]: In dem Fall ging es um einen Beklagten, der sich von Montag bis Freitag zwischen 8 und 17 Uhr in den Räumen einer „Hausmeisterwohnung" in Deutschland aufhielt und nach Dienstschluss sowie am Wochenende zu seiner Familie nach Belgien zurückkehrte. Der Beklagte war in Belgien polizeilich gemeldet.

---

82 EuGH, 13.10.2005 – Rs. C-522/03 – Scania Finance France SA/Rockinger, NJW 2005, 3627.

83 BVerfG, NJW 1995, 649 (650).

84 BVerfG, NJW 1995, 649 (650).

85 Z.B. Artt 14, 15 des französischen Code Civil.

86 So z.B. OLG Hamm, NJW-RR 2012, 62 (63); OLG Stuttgart, Beschluss vom 30.05.2011 – 5 U 64/11, BeckRS 2001, 26881; OLG Hamm, Urteil vom 10.08.2011 – I-8 U 31/11, BeckRS 2001, 21444; OLG München, NJW 1987, 3086.

87 BGH, NJW 1999, 1187 (1188).

88 OLG Saarbrücken, NJOZ 2001, 1233 (1236).

89 OLG Köln, NJW-RR 1989, 443 (444).

Das OLG war der Ansicht, dass der Beklagte sowohl eine Wohnung in Deutschland als auch eine in Belgien unterhielt und ihm ein Versäumnisurteil wirksam an seinen deutschen Wohnsitz zugestellt werden konnte. Das OLG begründete seine Entscheidung unter Verweis auf das lex-fori-Prinzip damit, dass eine Zustellung an den Beklagten im Inland möglich war und das HZÜ dann nicht beachtet werden müsse. Die Entscheidung darüber, wann ein inländischer Wohnsitz vorliegt, an den zugestellt werden kann, wurde also ausschließlich nach deutschem Recht getroffen. Im Fall des Hausmeisters erscheint das Ergebnis jedoch zweifelhaft. Es ist fraglich, ob ein inländischer Wohnsitz bereits dadurch begründet ist, dass die Arbeitsstätte in Deutschland liegt. Denn die „Hausmeisterwohnung" diente dem Beklagten nur als Aufenthaltsort während der Arbeitszeit.

Im Gegensatz zum Amicus Curiae Brief der Bundesrepublik an den US-amerikanischen Supreme Court im Fall Volkswagen AG v. Schlunk geht die Rechtspraxis in Deutschland also davon aus, dass die nationalen Rechtsordnungen des Forums bestimmen, wann eine Auslandszustellung zu erfolgen hat.[90]

d. Ergebnis

Der Rechtspraxis lässt sich eine übereinstimmende gemeinsamen Übung der Vertragsparteien gemäß Art. 31 III lit.b WVK, die dem gefundenen Ergebnis der Auslegung von Art. 1 I HZÜ anhand seines Wortlautes, der Entstehungsgeschichte, der Systematik und der Teleologie widersprechen würde, nicht entnehmen. Im Gegenteil spricht mit Ausnahme der Stellungnahme der Schweiz die heutige Praxis entgegen anders lautender Erklärungen im Fall Schlunk und der Ansicht des EuGH eher gegen eine zwingende Anwendung des HZÜ. Dies wird auch noch einmal durch die Erklärungen der Expertenkommission im Jahr 2009[91] und 2003[92] deutlich, die den zwingenden Charakter des Übereinkommens ablehnen.

2. Unstreitige Exklusivität des HZÜ

Die exklusive Anwendung des HZÜ für Fälle, in denen die Auslandszustellung durch das nationale Recht vorgesehen ist, ist laut Haager Konferenz unbestritten.[93] Dabei ist zu berücksichtigen, dass das HZÜ neben der Übermittlung über die zentralen Behörden anderen Übermittlungswegen gegenüber offen ist. Artt. 8–11 HZÜ sehen vor, dass das Übereinkommen einer Zustellung auf diplomatischem, konsularischem

90 So auch Fleischhauer, S. 29–45; G. Geimer, S. 180.

91 Special Commission, Rn 12.

92 Special Commission, Rn 73.

93 Practical Handbook, Rn 44 mwN zu nationalen Gerichtsentscheidungen in den Vertragsstaaten; anders zum HBÜ siehe grundlegend Societe Nationale Industrielle Aerospatiale v. United States District Court, 482 U.S. 522 (1987); Knöfel in Geimer/Schütze, Band I, A I 3f Nr. 375, S. 18–19; Trittmann/Leitzen, IPRax 03, 7 (8); Wazlawik, IPRax 04, 396.

oder direktem Wege an im Ausland befindliche Personen oder auf unmittelbarem Wege zwischen den Behörden nicht entgegensteht. Die möglichen Übermittlungswege stehen in keinem Rangverhältnis zu einander.[94] So ist es gemäß Art. 11 HZÜ vertragskonform, dass die EuZVO zwischen den Mitgliedstaaten der EU, die Vertragsstaaten des HZÜ sind, vorrangig Anwendung findet.[95]

3. Ergebnis

Die Untersuchung des Art. 1 I HZÜ hat ergeben, dass das HZÜ nicht bestimmt, in welchen Fällen die Zustellung im Ausland zu erfolgen hat. Mit anderen Worten bestimmt das Übereinkommen diesbezüglich seinen Anwendungsbereich nicht vertragsautonom. Somit hängt es von dem Recht der Vertragsstaaten ab, wann eine Auslandszustellung, eine fiktive Inlandszustellung oder eine öffentliche Zustellung zu erfolgen hat. Wenn aber eine Auslandszustellung nach dem Recht des Vertragsstaates vorgenommen wird, dann richtet diese sich in ihrer Durchführung insbesondere in Bezug auf die Übermittlungswege nach dem HZÜ. Insoweit hat eine Vereinheitlichung durch das HZÜ stattgefunden. Für diese Ansicht spricht auch, dass es in der Tat, wie die abweichenden Richter im Fall Schlunk erkannt haben, keine Anhaltspunkte im HZÜ gibt, nach denen sich definieren lassen könnte, ob eine Zustellung im Ausland zu erfolgen hat oder nicht.

III. Gerichtliche und außergerichtliche Schriftstücke

Sowohl gerichtliche als auch außergerichtliche Schriftstücke können über das HZÜ zugestellt werden. Auch diese Begriffe werden im Übereinkommen nicht definiert.

1. Gerichtliche Schriftstücke

Umstritten ist hinsichtlich der gerichtlichen Schriftstücke, ob diese verfahrenseinleitenden Charakter haben müssen oder nicht.[96] Es wird vertreten, dass das HZÜ nicht auf die Zustellung von Schriftstücken angewendet werden darf, die nicht verfahrenseinleitend sind.[97] Das HZÜ scheine davon auszugehen, dass lediglich das verfahrenseinleitende Schriftstück im Ausland zuzustellen sei.[98]

---

94 Abad, The Challenge of Accession The Philippine Perspective on the Service Convention 4th Hague Conference on Private International Law Track 1 – Legal Cooperation and Litigation October 26, 2011.

95 Siehe Questionnaire 2008, Antwort European Community.

96 Siehe Darstellung des Streitstandes bei zur Nieden, S. 57.

97 Hollmann, RIW 1982, 784 (788); Wölki, RIW 1985, 530, (533).

98 OLG Stuttgart, Beschluss vom 30.05.2011 – 5 U 64/11, BeckRS 2001, 26881; OLG Hamm, Urteil vom 10.08.2011 – I-8 U 31/11, BeckRS 2001, 21444.

Für die Bestimmung dafür, ob eine Auslandszustellung zu erfolgen hat oder nicht, ist die lex fori maßgeblich.[99] Nach dem deutschen Prozessrecht sind gemäß § 270 ZPO nicht nur verfahrenseinleitende Schriftstücke zuzustellen. Alle Schriftstücke, die Sachanträge enthalten, müssen zugestellt werden.[100] Allerdings greifen im Anwendungsbereich des HZÜ bei allen Zustellungen, die nicht verfahrenseinleitenden Charakter haben, insbesondere die Voraussetzung des § 184 ZPO.[101] Danach bedarf es keiner Zustellung im Ausland mehr, es wird lediglich eine fiktive Inlandszustellung vorgenommen.

Jedoch muss das Gericht nicht von § 184 ZPO Gebrauch machen. Wenn das HZÜ nicht die Zustellung für nicht verfahrenseinleitende Schriftstücke regeln würde, würde sich die Frage stellen, wonach diese Schriftstücke dann zuzustellen wären. Dann wäre auf die lex fori, nach deutschem Recht also auf § 183 II 1 ZPO, zurückzugreifen. Danach müsste die Zustellung durch die zuständige diplomatische oder konsularische Vertretung des Bundes oder die sonstige zuständige Behörde bewirkt werden. Ziel des HZÜ war es jedoch, dass die Zustellungswege verkürzt und vereinfacht werden. Bei der Wahl der diplomatischen oder konsularischen Zustellung wäre weder eine Vereinfachung noch eine Verkürzung des Zustellungsweges erreicht.

Allein aus dieser möglichen Konsequenz ergibt sich, dass das HZÜ auch auf nicht-verfahrenseinleitende Schriftstücke anzuwenden ist.

Für die Beschränkung des HZÜ auf verfahrenseinleitende Schriftstücke spricht auch nicht eine Parallele zu § 328 I Nr. 2 ZPO, der für die Anerkennung ausländischer Urteile in Deutschland nur die ordnungsgemäße Zustellung der prozesseinleitenden Ladung oder Verfügung verlangt.[102] Die Wertung, dass der ordnungsgemäßen Zustellung der prozesseinleitenden Schriftstücke ein besonderer Stellenwert für die Voraussetzung der Anerkennung eingeräumt wird, lässt keinen Schluss auf den Anwendungsbereich des HZÜ zu. Der Zustellung gerade dieser Schriftstücke kommt auch aus dem Telos des HZÜ im Rahmen der Anwendung des Übereinkommens besondere Bedeutung zu. Daraus lässt sich jedoch nicht schließen, dass, wenn die lex fori eine Zustellung eines nicht-verfahrenseileitenden Schriftstückes vorsieht, das HZÜ nicht zur Anwendung für dieses Verfahren kommen kann.

2. Außergerichtliche Schriftstücke

Außergerichtliche Schriftstücke unterscheiden sich von gerichtlichen dadurch, dass erstere nicht direkt mit Gerichtsverfahren in Verbindung stehen. Von rein privaten

99 Siehe B.II.

100 Baumbach/Lauterbach/Albers/Hartmann, § 270 ZPO, Rn 8.

101 OLG Stuttgart, Beschluss vom 30.05.2011 – 5 U 64/11, BeckRS 2001, 26881; OLG Hamm, Urteil vom 10.08.2011 – I-8 U 31/11, BeckRS 2001, 21444.

102 So aber Wölki, RIW 1985, 530 (533).

Vorgängen unterscheiden sie sich durch die Voraussetzung, dass eine staatliche Autorität am Entstehen der Schriftstücke beteiligt sein muss.[103]

Nach Ansicht der Bundesregierung sind außergerichtliche Schriftstücke insbesondere vollstreckbare notarielle Urkunden, Willenserklärungen, deren Zustellung nach § 132 BGB erfolgt, z.B. Kündigungen.[104] Nach einer Schätzung macht die Zustellung außergerichtlicher Schriftstücke weniger als 5% des Gesamtvolumens der zugestellten Dokumente in Deutschland aus.[105]

IV. Begriff der Zivil- und Handelssachen

Im Haager Zustellungsübereinkommen wird der Begriff der Zivil- und Handelssache ebenfalls nicht definiert. Auch in den Vorgängerübereinkommen von 1905 und 1954 findet sich keine Definition. Mit dem Hinweis, dass sich hieraus keine Probleme ergeben hätten, wurde daher auch keine Definition ins HZÜ aufgenommen.[106] Allerdings galten die Vorgängerübereinkommen anders als das HZÜ nur zwischen Ländern mit kontinental-europäischem Recht, so dass deren Auffassung von Zivil- und Handelssachen weitgehend übereinstimmten und daher nicht zu unterschiedlichen Auffassungen hinsichtlich der Anwendbarkeit der Übereinkommen geführt haben.[107] Der Wortlaut des Art. 1 I HZÜ ist – auch im Lichte seiner Vorgängerversionen – unergiebig hinsichtlich der Abgrenzung der Zivil- und Handelssachen zu anderen Rechtsgebieten.

Es liegt auch keine spätere Übung zwischen den Vertragsstaaten vor, aus der gemäß Art. 31 III lit. b WVK die Übereinstimmung der Vertragsparteien über die Auslegung der Begriffe hervorgeht. Welche Rechtsgebiete Zivil- und Handelssachen sind, wird in den Vertragsstaaten des HZÜ sehr unterschiedlich gesehen, wie die nachfolgenden Beispiele zeigen. Frankreich, Deutschland, Japan, die Slowakei, Spanien und die Schweiz geben im Questionnaire 2008 an, dass die Auslegung der Begriffe Zivil- und Handelssachen Probleme bereitet habe.[108] Die Definition des Anwendungsbereichs ist in Deutschland regelmäßig Streitfrage in Gerichtsverfahren, bei denen sich die in Deutschland ansässigen Beklagten gegen die Zustellung von Klagen auf *treble* oder *punitive damages* wehren, die in den USA geltend gemacht werden.[109]

Während der Vorarbeiten zum HZÜ hat der belgische Delegierte die Frage gestellt, ob das Übereinkommen nicht auch auf bestimmte straf-, verwaltungs- oder

103 Bischof, 218 (263); Special Commission 1977, S. 21; siehe die genannten Beispiele in Summary of Responses to the Questionnaire 2008, Rn 109.
104 Questionnaire 2003, Antwort Deutschlands zur Frage 12.1.
105 Questionnaire 2003, Antwort Deutschlands zur Frage 12.2.
106 Special Commission 1964, S. 74 (80).
107 Welp, RabelsZ 54 (1990), 364 (365).
108 Summary of Responses to the Questionnaire 2008, Rn 91.
109 Siehe unten B.IV.3.d und e.

steuerrechtliche Schriftstücke angewendet werden sollte.[110] Die Kommission zur Vorbereitung des Übereinkommens hat sich gegen eine ausdrückliche Einbeziehung dieser Schriftstücke in den Anwendungsbereich entschieden, die Staaten könnten bilaterale Vereinbarungen diesbezüglich treffen.[111]

Auch die deutsche Denkschrift zum HZÜ stellt fest, dass Straf-, Verwaltungs- und Steuersachen ausgenommen seien vom Anwendungsbereich, hingegen Arbeitsrechtssachen[112], soweit sie dem Zivilrecht zuzurechnen seien, in den Anwendungsbereich fallen würden.[113] So berichtet die deutsche Delegation auf der Sitzung 1977, dass Deutschland alle Strafsachen, aber auch alle anderen Verfahren, die die Durchsetzung von öffentlichem Recht betreffen, aus dem Anwendungsbereich ausschließt.[114] Die Anwendbarkeit des HBÜ, dessen Anwendungsbereich wortgleich mit dem HZÜ bestimmt wird, auf die Sozialgerichtsbarkeit wird verneint.[115]

Die Schweiz, die Slowakei und Spanien sehen die Zustellung verwaltungsrechtlicher Schriftstücke über das HZÜ als problematisch an.[116]

In Japan wurde die Zustellung von Schriftstücken im Rahmen eines Schiedsverfahrens nach dem HZÜ verweigert.[117]

Die Länder des anglo-amerikanischen Rechtskreises schließen mehrheitlich lediglich Strafsachen aus der Definition der Zivil- und Handelssachen aus und Verwaltungssachen in den Anwendungsbereich ein.[118] Für die USA fallen alle Rechtssachen, die keine Strafsachen sind, in den Anwendungsbereich des HZÜ,[119] also auch Verwaltungssachen.[120] Diese Ansicht ist darauf zurückzuführen, dass das *common law* im Grunde eine Unterscheidung zwischen Zivilrecht und öffentlichem Recht als

110 Special Commission 1964, S. 74 (75).
111 Special Commission 1964, S. 74 (75).
112 Schwierigkeiten bezüglich der Anwendung auf Arbeitsrechtssachen hat Frankreich, siehe Summary of Responses to the Questionnaire 2008, Rn 92.
113 Denkschrift, BT-Drucks. 7/4892, S. 41.
114 Report of the United States Delegation to the Special Commission on the operation of the convention, 17 I.L.M. 312 (315).
115 Möhlenbruch, NZS 2011, 417 (419).
116 Summary of Responses to the Questionnaire 2008, Rn 94 und 96.
117 Summary of Responses to the Questionnaire 2008, Rn 93.
118 Report of the United States Delegation to the Special Commission on the operation of the convention, 17 I.L.M. 312 (315).
119 Siehe auch Questionnaire 2008, Antwort der USA zu Frage 21.
120 Siehe hierzu Federal Trade Commission v. Compagnie de Saint-Gobain-Pont-à-Mousson, 636 F. 2d 1300 (1306 Fn 18 und 1323 Fn 136) (D.C. Cir. 1980), die US-amerikanische Behörde versuchte dem französischen Unternehmen eine Vorladung am Hauptsitz des Unternehmens in Paris zuzustellen.

eigenständigen und unabhängigen Rechtsgebieten nicht kennt.[121] Es gibt keinen besonderen Gerichtszweig für verwaltungsrechtliche Streitigkeiten.[122]

Eine Mehrzahl der Staaten sieht den Anwendungsbereich eröffnet für Insolvenz-, Versicherungs-, Arbeitsrechts-, Kartell- und Wettbewerbs- sowie Verbraucherssachen. Die Mehrheit wendet das HZÜ hingegen nicht auf Sozialversicherungs-, Steuerrechts-, Finanzaufsichts- und Kapitalmarktrechts- sowie Strafsachen an.[123]

Aber selbst die Ansicht, dass Strafverfahren nicht in den Anwendungsbereich des HZÜ fallen, ist nicht ungeteilt. Die Bahamas, Bulgarien, Polen und Großbritannien sind der Ansicht, dass das HZÜ auch hierauf Anwendung findet.[124]

1989 empfahl die Expertenkommission der Haager Konferenz zum HZÜ für die Grauzone zwischen Zivilrecht und öffentlichem Recht, insbesondere dem Konkurs-, Arbeits- und Versicherungsrechts eine liberale Praxis.[125] Ausdrücklich wird das Steuerrecht vom Anwendungsbereich des HZÜ ausgeschlossen.[126] Die Abschlusserklärung schließt diesen inhaltlichen Punkt jedoch mit dem Hinweis, dass die Vertragsstaaten nichts davon abhalten könne, das Übereinkommen in ihren gegenseitigen Beziehungen auf Streitgegenstände des öffentlichen Rechts anzuwenden.[127]

Aus der Vielfalt der Ansichten zur Bestimmung des Anwendungsbereichs wird deutlich, dass je nach Qualifikation des Anwendungsbereichs das HZÜ auf sehr unterschiedliche Sachverhalte zur Anwendung kommen kann.

Bevor ermittelt werden kann, welchen Inhalt und welche Grenzen der Anwendungsbereich tatsächlich umfasst, ist zu untersuchen, nach welcher Methode diese Qualifikation vorgenommen werden muss.

1. Auslegungsmethode

Dem Wortlaut des HZÜ lässt sich auch nichts darüber entnehmen, nach welchem Recht der Begriff der Zivil- und Handelssache auszulegen ist. Denkbar wäre eine

121 Für Einzelheiten siehe Wölki, RIW 1985, 530 (532); und ausführlich zu dem anglo-amerikanischen Begriff des *Civil Law* Mörsdorf-Schulte, ZVglRWiss 104 (2005), 192 (222–224), die Grenzlinie des *Civil Law* verlaufe im anglo-amerikanischen Recht da, wo der Staat nicht selbst am Verfahren beteiligt ist, was dort aber auch bei hoheitlichen Handlungen der Fall sein könne. Handlungen des Gesetzesvollzugs etwa würden zunächst dem handelnden Beamten selbst zugeordnet werden und dem Staat nur im Falle ihrer Rechtmäßigkeit. Die Abwehr rechtswidrigen Verwaltungshandelns erfolge daher gegen den außerhalb staatlicher Befugnis handelnden Beamten im „Zivilprozess". Der Begriff des *Civil Law* markiere nicht den Komplementärbegriff zum öffentlichen Recht, sondern lediglich den Gegensatz zum Kriminalstrafrecht (S. 222).

122 Hay, Rn 80.

123 Summary of Responses to the Questionnaire 2008, Rn 101.

124 Summary of Responses to the Questionnaire 2008, Rn 101.

125 Special Commission 1989, S. 27; auch abgedruckt in RabelsZ 54 (1990), 370.

126 Special Commission 1989, S. 27; auch abgedruckt in RabelsZ 54 (1990), 370.

127 Special Commission 1989, S. 27; auch abgedruckt in RabelsZ 54 (1990), 370.

Qualifikation nach dem Recht des ersuchenden oder dem des ersuchten Staates, kumulativ nach dem Recht beider Staaten oder eine vertragsautonome Qualifikation.[128]

a. *Recht des ersuchenden Staates*

Nach klassischer Auffassung im internationalen Rechtshilfeverkehr bestimmt sich die Qualifikation nach dem Recht des ersuchenden Staates.[129] Die Delegierten der 10. Haager Konferenz, auf der das HZÜ ausgearbeitet wurde, haben diese Methode vorgesehen.[130]

Auch die deutsche Denkschrift zum HZÜ geht von dieser Qualifikationsmethode aus. Sie will in der Tatsache, dass der ersuchende Staat das Formular für Zustellungsersuchen verwendet, welches die Überschrift trägt „Ersuchen in einer Zivil- oder Handelssache", einen Hinweis darin sehen, dass es sich zumindest nach dem Recht des ersuchenden Staates um eine Zivil- und Handelssache handeln müsse.[131]

In der Literatur wird ebenso vertreten, dass im Interesse einer möglichst weitgehenden Anwendbarkeit die Abgrenzung zu anderen Rechtsgebieten nach dem Recht des Absendestaates vorgenommen werden solle. Die Interessen des ersuchten Staates seien durch die ordre public-Klausel des Art. 13 I HZÜ hinreichend gewahrt.[132] Allerdings lässt sich mit dem Hinweis auf eine möglichst weitgehende Anwendung des Übereinkommens vor allem die alternative Qualifikation begründen, wonach es sich entweder nach dem Recht des ersuchenden oder ersuchten Staates um eine Zivil- und Handelssache handeln muss.

In der Regel wird kein Staat um eine Zustellung nach dem HZÜ ersuchen, wenn er nicht der Ansicht ist, dass es sich um eine Zivil- und Handelssache handelt. Insofern wird diese Voraussetzung immer erfüllt sein, wenn der Streit über die Definition des Anwendungsbereichs auftaucht. Konflikte treten dann auf, wenn der ersuchte Staat der Ansicht ist, dass es sich nicht um eine Zivil- und Handelssache handelt. Daher ist das in der deutschen Denkschrift genannte Indiz der Überschrift des verwendeten Formulars für das Zustellungsersuchen in Konfliktfällen nicht hilfreich.

---

128 Weitere Unterkategorien der Doppelqualifikation bildet Merkt, S. 42–44; siehe auch Schlosser, EU-ZPR, Art. 1 HZÜ, Rn 2, der für eine alternative Qualifikation plädiert. Das HZÜ soll Anwendung finden, wenn entweder nach dem Recht des ersuchten oder nach dem Recht des ersuchenden Staates eine Zivil- und Handelssache vorliegt.

129 Schlochauer, Wörterbuch des Völkerrechts, Band II, S. 60; Jonas, JW 1929, 88 zum HZPÜ von 1905.

130 Special Commission 1964, S. 74 (80).

131 Denkschrift, BT-Drucks. 7/4892, S. 41.

132 Böckstiegel/Schlafen, NJW 1987, 1073 (1074).

b. *Recht des ersuchten Staates*

In Betracht kommt eine Qualifikation nach dem Recht des ersuchten Staates. Laut Einführung zur ZRHO richtet sich die Erledigung von Rechtshilfeersuchen im vertraglosen Rechtshilfeverkehr nach dem Recht des ersuchten Staates.[133] So wird auch zum HZÜ vertreten, dass die Einordnung der Sache und die Abgrenzung zu anderen Rechtsgebieten nach dem Recht des ersuchten Staates vorgenommen werden solle.[134] Hinter dem Interesse der rechtlichen Souveränität des ersuchten Staates und der Herrschaft über das innerstaatliche Verfahren müsse das Interesse an einer möglichst weitgehenden Anwendbarkeit des Übereinkommens zurücktreten.[135] Allein durch die Möglichkeit der Anwendung der ordre public-Klausel könne das Interesse des ersuchten Staates nicht gewahrt werden, da diese aufgrund ihres Wortlauts eine äußerste Notbremse darstelle und aufgrund ihrer Unbestimmtheit kein praktikables Mittel sei.[136] Eine Ausnahme solle gemacht werden, wenn der geltend gemachte Anspruch keine Entsprechung oder auch nur Anknüpfungspunkte im Recht des ersuchten Staates finde, zum Beispiel bei *punitive* oder *treble damages*.[137] Dann solle die Qualifizierung nach dem Rechtskreis erfolgen, dem der Anspruch entstamme.[138]

Die vorgeschlagene Lösung der Qualifikation über das Recht des ersuchten beziehungsweise ergänzend über das Recht des ersuchenden Staates erscheint inkonsequent. Die größten Qualifikationsprobleme werden in der Regel dann auftauchen, wenn der ersuchte Staat mit Rechtsinstrumenten konfrontiert ist, die seine lex fori nicht kennt. Wenn er sich in diesen Situationen doch wieder am Recht des ersuchenden Staates orientieren muss, dann ist die anfangs eingeräumte Qualifikationsmöglichkeit nach der lex fori nicht viel wert. Zudem erscheint es schwer denkbar, dass eine Rechtsfigur besteht, bei der gar keine Anknüpfungspunkte zur lex fori hergestellt werden können. Die erwähnten Beispiele greifen zumindest aus heutiger Sicht nicht. Zum Beispiel hat sich auch im deutschen Recht ein Sanktionscharakter der Schadensersatzansprüche bei Persönlichkeitsrechtsverletzungen herausgebildet.[139]

Ebenso spricht die systematische Auslegung gegen die Qualifikation nach dem Recht des ersuchten Staates. Dieser Methode wären durch Art. 13 II 2. Alt. HZÜ Grenzen gesetzt. Die Regelung stellt klar, dass ein Staat nicht allein deshalb ein Ersuchen ablehnen darf, weil es ein Verfahren nicht kennt, das dem entspricht, für

133 http://www.datenbanken.justiz.nrw.de/pls/jmi/ir_lan_bestand?v_lan=zusatz_allgemeine_einfuehrung_in_die_zrho&v_show=N.

134 OLG München, NJW 1989, 3102; so ist wohl auch das OLG Frankfurt a.M., NZG 2010, 1314 (1315) zu verstehen; Hollmann, RIW 1982, 784 (786); Meng, S. 125; Wölki, RIW 1985, 530 (533); Zekoll/Rahlf, JZ 1999, 386.

135 Hollmann, RIW 1982, 784 (786).

136 Hollmann, RIW 1982, 784 (786).

137 Hollmann, RIW 1982, 784 (786); zur Qualifizierung der *punitive damages* siehe F. VI.1.

138 Hollmann, RIW 1982, 784 (786).

139 Ausführlich hierzu auch im Vergleich zu *punitive damages* Stürner, AfP 1998, 1 ff.

das der Antrag gestellt wird. Dieses Verbot muss sich auch auf die Definition des Anwendungsbereichs auswirken. Der Anwendungsbereich des Übereinkommens ist weiter zu fassen, als der Bereich, der bereits ordre public-widrig sein könnte. Allein aus dem Grund, dass das Recht des ersuchten Staates ein Verfahren nicht kennt, darf dieses nicht schon aus dem Anwendungsbereich nach Art. 1 I HZÜ ausgeschlossen werden, wenn dies nach Art. 13 II HZÜ erst recht nicht möglich wäre. Hier stößt die Auslegung des Anwendungsbereichs durch den ersuchten Staat an ihre Grenzen.

c. *Kumulative Qualifikation*

Eine Doppelqualifikation sichert eine identische Bestimmung des Anwendungsbereichs eines Staatsvertrages im ersuchenden und im ersuchten Staat. Vereinzelt wird diese Methode daher in Bezug auf den Anwendungsbereich des HZÜ befürwortet.[140] Da es sich bei dem HZÜ aber um ein multilaterales Übereinkommen handelt, könnte dann die Situation auftreten, dass ein Staat in seinem Rechtsverkehr mit dem einen Vertragsstaat das HZÜ für bestimmte Rechtsbereiche anwendet und im Verkehr mit einem anderen Vertragsstaat das Übereinkommen mangels Qualifikation als Zivil- und Handelssache nicht. Das würde zu einer noch größeren Unübersichtlichkeit und Umständlichkeit in der Ermittlung des Anwendungsbereichs führen, als die Qualifikation nach dem Recht entweder des ersuchten oder des ersuchenden Staates.

Eine Ablehnung dieser Qualifikationsmethode steht auch im Einklang mit der Expertenkommission der Haager Konferenz im Jahre 1989. In der Kommissionssitzung vertrat eine deutliche Mehrheit der anwesenden Mitglieder die Ansicht, dass aufgrund der unvereinbaren nationalen Konzepte des Begriffs der Zivil- und Handelssache eine kumulative Qualifikation erst recht nicht in der Lösung des Qualifikationsproblems des Anwendungsbereichs weiterführe.[141] Ebenso spricht gegen eine kumulative Qualifikation des Anwendungsbereichs, dass er nur aus dem kleinsten gemeinsamen Nenner der am Verfahren beteiligten Vertragsstaaten bestehen würde. Die Methode der Doppelqualifikation des Anwendungsbereichs ist daher abzulehnen.

d. *Vergleich mit der Qualifikationsmethode im HBÜ*

Aus einem Vergleich mit der Auslegung des Anwendungsbereichs des HBÜ könnten sich Rückschlüsse aus der Definition im HZÜ ergeben. Art. 1 HBÜ beschränkt den Anwendungsbereich des Übereinkommens ebenfalls auf Zivil- und Handelssachen. In diesem Zusammenhang ist ebenso wie zu Art. 1 HZÜ denkbar, dass das Recht des ersuchenden Staates, das Recht des ersuchten Staates, eine kumulative oder eine vertragsautonome Qualifikation bestimmt, wann eine Zivil- oder Handelssache vorliegt.

In der deutschen Literatur werden ebenso wie zum HZÜ unterschiedliche Ansichten vertreten. So besteht die Ansicht, dass die Auslegung nach dem Recht des

---

140 Schütze, Prozessführung, S. 99.
141 Welp, RabelsZ 54 (1990), 364 (365).

ersuchenden Staates zu erfolgen habe, daneben könne auf das Begriffsverständnis des ersuchten Staates zurückgegriffen werden.[142] Ebenso wird jedoch eine staatsvertraglich autonome[143] oder eine Qualifikation nach dem Recht des ersuchten Staates[144] befürwortet.

Die Diskussion um den Anwendungsbereich des HBÜ auf der Sitzung der Expertenkommission im Jahr 1989 verlief ähnlich wie die Debatte um die Qualifikation im HZÜ. Allerdings hatten sich zu diesem Zeitpunkt bereits höchstinstanzliche Gerichte zweier Vertragsstaaten mit der Frage des Qualifikationsstatuts im Rahmen des HBÜ beschäftigt.

Das House of Lords[145] entschied im Februar 1989, dass der Anwendungsbereich nur eröffnet sei, wenn nach dem Recht beider Staaten eine Zivil- und Handelssache vorliegt. In dem Fall wurde das HBÜ daher auf eine im Zivilprozess geltend gemachte Steuerrückzahlung an den norwegischen Staat erstreckt.

Der Hoge Raad der Niederlande hatte dagegen 1986 den Begriff der Zivil- und Handelssache nach dem Recht des ersuchten Staates qualifiziert.[146] Für diese Qualifikationsmethode sprach sich auch die französische Delegation auf der Sitzung der Expertenkommission 1989 aus.[147] Der Hoge Raad argumentierte unter anderem mit Art. 5 HBÜ, nach dem die Behörde des ersuchten Staates die Behörde des ersuchenden Staates unterrichtet, wenn sie der Ansicht ist, dass das Ersuchen nicht dem Übereinkommen entspricht. Art. 4 HZÜ enthält eine ähnliche Regelung. Wenn in den Prüfungsbereich des ersuchten Staates auch die Einhaltung des Anwendungsbereichs fällt, dann würden die ersuchten Behörden die Ablehnung des Ersuchens mangels Anwendbarkeit der Übereinkommen gemäß Art. 4 HZÜ und Art. 5 HBÜ den ersuchenden Behörden mitteilen. Allerdings spricht der Normzusammenhang dafür, dass Art. 5 HBÜ und Art. 4 HZÜ sich nur auf die in den Artikeln davor ausgeführten technischen Details des Rechtshilfeersuchens beziehen.[148]

Der Hoge Raad berief sich auch auf die Rechtspraxis im Rahmen der Haager Übereinkommen von 1905 und 1954. Dort habe der ersuchte Staat den Anwendungsbereich des Übereinkommens definiert.[149] Bei der Ausarbeitung des HBÜ hätten sich die Vertragsstaaten daran orientieren wollen.[150]

---

142 Möhlenbruch, NZS 2011, 417 (419).
143 Knöfel in Geimer/Schütze, Band I, A I 3f, Nr. 375, S. 17 mwN; Stadler, S. 315.
144 Geimer, IZPR, Rn 2443 mwN.
145 Re State of Norway's Application House of Lords (Nos. 1 and 2) (1989) 1 All E.R. 746 (H.L.); 28 I.L.M. 693 (1989).
146 So zitiert in Arcalon BV v. United States Bankruptcy Court for Southern District of California, 28 I.L.M. 1578 (1580).
147 Alley, 8 B.U. Int'l L. J. 187 (189) (1990).
148 Siehe Art. 3 und Art. 4 HBÜ sowie Art. 3 HZÜ.
149 So zitiert in Arcalon BV v. United States Bankruptcy Court for Southern District of California, 28 I.L.M. 1578 (1580).
150 So zitiert in Arcalon BV v. United States Bankruptcy Court for Southern District of California, 28 I.L.M. 1578 (1580) mit Verweis auf den Explanatory Report by

Zwar mag die Qualifikation des Anwendungsbereichs nach dem Recht des ersuchten Staates der Rechtspraxis unter Geltung der Haager Übereinkommen 1905 und 1954 entsprechen und ursprünglich der Wille bestanden haben, so auch im HBÜ fortzufahren. Allerdings kann sich die Anwendungspraxis der Vertragsstaaten ändern und daher ist auch im Einklang mit Art. 31 III lit. a und Art. 32 WVK den aktuellsten Empfehlungen der Expertenkommission der Haager Konferenz zu den Übereinkommen Vorrang vor den subsidiär heranzuziehenden vorbereitenden Arbeiten zu den Übereinkommen einzuräumen. Zu beachten ist, dass die Wiener Vertragsrechtskonvention für die USA bisher nicht in Kraft getreten und nach Art. 4 WVK daher unanwendbar ist.[151] Jedoch kodifiziert die Wiener Vertragsrechtskonvention größtenteils lediglich völkergewohnheitsrechtliche Regelungen. Diese entfalten ihre Wirkung auch für die USA in Bezug auf die für sie geltenden internationalen Staatsverträge unabhängig von der Geltung der WVK.

Die Kommission empfahl 1989, 2003 und 2009 in ihren Abschlusserklärungen in Bezug auf den Anwendungsbereich des HBÜ eine vertragsautonome Qualifikation.[152] Dieser Empfehlung ist im Einklang mit Artt. 31, 32 WVK Vorrang vor der Rechtspraxis unter den Übereinkommen von 1905 und 1954 sowie dem Explanatory Report anlässlich der Ausarbeitung der Übereinkommen einzuräumen. Insofern sind die Ansichten zur Auslegungsmethode des Anwendungsbereichs des HBÜ ebenso vielfältig wie zum HZÜ, jedoch überzeugt allein die Anwendung der vertragsautonomen Auslegung.

e. *Staatsvertraglich-autonome Auslegung*

Die Expertengremien der Haager Konferenz empfehlen – wie zum HBÜ – eine staatsvertraglich-autonome Auslegung der Begriffe Zivil- oder Handelssache. Dies geht aus der einstimmigen Erklärung der Expertenkommission der Haager Konferenz im Jahr 1989[153] sowie aus den Sitzungen im Jahr 2003 und 2009 hervor.[154] Da von 65 Vertragsstaaten 203 Vertreter aus 64 Staaten und Organisationen aus Vertragsstaaten, Mitgliedsstaaten der Haager Konferenz und Nichtvertragsstaaten an der Expertensitzung der Haager Konferenz im Jahr 2009 teilnahmen, sind die dort festgehaltenen Ergebnisse in hohem Maße repräsentativ.

Diese Empfehlungen werden von den Vertragsstaaten auch mehrheitlich angenommen. Im Practical Handbook 2006 wird die vertragsautonome Interpretation als

Ph.W.Amram, S. 203 (206/207); so auch zu *Legal assistance between states in civil matters*, Encyclopedia of Public international law, Band III, S. 195.

151 Siehe hierzu von Danwitz, DÖV 2004, 501 (506).

152 Special Commission 1989, S. 27; auch abgedruckt in RabelsZ 54 (1990), 370; Special Commission 2003, S. 12; Special Commission 2009, S. 8.

153 Special Commission 1989, S. 27; auch abgedruckt in RabelsZ 54 (1990), 370.

154 Special Commission 2003, S. 12; Special Commission 2009, S. 4; Practical Handbook, Rn 62.

überwiegend praktizierte Methode der Vertragsstaaten angesehen.[155] Die Vertragsstaaten nehmen öfter eine autonome oder wenigstens liberale Interpretation des Anwendungsbereichs vor, als dass sie eine andere Methode wählen.[156] Allerdings legen sie in ihrer Anwendung der vertragsautonomen Interpretation die Begriffe der Zivil- und Handelssachen unterschiedlich aus.[157] Dennoch solle an dieser Qualifikationsmethode festgehalten werden, da sie die beste Methode sei, um eine einheitliche Interpretation zu erreichen.[158]

In der Zusammenfassung eines Seminars zum HZÜ in Sankt Petersburg im Januar 2007, welches unter anderem auch von der Haager Konferenz veranstaltet wurde, wurde positiv angemerkt, dass das HZÜ in Russland insbesondere die Begriffe Zivil- und Handelssache unter Berücksichtigung der internationalen Rechtspraxis sowie der Ergebnisse und Empfehlungen der Expertensitzungen der Haager Konferenz autonom interpretiert werden.[159] Deutschland hat in seiner Antwort zum Questionnaire 2008 festgehalten, dass die deutschen Gerichte eine vertragsautonome Interpretation des Anwendungsbereichs des Übereinkommens vornehmen. Ebenso wird dies in den Niederlanden praktiziert.[160]

Hingegen beschränkte sich die Abschlusserklärung der Sitzung der Expertenkommission im Jahr 1977 noch aufgrund der Tatsache, dass es unmöglich erschien, eine einheitliche Lösung zu empfehlen, die alle Staaten akzeptieren könnten, darauf, den Wunsch zu äußern, dass das Übereinkommen in der liberalst möglichen Art und Weise angewandt werde.[161] Zum einen gebe es große Unterschiede in der Auslegung des Begriffes der Zivil- und Handelssache und zum anderen werde die Qualifikation des Begriffes unterschiedlich vorgenommen.[162] In der Praxis würden die Zentralen Behörden die Unterschiede mit Ausnahme der Zustellungen von Straf- und Steuersachen liberal handhaben, um dem Adressaten das Schriftstück zustellen zu können.[163]

Jedoch ist bei der Auslegung des HZÜ die heute empfohlene und praktizierte Qualifikationsmethode der Vertragsstaaten sowie der Haager Konferenz maßgeblich. Wie zum HBÜ gilt auch bezüglich der Anwendung des HZÜ, dass im Einklang mit der Auslegungsregel des Art. 31 III WVK, wonach jede spätere Übung für die Auslegung eines völkerrechtlichen Vertrages von besonderer Relevanz ist. Ebenso ist Art. 32 WVK anwendbar, wonach die Unterlagen zur Entstehungsgeschichte nur subsidiär zur Anwendung kommen. Die Ansicht der Haager Konferenz auf der

155 Practical Handbook, Rn 60.
156 Practical Handbook, Rn 60.
157 Practical Handbook, Rn 60.
158 Practical Handbook, Rn 60.
159 Conclusions, The Second Seminar of the Hague Conference on Private International Law 30–31 January 2007, Saint Petersburg.
160 Siehe HR 15 Juni 2000, NJ 2000, 642.
161 Special Commission 1977, 17 I.L.M. 312 (320–321).
162 Special Commission 1977, 17 I.L.M. 312 (320).
163 17 I.L.M. 312 (320–321).

Sitzung, bei der das HZÜ verabschiedet wurde, nach der das Recht des ersuchenden Staates für die Definition der Begriffe Zivil- und Handelssachen maßgeblich ist, tritt in ihrer Bedeutung für die Auslegung hinter der heutigen Übung der Vertragsstaaten und der gemeinsamen Übereinkunft der Expertensitzungen der Haager Konferenz zurück.

Die autonome Qualifikationsmethode stößt im Hinblick auf den Charakter des HZÜ als internationales Rechtshilfeabkommen in der Rechtsprechung und Literatur auf Zustimmung.[164] Auch um zufällige Ergebnisse zu vermeiden, sei eine vertragsautonome Auslegung am sachgerechtesten, obgleich es keine Auslegungsinstanz gebe.[165] Zum Teil wird für die autonome Auslegung plädiert, denn die Expertenkommission bevorzuge ein dynamisches und ausdehnungsfähiges Verständnis der Begriffe der Zivil- und Handelssachen und die Auslegung solle nicht auf eine andere Rechtsmaterie angewiesen sein.[166]

f. Orientierung an der Auslegungsmethodik des EuGH

Die Herleitung einer autonom-staatsvertraglichen Auslegung erscheint angesichts der Vielzahl der Vertragsstaaten und ihrer unterschiedlichen Rechtstraditionen schwierig. Allerdings wurde auf der Sitzung der Kommission 1989 die Methode des EuGH bei der Auslegung einiger Begriffe der EuGVÜ als Vorbild für die Suche nach einer vertragsautonomen Interpretation genannt.[167] Dass es nur um eine Orientierung an der Methodik und nicht um die Definition an sich geht, stellt die Kommission 2003 klar, indem sie davor warnt, sich auf die Interpretation der Zivil- und Handelssachen in anderen Übereinkommen zu verlassen, ohne Ziel und Zweck dieser zu berücksichtigen.[168]

Aufgrund eines Zusatzprotokolls ist der EuGH für Streitigkeiten im Rahmen des multilateralen Übereinkommens des EuGVÜ zuständig. Die vertragsautonome Auslegung der Begriffe Zivil- und Handelssache in Art. 1 EuGVÜ nimmt der EuGH anhand der Zielsetzungen und der Systematik des Übereinkommens sowie der allgemeinen Rechtsgrundsätze vor, die sich aus der Gesamtheit der innerstaatlichen Rechtsordnungen der Vertragsstaaten ergeben.[169]

---

164 OLG Naumburg, Beschluss vom 9.2.2006 – 4 VA 1/04, BeckRS 2006, 4720; OLG Koblenz, NJOZ 2005, 3122 (3135); Brockmeier, S. 72; Ghassabeh, S. 173; Koch/Diedrich, ZIP 1994, 1830 (1831); Maack, S. 97; Merkt, S. 47; Mörsdorf-Schulte, S. 14; Nagel/Gottwald, § 7, Rn 76; Piekenbrock, IPRax 2006, 4 (7); Schack, IZVR, Rn 605.

165 Nagel/Gottwald, § 7, Rn 76.

166 Alley, 8 B.U. Int'l L. J. 187 (189) (1990).

167 Welp, RabelsZ 54 (1990), 364 (366).

168 Special Commission 2003, Rn 72.

169 Ständige Rechtsprechung seit EuGH, 14.10.1976 – Rs. C- 29/76 – LTU/Eurocontrol, NJW 1977, 489.

Das OLG Koblenz hat die Methodik des EuGH zum EuGVÜ in Bezug auf den Anwendungsbereich des HZÜ angewandt.[170] Eine autonom-staatsvertragliche Qualifikation sei zwar durch das Fehlen einer den Vertragsstaaten gemeinsamen gerichtlichen Instanz mit Auslegungskompetenz erschwert, rechtlich ausgeschlossen sei sie auf rechtsvergleichender Grundlage dadurch jedoch nicht.[171] Das OLG Koblenz erhält hierfür Zuspruch, da nur die staatsvertraglich-autonome Auslegungsmathode den völkerrechtlichen Maßstäben, insbesondere Art. 31 I WVK, gerecht werde.[172]

Aus der Systematik des Übereinkommens folgt auch nicht, dass es sich nicht um eine Zustellung im Rahmen einer gerichtlichen oder außergerichtlichen Auseinandersetzung in Verwaltungssachen handeln darf. Der Kläger wird nicht näher erwähnt im Übereinkommen, so dass es sich auch um eine verwaltungsrechtliche Streitigkeit handeln könnte. Für diese These spricht, dass auch außergerichtliche Schriftstücke, die von Behörden und Justizbeamten eines Vertragsstaats stammen, gemäß Art. 17 HZÜ zugestellt werden können.[173] Insofern ist die Systematik zur Definition des Begriffes der Zivil- und Handelssache nicht ergiebig.

Angelehnt an die Methodik des EuGH zum EuGVÜ bedeutet dies im Hinblick auf die Zielsetzung des HZÜ, dass die meisten Zustellungsersuchen zugestellt werden müssten. Ziel des Übereinkommens ist die Verbesserung der Rechtshilfe zwischen den Vertragsstaaten sowie die tatsächliche Kenntniserlangung des Beklagten von gegen ihn anhängigen Klagen im Ausland.[174] Nach der teleologischen Auslegung müsste der Anwendungsbereich des Übereinkommens großzügig gehandhabt werden.

Der EuGH hat unter Verweis auf die allgemeinen Rechtsgrundsätze den Begriff der Zivil- und Handelssache im EuGVÜ negativ vom öffentlichen Recht abgegrenzt und erklärt, das Übereinkommen sei nicht anwendbar auf einen Rechtsstreit zwischen einer Behörde und einem Privaten, wenn die Behörde hoheitliche Befugnisse ausübe.[175] Im Fall Sonntag stellt der EuGH fest, dass auch eine Schadensersatzklage vor einem Strafgericht gegen einen Lehrer einer öffentlichen Schule aufgrund der Verletzung seiner Aufsichtpflicht bei einem Schulausflug eine Zivilsache ist.[176] Nach dem Recht der meisten Mitgliedsstaaten der EU wird das Verhalten eines Lehrers in diesem Zusammenhang nicht als hoheitlich angesehen. Somit kommt es auf die Ausübung hoheitlicher Gewalt im streitigen Rechtsverhältnis an. Hierbei spielt es keine Rolle, welches Verfahren für Geltendmachung und Durchsetzung der Rechte vorgesehen ist. Nur die Rechtsnatur der durch das fragliche Verfahren gesicherten

170 OLG Koblenz, NJOZ 2005, 3122 (3134).
171 OLG Koblenz, NJOZ 2005, 3122 (3135).
172 Piekenbrock, IPRax 2006, 4 (7).
173 Zum Begriff der außergerichtlichen Schriftstücke siehe B. III.2.
174 Siehe A. I.
175 EuGH, 14.10.1976 – Rs. C-29/76 – LTU/Eurocontrol, NJW 1977, 489.
176 EuGH, 21.04.1993 – Rs. C-172/91 – Volker Sonntag/Hans Waidmann, Elisabeth Waidmann u. Stefan Waidmann, NJW 1993, 2091.

Ansprüche ist bei der Einordnung eines Streitgegenstandes zu berücksichtigen.[177] Insofern nimmt der EuGH eine materiellrechtliche Qualifikation nach dem Gegenstand des Rechtsverhältnisses vor.[178]

Bezüglich des HZÜ fehlt es nicht nur an einer Instanz wie dem EuGH, die allgemeine Rechtsgrundsätze der Rechtsordnungen der Vertragsstaaten verbindlich ermitteln könnte, sondern es mangelt auch an gemeinsamen Rechtsquellen, wie sie zwischen den EU-Staaten bzw. den Vertragsstaaten des EuGVÜ in Form des primären und sekundären Gemeinschaftsrechts sowie anderer Übereinkommen im internationalen Zivilprozessrecht bestehen, welche Anhaltspunkte für die Interpretation des Anwendungsbereichs geben können.

Aus der Methodik des EuGH lässt sich daher am einfachsten die materiellrechtliche Qualifikationsmethode auf die Definition des Anwendungsbereichs des HZÜ übertragen. Der einschlägige Gerichtszweig oder die Art des Verfahrens im nationalen Recht sollte keine Rolle bei der Qualifikation spielen.[179] Die Gerichtsorganisation ist in den nationalen Rechtsordnungen zu unterschiedlich und zu sehr von historischen Entwicklungen der Gerichtszweige geprägt, als dass sie für die Bestimmung der Zivil- und Handelssache im Rahmen des HZÜ ausschlaggebend sein könnte.

g. Ergebnis

Im Einklang mit den Empfehlungen der Haager Konferenz und der Staatenpraxis erfolgt die Qualifikation der Begriffe Zivil- oder Handelssachen vertragsautonom.

Die praktische Anwendung dieser Methode ist jedoch nicht ganz einfach. Es ist zu befürchten, dass in der Praxis teilweise auf die Definition nach den nationalen Rechten des ersuchten und des ersuchenden Staates zurückgegriffen werden könnte. Der ersuchende Staat würde die Zustellungswege des HZÜ wahrscheinlich nicht nutzen, wenn er nicht davon überzeugt wäre, dass der Anwendungsbereich eröffnet ist. Der ersuchte Staat würde das Ersuchen vermutlich nicht weiterleiten, wenn er den Anwendungsbereich nicht eröffnet sehen würde. Im Ergebnis wäre davon auszugehen, dass es in der Rechtspraxis auf den kleinsten gemeinsamen Nenner als Anwendungsbereich hinausläuft.

Ein weiterer problematischer Aspekt ist bei der vertragsautonomen Qualifikationsmethode des Anwendungsbereichs denkbar. Sollte der ersuchende Staat eine Zustellung in einer Rechtssache, die nach seinem Verständnis keine Zivil- oder

---

177 EuGH, 10.2.2009 – Rs. C-185/07 – Allianz SpA, vormals Riunione Adriatica Di Sicurtà SpA u.a./West Tankers Inc., EuZW 2009, 215 (217).

178 EuGH, 14.10.1976 – Rs. C-29/76 – LTU/Eurocontrol, NJW 1977, 489.

179 So auch Bischof, S. 50; Böckstiegel/Schlafen, NJW 1987, 1073 (1074); Ghassabeh, S. 171; Junker, Discovery, S. 256; Pfennig, S. 37; Stürner/Stadler, IPRax 1990, 157 (158); Rapport Explicatif, S. 363 (366); Wölki, RIW 1985, 530 (532); a.A. von Hein, RIW 2007, 249 (251) Es komme unter anderem darauf an, dass der Strafschadensersatz in einem zivilgerichtlichen Verfahren durchgesetzt werde.

Handelssache ist, aufgrund der Tatsache, dass seine nationale Qualifikation der Sache nicht entscheidend ist, vornehmen müssen, dann ist zu bedenken, ob das Zustimmungsgesetz zum HZÜ auch vor dem Hintergrund dieser Möglichkeit zustande gekommen wäre.

Es ist zweifelhaft, ob der Gesetzgeber diesen Souveränitätsverlust vor Augen hatte. Er hat einem völkerrechtlichen Vertrag zugestimmt über die Zustellung von Zivil- und Handelssachen, aber tatsächlich wird der Vertrag auch auf nach seinem Verständnis andere Rechtsgebiete erstreckt, in denen er dem Souveränitätsverlust so möglicherweise nicht zugestimmt hätte. Andererseits ist es völkerrechtlich irrelevant, welche Vorstellung der Gesetzgeber bei der Zustimmung zu einem völkerrechtlichen Vertrag hatte. Hier zählt alleine, dass der Vertragsbeitritt nach den Regelungen des HZÜ und dem allgemeinen Vertragsvölkerrecht ordnungsgemäß zustande gekommen ist.

2. Definition der Zivil- und Handelssache nach staatsvertraglich-autonomer Qualifikation

Die Untersuchung zur Qualifikationsmethode des Anwendungsbereichs des HZÜ hat zu dem Ergebnis geführt, dass eine vertragsautonome Interpretation vorzunehmen ist. Festzuhalten ist außerdem, dass im Rahmen dieser Auslegung die materiellrechtliche Qualifikation maßgeblich ist. Auf den gewählten Gerichtszweig und die Verfahrensart kommt es nicht an. Allein zu untersuchen ist die materiell-rechtliche Einordnung der geltend gemachten Ansprüche. Dabei kommt es auch nicht auf den abstrakten Regelungsgegenstand an, relevant ist allein die Betrachtung der konkret geltend gemachten Ansprüche.[180] Es besteht aber Uneinigkeit darüber, ob der Schwerpunkt der verfolgten Interessen (a.), die jeweilige Stellung der Parteien in dem Verhältnis zueinander (b.) oder die Verhältnismäßigkeit der Schadenssumme zum individuellen Konflikt (c.) entscheidend für die Einordnung als Zivil- oder Handelssache ist.

In der Praxis stellt sich die Frage der Auslegung des Anwendungsbereichs zumeist dort, wo eine Abgrenzung zwischen Zivil- und öffentlichem Recht vorzunehmen ist. Die meisten Streitfälle dieser Art in Deutschland betreffen Klagen in Bezug auf Schadensersatzansprüche, die im zivilrechtlichen Klageweg in den USA geltend gemacht werden, jedoch Anlaß zu Zweifeln an ihrer zivilrechtlichen Einordnung geben.

a. Qualifikation anhand des Schwerpunktes der verfolgten Interessen

Das OLG Koblenz nimmt methodisch eine autonom-staatsvertragliche Qualifikation der Begriffe Zivil- und Handelssache vor, wobei bei der Abgrenzung vor allem von

180 So auch Brockmeier, S. 188; Piekenbrock, IPRax 2006, 4 (8).

Bedeutung sei, ob es um einen Ausgleich privater und öffentlicher Interessen ginge.[181] In den einzelnen Rechtsordnungen werde mehrheitlich die strafende Reaktion auf fremdes Unrecht als Aufgabe des öffentlichen Rechts angesehen, während der Interessenausgleich zwischen Geschädigtem und Schädiger als Zivilsache eingestuft werde.[182] Die Abgrenzung von Zivil- und Handelssachen hänge davon ab, wo das Schwergewicht der Interessen liege.[183] Nur wenn dies nicht feststellbar sei, solle im Zweifel von der Anwendbarkeit des Übereinkommens ausgegangen werden.[184]

Das OLG war der Ansicht, dass vor dem Beitritt der USA zum HZÜ für das Übereinkommen bereits eine Orientierung am kontinental-europäisch geprägten Begriff der Zivil- und Handelssache stattgefunden habe.[185] Bei ihrem Beitritt hätten die USA keine Veränderung des Begriffes herbeigeführt.[186]

Dem OLG Koblenz ist in diesem Punkt zu widersprechen. Zwar ist der Begriff der Zivil- und Handelssache aus den Zivilprozessübereinkommen von 1954 und 1905 übernommen worden, so dass die Begriffsbildung in Art. 1 I HZÜ ursprünglich allein im Sinne des kontinental-europäischen Rechts zu verstehen war.[187] Die USA sind jedoch zusammen mit dem Vereinigten Königreich und Ägypten einer der ersten Staaten gewesen, in denen das HZÜ am 10.2.1969 in Kraft getreten ist.[188] In den ersten drei Jahren galt das HZÜ im Rechtsverkehr zwischen fünf kontinental-europäischen und sechs anderen Vertragsstaaten. Daher kann eine Orientierung am kontinental-europäischen Begriff der Zivil- und Handelssache vor dem Beitritt der USA zum einen mangels überwiegender Zugehörigkeit zum kontinental-europäischen Rechtskreis der ersten Vertragsstaaten und zum anderen aufgrund der Tatsache, dass es sich bei den USA um einen Gründungsvertragsstaat handelt, nicht erfolgt sein.[189] Zudem könnte sich die Prägung des Begriffes gemäß Art. 31 III WVK auch nach dem Beitritt weiterer Staaten ändern, so dass es auf die ursprüngliche Prägung des Begriffes dann nicht mehr ankäme.

Auch in der Literatur wird vertreten, dass ausschlaggebend sein solle, ob die mit der Klage verfolgten Interessen privater oder öffentlich-rechtlicher Natur seien.[190]

---

181 OLG Koblenz, NJOZ 2005, 3122 (3135); zu den Grundlagen der sogenannten Interessentheorie siehe Ghassabeh, S. 181 mwN.

182 OLG Koblenz, NJOZ 2005, 3122 (3135).

183 OLG Koblenz, NJOZ 2005, 3122 (3135).

184 OLG Koblenz, NJOZ 2005, 3122 (3135).

185 OLG Koblenz, NJOZ 2005, 3122 (3133).

186 OLG Koblenz, NJOZ 2005, 3122 (3133).

187 Welp, RabelsZ 54 (1990), 364 (365).

188 Siehe Status table unter http://hcch.e-vision.nl/index_en.php?act=conventions.status&cid=17; Gemäß Art. 27 I i.V.m. Art. 26 II HZÜ ist das Übereinkommen am 60. Tag, nachdem die Ratifizierungsurkunde dreier Staaten beim niederländischen Außenministerium hinterlegt worden ist, in Kraft getreten.

189 Piekenbrock, IPRax 2006, 4 (7).

190 Koch/Horlach/Thiel, RIW 2006, 356 (359); Merkt, S. 55–58; Mörsdorf-Schulte, S. 16; Pfeil-Kammerer, S. 37.

Zum Teil wird ebenso wie vom OLG Koblenz nach dem Schwerpunkt der Interessen differenziert.[191] Wo der Ausgleich privater Interessen deutlich hinter der Verfolgung anderer Ziele zurücktrete, namentlich solcher des Allgemeininteresses, könne nicht mehr von einer Zivil- oder Handelssache gesprochen werden.[192]

Dagegen wird mit dem Ergebnis eines deutlich breiter zu fassenden Anwendungsbereichs auch vertreten, dass – solange private Interessen zumindest auch von Belang seien – im Zweifelsfall für die Anwendung des HZÜ zu entscheiden sei.[193] Nur in Fällen, in denen offensichtlich und ausnahmslos staatliche Interessen betroffen seien, könne eine Zustellung mangels Eröffnung des Anwendungsbereichs nach Art. 1 HZÜ abgelehnt werden.[194]

Es stellt sich jedoch die Frage, wie eine Steuerrechtssache – was die Autoren als Beispiel erwähnen – unter dem Gesichtspunkt, dass zumindest auch private Interessen verfolgt werden sollten, in den Anwendungsbereich des HZÜ fallen könnte. Zwar könnte man private Interessen konstruieren, indem man annimmt, dass es auch im Interesse des einzelnen Bürgers ist, dass der Staat die Steuern von den Mitbürgern eintreibt. Dies erscheint jedoch weit hergeholt und letztlich könnte man dann über eine funktionierende Strafrechtspflege hinaus bei jedem öffentlichrechtlichen Streit private Interessen entdecken. Insofern ist das Kriterium der privaten und öffentlichen Interessen vor dem Hintergrund der Beispiele, die die Autoren geben, nicht schlüssig. In Bezug auf Steuerrechtssachen ist auch zu berücksichtigen, dass die meisten Vertragsstaaten eine Anwendung des HZÜ hierauf ablehnen.[195]

Gegen eine Interessenabwägung spricht grundsätzlich, dass der Schwerpunkt der verfolgten Interessen schon im nationalen Recht zum Teil schwer zu ermitteln ist. Zum Beispiel möchte der Kläger im deutschen Recht, wenn er einen Anspruch nach § 10 UWG und § 34a GWB geltend macht, einerseits ein Unterlassen von unzulässigen geschäftlichen Handlungen erreichen, aber gleichzeitig werden dadurch öffentliche Interessen am funktionierenden Wettbewerb durchgesetzt, die als öffentlich-rechtlich zu qualifizieren sind. Vom öffentlichen Interesse geprägt sind ebenfalls die privatrechtlich durchzusetzenden Ansprüche nach dem Allgemeinen Gleichstellungsgesetz[196] sowie gemäß § 241a BGB.[197] Denn die Einführung der Normen war eindeutig aus generalpräventiven Gründen motiviert. Wo im jeweiligen Rechtsstreit nun der Schwerpunkt der Interessen liegt, lässt sich nicht leicht ermitteln.

---

191 Merkt, S. 55–58.
192 Merkt, S. 56.
193 Koch/Horlach/Thiel, RIW 2006, 356 (359).
194 Koch/Horlach/Thiel, RIW 2006, 356 (359).
195 Summary of Responses to the Questionnaire 2008, Rn 101.
196 Von Hein, RIW 2007, 249 (252) mwN.
197 § 241a I BGB lautet: Durch die Lieferung unbestellter Sachen oder durch die Erbringung unbestellter sonstiger Leistungen durch einen Unternehmer an einen Verbraucher wird ein Anspruch gegen diesen nicht begründet.

Ein weiteres Beispiel ist der Schadensersatz bei Persönlichkeitsverletzungen, bei dem die Ermittlung der Interessen schwierig sein dürfte.[198] In dem Bereich bestehen Berührungspunkte zwischen dem Gewinnabschöpfungszweck des Strafrechts und den Sanktionsvorstellungen des Zivilrechts. Das zivilrechtliche Schadensersatzrecht ist vom Gedanken der Kompensation geprägt, aber die Verwirklichung subjektiver Rechte hat immer auch einenSanktionscharakter. Anspruchsdurchsetzung, Schadensersatz oder Rechtsverlust gerade im Bereich des Persönlichkeitsrechts wirken nicht nur als Ausgleich, sie haben ebenso general- und spezialpräventive Funktion. Daraus wird geschlossen, dass es keine scharfe Grenze zwischen strafrechtlichen und zivilrechtlichen Regelungszwecken gibt, vielmehr schaffe die Einheit der Rechtsordnung Überschneidungen in der Zwecksetzung.[199]

b. Subordinationstheorie

Trotz zum Teil anderer dogmatischer Herleitung nach der Qualifikationsmethode des ersuchten Staates ist es am überzeugendsten, der Definition der herrschenden Ansicht in der deutschen obergerichtlichen Rechtsprechung zu folgen. Danach ist darauf abzustellen, ob in dem Verfahren, für das Rechtshilfe geleistet wird, dem Grunde nach über das Bestehen oder Nichtbestehen privater Rechte und Rechtsverhältnisse gleichgeordneter Parteien entschieden wird.[200] Abgestellt wird auf die Gleichordnung von Gläubiger und Schuldner als private Personen. Dies bedeutet, dass eine öffentlich-rechtliche Streitigkeit vorliegt, wenn zwischen den Parteien ein Über-/Unterordnungsverhältnis vorliegt. Entgegen der Ansicht des OLG Koblenz ermitteln die Oberlandesgerichte die Rechtsnatur einer Zivil- und Handelssache danach, ob die jeweiligen Kläger Schadensersatz für sich verlangen bzw. einen sie selbst begünstigenden Individualanspruch geltend machen. Diese sogenannte Subordinationstheorie ist auch in den europäischen Vertragsstaaten weit verbreitet[201] und das Kriterium der Einordnung nach Über-/ Unterordnungsverhältnis in Bezug auf die typischen öffentlich-rechtlichen Handlungsformen in den meisten Vertragsstaaten bekannt.[202]

Entscheidend für die Einordnung in den Anwendungsbereich ist, ob der Schadensersatz Privaten zufließt oder dem Staat. Da in den meisten Fällen zumindest auch Schadensersatz geltend gemacht wird, ist dieser Anknüpfungsgegenstand meist auch gegeben.

---

198 Stürner, AfP 1998, 1 (8).

199 Stürner, AfP 1998, 1 (8).

200 OLG Celle, Beschluss vom 20.7.2006 – 16 VA 4/05, BeckRS 2006, 9152; OLG Düsseldorf, NJW-RR 2009, 500 und NJW-RR 2010, 573; OLG Frankfurt, NZG 2010, 1314; OLG München, Beschluss vom 7.6.2006 – 9 VA 3/04, BeckRS 2006, 7453; OLG Naumburg, Beschluss vom 9.2.2006 – 4 VA 1/04, BeckRS 2006, 4720; Ghassabeh, S. 188.

201 Ghassabeh, S. 181.

202 Ghassabeh, S. 188.

Der Betrachtungsweise nach dem Geldfluss wird entgegengehalten, dass in Deutschland Geldstrafen in Strafverfahren gemäß § 153a I Nr. 2 StPO teilweise an private Institutionen zu zahlen seien.[203] Dadurch würde das Strafverfahren nicht zu einem Zivilverfahren. Dem ist zu entgegnen, dass das Auswählen von privaten Institutionen das Strafverfahren auch nach der hier gewählten Qualifikationsmethode nicht zu einem Zivilverfahren macht. Zum einen ist festzuhalten, dass den Privaten kein Forderungsrecht bezüglich dieses Geldes zusteht.[204] Zwischen dem Beschuldigten und der begünstigten Einrichtung entsteht keine Rechtsbeziehung.[205] Vielmehr steht es im Ermessen des Gerichtes festzusetzen, an wen welche Summen fließen. Der Geldsegen für die konkrete Institution ist für die Begünstigten lediglich eine tatsächliche Folge des Strafverfahrens, das der Staat gegen den Bürger führt. Er ist keine eigenständige Rechtsfolge, die sich aus dem Vorliegen bestimmter Tatbestandsvoraussetzungen automatisch ergibt. Das Gericht hätte auch eine andere Institution begünstigen können.

c. *Kriterium der Verhältnismäßigkeit der Schadenszahlung*

Als zusätzliche Voraussetzung zur Betrachtung des Verhältnisses der Parteien zueinander und des Geldflusses wird vorgeschlagen, dass ein Verfahren strafrechtlich ist, wenn der Strafschaden dem Staat zufließt und die dem individuellen Konflikt angepasste Größenordnung verlassen hat.[206] Eine Zivilsache liege nicht vor, wenn die Höhe der geltend gemachten Sanktionsleistung den tatsächlich feststellbaren materiellen und immateriellen Schaden weit übersteigt und sich primär an der Leistungsfähigkeit des Beklagten oder dem Ausmaß des Fehlverhaltens bzw. dem Unwertgehalt der Schädigungshandlung orientiert.[207] Als Beispiel wird das Verfahren gegen BMW in den USA herangezogen, wo die Schadenshöhe von 2 Millionen US-Dollar für den Ersatz aufgrund eines mit 4.000 DM bezifferten Einzelschadens den Gewinn, den BMW aus dem Verkauf von rund 1.000 nachlackierten jedoch als fabrikneu deklarierten Fahrzeugen, abschöpfen sollte.[208] Die Schadenshöhe bestimmte sich hier nach dem Gewinn in rund 1.000 ähnlichen, aber nicht streitgegenständlichen Fällen.

Nach dieser Ansicht soll also eine Zivil- oder Handelssache vorliegen, solange der Strafschaden nur den Verletzten begünstigt und die Wertschöpfung unrechtmäßigen Verhaltens gegenüber dem Verletzten berücksichtigt. Jedoch ist dem zu entgegnen, dass es gewisser Kriterien bedarf, nach denen ermittelt werden kann, „ob die dem individuellen Konflikt angepasste Größenordnung“ verlassen wurde.

---

203 So Merkt, S. 59.
204 Beulke in Löwe/Rosenberg, , § 153a StPO, Rn 55.
205 Beulke in Löwe/Rosenberg, , § 153a StPO, Rn 55.
206 Stürner, AfP 1998, 1 (8).
207 Merkt, S. 56.
208 Supreme Court in BMW of North America, Inc. v. Gore, 517 U.S. 559 (1996) = JZ 1997, 156 ff.

Damit wäre letztlich für die Frage nach der Anwendbarkeit des HZÜ und der Frage nach der Abgrenzung von Zivil- und Handelssachen eine Verhältnismäßigkeitskontrolle vorzunehmen. Dies erscheint nicht praktikabel und das Ergebnis noch weniger vorhersehbar für den um rechtshilfeersuchenden Vertragsstaat sowie den betroffenen Kläger.

d. Ergebnis

Festzuhalten ist, dass eine staatsvertraglich-autonome Definition des Anwendungsbereichs des HZÜ anhand der Subordinationstheorie vorzunehmen ist. Letztlich bedarf es bezüglich der Bestimmung, ob eine Zivil- und Handelssache vorliegt, jeweils einer Untersuchung im konkreten Einzelfall, welche natürlich zu Rechtsunsicherheiten in der Anwendung des Übereinkommens im internationalen Rechtsverkehr führen kann. Der Streit um die Definition des Anwendungsbereichs in Deutschland entzündet sich immer an bestimmten konkreten Rechtsstreitigkeiten, die im Folgenden untersucht werden.

3. Fallgruppen

Anhand des gefundenen Ergebnisses hinsichtlich der Definition des Anwendungsbereichs des HZÜ werden im Folgenden die in der Praxis diskutierten Fallgruppen untersucht und die Anwendbarkeit des Übereinkommens auf sie bestimmt.

a. Zustellungen an Staaten

Neben Privatpersonen und Unternehmen können auch Staaten oder Bundesstaaten Beklagte eines ausländischen Zivilverfahrens sein, für das ein Zustellungsersuchen gestellt wird. Für die grundsätzliche Anwendung des HZÜ auf Zustellungen an Staaten soll sprechen, dass sich aus der Entstehungsgeschichte und den Materialien zum HZÜ kein Anhaltspunkt für die Einschränkung des Anwendungsbereichs des Übereinkommens auf Privatpersonen ergibt.[209]

aa. Vertragsstaatenpraxis

Zustellungen von Klagen, bei denen ein Staat der Klagegegner ist, werden in den Vertragsstaaten unterschiedlich gehandhabt.

§ 84 III ZRHO schreibt vor, dass im Fall eines Antrags auf Zustellung einer Klage, eines Mahnbescheids, einer Streitverkündung u. ä. gegen die Bundesrepublik Deutschland oder ein Bundesland Zweifel bestehen, ob dem Zustellungsersuchen entsprochen werden kann.[210] Die Bundesrepublik Deutschland ist der Ansicht, dass

209 Practical Handbook, Rn 22.

210 Allerdings stellt die ZRHO nur eine verwaltungsinterne Richtlinie dar, die keine Außenwirkung entfaltet.

jede Zustellung an einen Staat auf diplomatischem Wege zu erfolgen habe, da es sich nicht um eine Zivil- und Handelssache handele.[211]

Unklar ist, ob dies auch der Rechtspraxis in Deutschland bezüglich eingehender Zustellungsersuchen entspricht. Im Fall der US-amerikanischen Zivilklage gegen die Bundesrepublik Deutschland aufgrund der Niederschlagung des Herero-Aufstandes im Jahr 1904 wurde die Zustellung an die Bundesrepublik Deutschland nach dem HZÜ übermittelt. Es handelte sich um eine Klage der Volksgruppe der namibischen Herero. Diese machten vor einem US-Gericht aufgrund der Vernichtung des Stammes durch deutsche Kolonialtruppen im Jahre 1904, welche die Kläger als Völkermord qualifizierten, eine Schadensersatzklage gegen die Bundesrepublik Deutschland und deutsche Unternehmen anhängig.[212] Nachdem die zuständige Zentrale Behörde in Deutschland unter Berufung auf „deutsche Hoheitsrechte" sich geweigert hat, die in den Vereinigten Staaten eingereichte Klage zuzustellen, haben die Herero ihre Entschädigungsklage wegen Völkermordes gegen Deutschland zurückgezogen.[213] Unbekannt ist, ob dies aufgrund der Zustellungsverweigerung der deutschen Behörden erfolgte.

Nach dem Vorgängerübereinkommen, dem HZPÜ, dessen Anwendungsbereich ebenfalls Zivil- und Handelssachen erfasste, stellten deutsche Behörden einen Antrag auf Vollstreckbarkeit eines Schiedsspruchs gegen die Russische Föderation zu.[214] Verfahrensgegenstand war ein Schiedsspruch auf Zahlung einer Geldforderung und kein hoheitliches Handeln des Staates.[215]

Die Haltung der USA ist eindeutig. Dort gilt, dass jeder Klagegegner – auch ausländische Staaten oder deren Organe – Adressat einer Zustellung nach dem HZÜ sein kann.[216] Die Übermittlung von Zustellungen an Staaten ausschließlich auf dem diplomatischen Weg wird in den USA als antiquiert angesehen und die Vorteile einer Zustellung auf den anderen Übermittlungswegen des HZÜ sollen den Klägern und Beklagten auch in Fällen, in denen souveräne staatliche Einheiten Klagegegner sind, zugutekommen.[217] Wenn eine andere Art der Zustellung scheitert, dann erfolgt subsidiär gemäß 28 U.S.C. § 1608 (a) (4) die diplomatische Zustellung.

Der gleichen Ansicht hinsichtlich der Anwendbarkeit des HZÜ auf die Zustellung an Staaten als Beklagte ist auch der Hoge Raad der Niederlande.[218]

211 Questionnaire 2008, Antwort Deutschlands zur Frage 25.

212 Siehe detaillierte Untersuchung des Falles von Kämmerer/Föh, Archiv des Völkerrechts 42 (2004), 294–328.

213 Frankfurter Allgemeine Zeitung, 09.02.2004, Nr. 33, S. 1; siehe unten F. I.

214 KG, NJOZ 2001, 727–732.

215 KG, NJOZ 2001, 727 (729).

216 Foreign Sovereign Immunities Act of 1976 kodifiziert in 28 U.S.C. § 1608; Ristau, International Judicial Assistance, Band I, § 4–6; Ristau, Service of Process Abroad, S. 71 (85).

217 Ristau, International Judicial Assistance, Band I, § 4–6.

218 HR, 3 Oktober 1997, NJ 1998, S. 887, VS v. Delsman so berichtet im Practical Handbook, Rn 22.

Dagegen haben einige Staaten bei der Beantwortung des Questionnaire der Haager Konferenz zum HZÜ erklärt, dass sie an ausländische Staaten ausschließlich auf diplomatischem Wege zustellen würden.[219] Ausdrücklich geben Japan und die Schweiz an, dass die Zustellung von Klagen gegen ausländische Staaten, Staatsoberhäupter, Regierungsbehörden, Regierungsmitglieder, konsularische, diplomatische und gegen jeden anderen offiziellen staatlichen Vertreter, der für einen Staat oder ein staatliches Unternehmen tätig ist, auf diplomatischem Wege übermittelt werden würde.[220]

bb. Acta iure imperii und *acta iure gestionis*

Bei der Untersuchung der Anwendbarkeit des HZÜ auf Klagen gegen ausländische Staaten ist von Bedeutung, ob ein Staat privatrechtlich oder hoheitlich handelt.[221] Für die Unterscheidung galt früher der Grundsatz, dass die Einordnung der Staatstätigkeit als hoheitlich oder nichthoheitlich nach dem nationalen Recht des Gerichtes vorgenommen werden muss.[222] Heute zeichnet sich eine vordringliche Tendenz dafür ab, dass es für die Qualifizierung staatlichen Handelns als hoheitlich oder nicht-hoheitlich in erster Linie auf die Natur der jeweiligen Handlung und deren Zuordnung zu typischen Hoheitsaufgaben ankommt.[223] Es wird auf die objektive Natur des Handels abgestellt.[224] Demnach ist ein Handeln nicht-hoheitlich, wenn die gleiche Handlung auch von einer Privatperson hätte vorgenommen werden können.[225]

Für *acta iure gestionis* ist der Anwendungsbereich des HZÜ eröffnet. Es ist kein Grund ersichtlich, Staaten im Verfahren bezüglich Zivil- und Handelssachen anders zu behandeln als Private, wenn sie nicht hoheitlich handeln.[226] Denn Gegenstand von Verfahren betreffend *acta iure gestionis* ist das Bestehen oder Nichtbestehen privater Rechte und Rechtsverhältnisse gleichgeordneter Parteien. Der Staat tritt als privatrechtlich handelnd auf und ist daher in diesen Konstellationen eine gleichgeordnete Partei.

Es stellt sich die Frage, ob auch bei Zustellungsersuchen aufgrund von Klagen betreffend *acta iure imperii* der Anwendungsbereich des HZÜ eröffnet ist.

Diese Thematik tauchte zum Beispiel im Herero-Fall gegen die Bundesrepublik Deutschland auf. Das Handeln des Deutschen Reiches gegenüber den Herero ist als hoheitlich zu definieren, weil die Niederschlagung als Ausübung der Kolonialmacht

219 So Bulgarien, Schweden, Japan und die Schweiz siehe Summary of responses to the Questionnaire 2008, Rn 180.
220 Summary of responses to the Questionnaire 2008, Rn 181.
221 Siehe auch C. I.
222 Ipsen, S. 377.
223 Herdegen, S. 274.
224 Stein/von Buttlar, Rn 719.
225 Stein/von Buttlar, Rn 719.
226 So auch KG, NJOZ 2001, 727 (729).

erfolgte. Über den Herero-Fall hinaus ist diese Untersuchung des Anwendungsbereichs auch bei anderen Staatshaftungsklagen gegen die Bundesrepublik Deutschland von Relevanz, wie zum Beispiel von Zwangsarbeitern auf Schadensersatz[227] oder von Holocaustopfern auf Entschädigung.[228]

Im europäischen internationalen Zivilverfahrensrecht gilt, dass zwischen *acta iure imperii* und *gestionis* bei der Anwendung von Übereinkommen und Verordnungen differenziert wird. Der EuGH hat zum EuGVÜ entschieden, dass Schadensersatzforderungen aufgrund von Kriegsverbrechen nicht als Zivilsache im Sinne des EuGVÜ zu werten sind.[229] Ebenso sind im Anwendungsbereich der EG-Verordnung zur Einführung eines europäischen Vollstreckungstitels für unbestrittene Forderungen[230] in Art. 2 I und in Art. 2 I der Verordnung zur Einführung eines Europäischen Mahnverfahrens[231] die Haftung des Staates für Handlungen und Unterlassungen im Rahmen der Ausübung hoheitlicher Rechte ausgeschlossen. Die EuZVO schließt in Art. 1 I 2 die Haftung des Staates für Handlungen und Unterlassungen im Rahmen der Ausübung hoheitlicher Gewalt aus ihrem sachlichen Anwendungsbereich aus. Im Umkehrschluss ist demnach für privatrechtliches Handeln des Staates der Anwendungsbereich der EuZVO eröffnet.

Bei der Untersuchung der Eröffnung des Anwendungsbereichs des HZÜ für *acta iure imperii* ist zu beachten, dass im Einklang mit Art. 9 II HZÜ eine Zustellung an einen Staat auf diplomatischem Weg erfolgen kann.[232] Danach kann jeder Vertragsstaat, wenn außergewöhnliche Umstände dies erfordern, zum Zweck der Zustellung gerichtlicher Schriftstücke den diplomatischen Weg benutzen. Solche außergewöhnlichen Umstände werden für Zustellungen an Staaten angenommen.[233] Selbst wenn also die Eröffnung des Anwendungsbereichs bejaht wird, bedeutet es also nicht, dass der diplomatische Weg verschlossen ist, sondern im HZÜ ausdrücklich vorgesehen. Daher kann die Praxis der Vertragsstaaten nur bedingt Auskunft darüber geben, ob die diplomatische Zustellung an ausländische Staaten und ihre Vertreter über das HZÜ und dann über Art. 9 II HZÜ erfolgen oder ob direkt, ohne Beachtung der Vorgaben des HZÜ, der diplomatische Weg gewählt wird.

Gegen die Anwendung des HZÜ auf *acta iure imperii* spricht jedoch, dass Gegenstand des Verfahrens bei Klagen aufgrund hoheitlichen Handelns nicht private Rechte und Rechtsverhältnisse sind, wie es für eine Zivil- und Handelssache nach der Subordinationstheorie Voraussetzung wäre. Das Rechtsverhältnis zwischen den Parteien ist geprägt durch das hoheitliche Handeln des Staates. Hierfür ist der Anwendungsbereich der Zivil- und Handelssachen des HZÜ jedoch nicht eröffnet.

---

227 Siehe zu diesen Klagen Vagts/Murray, ZZPInt 7 (2002), 333–368.
228 Rasmussen-Bonne, in: FS Hay, 323 (340).
229 EuGH, 15.2.2007 – Rs. C-292/05 – Lechouritou u.a./Bundesrepublik Deutschland, EuZW 2007, 252.
230 Nr. 805/2004 vom 21.4.2004, ABl EG 2004, Nr. L 143, S. 15.
231 Nr. 1896/2006 vom 12.12.2006, ABl EU Nr. L 399, S. 1.
232 Hierauf verweist das Practical Handbook, Rn 23.
233 Practical Handbook, Rn 23.

cc. *Ergebnis*

Ist Streitgegenstand des Verfahrens für das Rechtshilfe ersucht wird, ein hoheitliches Handeln des Staates, kommt das HZÜ nicht zur Anwendung.[234] Daher durfte das Zustellungsersuchen im Herero-Fall schon aus diesem Grunde abgelehnt werden. In Fällen, in denen der Bund oder die Bundesländer aufgrund ihres privatrechtlichen Handelns Partei eines ausländischen Verfahrens sind, ist das HZÜ hingegen anwendbar.[235]

Dies muss bei der Anwendung der Verwaltungsrichtlinie des § 84 III ZRHO beachtet werden. Bei der Handhabung von Fällen, die *acta iure gestionis* betreffen, ist die Regelung entsprechend dem Anwendungsbereich des HZÜ auszulegen. Der grundsätzliche Verweis auf diplomatische Rechtshilfewege bei Klagen gegen den Staat oder ein Bundesland, wie ihn die Bundesrepublik Deutschland vornimmt, entspricht nicht der richtigen Auslegung des Anwendungsbereichs des HZÜ.

Andererseits darf – wie dies in den USA gehandhabt wird – aufgrund der Beschränkung des Anwendungsbereichs auf Zivil- und Handelssachen nicht jedes Zustellungsersuchen gegen einen anderen Staat weitergeleitet werden, ohne dass nach dem Charakter des in Frage stehenden staatlichen Handelns differenziert wird.

b. *Zustellungen an ein Organ eines Staates*

Die Anwendung des HZÜ wird auch für Zustellungen von Klagen gegen Organe eines Staates diskutiert. Da der Anwendungsbereich des HZÜ vertragsautonom zu qualifizieren ist, kommt es nicht darauf an, welchem Gerichtszweig der nationale Gesetzgeber die Streitigkeiten zwischen Organen des Staates und den Klägern zuordnet, sondern der materiell-rechtliche Gehalt des Gegenstandes der Streitigkeit ist entscheidend.[236] Dies folgt zum einen aus Art. 13 II HZÜ, der besagt, dass die Erledigung eines Zustellungsantrags nicht allein aus dem Grund abgelehnt werden darf, dass der ersuchte Staat nach seinem Recht die ausschließliche Zuständigkeit seiner Gerichte für die Sache in Anspruch nimmt oder ein Verfahren nicht kennt, das dem entspricht, für das der Antrag gestellt wird. Zum anderen folgt dies aus der Methodik der staatsvertraglich-autonomen Auslegung, die der EuGH entwickelt hat und an der sich die Auslegung des Art. 1 I HZÜ orientiert.

Für Amtshaftungsstreitigkeiten aufgrund von hoheitlichem Handeln ist der Anwendungsbereich des HZÜ nicht eröffnet.[237] Handelt das Organ des Staates privatrechtlich, dann kann der Anwendungsbereich des Übereinkommens hingegen eröffnet sein.[238] So entschied ein englisches Gericht, dass im Fall der Klage der Kuwait Airways Corporation gegen die Iraqi Airways aufgrund von Zurückbehaltung und Benutzung

---

234 So auch Bischof, S. 246; Rasmussen-Bonne, in: FS Hay, 323 (340).
235 So auch Ristau, International Judicial Assistance, Band I, § 4-6.
236 Siehe B.IV.1.e.-g.
237 Vergleiche B.IV.3.a.; a.A. Maack, S. 97.
238 Zur Verweigerung der Zustellung aufgrund diplomatischer Immunität siehe F.II.

von Flugzeugen der Kuwait Airways Corporation durch die Iraqi Airways die Zustellung nach den Regeln des HZÜ erfolgt. Zu Recht begründete das Gericht dies damit, dass die streitgegenständlichen Handlungen keine hoheitlichen Akte sind.[239]

c. *Zustellungen von* antisuit injunctions

Gegenstand der Untersuchung in Literatur und Rechtsprechung waren auch Zustellungsersuchen bezüglich *antisuit injunctions.*[240]

aa. *Rechtsinstrument der* antisuit injunction

Die *antisuit injunction* ist ein Prozessführungsverbot, was auf Antrag einer Partei erlassen wird, die für sich im Verhältnis zum Adressaten der Verfügung ein „right not to be sued abroad" in Anspruch nimmt.[241] Zum einen ist die *antisuit injunction* formal an den Kläger des ausländischen Verfahrens gerichtet, und zum anderen handelt es sich um eine zwischen Privaten wirkende Verhaltensanweisung.[242] Das Rechtsinstrument der *antisuit injunction* soll unzulässiges *forum shopping* außerhalb des Gerichtsstaates sowie Parallelverfahren und Verstöße gegen Schiedsklauseln und Gerichtsstandsvereinbarungen unterbinden. Die persönliche Zustellung der *antisuit injunction* ist Voraussetzung für ihre Vollstreckung in England.[243]

Auch in anderen Ländern des *common law* werden *antisuit injunctions* durch Gerichte erlassen.[244] Jedoch sind die Voraussetzungen für den Erlass an im Ausland ansässige Verfahrensteilnehmer zumeist strenger als in England. In den USA werden im Gegensatz zu England *antisuit injunctions* nur erlassen, um parallele Verfahren abzuwehren.[245] Dabei ist Voraussetzung, dass die Parteien und der Streitgegenstand

---

239 Kuwait Airways Corporation v. Iraqi Airways (1995) 1 WLR 1147; siehe auch http://www.publications.parliament.uk/pa/ld200102/ldjudgmt/jd020516/kuwait-1.htm für den weiteren Verlauf des Falles.

240 Da nunmehr die EuZVO gilt, wird sich die Problematik im Rahmen des HZÜ im Rechtsverkehr mit England nicht mehr stellen (Siehe EuGH, 27.4.2004 – Rs. C-159/02 – Turner/Grovit u.a., EuZW 2004, 468). Dennoch können sich die gleichen Probleme bei Zustellungsersuchen für *antisuit injunctions* von anderen *common law* Ländern z.B. den USA stellen.

241 Hau, IPRax 1997, 245 (246).

242 Naumann, S. 13.

243 Maack, S. 65 mwN.

244 Überblick über *antisuit injunctions* in den Ländern des *common law* in Krause, 166–204; siehe zum Erlass einer *antisuit injunction* im US-Bundesstaate Georgia und ihre Anerkennung und Vollstreckung in Frankreich Illmer, IPRax 2010, 456–464.

245 Überblick über die ansonsten uneinheitliche US-Rechtslage bezüglich der Voraussetzungen für den Erlass von *antisuit injunctions* gegen Kläger in Verfahren im Ausland siehe Krause, S. 170–187; McCaffrey/Main, S. 63; Smith, RIW 1993, 802 (804).

identisch sind.[246] Nach der strikten Ansicht des Zweiten, Dritten, Sechsten und des D.C. Circuit Court verbietet die Wahrung des Grundsatzes der *international comity*[247] sogar den Erlass von *antisuit injunctions.*[248] Der Grundsatz der *international comity* gebietet die wechselseitige Rücksichtnahme auf die Interessen anderer Staaten. Eine Ausnahme vom Verbot der *antisuit injunctions* wird in Fällen der Zuständigkeitsumgehung des US-Gerichtes oder Verstößen gegen „important public policy" gemacht.

Ein gutes Beispiel dafür, welche Situation entstehen kann, wenn zwei Gerichte ausländischer Staaten jeweils *antisuit injunctions* erlassen, ist der Fall Laker.[249] Auf den Erlass einer *antisuit injunction* eines englischen Gerichtes[250] reagierte das angerufene US-amerikanische Gericht[251] mit dem Erlass einer *counter-antisuit injunction.*[252]

bb. Einordnung als Zivil- und Handelssache

Bei *antisuit injunctions* handelt es sich um Zivil- und Handelssachen im Sinne des Art. 1 HZÜ[253], da derjenige, der eine *injunction* geltend macht, sich auf ein privates Recht, dem „right not to be sued abroad" gegenüber einer anderen Privatperson beruft. Die Parteien stehen sich gleichrangig gegenüber. Daher sind *antisuit injunctions* nach der Subordinationstheorie als zivilrechtlich einzuordnen.

Auch die Anwendbarkeit des EuGVÜ und der Verordnung (EG) Nr. 44/2001 des Rates über die gerichtliche Zuständigkeit und die Anerkennung und Vollstrecklung von Entscheidungen in Zivil- und Handelssachen[254] für *antisuit injunctions* wird bejaht, denn die *injunction* ist an den Kläger des ausländischen Verfahrens gerichtet und es handelt sich um eine zwischen Privaten wirkende Verhaltensanweisung.[255] Allerdings wird die Anwendbarkeit des EuGVÜ und der EuGVO auf Verfahren, die zum Erlass einer *antisuit injunction* führen, aufgrund der Verletzung einer Schiedsvereinbarung mit Hilfe der Ausnahmevorschrift des Art. 1 II Nr. 4 EuGVÜ/ Art. 1 II lit. d EuGVO verneint.[256]

---

246 Krause, S. 170.
247 Siehe zur international comity Schmidt, RIW 2006, 492 (496); ebenso E.II.1.a.aa.
248 Gau Shan Co., Ltd. v. Bankers Trust Co., 956 F. 2d 1349 (6th Cir. 1992).
249 Siehe hierzu ausführlich Hartley, 35 Am. J. Comp. L. 487 (1987); Grothe, 24 NUCL, 33 (34–35) (2007) mwN; Naumann, S. 40.
250 British Airways Board v. Laker Airways Ltd. (1984) 1 Q.B. 142.
251 Laker Airways Ltd. v. Pan American World Airways, 559 F. Supp. 1124 (D.D.C. 1983).
252 Auch *anti-antisuit injunction* genannt siehe Hartley, 35 Am. J. Comp. L. 487 (488) (1987).
253 So auch Hau, IPRax 1997, 245 (246).
254 ABl EG 2001 Nr. L 12/1, im Folgenden: EuGVO.
255 EuGH, 27.4.2004 – Rs. C-159/02 – Turner/Grovit u.a., EuZW 2004, 468; siehe die ausführliche Anmerkung hierzu von Dutta/Heinze, ZEuP 2005, 428–461; Dutta/ Heinze, RIW 2007, 411; Krause, RIW 2004, 533 ff.; Maack, S. 136; Naumann, S. 13.
256 EuGH, 10.2.2009 – Rs. C-185/07 – Allianz SpA, vormals Riunione Adriatica Di Sicurtà SpA u.a./West Tankers Inc., EuZW 2009, 215 (217); siehe hierzu u.a. Anmerkungen

Da im Anwendungsbereich des HZÜ eine solche Ausnahmevorschrift für Schiedsverfahren aber nicht kodifiziert ist, im Gegenteil die Möglichkeit der Zustellung für außergerichtliche Schriftstücke sogar in Art. 1 I HZÜ ausdrücklich vorgesehen ist, steht der Anwendung des HZÜ auch für Zustellungen im Rahmen von Verfahren zum Erlass von *antisuit injunctions* aufgrund von Schiedsvereinbarungen nichts im Wege.

d. Zustellung von punitive damages*-Klagen*

Besondere Aufmerksamkeit haben solche Klagen erhalten, bei denen die Kläger in den USA gegenüber dem in Deutschland ansässigen Beklagten *punitive damages* geltend machen.[257] Auch dem US-amerikanischen Recht ist das Konzept des Kompensationsschadens bekannt, durch den die verletzte Partei in ihre rechtmäßige Position zurückversetzt wird, die sie ohne das Fehlverhalten des Schädigers innehätte.[258] Der Kläger macht mit *punitive damages* über den kompensatorischen Schadensersatz hinaus eine Bestrafungssumme[259] geltend. Ihr Ziel ist die Veränderung des Verhaltens des Beklagten in der Zukunft.[260] Dies soll durch Bestrafung, Rehabilitation und Abschreckung erreicht werden.[261]

In den USA sind je nach Recht der Bundesstaaten die Ansprüche auf *punitive damages* unterschiedlich ausgestaltet.[262] Seit der Entscheidung des Supreme Court im Fall State Farm Mutual Automobile Insurance Co. v. Campbell muss jedoch die Höhe des tatsächlich entstandenen Schadens und der Betrag der *punitive damages* in einem angemessenen Verhältnis stehen.[263] Dabei gilt ein Verhältnis von 9:1 regelmäßig als Höchstgrenze, 4:1 und 2:1 sind die gewöhnlichen Orientierungswerte. Verurteilungen, die solche Höchstgrenzen überschreiten, verstoßen nach Ansicht des Supreme Court gegen die *due process* Klausel, dem 14. Verfassungszusatz.[264]

---

von Lehmann, NJW 2009, 1645–1648, Pfeiffer, LMK 2009, 276971; Schroeder, EuZW 2009, 218; Dutta/Heinze, RIW 2007, 411 (416–419); Krause, RIW 2004, 533 (540); Maack, S. 140–149; a.A. Naumann, S. 127–180.

257 Grundlegend zu *punitive damages* Corrigan/Wilske, RIW 2007, 32; Klode, NJOZ 2009, 1762 ff; Mörsdorf-Schulte, Funktion und Dogmatik US-amerikanischer *punitive damages*; Müller, *Punitive Damages* und deutsches Schadensersatzrecht; zur Entwicklung der Rechtsprechung in den USA siehe Nodoushani, VersR 2005, 1313 ff; Schlueter, *Punitive Damages*; Thomas/Wilske, RIW 2008, 668–671.

258 Garrity, 45 Washburn L.J. 395 (397) (2006) mwN.

259 Oft wird der Begriff des Strafschadensersatzes gewählt, kritisch zu diesem Begriff Merkt, S. 65, da mit der über den Schadensersatz hinausgehenden Summe kein Schaden ersetzt wird, sondern eine reine Bestrafung erzielt werden soll.

260 Garrity, 45 Washburn L.J. 395 (398) (2006).

261 Schlueter, S. 72.

262 Siehe die grundlegende Untersuchung in Fritz, S. 18 ff; Merkt, S. 74–86.

263 State Farm Mutual Automobile Insurance Co. v. Campbell, 538 U.S. 408 (2003).

264 Darstellung des State Farm Urteils siehe Fritz, S. 101–107; Schwarze, NZG 2003, 804 ff.

Danach darf der Staat keinem Bürger das Leben, die Freiheit oder das Eigentum entziehen ohne diesem vorher rechtliches Gehör zu gewähren.

In England sind die mit *punitive damages* vergleichbaren *exemplary damages* 1964 durch das House of Lords als allgemeine Institution abgeschafft bzw. auf wenige Fallgruppen beschränkt worden.[265] Vor allem, wenn der Täter bewusst darauf spekuliert, dass sein Gewinn höher als jeder Kompensationsschadensersatz liegt, können *exemplary damages* verhängt werden.[266]

aa. Grundsätzliche Einordnung von punitive damages *als Zivil- und Handelssachen*

Zum Teil wird vertreten, dass es sich bei *punitive damages*-Klagen nicht um Zivil- und Handelssachen handele, und daher das HZÜ nicht anwendbar sei.[267] Gegen die Einordnung von *punitive damages* unter den Begriff der Zivilsache spreche schon der Terminus, der auf eine irgendwie geartete Funktion als Strafe hindeutet.[268] Zwar könne es richtig sein, dass die *punitive damages* auch zum Ausgleich zivilrechtlicher Ansprüche dienen, es überwiege aber der pönale Charakter des „Strafschadensersatzes", was schon die teilweise horrenden Beträge zeigen, die nicht mehr mit einer zivilrechtlichen Ausgleichsfunktion zu erklären seien.[269]

Ein Individualanspruch einer Privatperson gegen eine andere bestünde nicht.[270] Nur der Jury stünde das Recht zur Verhängung von *punitive damages* auf Antrag des Geschädigten zu.[271] Die Jury greife damit aus einer Position der Überordnung heraus in den Rechtsbereich des Schädigers ein.[272] Dies geschehe einseitig, da der Schädiger hierauf keinen Einfluss nehmen könne.[273]

Vertreter der Qualifikationsmethode nach dem Schwerpunkt der verfolgten Interessen, sind der Ansicht, dass bei einem unverhältnismäßig zum Schaden stehenden Betrag der *punitive damages* die Sanktionsleistung im Vordergrund stehe.[274] Diese trete im Gewand des „Schadensersatzes" als staatlicher Strafanspruch auf.[275] Der „Schadensersatz" werde zum funktionalen Äquivalent der Geldstrafe.[276]

---

265 Rookes v. Barnard (1964) 1 All ER 367.

266 zu den Einzelheiten in Mediensachen siehe Stürner, AfP 1998, 1 (4).

267 So z.T. Justizbehörden in den 1980er Jahren nach der Zusammenstellung der Praxis in Böhmer, NJW 1990, 3049 (3050–3051); ebenso Hollmann, RIW 1982, 784 (786); Merkt, S. 64 ff.; Mörsdorf-Schulte, S. 296; Schütze, in: FS Boguslavskij, S. 325 (327–328); Wölki, RIW 1985, 530 (533).

268 Schütze, in: FS Boguslavskij, S. 325 (327).

269 Schütze, in: FS Boguslavskij, S. 325 (327–328); Wölki, RIW 1985, 530 (533).

270 Mörsdorf-Schulte, S. 296.

271 Mörsdorf-Schulte, S. 296.

272 Mörsdorf-Schulte, S. 296.

273 Mörsdorf-Schulte, S. 296.

274 Merkt, S. 57.

275 Merkt, S. 57.

276 Merkt, S. 57.

Das OLG München hat 1989 entschieden, dass der Zustellung die Rechtsnatur der eingeklagten *punitive damages* nicht entgegenstünde.[277] *Punitive damages* seien dem Zivilrecht zuzuordnen.[278] Der Senat hat dies an drei Kriterien festgemacht: Erstens handele es sich um einen Individualanspruch einer Privatperson gegen eine andere, den durchzusetzen ihrer eigenen Entscheidungsfreiheit unterliegt; zweitens erhalte die Schadensersatzsumme allein der Geschädigte; drittens seien *punitive damages* nicht als Kriminalstrafe ausgebildet.[279] Der zu *punitive damages* Verurteilte gelte weder als vorbestraft, noch werde die Verurteilung in ein Register eingetragen.[280] Aufgabe des Strafrechts sei dagegen die Durchsetzung einer Kriminalstrafe durch den Staat.[281] Modifizierte Ausnahmen, wie zum Beispiel das deutsche Privatklageverfahren, können dabei außer Acht bleiben, letzteres diene der Verhängung einer Kriminalstrafe.[282]

Der BGH hat in seinem Urteil zur Vollstreckbarkeit von *punitive damages*-Klagen ebenfalls festgehalten, dass es sich hierbei um eine Zivilsache handelt.[283] Urteile in Zivilsachen seien Entscheidungen über das Bestehen oder Nichtbestehen privater Rechte und Rechtsverhältnisse gleichgeordneter Parteien.[284] *Punitive damages* seien eine besondere Art des Schadensersatzes zwischen Privatpersonen, unabhängig von rechtspolitischen Erwägungen.[285] Er werde auf Veranlassung eines einzelnen betrieben.[286] Es handele sich jedenfalls dann um eine Zivilsache, wenn der Strafschadensersatz an den Geschädigten selbst zu entrichten sei; etwas anderes sei anzunehmen, wenn die *punitive damages* an den Staat oder an eine andere Institution flössen.[287]

In der deutschen Literatur wird überwiegend die Ansicht vertreten, dass auf die Zustellung einer Klage auf *punitive damages* wegen des Vorliegens einer Zivil- und Handelssache das HZÜ Anwendung findet.[288] Ausschlaggebend für den

---

277 OLG München, NJW 1989, 3102; so auch OLG Celle, Beschluss vom 20.7.2006 – 16 VA 4/05, BeckRS 2006, 9152; OLG München, Beschluss vom 7.6.2006 – 9 VA 3/04, BeckRS 2006, 7453; OLG Frankfurt a.M., NJOZ 2006, 3575; OLG Düsseldorf, NJW-RR 2010, 573 (574); KG, Beschluss vom 25.10.2012 – 1 VA 11/12, BeckRS 2012, 25092.

278 OLG München, NJW 1989, 3102.

279 OLG München, NJW 1989, 3102 (3103).

280 OLG München, NJW 1989, 3102 (3103).

281 OLG München, NJW 1989, 3102 (3103).

282 OLG München, NJW 1989, 3102 (3103).

283 BGH, NJW 1992, 3096 (3102); so auch japanische Gerichte zum § 200 ZPG a.F., der dem deutschen § 328 ZPO nachgebildet war, siehe Nachweise in Fritz, S. 128–130.

284 BGH, NJW 1992, 3096 (3102).

285 BGH, NJW 1992, 3096 (3102).

286 BGH, NJW 1992, 3096 (3102).

287 BGH, NJW 1992, 3096 (3102).

288 Bischof, S. 57; Bungert, ZIP 1992, 1707 (1709); Fritz, S. 131 ff.; Ghassabeh, S. 189; Geimer in Zöller, § 363 ZPO, Rn 86 (zum HBÜ); G. Geimer, S. 76; von Hein, RIW 2007, 249 (251); Koch/Diedrich, ZIP 1994, 1830 (1831); Morisse, RIW 1995, 370 (371); Müller, S. 17; Piekenbrock, IPRax 2006, 4 (8); Schack, Einführung, Rn 97; Stiefel/

zivilrechtlichen Charakter der *punitive damages* sei die Tatsache, dass der Geschädigte aufgrund freier Entscheidung einen Individualanspruch gegen eine andere Privatperson durchsetzt, wobei beide Parteien verfahrensmäßige Waffengleichheit besäßen.[289] Es komme daher nicht darauf an, ob etwa auch die Gewinnabschöpfung im Interesse der Allgemeinheit liegt, weil dieses Ziel mit den Mitteln des Straf- und Ordnungswidrigkeitenrechts, des Verwaltungsrechts oder des Zivilrechts erreicht werden könne. Der Gesetzgeber könne sich auch zum Schutz der Allgemeininteressen privatrechtlicher Organisationsformen bedienen, so zum Beispiel in §§ 4 ff. EEG. Auch ein außerordentlich großes Klägerfeld könne keine Behörde darstellen.[290]

Zwar haben *punitive damages* ganz wesentlich eine Straf- und Abschreckungsfunktion. Jedoch ist auch in Deutschland bekannt, dass zivilrechtliche Ansprüche zugleich auch öffentliche Interessen verfolgen.[291] Als Beispiel wird § 10 UWG und § 34a GWB erwähnt, die eine Klagebefugnis von Wettbewerbsvereinen und Verbraucherschutzvereinigungen einräumen und auch ein Instrument zur Durchsetzung ordnungspolitischer Ziele darstellen.

Zum Teil wird vertreten, dass die Abschreckungs- und Straffunktionen der *punitive damages* nur als Ergänzung des Kompensationsgedankens anzusehen seien und nichts an dem privatbegünstigenden und damit zivilrechtlichen Charakter ändere, den solch ein Strafschadensersatzanspruch habe.[292]

Die Eröffnung des Anwendungsbereiches des HZÜ für *punitive damages* verdient grundsätzlich Zustimmung. Es bleibt nach der materiell-rechtlichen Betrachtungsweise, der Anwendung der Subordinationstheorie und der Betrachtung des Empfängers des Strafschadens – nämlich Privatpersonen – dabei, dass trotz großer Summen, die gerade Unternehmen durchaus als wirtschaftliche Strafe empfinden sollen, *punitive damages* zivilrechtlicher Natur sind. *Punitive damages* sind keine Geldstrafen, die der Staat gegen die Beklagten auf eigenes Betreiben verhängt. Zwar haben sie strafenden Charakter und dienen oft der Verfolgung ordnungspolitischer Interessen. Dennoch tritt hier nicht der Staat gegen den Einzelnen auf. Es bleibt bei einem privatrechtlichen Gegeneinander und keine Auseinandersetzung im Über-/Unterordnungsverhältnis. Auch vollstreckt der Staat nicht die verhängten *punitive damages.* Dies obliegt allein dem begünstigten Bürger. Hier liegt der entscheidende Unterschied zu einer Geldstrafe, der die Einordnung von *punitive damages* als Zivil- und Handelssache ermöglicht.

Stürner, VersR 1987, 829 (837); Stürner, in: FS Schlosser, 967 (968); Stürner, AfP 1998, 1 (2).

289 Bischof, S. 57.

290 Piekenbrock, IPRax 2006, 4 (8).

291 Morisse, RIW 1995, 370 (371).

292 Koch/Diedrich, ZIP 1994, 1830 (1831).

Die Tatsache, dass der Jury das Recht zur Verhängung von *punitive damages* zusteht, ändert nichts an der Einordnung als Zivil- und Handelssache. Sie ist Teil der Zivilgerichtsbarkeit in den USA und handelt nicht hoheitlich als Quasi Exekutive. Als Judikativorgan handelt sie nur auf Betreiben der Parteien. Wird ein Verfahren im Vergleich beendet, ist der Jury aufgrund der Dispositionsmaxime der Parteien die Möglichkeit der Verhängung von *punitive damages* verwehrt. Ihr steht kein eigenständiges Recht hierzu zu.

Auch in den USA wird die Rechtsnatur von *punitive damages* diskutiert und deren Einordnung als zivilrechtlich aufgrund ihrer Zielsetzung zum Teil angezweifelt.[293] Der Supreme Court ordnet *punitive damages* Ansprüche als zivilrechtlich ein.[294] Als entscheidendes Argument für die Einordnung als zivilrechtlich wird angeführt, dass strafrechtliche Sanktionen vom Staat für Fehlverhalten gegen die Gesellschaft als Ganzes verhängt werden und die Bestrafung keiner einzelnen Privatperson zu Gute kommt.[295] *Punitive damages* entsprechen zwar nicht den klassischen zivilrechtlichen *remedies*, die den Kläger „whole“ machen, sie sind jedoch nicht als strafrechtlich zu qualifizieren. Für eine zivilrechtliche Einordnung der *punitive damages* spricht es insbesondere dann, wenn sie dem Kläger zu Gute kommen. Dies ist jedoch nicht immer der Fall, da *punitive damages* auch dem Staat bzw. staatlichen Fonds gemäß sogenannter *split-recovery statutes* zufließen können.

bb. Split-recovery Statutes

In vielen Bundesstaaten der USA treffen der Gesetzgeber oder die Gerichte in ihren Entscheidungen Regelungen über die Aufteilung der *punitive damages* zwischen dem Gläubiger, dem Staat, gemeinnützigen Einrichtungen und dem Anwalt des Klägers.[296] Die sogenannte Gemeinnützigkeitsquote begünstigt die Staatskasse oder gemeinnützige Institutionen, z.B. den *Tort Victims' Compensation Fund.*[297]

---

293 Siehe zur Diskussion Schlueter, S. 71–74 mwN.

294 Browning-Ferris Industries v. Kelco Disposal, Inc., 492 U.S. 257 (1989); siehe jedoch die Minderheitsauffassung im Fall Philip Morris USA v. Williams, 127 S. Ct. 1057 (2007) mit Besprechung Berger/Wilske, RIW 2007, 245 (247).

295 Schlueter, S. 74.

296 Garrity, 45 Washburn L.J. 395 (395–414) (2006); Goldstein, 38 Colo. Law. 105 (2009); McQuiston, 38 Colo. Law. 105 (2009); Rietema, 31 Harv. J.L. & Pub. Pol'y 1159 (2008), der die rechtfertigende Grundlage für *split-recovery schemes* wanken sieht nach der Supreme Court Entscheidung Philip Morris USA v. Williams, 127 S. Ct. 1057 (2007); Sharkey, The Yale Law Journal, Vol. 113 (2003), 347–453 auf der Suche nach einer rechtfertigenden Grundlage für *split-recovery statutes.*

297 Mo. Ann. Stat. § 537.675 (2) (2000).

In Alaska[298], Kalifornien[299], Georgia[300], Illinois[301], Indiana[302], Iowa[303], Missouri[304], Oregon[305], Ohio[306] und Utah[307] werden zwischen 50–75% der *punitive damages* Summe an den Staat abgeführt. Gesetzgebungsinitiativen zur Einführung der gesamten Abführung der zugesprochenen *punitive damages* Summe an den Staat scheiterten bisher.[308]

Dabei wird zum Beispiel in Iowa wie folgt differenziert: Tatbestandsvoraussetzung, um *punitive* oder *exemplary damages* zuzusprechen, ist zunächst, dass nach eindeutiger, überzeugender und ausreichender Beweislage das Verhalten des Beklagten eine absichtliche und mutwillige Missachtung der Rechte und Sicherheit anderer darstellt: „by preponderance of clear, convincing and satisfactory evidence, the conduct of the defendant from which the claim arose constituted willful and wanton disregard for the rights or safety of another".

Der Kläger darf den gesamten Betrag der *punitive damages* für sich behalten, wenn das Verhalten des Beklagten sich unmittelbar gegen den Kläger oder eine Person, von der der Anspruch des Klägers stammt, richtet: „the conduct of the defendant was directed specifically at the claimant, or at a person from which the claimant's claim is derived." Liegen diese Voraussetzungen nicht vor, dann werden nach Abzug aller Kosten und Gebühren maximal 25% an den Kläger gezahlt. Der restliche Betrag wird in den *civil reparations trust fund* gezahlt, der vom *state court administrator* verwaltet wird. Auszahlungen aus dem Fonds erfolgen nur zum Zwecke von *indigent civil litigation programs* oder *insurance assistance programs.* Um in den Genuss einer Auszahlung zu kommen, können sich solche Programme um Mittel aus dem Fonds bewerben.

Die Einordnung von *punitive damages*, die an den Staat fließen, als zivilrechtlich wird auch in den USA als kritisch erachtet. So bezweifelte Justice Stevens als Vertreter der Minderheiten-Auffassung im Fall Philip Morris USA v. Williams[309], dass in solchen Fällen kein großer Unterschied zwischen Kriminalstrafe und *punitive damages*

298 Alaska Stat. § 09.17.020 (j) (2006), 50% der *punitive damages* werden dem Staat zugesprochen.

299 Ca. Civil Code § 3294 (2006), 75%.

300 Ga. Code Ann. § 51.12.5.1 (2) (1998), 75%.

301 Ill. Comp. Stat. 5/2-1207 (2006), im Ermessen des Gerichtes.

302 Ind. Code Ann. § 34–51–3–6 (1999), 75%.

303 Iowa Code Ann. § 668 A.1 (2) (b) (1998), 75%.

304 Mo. Ann. Stat. § 537.675 (2) (2000), 50%.

305 Or.Rev.Stat. § 31.735 (2005), 60%.

306 Dardinger v. Anthem Blue Cross & Blue Shield, 98 Ohio St.3d 77, 2002-Ohio-7113, danach liegt es im Ermessen der Gerichte einen Teil der *punitive damages* dem Staat zu zusprechen.

307 Utah Code Ann. § 78B-8-201 (3) (a) (2004), 50% bei einem Betrag über $ 50.000.

308 Siehe Garrity, 45 Washburn L.J. 395 (395–414) (2006).

309 Philip Morris USA v. Williams, 127 S. Ct. 1057 (2007).

bestünde: „There is little difference between the justification for a criminal sanction, such as a fine or a term of imprisonment, and an award of punitive damages".[310]

Einige Delegationen bei der Expertensitzung der Haager Konferenz im Jahr 1989, darunter auch die aus Frankreich und den Niederlanden, sahen die Tatsache, dass der Schadensersatz bei *punitive damages* dem Kläger und nicht dem Staat zufließen, als entscheidend an, sie als Zivil- und Handelssache zu qualifizieren.[311] Wenn der Schadensersatz an den Staat fließt, dann bestehen im Umkehrschluss Zweifel an der Einordnung.

Bei *punitive damages*, die zum Teil an den Staat abzuführen sind, bestehen auch in der deutschen Literatur Zweifel an der Qualifizierung als Zivil- und Handelssache.[312]

Auch der BGH hat in seiner Entscheidung zur Anerkennung von *punitive damages* ausdrücklich bestimmt, dass die Einordnung als Zivilsache nicht gelte, wenn die *punitive damages* an den Staat oder an eine andere Institution flössen.[313]

cc. Stellungnahme

Bei der Zustellung einer Klage auf *punitive damages*, die eine Verurteilung zur Zahlung nach *split-recovery statutes* zur Folge haben könnte, liegt keine Zivil- und Handelssache vor. Der Anwendungsbereich des Art. 1 HZÜ ist für solche Streitigkeiten nicht eröffnet.

Die eigentliche zivilrechtliche Streitigkeit gewinnt dadurch öffentlich-rechtlichen Charakter, dass ein Teil der als Sanktion der Rechtsverletzung ausgeurteilten Summe der öffentlichen Hand zur Erfüllung ihrer Verpflichtungen zufließen soll. Mit den Zielen der Auszahlung zum Beispiel für die Opferentschädigung in Missouri oder mit einer Art Prozesskostenhilfe in Iowa werden öffentlich-rechtliche Anliegen des Staates verfolgt. Zwar steht im Vordergrund weiterhin ein Rechtsstreit zwischen zwei nicht staatlichen Akteuren und dessen Gegenstand ist das Bestehen oder Nichtbestehen privater Rechte bzw. Rechtsverhältnisse zwischen zwei gleichgeordneten Parteien. Jedoch ist seitens der Schadensersatzberechtigten der staatliche Fonds ein wesentlicher „unsichtbarer" Beteiligter am Zivilverfahren. Dies wird zum Beispiel dadurch deutlich, dass in Utah der Staat verantwortlich für die Zahlung der Rechtsanwalts- und Gerichtskosten in Zusammenhang mit dem Teil der zugesprochenen

---

310 Philip Morris USA v. Williams, 127 S. Ct. 1057 (2007), Dissenting Opinion of Justice Stevens, S. 2.

311 Alley, 8 B.U. Int'l L. J. 187 (192) (1990).

312 Bungert, ZIP 1992, 1707 (1709); Geimer in Zöller, § 363 ZPO, Rn 86; Merkt, S. 58; Piekenbrock, IPRax 2006, 4 (8); Stiefel/Stürner, VersR 1987, 829 (837); Stürner, in: FS Schlosser, 967 (968); a.A. Müller, S. 18; zum Vergleich der kartellrechtlichen *treble damages* und dem deutschen Institut der Mehrerlösabschöpfung nach § 34 GWB und der wettbewerbsrechtlichen Gewinnabschöpfung nach § 10 UWG siehe Stürner, FS Schlosser, S. 967 (978).

313 BGH, NJW 1992, 3096 (3102).

punitive damages ist, der an den Bundesstaat fließt.[314] Ebenso darf der Staat die ihm zugesprochene Summe direkt beim Beklagten eintreiben.[315]

Für die Einordnung der *punitive damages* im Falle eines *split-recovery statute* als zivilrechtlich könnte sprechen, dass auch in anderen Rechtsordnungen vergleichbare Regelungen als zivilrechtlich eingeordnet werden. So sieht das deutsche Recht in § 34a GWB die Geltendmachung der Herausgabe des wirtschaftlichen Vorteils durch einen vorsätzlich begangenen Kartellverstoß durch Verbände zugunsten des Bundeshaushaltes vor. Voraussetzung hierfür ist, dass der Verstoßende den wirtschaftlichen Vorteil zu Lasten einer Vielzahl von Abnehmern oder Anbietern erlangt hat. § 34a GWB gibt den Verbänden einen zivilrechtlichen Anspruch, den sie als Quasi-Treuhänder des Bundes geltend machen.[316] Insofern ist dies ein Beispiel des *private law enforcement* im deutschen Recht.

Die Qualifikation einer solchen Norm als zivilrechtlich im deutschen Recht verhindert jedoch nicht, dass ähnliche US-Rechtsinstitute nach dem HZÜ als Nicht-Zivil- und Handelssachen einzustufen sind. Die Qualifikation des Anwendungsbereichs erfolgt allein vertragsautonom. Dabei findet die Rechtspraxis der Vertragsstaaten zwar besondere Berücksichtigung, aber hieraus lässt sich in diesem Fall nicht ableiten, dass aufgrund der Tatsache, dass ein Anspruch nach § 34a GWB nach nationalem Recht als zivilrechtlich einzustufen ist, dieses Ergebnis für das HZÜ zu übertragen wäre.

Zwar hat die Mehrzahl der Vertragsstaaten angegeben, dass sie das HZÜ auf Klagen im Bereich des Kartell- und Wettbewerbsrechts anwenden, so auch Deutschland und die USA. Jedoch ist hierbei nicht zwischen dem Kartell- und dem Wettbewerbsrecht differenziert worden. Eindeutig sind die kartellrechtlichen Verfahren in Deutschland gemäß §§ 32–32e und 34 GWB nach §§ 54 ff. GWB verwaltungsrechtlicher Natur. Das Verfahren nach § 34a GWB ist denn auch streng subsidiär zu diesen. Obwohl das Kartellrecht Elemente des *private enforcement* aufweist[317], ist im deutschen autonomen Recht das Gebiet des Kartellrechts- anders als das des Wettbewerbsrechts- nicht in Gänze dem Zivilrecht zuzuordnen. Insofern lässt sich die deutsche Angabe im Questionnaire 2008 nur damit erklären, dass das Kartell- und das Wettbewerbsrecht in einer Kategorie zusammengefasst wurden.

Zudem ist bei der Einteilung der Rechtsgebiete im Questionnaire nicht danach differenziert worden, wer Begünstigter des Anspruchs ist. Ein Schweizer Kanton antwortet denn auch, entscheidend sei, ob die Parteien auf Augenhöhe agierten. Es käme vor allem darauf an gründlich zu analysieren, ob der Anspruch zivilrechtlich sei. Dies bestimme sich danach, ob die Parteien gleich behandelt würden oder ob die eine Partei gegenüber der anderen Partei Vorrechte der öffentlichen Gewalt nutze.[318]

---

314 Utah Code Ann. § 78B-8-201 (3) (b) (2004).

315 Utah Code Ann. § 78B-8-201 (3) (c) (2004).

316 Bechtold, § 34a GWB, Rn 9.

317 Bechtold, Vorbemerkung vor § 32 GWB, Rn 2.

318 Questionnaire 2008, Antwort der Schweiz zur Frage 22.

Demnach sind sowohl deutsche Verfahren nach § 34a GWB als auch Klagen in den USA, die zur Anwendung eines *split-recovery statute* führen, vom Anwendungsbereich des HZÜ ausgenommen. Denn im Erfolgsfall kommen die eingeklagten Summen dem Staat und nicht einem privaten Kläger zu Gute. Gerade bei *split-recovery statutes* geht das Verfahren über die Befriedigung durch Wiedergutmachung des tatsächlichen Schadens durch den Schädiger hinaus.[319]

Gegen diese Einordnung spricht auch nicht ein Vergleich mit der Auslegung des EuGH zu dem Begriff der Zivil- und Handelssachen in Art. 1 EuGVO in Bezug auf eine Ordnungsgeldvollstreckung nach § 890 ZPO.[320] Der vorlegende niederländische Hoge Raad zweifelte an der Eröffnung des Anwendungsbereichs der EuGVO, da das Ordnungsgeld dem deutschen Staat zufließe, von Amts wegen betrieben und durch das deutsche Gericht vollstreckt werde.[321] Der EuGH entschied jedoch, dass eine Zivil- und Handelssache vorliegen würde. Abzustellen sei auf das Ausgangsverfahren, bei dem es sich um einen Rechtsstreit zwischen zwei Privatpersonen handele, dessen Gegenstand die Vollstreckbarerklärung von Entscheidungen des deutschen Gerichts in den Niederlanden sei. Das deutsche Gericht hatte wegen einer Patentverletzung die Einfuhr, den Besitz und das Inverkehrbringen bestimmter Pestizide nach Deutschland untersagt. Die Klage ziele auf die Sicherung privater Rechte ab und setze keine Wahrnehmung von Hoheitsrechten durch eine der Parteien des Rechtsstreits voraus.

Die Entscheidung zwingt nicht zu dem Schluss, dass *punitive damages* bei Begünstigung des Staates – wie im Falle des Ordnungsgeldes – nicht als Zivil- und Handelssache eingeordnet werden können. Abgesehen davon, dass die Auslegung des Anwendungsbereichs HZÜ-autonom erfolgt und dem EuGH nur für die EuGVO eine Auslegungskompetenz zukommt, ist der entscheidende Unterschied zwischen dem deutschen Ordnungsgeld und den *split-recovery statutes*, dass der Staat durch das Ordnungsgeld nicht zum Begünstigten des Ausgangsverfahrens wird. In diesem stehen sich weiterhin Private gegenüber, die eigene Ansprüche geltend machen, die ihnen gegenüber zu erfüllen sind. Lediglich auf der zweiten Ebene des Vollstreckungsverfahrens wird der Staat indirekt Begünstigter, da der Beklagte dem Urteil im Erkenntnisverfahren zuwider handelt.

Es darf aber nicht von dieser Ausgestaltung des Vollstreckungsverfahrens abhängen, ob ein Rechtsstreit eine Zivil- und Handelssache ist.[322] In Frankreich zum Beispiel ist der Vollstreckungsgläubiger Begünstigter des Ordnungsgeldes, der sogenannten *astreinte*. Diese ist ein Mittel zur zwangsweise Durchsetzung von Leistungsurteilen.

---

319 So aber Müller, S. 18 als Argument für die Einordnung als Zivil- und Handelssache.

320 EuGH, 18.10.2011 – Rs. C-406/09 – Realchemie Nederland/Bayer CropScience AG, EuZW 2012, 157 mit Anmerkung Sujecki, EuZW 2012, 159–160.

321 EuGH, 18.10.2011 – Rs. C-406/09 – Realchemie Nederland/Bayer CropScience AG, EuZW 2012, 157 (158).

322 So auch Sujecki, EuZW 2012, 159 (160).

e. *Zustellung von* treble damages*-Klagen*

aa. *Grundsätzliche Einordnung von* treble damages

Treble damages werden in den USA den privaten Klägern bei der Verletzung bestimmter gesetzlicher Regelungen vor allem auf dem Gebiet des Wirtschaftsrechts zugesprochen.[323] Ein Beispiel für eine solche Grundlage ist der *Racketeer Influenced Corrupt Organizations Act* (RICO), welcher ursprünglich im zivilrechtlichen Bereich allein kartellrechtliche Schadensersatzforderungen umfasst hat.[324] Bei der Berechnung der *treble damages* wird eine Verdreifachung des tatsächlich entstandenen Schadens vorgenommen. Im ersten Drittel des Schadensersatzes liege ein tatsächlich entstandener Kompensationsschaden.[325] Die anderen zwei Drittel sollen der Tatsache Rechnung tragen, dass viele Schadenspositionen schwer nachweisbar seien. Daher haben sie eine Pauschalierungsfunktion.[326]

Ausländische Kläger betreffen die Zusprechung von *treble damages* zumeist auf dem Gebiet des Kartellrechts, da die sogenannten Anti-trust-Gesetze großzügig auf extraterritoriale Sachverhalte Anwendung finden.[327] Dem Kartellrecht wird in den USA eine besondere Bedeutung zugemessen, da es zur Erhaltung einer funktionierenden Marktwirtschaft mit den in der Verfassung verankerten Freiheitsrechten gleichgesetzt wird.[328] In den USA werden ca. 90% aller Verfahren im Kartellrecht von Privatpersonen betrieben, wodurch die private Schadensersatzklage zur Durchsetzung des öffentlichen Interesses an einer funktionierenden Marktwirtschaft eine ganz andere Bedeutung als in Deutschland erlangt.[329]

Im Vergleich zu *punitive damages* liegt der Zweck der kartellrechtlichen *treble damages* weniger in einer Pönalisierung von Verhalten, sondern vielmehr in der kartellrechtlichen Prävention.[330] Stärkeres Gewicht im Rahmen institutioneller Zwecksetzung als bei *punitive damages* haben die Motivation zu privater Verfolgung im öffentlichen Interesse und die ergänzende Pauschalierungsfunktion für schwer nachweisbare sonstige Vermögensnachteile.[331]

Das OLG Koblenz war der Ansicht, dass es sich bei einer auf einen Kartellrechtsverstoß gestützten Sammelklage nach US-amerikanischem Recht, die auch auf die Verpflichtung eines deutschen Unternehmens zur Zahlung von Strafschadensersatz an alle Arzneimittelkonsumenten in den USA gerichtet ist, nicht um eine Zivil- und

---

323 Zu Einzelheiten siehe Piekenbrock, IPRax 2006, 4 (5 f.); Zekoll/Rahlf, JZ 1999, 384.

324 Zu Einzelheiten siehe Merkt, S. 97–112; Stiefel/Bungert, ZIP 1994, 1905 ff.; Witte, Der US-amerikanische RICO-Act und deutsche Unternehmen, S. 169–172.

325 Stürner, in: FS Schlosser, S. 967 (976).

326 Stürner, in: FS Schlosser, S. 967 (977).

327 Zekoll/Rahlf, JZ 1999, 384.

328 Zekoll/Rahlf, JZ 1999, 384.

329 Zekoll/Rahlf, JZ 1999, 384.

330 Stürner, in: FS Schlosser, 967 (977).

331 Stürner, in: FS Schlosser, 967 (977).

Handelssache handele.[332] Gegen neun namhafte Pharmaunternehmen wurden Unterlassungs-, Strafschadensersatz- und Bereicherungsansprüche geltend gemacht aufgrund der Tatsache, dass die Unternehmen die Einfuhr preisgünstiger Markenarzneimittel zum Eigenverbrauch aus Kanada durch Konsumenten in die USA und damit auch die Entstehung eines preissenkenden Wettbewerbes in den USA verhinderten.[333] Hintergrund des Rechtsstreits ist, dass in den USA keine Höchstpreise für Medikamente festgelegt werden, so dass die Arzneimittel dort zwischen 20–80 % teurer sind als in Kanada.[334] Dies hat dazu geführt, dass US-Amerikaner teilweise organisiert und über Internetapotheken Markenarzneimittel in Kanada einkaufen.[335] Die betroffene pharmazeutische Industrie in den USA wehrte sich dagegen. Arzneimittelhersteller haben Pläne geäußert, die Versorgung des kanadischen Marktes mit Medikamenten auf Mengen zu beschränken, die dem Binnenverbrauch in Kanada entsprächen.[336] Dem beklagten deutschen Unternehmen wird vorgeworfen, dass ihre kanadische Tochtergesellschaft neue Lieferbedingungen im Großhandel aufstelle, die den Verkauf an Interessenten verbietet, die die Produkte exportieren.[337] Das OLG Koblenz hatte das Verfahren dem BGH vorgelegt. Die Parteien erklärten jedoch übereinstimmend die Erledigung des Falles, bevor eine Entscheidung des BGH erging, denn in den USA war mittlerweile in zweiter Instanz die Klage abgelehnt worden.[338]

Das OLG Koblenz verneinte die Eröffnung des Anwendungsbereichs des Übereinkommens in diesem Fall, da es einen Schwerpunkt im Bereich des öffentlichen Rechts sah.[339] Neben der inhaltlichen Ausrichtung auf eine kartellrechtliche Fragestellung, den Ausforschungsmöglichkeiten im Rahmen der *pre-trial discovery* und der Operationalisierung aller Verbraucher pharmazeutischer Produkte als Kläger argumentierte das Gericht mit der Geltendmachung der *treble damages*.[340]

Mit den *treble damages*-Klagen würden bei funktionaler Betrachtung vor allem öffentliche Zwecke verfolgt.[341] Aufgrund der Zuweisung des Schadensersatzes an eine uferlos breite Klägerfront und damit an wesentliche Teile der Gesamtbevölkerung könne die Klage fast als öffentlich bezeichnet werden.[342] In Bezug auf die Bestrafungs- und Abschreckungswirkung des Umfangs des über den Kompensationsschadensersatz hinausgehenden Schadens seien *treble damages* öffentlich-rechtlicher Natur.[343]

---

332 OLG Koblenz, NJOZ 2005, 3122.
333 OLG Koblenz, NJOZ 2005, 3122 (3124).
334 OLG Koblenz, NJOZ 2005, 3122 (3123).
335 OLG Koblenz, NJOZ 2005, 3122 (3123).
336 OLG Koblenz, NJOZ 2005, 3122 (3123).
337 OLG Koblenz, NJOZ 2005, 3122 (3124).
338 In re Canadian Import Antitrust Litigation, 470 F.3d 785 (8th Cir. 2006).
339 OLG Koblenz, NJOZ 2005, 3122 (3136).
340 OLG Koblenz, NJOZ 2005, 3122 (3136).
341 OLG Koblenz, NJOZ 2005, 3122 (3137).
342 OLG Koblenz, NJOZ 2005, 3122 (3137).
343 OLG Koblenz, NJOZ 2005, 3122 (3137); zur Vergleichbarkeit der kartellrechtlichen *treble damages* mit *punitive damages* siehe Piekenbrock, IPRax 2006, 4 (5f.).

Dem ist entgegen zu halten, dass methodisch die Einordnung einer Klage nicht nach den verfolgten Interessen vorzunehmen ist.[344] Vielmehr kommt es darauf an, ob private Parteien als Kläger in einem Verfahren sie begünstigende Rechte geltend machen. Daher kommt auch die überwiegende Ansicht in Rechtsprechung und Literatur zu der Ansicht, dass die Geltendmachung von *treble damages* von dem Anwendungsbereich des HZÜ erfasst ist.[345] Denn auch in einem solchen Verfahren ist weder eine Behörde beteiligt, noch soll der eingeklagte Betrag an den Staat gezahlt werden.[346] Dass es sich der Sache nach um Kartellrecht handelt, dessen Schutzzweck auch das Allgemeininteresse ist, steht dem nicht entgegen, da sich der Gesetzgeber zum Schutz von Allgemeininteressen auch privater Organisationsformen bedienen kann.[347] Auch *treble damages*-Klagen nach dem RICO-Act sind Zivilsachen, unabhängig davon, wie das Gesetz selbst einzustufen ist.[348]

bb. Parens patriae Klagen

Mit US-amerikanischen *parens patriae* Klagen[349] begehrt der Staat aufgrund der Verletzung einer Vorschrift zum Nachteil der gesamten Wirtschaft eines Bundesstaates einen dreifachen Schadensersatz vom Beklagten.[350] Die *parens patriae*-Doktrin, die ihre Ursprünge im 17. Jahrhundert hat, diente zunächst der Rechtfertigung einer staatlichen Klagebefugnis zugunsten von benachteiligten Personen (insbesondere behinderten Kindern) und wurde in der Folge jedoch auf alle *quasi-sovereign interests* eines Staates – nämlich auf das aus seiner Souveränität fließende berechtigte Interesse am Wohlergehen seiner Bürger – ausgeweitet.[351] Dabei betreibt der Staat eine Art Treuhänderklage für seine Bürger.

Zur Begründung einer *parens patriae* Klage ist es ausreichend, wenn allein die Verletzung von Allgemeininteressen gerügt wird. Die Bundesstaaten machen eigene rechtlich geschützte *quasi-sovereign interests* geltend, denn es handelt sich nicht um eine Form der Prozessstandschaft, durch die fremde Interessen der Bürger wahrgenommen werden.[352]

---

344 Siehe unter B.IV.2.

345 OLG Celle, Beschluss vom 20.7.2006 – 16 VA 4/05, BeckRS 2006, 9152; OLG Düsseldorf, BeckRS 2008, 23173; OLG Frankfurt a.M., NJOZ 2006, 3575 (3579); OLG Naumburg, Beschluss vom 9.2.2006 – 4 VA 1/04, BeckRS 2006, 4720; Koch/Horlach/Thiel, RIW 2006, 356 (360); Malzahn, 331; Stiefel/Bungert, ZIP 1994, 1905 (1908); Stürner, in: FS Schlosser, S. 967 (968); Witte, 170; Zekoll/Rahlf, JZ 1999, 384 (386).

346 OLG Düsseldorf, BeckRS 2008, 23173.

347 OLG Düsseldorf, BeckRS 2008, 23173.

348 Stiefel/Bungert, ZIP 1994, 1905 (1908).

349 Parens patriae bedeutet „Eltern des Vaterlandes“.

350 Merkt, S. 95; Zekoll/Rahlf, JZ 1999, 386.

351 Verheyen/Lührs, ZUR 2009, 73 (76) mwN.

352 Massachusetts v. EPA, 127 S. Ct. 1438 (2007).

Gegenstand des *parens patriae* Verfahrens im Fall Massachusetts v. Environmental Protection Agency[353] war die Frage, ob die EPA als zuständige Behörde verpflichtet war, im Rahmen ihres Standardsetzungsermessens über CO 2-Standards für neu zuzulassende Fahrzeuge zu entscheiden.[354] Es handelte sich im Kern – in deutscher Terminologie – um eine Klage gerichtet auf behördliches Tätigwerden mit dem Ziel eines Normerlasses.[355] Die Klage ist ein Beispiel für die Bewegung, Maßnahmen zur Erreichung von Klimaschutzzielen durch zivilrechtliche Verfahren zu erzwingen.[356]

Für derartige Klagen ist der Anwendungsbereich des Art. 1 HZÜ nicht eröffnet.[357] Hierbei ist zu beachten, dass es in den USA keine Verwaltungsgerichtsbarkeit gibt.[358] Die Einordnung als zivilrechtlich entspricht jedoch nicht dem Begriffsverständnis der Zivil- und Handelssache des HZÜ, denn es fehlt an einer Geltendmachung von privaten Rechten zwischen zwei privaten Akteuren zu deren Gunsten. Zwar ist es richtig, dass der Staat nicht mit Verfügungs- und Zwangsgewalt auftritt und dem Beklagten im Verfahren in Gleichordnung gegenübersteht.[359] Jedoch vertritt der Staat im Verfahren die Allgemeinheit und seine Handlung ist daher nicht als *acta iure gestionis,* sondern als *acta iure imperii* zu qualifizieren.

Würde der Staat in einem Verfahren gegen einen Bürger Schadensersatz wegen eines Deliktes, zum Beispiel begangen an einem staatlichen Gebäude verlangen, dann flösse auch das Geld ihm zu, jedoch würde der Staat gleich einer Privatperson die Ansprüche geltend machen. Anders ist es, wenn er als Treuhänder aller seiner Bürger auftritt. Dann nimmt er in seiner staatlichen Funktion die Vertretung der Interessen aller seiner Bürger wahr, denen gegenüber das Gebilde Staat verpflichtet ist.

Obwohl für die Auslegung des Anwendungsbereichs des HZÜ nicht ausschlaggebend, ist ein Vergleich mit der Einordnung strafähnlicher Maßnahmen im Rahmen der Konvention zum Schutz der Menschenrechte und Grundfreiheiten[360] dennoch interessant.[361] An den Staat fließende Sanktionszahlungen durch Private werden auch bei der Anwendung der EMRK auf strafähnliche Verfahren als strafrechtlich eingeordnet. So sind etwa die Auferlegung erheblicher zusätzlicher Steuern, die Anordnung einer Geldbuße wegen Steuerhinterziehung und die Ausübung des Vorkaufrechts durch Steuerbehörden als Strafmaßnahme im Sinne der EMRK anzusehen.[362]

---

353 Im Folgenden EPA.
354 Massachusetts v. EPA, 127 S. Ct. 1438 (2007).
355 Verheyen/Lührs, ZUR 2009, 73 (76).
356 Engel, 28 J. Land Use & Envtl L. 217 (2011); Zdeb, 96 Geo. L. J. 1059 (2008).
357 so auch Merkt, S. 95; Stürner, in: FS Schlosser, S. 967 (968); Zekoll/Rahlf, JZ 1999, 386; Geimer in Zöller, § 363 ZPO, Rn 86 zum HBÜ; a.A. Bischof, S. 59.
358 Hay, Rn 80.
359 Bischof, S. 59.
360 Vom 4. November 1950, BGBl. II 1962, S. 688 im folgenden EMRK.
361 Laut Bischof, S. 59 auch prägend für unser Verständnis des hoheitlichen Charakters dieser Maßnahmen.
362 Meyer-Ladewig, Art. 6 EMRK, Rn 27.

f. Civil penalty

Das OLG Frankfurt entschied, dass eine Klage nach dem *Civil False Claims Act* (31 U.S.C. §§ 3726 ff.) auf eine *civil penalty* keine Zivil- und Handelssache nach Art. 1 HZÜ sei.[363] Im Fall von Abrechnungsbetrug gegenüber einer öffentlichen Einrichtung kann nach dem *Criminal False Claims Act* eine Geld- oder Freiheitsstrafe ausgesprochen und zusätzlich nach dem *Civil False Claims Act treble damages* und eine *civil penalty* geltend gemacht werden.[364] Das Verfahren nach dem *Civil False Claims Act* kann von Privatpersonen, die über besonderes Wissen um Abrechnungsbetrug verfügen, betrieben werden. Diese sogenannte Qui tam-Klage („Qui tam pro domino rege quam pro se ipso in hac parte sequitur.") wird von Privatpersonen eingeleitet, und die Behörde kann dann entscheiden, ob sie der Klage beitritt.[365] Geschieht dies nicht, dann betreibt der Privatkläger das Verfahren auch für den Staat alleine weiter. Der Privatkläger erhält dann 15–30% der Urteils- oder Vergleichssumme, die restliche Summe geht an den Staat.

Die Entscheidung des OLG Frankfurt verdient Zustimmung. Es überzeugt, wenn das Gericht argumentiert, dass eine Zivilsache schon deshalb nicht vorliegt, da der private Kläger einen Schadensersatz nicht nur für sich selbst verlangt oder einen sich selbst begünstigenden Individualanspruch geltend macht.[366] Zunächst ist festzuhalten, dass der private Kläger gar kein Geschädigter ist. Durch den Abrechnungsbetrug, vor allem im medizinischen und im Rüstungsbereich, erleidet der Staat Einbußen. Zudem ist der Kläger nur zu einem geringen Teil Empfänger einer Zahlung vom Beklagten. Nach obigen Ausführungen ist jedoch gerade der Geldfluss signifikant für die Einordnung einer Zivil- und Handelssache. Bei dieser qualifizierten Form des *whistleblowing* werden Private im Wege des *private law enforcement* in die Strafrechtsumsetzung mit einbezogen.[367] Dies kann aber nicht mehr als Zivil- und Handelssache nach Art. 1 HZÜ qualifiziert werden.

g. Einige Besonderheiten des US-amerikanischen Zivilverfahrensrechts, insbesondere class action, pre-trial discovery *und* American Rule of cost

Zu den Besonderheiten des US-amerikanischen Zivilverfahrensrechts gehört die Möglichkeit der *class action*.[368] Dabei erheben die Kläger im Interesse anderer Personen mit ähnlicher Rechtsposition unter bestimmten besonderen Bedingungen Klage

363 NZG 2010, 1314.

364 Kölbel, JZ 2008, 1134 (1136) mwN.

365 Kölbel, JZ 2008, 1134 (1136) mwN.

366 OLG Frankfurt, NZG 2010, 1314.

367 So Kölbel, JZ 2008, 1134 (1136).

368 Siehe Rule 23 FRCP; ausführliche Darstellung der *class action* in Hopt/Kulms/von Hein, S. 3–60.

für die gesamte Gruppe.[369] Wird vom Gericht eine *class action* zugelassen, so umfasst sie alle Mitglieder der class, die nicht ausdrücklich ihren „opt-out" erklärt haben.[370] Mit der Bündelung gleichgerichteter Interessen sollen unterschiedliche und sich inhaltlich widersprechende Gerichtsentscheidungen vermieden werden.[371] Die *class action* ermöglicht es Einzelpersonen, die sonst durch ihre finanziellen Verhältnisse von einer Einzelklage abgesehen hätten, Rechtsschutz vor den Gerichten zu suchen.[372]

Im Rahmen der fast ausschließlich durch die Parteien durchgeführten *pre-trial discovery* gemäß Rule 26 ff. FRCP muss jede Partei auf Verlangen der Gegenseite Auskunft über fast alles geben, was für den Prozess in irgendeiner Form relevant werden könnte.[373] Die Reichweite bestimmt Rule 26 (b) (1) FRCP, wonach jegliches nicht geschütztes Material[374], das für einen Anspruch oder eine Einrede einer Partei relevant ist, herausverlangt werden kann. Dabei muss das durch die *discovery* hervorgebrachte Beweismaterial selbst im Hauptverfahren nicht zulässig sein, wenn es vernünftiger Weise geeignet erscheint, zur Entdeckung von zulässigem Beweismaterial beizutragen. Eine Einschränkung der Reichweite ist zwar in Rule 26 (c) FRCP vorgesehen, jedoch ändert dies nichts an der Einordnung der *pre-trial discovery* aus deutscher Sicht als Ausforschungsbeweis.[375]

Die *American rule of costs* besagt, dass die siegreiche von der unterlegenen Partei eine Kostenerstattung nicht verlangen darf.[376] Daher vereinbaren die Anwälte mit den Parteien oft Erfolgshonorare, deren Sätze zwischen 25–50% der erfolgreich eingeklagten Summe liegen.

Zusammenfassend gilt, dass die Einordnung einer Klage, die diesen verfahrensrechtlichen Besonderheiten unterliegt, als zivilrechtlich nach Art. 1 HZÜ unberührt bleibt. Angesichts der materiell vorzunehmenden Qualifizierung von Zivil- und Handelssachen kommt es auf Besonderheiten des Verfahrensrechts wie die Abweichung von der *American Rule* und die *pre-trial discovery* nicht an.[377] Ebenso ist ein Gerichtsverfahren, in welchem eine *electronic discovery* betrieben wird, eine

---

369 Prütting, in: FS Jayme, S. 709 (712); Zur Geschichte der *class actions* in den USA siehe Burbank, ZZPInt 4 (1999), 321 (322–326), Mullenix, ZZPInt 5 (2000), 337 ff.

370 Hopt/Kulms/von Hein, S. 28; Prütting, in: FS Jayme, S. 709 (713); laut Heß, JZ 2000, 373 (375) ist ungeklärt, ob das HZÜ auf eine individualisierte Benachrichtigung an einen im Ausland ansässigen Empfänger, der *class member* ist, Anwendung findet. Angesichts der Einlassungslast, die die *notice* auslöse, sei eine Anwendung des HZÜ zu bejahen.

371 Ghassabeh, S. 18.

372 Ghassabeh, S. 18 mwN.

373 Grundlegend Junker, Discovery im deutsch-amerikanischen Rechtsverkehr und ders., Electronic Discovery.

374 „any nonprivileged matter".

375 Junker, Electronic Discovery, Rn 159.

376 Schack, Einführung, S. 8 mwN; siehe auch zur Nieden, S. 176–186.

377 Piekenbrock, IPRax 2006, 4 (8).

Zivil- und Handelssache.[378] Auch die *class action* fällt in den Anwendungsbereich des HZÜ.[379] Durch die verfahrensrechtliche Anspruchsbündelung als solche wird die materielle Rechtsnatur als Zivilsache nicht berührt.[380]

Zudem dürfen diese Instrumente des US-amerikanischen Zivilprozesses nicht entscheidend bei der Beurteilung des Anwendungsbereichs sein, weil es nach Art. 13 II 2. Alt HZÜ keine Rolle spielen darf, ob das Recht des ersuchten Staates die Verfahrensart kennt, für die der Antrag auf Zustellung gestellt wird. Nichts anderes gilt auch im Rahmen der Definition des Anwendungsbereichs.

Bereits in seinem Urteil zur Anerkennung von *punitive damages* war der BGH der Ansicht, dass einer Vollstreckbarerklärung nicht entgegenstünde, dass dem Urteil eine *pre-trial discovery* vorangegangen sei.[381] An der Rechtsnatur der Klage als Zivilsache zweifelt er aufgrund der durchgeführten *pre-trial discovery* demnach auch nicht. Ebenso hat das Gericht keine Zweifel an der Qualifikation als Zivil- und Handelssache aufgrund der Tatsache, dass der Kläger 40% aller eingehenden Gelder als Erfolgshonorar an seinen Rechtsanwalt abzuführen hat.[382]

h. Zustellung von Klagen aufgrund des Alien Tort Claims Act

In den USA können auf der Grundlage des *Alien Tort Claims Act* (ATCA) Klagen ausländischer Kläger gegen zumeist international agierende Großkonzerne, darunter auch deutsche Unternehmen[383] wegen der Beihilfe zur Verletzung einer völkerrechtlichen Norm im Ausland anhängig gemacht werden. 28 U.S.C. § 1350 lautet: „The district court shall have original jurisdiction of any civil action by an alien for a tort only, committed in violation of the law of nations or a treaty of the United States."[384] Danach bedarf es keines sachlichen Bezuges zu den USA, das Vorliegen

378 So Junker, Electronic Discovery, Rn 28 zu Art. 1 I HBÜ.

379 Special Commission 2009, Rn 17; OLG Celle, Beschluss vom 20.7.2006 – 16 VA 4/05, BeckRS 2006, 9152; OLG Frankfurt/Main 21.3.1991, IPRax 1992, 166; OLG Düsseldorf, NJW-RR 2010, 573 (574); OLG Naumburg, Beschluss vom 9.2.2006 – 4 VA 1/04, BeckRS 2006, 4720; Bischof, S. 284; G.Geimer, S. 77; Greiner, S. 152, Hopt/Kulms/von Hein, S. 95; Hopt/Kulms/v.Hein, ZIP 2006, 973 (975); Mark, EuZW 1994, 238 (239); Nagel/Gottwald, § 7, Rn 76; Stadler, IPRax 1992, 147; Huber, in: FS Jayme, S. 367; Piekenbrock, IPRax 2006, 4 (8); Schneider, S. 94.

380 Hopt/Kulms/v.Hein, ZIP 2006, 973 (975).

381 BGH, NJW 1992, 3096 (3099).

382 BGH, NJW 1992, 3096 (3099); zur Anerkennungsfähigkeit von *class action* Urteilen siehe Mann, NJW 1994, 1187–1189.

383 Siehe Reinhard, RIW 2008, 676 ff.

384 Zum ATCA siehe Abel, Der Alien Tort Statute nach der Entscheidung des US-Supreme Court in der Sache Sosa v. Alvarez-Machain; Bretschger, Unternehmen und Menschenrechte, S. 37–41; Dale, Free Burma, S. 175–195; Feldberg, Der Alien Tort Claims Act; Rau, ZaöRV 2001, 177 ff.; Reynolds/Zimmer, RIW 2012, 139–145; zu Fällen der englischen Rechtsprechung wegen Menschenrechtsverletzungen englischer Unternehmen im Ausland siehe Weschka, ZaöRV 2006, 625 (631–634).

der Verletzung einer völkerrechtlichen Norm oder eines Staatsvertrages der USA ist ausreichend. Dem ATCA liegt der Gedanke zu Grunde, dass die amerikanische Justiz für die Ahndung von Menschenrechtsverletzungen grundsätzlich ein Forum bieten soll.[385]

Die eigentlich als Zuständigkeitsbestimmung konzipierte Vorschrift wird zum Teil auch als materielle Anspruchsgrundlage erachtet.[386] Mehrheitlich wird aber eine materiell-rechtlichen Anspruchsgrundlage aus dem Völkerrecht verlangt.[387] Den beklagten Unternehmen wird dann Beihilfe zum Völkerrechtsverstoß der staatlichen Akteure vorgeworfen.[388] Daher wird der *Alien Tort Claims Act* als „Transformationsvorschrift" für Normen des allgemeinen Völkerrechts erachtet, deren Verletzung zivilrechtliche Ansprüche auslöst.[389] Ob ein deliktischer Verstoß eine Voraussetzung der Begründetheit oder eine der Zuständigkeit von Klagen nach dem ATCA sind, hat der Supreme Court im Fall Esther Kiobel v. Royal Dutch Petroleum offen gelassen.[390]

Der erste Aufsehen erregende Fall auf der Grundlage des ATCA war Doe v. Unocal.[391] Dabei steht der Name „Jane Doe" und „John Doe" stellvertretend für die nicht namentlich genannten Kläger. Ein Dutzend Bauern, die einer ethnischen Minderheit in Myanmar angehören, warfen dem Unternehmen vor, an Menschenrechtsverletzungen gegen sie beteiligt gewesen zu sein. Der Bau einer Pipeline durch Unocal in Myanmar wurde durch Streitkräfte der Armee des Landes bewacht, die zugleich die Bauern zwangsweise umsiedelten, als Zwangsarbeiter einsetzten und folterten.[392] Im Jahr 2005 endete der Rechtsstreit in einem Vergleich, der als Sieg der Bauern zu bewerten ist.

Die vertragsautonome Definition der Zivil- und Handelssache im HZÜ erlaubt es, auch für die Zustellung solcher Klagen den Anwendungsbereich des HZÜ zu eröffnen. Danach liegen Klagen Privater gegen private Unternehmen vor, mit denen Schadensersatzansprüche begehrt werden. Zwar wird die Begründung der Zuständigkeit für die Klagen im Hinblick auf einen sehr schwachen oder mangelnden Bezug zur Jurisdiktion der USA als fragwürdig erachtet.[393] Zudem ist Grundlage zur Geltendmachung der Ansprüche die Beihilfe zu einem Völkerrechtsdelikt und daher im Kern nicht zivilrechtlich. Dies ändert jedoch an der Einordnung anhand

385 Geulen/Sebok, NJW 2003, 3244 (3245).
386 Rau, IPRax 2000, 558 mwN.
387 Sosa v. Alvarez-Machain, 542 U.S. 692 (729) (2004); Sinaltrainal v. Coca-Cola Co., 578 F.3d 1252 (1262) (11th Cir. 2009).
388 Reinhard, RIW 2009, 500 (502) mwN.
389 Heß, in: FS Schütze, S. 269 (283).
390 133 S.Ct. 1659 (2013).
391 248 F.3d 915 (9th Cir. 2001); siehe hierzu Seibert-Fohr, ZaöRV 2003, 195.
392 Siehe ausführliche Darstellung des Falles in Dale, S. 170 ff.
393 Kritisch hierzu Schütze, RIW 2009, 497 ff.

der dargestellten Definition nichts. Das begangene Delikt könnte auch auf der Anspruchsgrundlage des § 832 BGB geltend gemacht werden.[394] Auch das US-Gesetz selbst stuft die Verfahren als „civil action“ ein.

Ebenso ordnet das OLG Düsseldorf, das sich mit der Zustellung einer Klage aufgrund des ATCA im Zusammenhang der Unterstützung für das frühere südafrikanische Apartheid-Regime durch den in Deutschland ansässigen Zustellungsempfänger befassen musste, den Rechtsstreit als zivilrechtlich im Sinne des Art. 1 HZÜ ein.[395] Das Gericht begründet seine Ansicht damit, dass es sich bei dem ATCA um eine Zuständigkeitsregelung für Zivilklagen zugunsten der Bundesgerichte und nicht um eine eigene Anspruchsgrundlage handelt.[396]

4. Alternative Zustellungen

Nachdem nunmehr die Fallgruppen nach Vorliegen einer Zivil- und Handelssache und nach der Anwendbarkeit von Art. 1 HZÜ untersucht wurden, stellt sich die Frage, wonach Klagen zugestellt werden, auf die das HZÜ keine Anwendung findet. Abgesehen von fiktiven Inlandszustellungen steht den Klägern auch der Weg der formlosen vertraglosen Rechtshilfe in Zivilsachen offen. Eine Zustellung dieser Klagen kann formlos über §§ 112 II ZRHO erfolgen, der besagt, dass die formlose Zustellung nur statthaft ist, wenn der Empfänger zur Annahme des zuzustellenden Schriftstückes bereit ist. Eine Zustellung gegen den Willen des Empfängers ist unzulässig, selbst wenn das Schriftstück in deutscher Sprache abgefasst oder von einer Übersetzung in die deutsche Sprache begleitet ist. Eine Ersatzzustellung nach den §§ 178, 180 und 181 der ZPO ist nicht zulässig. Voraussetzung für die formlose Zustellung ist demnach vor allem die Bereitschaft des Empfängers zur Annahme der Dokumente.[397] Weiterhin kann auch vertraglos der Weg der diplomatischen und konsularischen Rechtshilfe gewählt werden.

Auf solche Zustellungen werden in der Praxis der Rechtshilfebehörden die Grundsätze des Art. 13 HZÜ[398] analog angewandt. Es ist kein Grund ersichtlich, weshalb bei der Gewährung von Rechtshilfe ohne völkervertragliche Grundlage die Gründe, die für das Eingreifen des Vorbehaltes im vertraglichen Rechtshilfeverkehr Voraussetzung sind, nicht Prüfungsmaßstab für die Erledigung des Ersuchens sind.

Zu erwähnen bleibt, dass zwischen der Europäischen Union und den USA ein Abkommen zur Leistung über Rechtshilfe in Strafsachen geschlossen wurde.[399] Nach

394 Amicus Curiae Brief Deutschlands im Supreme Court Fall Esther Kiobel v. Royal Dutch Petrolium, S. 11 abrufbar unter http://www.americanbar.org/content/dam/aba/publications/supreme_court_preview/briefs/10-1491_respondentamcufederalrepublicofgermany.authcheckdam.pdf.

395 OLG Düsseldorf, NJW-RR 2010, 573 (574).

396 Dies ist jedoch nicht unumstritten, siehe Rau, IPRax 2000, 558 mwN.

397 Berger/Wilske, RIW 2007, 245 (248).

398 Dazu siehe D.-E.

399 Vom 19.7.2003, ABl EU 2003 L 181/34.

Art. 8 des Übereinkommens wird Rechtshilfe auch Verwaltungsbehörden gewährt, die aufgrund ihrer Befugnisse Ermittlungen zu Handlungen mit Blick auf deren strafrechtliche Verfolgung oder Verweisung an die Ermittlungs- oder Strafverfolgungsbehörden führt.

V. Ergebnis

Zusammenfassend ist der Anwendungsbereich des HZÜ eröffnet, wenn nach dem Recht eines Vertragsstaates als Forum eine Auslandszustellung zu erfolgen hat. Wann dies der Fall ist, bestimmt die jeweilige lex fori. In solchen Fällen kommt das HZÜ exklusiv zur Anwendung, allerdings steht es den Vertragsstaaten frei, die verschiedenen Zustellungswege, die das HZÜ bereithält, zu nutzen. Der Anwendungsbereich ist nur für solche Schriftstücke eröffnet, die im Zusammenhang mit Zivil- und Handelssachen stehen. Der Begriff wird vertragsautonom definiert und umfasst Rechtssachen, bei denen das Bestehen und Nichtbestehen privater Rechte und Rechtsverhältnisse zwischen gleichgeordneten Parteien Verfahrensgegenstand ist. Allein eine materiell-rechtliche Qualifikation ist entscheidend, auf die Verfahrensart oder den Gerichtszweig kommt es nicht an. Vom Anwendungsbereich sind Zustellungen von gerichtlichen, auch nicht verfahrenseinleitende, und von außergerichtlichen Schriftstücken erfasst.

Auf Zustellungen im Zusammenhang mit hoheitlichem Handeln eines Staates oder seiner Organe ist das HZÜ nicht anwendbar. Die Anwendung auf nicht-hoheitliches Handeln ist hingegen zu bejahen.

Der Anwendungsbereich des HZÜ für Zustellungen im Zusammenhang mit Klagen auf *punitive damages*, für die *split-recovery statutes* gelten, sowie *treble damages*, die als *parens patriae* Klagen geltend gemacht werden, ist nicht eröffnet. Ebenso findet das HZÜ keine Anwendung auf Klagen, mit denen *civil penalties* eingefordert werden.

C. Zustellung als Hoheitsakt

Vor der genaueren Untersuchung des Vorbehaltes in Art. 13 I HZÜ bedarf es der Klärung, ob es sich aus der Sicht Deutschlands als ersuchtem Staat bei einer Zustellung eines gerichtlichen oder außergerichtlichen Schriftstückes im Rechtshilfeverkehr des HZÜ um einen Hoheitsakt handelt.[400] Wenn es sich bei der Zustellung nicht um einen Hoheitsakt handeln würde, dann hätte dies erhebliche Konsequenzen für die Auslegung des Vorbehaltes. Dann müsste eine Untersuchung der Möglichkeit der Gefährdung von Hoheitsrechten und der Sicherheit des ersuchten Staates durch einen nicht-hoheitlichen Akt erfolgen.

Zudem würde aus der Sicht des Empfangsstaates eine direkte Zustellung ohne völkervertragliche Grundlage an im Inland ansässige Adressaten keine Verletzung seiner Herrschaftsgewalt vorliegen. Es bedürfte daher keiner Rechtshilfe für die Erledigung von Zustellungen durch den Staat, in dem sich der Zustellungsadressat befindet.

Stellt die Zustellung keinen Hoheitsakt dar, ergeben sich auch Konsequenzen für den Zustellungsadressaten. Zustellungen könnten nicht als staatliche Eingriffe in Rechte des Zustellungsadressaten gewertet werden. Zudem wären die Zentralen Behörden bei der Ausführung der Rechtshilfe, um die dann nur aus praktischen Gründen ersucht werden würde, nicht an die Grundrechte über Art. 1 III GG gebunden.

Zunächst gilt es zu untersuchen, was nach völkerrechtlichem Verständnis unter einem Hoheitsakt zu verstehen ist (I.). Sodann ist zu klären, ob es sich bei Zustellungen von gerichtlichen und außergerichtlichen Schriftstücken in Zivil- und Handelssachen im Rechtshilfeverkehr des HZÜ um Hoheitsakte handelt (II. und III.).

Auf der Grundlage des gefundenen Ergebnisses bezüglich der Hoheitlichkeit des Zustellungsaktes werden danach die rechtlichen Grundlagen für die Anwendung des HZÜ in Deutschland dargestellt (IV.). Dabei wird das Spannungsfeld der völkervertraglichen und verfassungsrechtlichen Grundlagen bei der Erledigung eines Rechtshilfeersuchens aufgezeigt.

I. Völkerrechtliche Definition eines Hoheitsaktes

Für Tätigkeiten eines Staates wird zwischen *acta iure imperii*, den Hoheitsakten, und *acta iure gestionis*, dem nichtstaatlichen Handeln eines fremden Staates, unterschieden.[401] Jeder Staat beansprucht für sein Territorium die alleinige Staatsgewalt und daraus abgeleitet das exklusive Recht, Hoheitsakte vorzunehmen. Zugleich ist das Recht eines jeden Staates Hoheitsakte vorzunehmen auf sein eigenes Territorium beschränkt. Nach allgemeinem Völkerrecht ist kein Staat befugt, Hoheitsakte auf

400 Der Begriff der Zustellung an sich wurde bereits definiert, siehe B. I.

401 Siehe zur Unterscheidung bereits B. IV.3.a.bb.

fremdem Staatsgebiet vorzunehmen, und andererseits ist kein Staat verpflichtet, in seinem Hoheitsgebiet die Vornahme von Hoheitsakten durch die Organe eines anderen Staates zu dulden.[402]

Maßgeblich für die Unterscheidung zwischen hoheitlichem und nichthoheitlichem Handeln ist nur die Natur der staatlichen Handlung oder des entstandenen Rechtsverhältnisses.[403] Es kommt darauf an, ob der ausländische Staat in Ausübung der ihm zustehenden Hoheitsgewalt, also öffentlich-rechtlich, oder wie eine Privatperson, also privatrechtlich, tätig geworden ist.[404]

Allgemein liegt ein Hoheitsakt im völkerrechtlichen Sinne dann vor, wenn eine Handlung für sich betrachtet nach ihrem Wesen und Zweck als Amtstätigkeit zu charakterisieren ist.[405] Es kommt dabei nicht darauf an, ob der Hoheitsakt durch einen Beamten oder Privaten getätigt wird.[406] Ein Staat kann sich nicht dadurch, dass er öffentliche Aufgaben Privaten anvertraut, von seiner völkerrechtlichen Verpflichtung zur Achtung fremder Territorialität entbinden.[407] In Bezug auf Zustellungen durch Parteien oder deren Anwälte -wie z.B. in den USA – folgt daraus, dass auch diese Akte als hoheitlich definiert werden, wenn die Zustellung von dem betroffenen Staat als Hoheitsakt gewertet wird.[408]

Auch Zustellungen an im Ausland ansässige eigene Staatsangehörige ohne die Inanspruchnahme von Rechtshilfe stellt eine Verletzung der Souveränität des Aufenthaltsstaates dar. Die Personalhoheit über den eigenen Staatsangehörigen rechtfertigt in diesem Fall nicht die Verletzung der Gebietshoheit; die Personalhoheit begründet im Ausland nur Regelungs – aber keine Durchsetzungshoheit.[409]

Zusammenfassend kann ein Hoheitsakt also als eine Handlung, die aus der Sicht des betroffenen Staates einem anderen Staat zuzurechen ist, definiert werden.

II. Zustellung nach dem HZÜ

Dem HZÜ liegt das Rechtsverständnis zugrunde, dass die Zustellung ein Hoheitsakt ist, der – wenn er auf dem Territorium eines fremden Staates vorgenommen wird – ohne dessen Einverständnis die Hoheitsrechte dieses Staates verletzt.[410] Hierfür

---

402 BVerfG, NJW 1983, 2757 (2759).

403 Ipsen, S. 378.

404 Ipsen, S. 378 mwN.

405 Bischof, S. 173.

406 Bischof, S. 173; Pfeil-Kammerer, S. 123.

407 Bischof, S. 173 mwN; Meng, S. 128.

408 Eingehend hierzu Bischof, S. 178.

409 Siehe Meng, S. 129; anders hingegen der U.S. Supreme Court in Blackmer v. United States, 284 U.S. 421 (1932), wonach die Zustellung durch den amerikanischen Konsul ohne Mitwirkung Frankreichs an einen US-Amerikaner, der sich in Paris aufhält, keine Souveränitätsverletzung Frankreichs darstelle.

410 BVerfG 22.3.1983, 2 BvR 475/78, juris Rn 105; Pfeil-Kammerer, S. 61; zu dem Rechtsverständnis der *civil law* Rechtssysteme von Zustellungen als Hoheitsakte auch

lassen sich allerdings nur wenige Anhaltspunkte im Übereinkommen selbst finden. Art. 10 HZÜ ermöglicht die unmittelbare Zusendung durch die Post, sofern ein Vertragsstaat dem nicht widersprochen hat. Die Regelung des Art. 10 HZÜ spricht dafür, dass das HZÜ jedem Staat die hoheitliche Organisation der Zustellungshilfe freistellt.[411] Eine Verletzung der Hoheitsrechte ist aus der Sicht des Staates, in dem die Zustellung erfolgt, dann nicht gegeben, wenn die Zustellung nach dem Verständnis dieses Staates kein Hoheitsakt ist.

Keine Verletzung der Hoheitsrechte ist nach US-amerikanischem Recht bei der Zustellung in die USA ohne Einschaltung staatlicher Stellen gegeben. Aufgrund des Grundsatzes der Zustellungsfreiheit können dort auch Privatpersonen ausländische Schriftstücke ohne Kontrolle durch amerikanische Behörden zustellen.[412] In den USA und anderen angelsächsischen Ländern des *common law* werden nur Zustellungen, die unmittelbar mit Zwangsfolgen verbunden sind, als Hoheitsakte definiert.[413] Solche Zwangsfolgen können zum Beispiel eine „supoena order" mit der Folge eines „contempt of court" darstellen.[414]

Die Zustellung als Hoheitsakt zu definieren ist in Kontinentaleuropa, aber auch in vielen afrikanischen, lateinamerikanischen und asiatischen Vertragsstaaten des HZÜ üblich.[415] Als Indiz hierfür kann die Anzahl der HZÜ-Vertragsstaaten gelten, die einen Widerspruch zu den unmittelbaren Zustellungswegen des Art. 10 HZÜ eingelegt haben.[416]

Für die Einordnung der Zustellung nach dem HZÜ in Deutschland als Hoheitsakt spricht, dass es sich bei der Erledigung des Zustellungsersuchens um einen Justizverwaltungsakt gemäß § 23 EGGVG handelt.[417] Nicht die rechtsprechende Gewalt, sondern die Justizverwaltung als Exekutive des deutschen Staates entscheidet über die Gewährung von Rechtshilfe (§§ 9, 84 ZRHO).[418]

---

auf dem Gebiet des Rechtshilfeverkehrs in Strafrecht siehe zum Begriff *Legal Assistance between states in criminal matters*, Encyclopedia of public international law, Band IV, S. 204.

411 So auch Stürner, JZ 2006, 60 (65).

412 Pfeil-Kammerer, S. 62; ausführliche Darstellung zur Klagezustellung in den USA siehe zur Nieden, S. 33–45

413 Siehe Nachweise Bischof, S. 183.

414 Siehe zur Nieden, S. 49.

415 Siehe Nachweise Bischof, S. 182; Meng, S. 124; Volken, S. 29.

416 Hierzu zählen neben der Bundesrepublik Deutschland Ägypten, Argentinien, Bulgarien, China, Griechenland, die Republik Korea, Kroatien, Litauen, Mexiko, Norwegen, Polen, die Russische Föderation, San Marino, die Schweiz, die Slowakei, Sri Lanka, die Tschechische Republik, die Türkei, die Ukraine und Ungarn. Weitere Staaten haben Teilen des Art. 10 HZÜ widersprochen (siehe zu den Einzelheiten Jayme/Hausmann, HZÜ Art. 10, Fn 8).

417 Siehe C. IV. zu den Einzelheiten.

418 Linke, in: Grundfragen der Gerichtsverfassung, S. 95 (100 ff.) mit Ausführungen zum Streit über diese Kompetenzzuweisung; Malzahn, S. 330–331 mwN; Pfeil-Kammerer, S. 61.

Ausgehend von der Wertung des Grundgesetzes ist eine Zustellung als hoheitlicher Akt zu definieren, wenn sie eine Änderung der rechtlichen Position des Adressaten darstellt und dadurch ein Eingriff zumindest in Art. 2 I GG gegeben ist. Über Art. 2 I GG ist jedes Tun und Unterlassen geschützt.[419] Ebenso besteht ein Schutz vor der Belastung mit Nachteilen.[420] Ein Eingriff in Art. 2 I GG stellt jede Regelung der öffentlichen Gewalt dar, die das geschützte Verhalten regelt, sei es durch positive oder negative Pflichten in der Sache.[421]

Vertreter der These der Hyperkonstitutionalisierung des Zivilverfahrensrechts[422] mögen hinsichtlich der Einordnung eines Grundrechtseingriffes anderer Ansicht sein. Jedoch hat sich die Ansicht, dass der Einbruch des Verfassungsrechts in das Zivilprozessrecht eine Gefahrenquelle darstellt, mit der eine Versteinerungsgefahr des Prozessrechts verbunden ist[423], weder in der Literatur noch in der Rechtsprechung durchgesetzt.[424]

Alle Zustellungen, die eine Rechtswirkung für den Adressaten auslösen, sind demnach Hoheitsakte.[425] Die Zustellung eines verfahrenseinleitenden Schriftstückes zu einem Zivilprozess stellt einen Eingriff in Art. 2 I GG[426] und damit einen Hoheitsakt dar, weil sie für den Beklagten den Zwang auslöst, in einen staatlichen Zivilprozess eingebunden zu werden.[427] Dem Beklagten werden zumindest Obliegenheiten auferlegt, deren Nichtbefolgung einen für ihn nachteiligen Ausgang des Gerichtsprozesses mit sich bringen kann.[428] Es beginnen Fristen zu laufen und schlimmstenfalls droht ein Versäumnisurteil. Der Zustellungsempfänger wird dem Risiko einer Verurteilung ausgesetzt, die zu einer Vollstreckung in sein im Ausland belegenes Vermögen führen könnte, ohne dass die deutsche Staatsgewalt ihn davor zu schützen vermag.[429]

Das Bundesverfassungsgericht ließ es offen, ob die Zustellung in den Schutzbereich des Art. 2 I GG fällt oder ob sie lediglich an den Anforderungen aus

---

419 Jarass/Pieroth, Art. 2 GG, Rn 3.

420 Jarass/Pieroth, Art. 2 GG, Rn 3.

421 Jarass/Pieroth, Art. 2 GG, Rn 12.

422 Insbesondere Fischer, Zivilverfahrens – und Verfassungsrecht, mwN; Gilles, in: Grundrechtsverletzungen bei der Zwangsvollstreckung, S. 111.

423 So Fischer, S. 5.

424 Siehe Lüke/Wax in MüKo-ZPO, 2. Auflage, Einleitung, Rn 109 mwN.

425 So auch Bischof, S. 175.

426 So auch Tomuschat, IPRax 1996, 83 (84).

427 Zu anderen Zustellungsformen (insbesondere Zustellung durch die Post und Zustellung durch Privatpersonen) siehe die Untersuchung aus völkerrechtlicher Sicht Meng, S. 124–131; hier spielen diese Zustellungswege keine Rolle, da Art. 13 I HZÜ nur einschlägig sein kann, wenn der Rechtshilfeweg des HZÜ über die zuständigen Zentralen Behörden beschritten wurde.

428 So auch BVerfG, NJW 1995, 649.

429 BVerfG, NJW 1995, 649.

Schutzpflichten zu messen ist.[430] Ein Eingriff in Art. 2 I GG ist nach Ansicht des Bundesverfassungsgericht durch den dem HZÜ zugrunde liegenden Zweck, die Verbesserung der internationalen Rechtshilfe durch Vereinfachung und Beschleunigung der Abwicklung der Zustellung, jedenfalls gerechtfertigt.[431]

Allerdings wird in Deutschland die durchgeführte Zustellung per einfachem Postbrief eines verfahrenseinleitenden Schriftstückes ohne völkervertragliche Grundlage als ungerechtfertige Verletzung der staatlichen Souveränität angesehen.[432]

Die rechtliche Einordnung der Zustellung aus dem Ausland als Hoheitsakt hat einen zweifachen Zweck. Sie erlaubt zum einen dem Zustellungsstaat, den Überblick über die ausländische Prozessbefangenheit seiner Unternehmen und Bürger zu behalten, was bei Entscheidungen über sinnvolle diplomatische Interventionen sehr hilfreich sein kann.[433] Zum anderen aber benutzt sie die staatliche Souveränität als „Schutzschild" für ihre Unternehmen und Bürger, indem sie private Direktzustellungen unmöglich macht.[434] Die hoheitlich organisierte Zustellung als Schutzschild steht im Dienste einer geordneten und informierenden Zustellung, die Unternehmen und Bürger in ihrer Sprache über das ausländische Verfahren und seine möglichen Folgen gehörig und mit dem nötigen Nachdruck unterrichtet.[435]

Beschreitet ein Vertragsstaat des HZÜ für die Zustellung von Schriftstücken im Ausland die Übermittlungswege des Übereinkommens, dann liegt keine Verletzung der Hoheitsrechte des Staates vor, in dem die Zustellung bewirkt wird. Der HZÜ-Vertragsstaat hat in diesem Rahmen das hoheitliche Tätigwerden des Gerichtsstaats durch den Beitritt zum Übereinkommen gestattet. Er hat daher diesen Eingriff in sein Hoheitsgebiet zu dulden. Eine Ausnahme besteht allerdings, wenn der ersuchte Staat sich auf den Vorbehalt des Art. 13 I HZÜ beruft; dann wird dem hoheitlichen Tätigwerden des Gerichtsstaates auf dem Territorium des ersuchten Staates die völkerrechtliche Legitimation genommen.[436] Eine Zustellung, die trotz der Berufung des ersuchten Staates auf Art. 13 I HZÜ im Inland erfolgt, verletzt die Hoheitsrechte des ersuchten Staates.

---

430 BVerfG, NJW 1995, 649.

431 BVerfG, NJW 1995, 649; ebenso G. Geimer, S. 70.

432 Siehe hierzu auch Bischof, S. 172 ff; Linke, in: Grundfragen der Gerichtsverfassung, S. 95 (107 ff.) mwN; Bischof und Linke weisen darauf hin, dass zum Teil für eine Zulässigkeit der direkten Zustellung kraft Völkergewohnheitsrecht plädiert werde (so z.B. Schack, IZVR, 589). Nach dieser Ansicht sei eine Zwangausübung Tatbestandsvoraussetzung eines Hoheitsaktes. Eine derartige Auslegung des Völkergewohnheitsrechts wird aber mehrheitlich abgelehnt; siehe zum Ganzen auch Bertele, S. 84–86; K.I. Mössle, S. 80 ff.

433 Stürner, JZ 2006, 60 (65); ders. schon in: FS Nagel, S. 446 (453).

434 Stürner, JZ 2006, 60 (65).

435 Stürner, JZ 2006, 60 (65).

436 Rasmussen-Bonne, in: FS Hay, S. 323 (336) bezweifelt die Möglichkeit der Gefährdung der Hoheitsrechte des ersuchten Staates, wenn sich dieser zur Zustellung staatsvertraglich verpflichtet habe.

III. Kritik an der Definition der Zustellung als Hoheitsakt

Kritik an der Auffassung der Zustellung als Hoheitsakt wird vor dem Hintergrund geübt, dass entscheidend das Ziel sei, dem Beklagten tatsächliche Kenntnis zu verschaffen; der Weg, auf dem dies geschehe, sei sekundär.[437] Die Einhaltung von Förmlichkeiten der internationalen Zustellung dürfe nicht zum Selbstzweck werden.[438] Der Zweck der Zustellung, dem Adressaten zuverlässige Kenntnis von dem gegen ihn laufenden Verfahren zu verschaffen, ließe sich genauso gut ohne staatliche Mitwirkung erreichen, wie §§ 175, 183 I Nr. 1 ZPO, welche als Regel eine Zustellung durch Einschreiben mit Rückschein vorsehen, zeigten.[439] Es sei eine kleinliche Vorstellung davon auszugehen, dass die Zustellung eines Schriftstückes ein Hoheitsakt sei.[440]

Zutreffend ist, dass es auf eine wirksame Zustellung nach dem Recht des ersuchten Staates im Rahmen der Anerkennung eines ausländischen Urteils gemäß § 328 I Nr. 2 ZPO nicht ankommt.[441] Die Ordnungsgemäßheit der Zustellung gemäß § 328 I Nr. 2 ZPO richtet sich nach dem Recht des Gerichtsstaates. Es kommt daher nur eine Prüfung der Zustellung im Rahmen des ordre public nach § 328 I Nr. 4 ZPO in Betracht. Daraus wird zum Teil der Schluss gezogen, dass aufgrund der Tatsache, dass der Beklagte auf das Anerkennungshindernis der nicht ordnungsgemäßen Zustellung in § 328 I Nr. 2 ZPO verzichten könne, es mit der Qualifizierung der Zustellung als Hoheitsakt nicht weit her sei.[442] Auf staatliche Souveränitätsansprüche könne eine Privatperson nicht verzichten.[443]

Diesem Schluss ist zu entgegnen, dass die mangelnde Prüfung einer Zustellung nach den Vorstellungen des deutschen Prozessrechts keinen Verzicht auf staatliche Souveränitätsansprüche durch die Privatperson des Beklagten bzw. Verklagten darstellt. Auf eine Zustellung nach deutschem Rechtsverständnis als Anerkennungsversagungsgrund zu verzichten und stattdessen auf die tatsächliche Kenntnisnahme und Verteidigungsmöglichkeit abzustellen, ist Ausdruck dessen, dass eine Anerkennung in Deutschland nicht aufgrund zustellungsrechtlicher Förmlichkeiten verhindert werden sollte, wenn sich der Beklagte nicht auf die mangelnde Verteidigungsmöglichkeit beruft. Ähnlich der Regelungen der Artt. 15 und 16 HZÜ sollen die Härten der fiktiven Inlandszustellung abgemildert werden, ohne dass gleich die deutschen Zustellungsregelungen – wie im Fall der Zuständigkeit in

437 So Schack, AG 2006, 823 (825); Fogt/Schack, IPRax 2005, 118 (123); kritisch auch Schlosser, EU-ZPR, Art. 10 HZÜ, Rn 1; Sharma, S. 54; Fleischhauer, S. 245; Wiehe, S. 96–104.

438 Schack, AG 2006, 823 (825).

439 Schack, AG 2006, 823 (825).

440 Schlosser, EU-ZPR, Art. 10 HZÜ, Rn 1.

441 So auch Schack, AG 2006, 823 (826).

442 Schack, AG 2006, 823 (826); so auch Schlosser, in: FS Matscher, S. 387 (391).

443 Schack, AG 2006, 823 (826).

§ 328 I Nr. 1 ZPO – auf das ausländische Verfahren übertragen werden. Zudem muss nicht notwendigerweise eine Zustellung in Deutschland im Falle der Anerkennung ausländischer Entscheidungen in Deutschland vorliegen. Wenn sich der Staat auf die Souveränitätsverletzung aufgrund der nicht ordnungsgemäßen Zustellung berufen wollte, kann er dies immer noch in der Prüfung des ordre public gemäß § 328 I Nr. 4 ZPO tun.

Der Argumentation gegen die Zustellung als Hoheitsakt wird zu Recht eine Vermengung von international zivilverfahrensrechtlichen Aspekten mit denen des Völkerrechtes vorgeworfen.[444] Die Verletzung einer völkerrechtlichen Norm brauche nicht unbedingt die zivilprozessuale Unwirksamkeit des damit verbundenen Aktes zu bewirken oder die Heilung von Verfahrensfehlern auszuschließen.[445] Die Annahme, bei Heilung einer mangelhaften Zustellung falle auch ein völkerrechtlicher Verstoß außer Betracht, sei nicht schlüssig.[446] Dies entspricht auch der Linie des Bundesverfassungsgericht, welche dem Empfänger unmittelbar durch die Post zugestellten Bescheiden ausländischer Behörden aus der Verletzung der staatlichen Souveränität kein subjektives Recht zugesteht.[447]

Insgesamt ist der Kritik an der Einordnung der Zustellung als Hoheitsakt zu entgegnen, dass sie zwar rechtspolitisch nachvollziehbar sein mag, aber nicht der geltenden Rechtslage entspricht. Nach dem allgemeinen Souveränitätsverständnis stellt die Zustellung einen hoheitlichen Akt dar, wenn der betroffene Staat dies bestimmt. In Deutschland sind Zustellungen im Rahmen des HZÜ de lege lata als hoheitlich anzusehen.

Ergebnis der Untersuchung der Zustellungen nach dem HZÜ ist daher, dass es sich bei der Zustellungshilfe im Rahmen des HZÜ um einen staatlichen Hoheitsakt im Dienste fremder Gerichtsgewalt handelt.[448] Durch die Rechtshilfe wird die fremde Staatsgewalt auf das eigene Staatsgebiet ausgedehnt.

IV. Rechtsvorgaben für die Anwendung des HZÜ in Deutschland

Ausgehend von dem Ergebnis, dass es sich bei der Zustellung nach dem HZÜ um einen Hoheitsakt handelt, wird im Folgenden dargestellt, an welche nationalen

444 Bischof, S. 187.
445 Bischof, S. 187.
446 Bischof, S. 187.
447 BVerfG, NJW 1983, 2757 (2759).
448 So auch BVerfG, NJW 2003, 2598 (2599); BVerfG, NJW 1995, 649; sowie die herrschende Literaturmeinung siehe von Danwitz, DÖV 2004, 501 ff.; Greger, in: Erlanger FS Schwab, S. 331 (334); Häublein in MüKo-ZPO, § 183 ZPO, Rn 6; Junker, IZPR, S. 278; Linke, in: Grundfragen der Gerichtsverfassung, 99; Meng, S. 124–125; Stürner, JZ 2006, 60 (65); zur Nieden, S. 48.

Rechtsgrundlagen die ausführende Behörde bei einer Zustellung nach dem HZÜ in Deutschland gebunden ist.

1. Rechtslage für die Erledigung von Zustellungsersuchen nach dem HZÜ in Deutschland

Gemäß § 4 I AusführungsG zum HZÜ erledigt die Zentrale Behörde[449] das Ersuchen selbst oder lässt es gemäß § 4 II AusführungsG vom zuständigen Amtsgericht erledigen. Hierbei handelt es sich in beiden Fällen um einen Justizverwaltungsakt, dessen Rechtmäßigkeit auf Antrag gemäß § 23 I EGGVG vor den deutschen ordentlichen Gerichten überprüft werden kann.[450] Die Zentrale Behörde oder das Amtsgericht nehmen hierbei Aufgaben der vollziehenden Gewalt wahr.[451] Die ist in ihrem Handeln zum einen an die Grundrechte und zum anderen an das Völkervertrags- und Völkergewohnheitsrecht gebunden.

Für den Erlass der Zustellung als Justizverwaltungsakt gilt Art. 1 III GG, der die vollziehende Gewalt an die Grundrechte als unmittelbar geltendes Recht bindet.[452] Damit sind die Grundrechte im weiteren Sinne gemeint, also auch grundrechtsähnliche Rechte, wie in Art. 93 I Nr. 4a GG aufgeführt.[453] Gemäß Art. 20 III GG ist die vollziehende Gewalt und die Rechtsprechung an Gesetz und Recht gebunden. Hierunter sind die Verfassung, alle förmlichen Gesetze sowie andere Rechtsvorschriften, wie Rechtsverordnungen, Satzungen, Gewohnheitsrecht und unmittelbar anwendbares EG-Recht zu verstehen.[454] Da die EMRK in Deutschland den Rang eines Bundesgesetzes hat, ist die vollziehende Gewalt ebenfalls über Art. 20 III GG an sie gebunden.[455]

Auch in Bezug auf das Vertragsvölkerrecht und das Völkergewohnheitsrecht gilt die Bindung des deutschen Hoheitsträgers bei Tätigkeiten im Rechtshilfeverkehr. Die allgemeinen Regeln des Völkerrechts, womit das Völkergewohnheitsrecht sowie die allgemein anerkannten Rechtsgrundsätze gemeint sind, binden die deutschen Hoheitsträger gemäß Art. 25 GG. Hieraus folgt auch, dass deutsche Hoheitsträger Akten nichtdeutscher Hoheitsträger, die gegen die allgemeinen Regeln des Völkerrechts verstoßen, keine Wirksamkeit verschaffen dürfen. Es besteht eine völkerrechtliche Pflicht der Bundesrepublik zur Durchsetzung des völkerrechtlich

---

449 Siehe § 9 IV 2 und 3 ZRHO für die Zentralen Behörden der Länder.

450 Antragsteller sind hier die in Deutschland ansässigen Beklagten des ausländischen Prozesses, an die die Zustellung bewirkt werden soll.

451 Zur Nieden, S. 49.

452 So auch Greger, in: Erlanger FS Schwab, S. 331 (336); zur Nieden, S. 49; zur Anwendbarkeit der Grundrechte bei Sachverhalten mit Auslandsbezug siehe E.II.1.a.

453 Jarass/Pieroth, Art. 1 GG, Rn 30.

454 Jarasss/Pieroth, Art. 20 GG, Rn 38.

455 Siehe zur EMRK E.II.2.a.

bestärkten Grundrechts auch bzw. gerade in grenzüberschreitenden Fällen.[456] Somit gilt im Rechtshilfeverkehr, dass die deutsche Verfassung gebietet, ein gewisses Schutzniveau aufrechtzuerhalten.[457]

Allerdings ist dieses Niveau aufgrund des internationalen Kontextes einzuschränken.[458] Sowohl die Präambel und die Artt. 1 II, 24 und 25 GG als auch die das Verfassungssystem insgesamt kennzeichnenden Prinzipien des Pluralismus und der Toleranz lassen erkennen, dass die Verfassung andere Staaten als gleichberechtigte Glieder der Völkergemeinschaft anerkenne und deren eigenständige Rechtsordnung respektiere.[459] Es entspricht dem Geist internationaler Offenheit, dem sich das Grundgesetz verpflichtet fühlt (Präambel, Artt. 24–26 GG), mit ausländischen Staaten zusammenzuarbeiten.[460] Daher entspricht es auch den verfassungsrechtlichen Vorgaben, Vertragsverletzungen des HZÜ so weit wie möglich zu vermeiden.[461] Aus diesem Gesichtspunkt heraus kommt das Bundesverfassungsgericht zu folgender Abwägung: Nur bei einer offenkundig rechtsmissbräuchlichen Klage könne ein Verstoß gegen unverzichtbare Grundsätze eines freiheitlichen Rechtsstaates vorliegen, der deutsche Staatsorgane zur Zurückweisung des Zustellungsersuchens verfassungsrechtlich verpflichten und völkerrechtlich berechtigen könne.[462] Das verfassungsrechtlich verankerte Interesse eines möglichst reibungslosen Rechtshilfeverkehrs steht demnach dem Durchsetzungsgebot anderer höherrangiger Rechtsgüter entgegen.

2. Ergebnis

Die Zustellung nach dem HZÜ stellt in Deutschland, wie in einer Vielzahl der HZÜ-Vertragsstaaten, einen Hoheitsakt dar. Hierdurch wird fremde Staatsgewalt auf das

456 Kronke, BerDGeVR 38 (1998), 33 (52); Kronke bemerkt allerdings, dass dem Durchsetzungsgebot ein mögliches Menschenrecht auf Respektierung der andersartigen kulturellen Identität entgegenstehen könnte.

457 So auch Greger, in: Erlanger FS Schwab, S. 331 (336): „Auf die Wahrung grundgesetzlich verbürgter Rechte kann freilich auch im Zustellungsverfahren nach dem HZÜ nicht verzichtet werden. Dies folgt zwingend aus der ...Rechtsnatur des Zustellungsverfahrens. Da die Zentrale Behörde durch einen eigenen Hoheitsakt die Zustellung veranlasst, muss diese Maßnahme sich selbstverständlich wie jede andere Ausübung deutscher Staatsgewalt an der Verfassung messen lassen. Sie hat zu unterbleiben, wenn durch sie in verfassungsmäßige Rechte eingegriffen würde, d.h., wenn ein dem Schutz des Grundgesetzes unterstehendes Rechtssubjekt durch die Zustellung einem mit eben diesem Grundgesetz nicht vereinbaren Zugriff fremdstaatlicher Gerichtsgewalt ausgesetzt würde."

458 Ob dies auf der Ebene des Eingriffs in den Schutzbereich oder der Rechtfertigung geschieht, kann hier dahin stehen.

459 BVerfGE 31, 58 (75).

460 Tomuschat, IPRax 1996, (83 (84).

461 BVerfG, NJW 2007, 3709 (3711).

462 BVerfG, NJW 2007, 3709 (3711).

eigene Staatsgebiet erstreckt. In Deutschland ist die Rechtshilfebehörde bei der Ausführung der Zustellung, welche in Form eines Justizverwaltungsaktes erlassen wird, an die Grundrechte sowie Völkervertrags- und Völkergewohnheitsrecht gebunden.

Aufgrund des Spannungsfeldes zwischen den höherrangigen Rechtsvorgaben, die bei der Anwendung des HZÜ zu beachten sind, und der Notwendigkeit, Verstöße gegen das HZÜ zu vermeiden, ist Art. 13 I HZÜ dahingehend zu untersuchen, in wie weit eine Gefährdung der wesentlichen Grundsätze des Verfassungsrechts und der völkerrechtlichen Verpflichtungen des ersuchten Staates die Berufung auf die Vorbehaltsklausel rechtfertigt.

D. Rechtsnatur des Vorbehaltes in Art. 13 I HZÜ

Nachdem der Anwendungsbereich des HZÜ definiert wurde und festgestellt wurde, dass es sich bei einer Zustellung nach dem HZÜ um einen Hoheitsakt handelt, wird nun der Vorbehalt des Art. 13 I HZÜ untersucht.

Die authentischen französischen und englischen Vertragstexte von Art. 13 I HZÜ lauten:

> L'exécution d'une demande de signification ou de notification conforme aux dispositions de la présente Convention ne peut être refusée que si l'Etat requis juge que cette exécution est de nature à porter atteinte à sa souveraineté ou à sa sécurité.

> Where a request for service complies with the terms of the present Convention, the State addressed may refuse to comply therewith only if it deems that compliance would infringe its sovereignty or security.

Die offizielle deutsche Übersetzung lautet:

> Die Erledigung eines Zustellungsantrags nach diesem Übereinkommen kann nur abgelehnt werden, wenn der ersuchte Staat sie für geeignet hält, seine Hoheitsrechte oder seine Sicherheit zu gefährden.

Im vorliegenden Abschnitt wird erläutert, in welchen Fällen sich die Vertragsstaaten auf den Vorbehalt in Art. 13 I HZÜ berufen können. Dieses hängt davon ab, welche Rechtsgüter die Vorbehaltsklausel schützt. Namentlich ist zu klären, ob die Schutzgüter der Hoheitsrechte und der Sicherheit den ordre public – im Sinne des internationalen Privatrechts – des ersuchten Staates umfassen.

Bei der Prüfung des ordre public findet eine Ergebniskontrolle der Anwendung des fremden Rechts oder des Verfahrens in einem fremden Forum statt. Der Maßstab der Prüfung bildet die Vereinbarkeit mit den wesentlichen Grundsätzen, auf denen die Rechtsordnung des prüfenden Staates beruht. Wäre der ordre public nicht mit einbezogen in den Schutzbereich der Souveränität und Sicherheit des Staates, dürfte kein Vertragsstaat ein Zustellungsersuchen aufgrund der Unvereinbarkeit mit den wesentlichen Grundsätzen seiner Rechtsordnung zurückweisen.

Beruft sich ein Staat auf den Vorbehalt des Art. 13 I HZÜ und lehnt die Erledigung eines Zustellungsantrags ab, dann findet keine Zustellung im Wege der Rechtshilfe nach dem HZÜ statt. Als Konsequenz hieraus kann sich ergeben, dass eine Zustellung an den Adressaten im Ausland unterbleibt. Eventuell wird das Verfahren dann nicht weiter betrieben oder es wird auf fiktive Zustellungsformen, bei denen der Zustellungsakt bereits im Forumstaat als vollzogen gilt, zurückgegriffen.

Im Folgenden wird hergeleitet, welche Struktur der Vorbehalt in Art. 13 HZÜ aufweist und inwieweit er mit den herkömmlichen Kategorien der Vorbehalte vergleichbar ist (I.). Dann gilt es, seinen Prüfungsgegenstand zu definieren (II.). Letztlich ist zu untersuchen, wie viel Einschätzungsprärogative der einzelne Vertragsstaat in der Anwendung des Vorbehaltes hat bzw. ob nur eine autonom-staatsvertragliche Auslegung geboten ist (IV.).

I. Art. 13 I HZÜ als ordre public-Vorbehalt

Die herrschende Literaturmeinung in Deutschland versteht Art. 13 I HZÜ als einen engen und eingeschränkt auszulegenden ordre public-Vorbehalt.[463] Damit ist gemeint, dass der über Art. 13 I HZÜ geschützte Inhalt der wesentlichen Rechtsgrundsätze des Rechtshilfestaates enger zu fassen ist, als bei anderen Vorbehaltsklauseln etwa des internationalen Privatrechts. Zumeist wird der ordre public-Vorbehalt in Art. 13 I HZÜ in der Formulierung der Gefährdung der Hoheitsrechte verortet.[464] Die Rechtsprechung bemerkt ausdrücklich, dass es sich bei Art. 13 I HZÜ um keinen innerstaatlichen ordre public-Vorbehalt handelt.[465] Die Anwendung des Art. 13 I HZÜ käme nur in Betracht, wenn bereits die Zustellung einer Klage besonders schwerwiegende Beeinträchtigungen der Wertungsgrundlagen der Rechtsprechung des ersuchten Staates mit sich bringen würde.[466] Danach ist eine bloße Unvereinbarkeit mit den wesentlichen Rechtsgrundsätzen, wie sie bei anderen Vorbehaltsklauseln Voraussetzung ist, nicht ausreichend. Auch die Rechtsprechung betont aber, dass die Vorbehaltsklausel des Art. 13 I HZÜ nicht inhaltsleer sei.[467] Die Grenze sei dort erreicht, wo das mit der Klage verfolgte Ziel offensichtlich gegen unverzichtbare Grundsätze eines freiheitlichen Rechtsstaats verstieße.[468]

Zur Klärung der Frage, ob es sich um einen ordre public-Vorbehalt im Sinne eines Schutzes für die wesentlichen Grundsätze des ersuchten Staates, die sich auch international durchsetzen, handelt, ist zunächst der Tatbestand der Norm zu analysieren. Vom Wortlaut ausgehend (1.), ist weiterhin ein Vergleich mit anderen

---

463 Ghassabeh, S. 237; G. Geimer, S. 71; Hau, IPRax 1997, 245 (246); Junker, IZPR, S. 278; Koch/Diedrich, ZIP 1994, 1830 (1831); Mansel, EuZW 1996, 335 (336); Morisse, RIW 1995, 370 (372); Oberhammer, IPRax 2004, 40 (45); Pfennig, S. 98–99; Prütting, in: FS Jayme, S. 709 (717); Rohe, in: FS Vollkommer, S. 291 (307); Rothe, RIW 2003, 859 (863); Wölki, RIW 1985, 530 (534); Zekoll, NJW 2003, 2885 (2886); zur Nieden, S. 116.

464 Pfeil-Kammerer, S. 63; Pfennig, S. 98; anders hingegen Prütting, in: FS Jayme, S. 709 (717), der grundlegende und schwerwiegende ordre public Verstöße als Gefährdungen der Sicherheit des Landes ansieht.

465 BVerfG, NJW 2003, 2598; so auch OLG Düsseldorf, NJW-RR 2010, 573 (575); OLG Düsseldorf, NJW-RR 2009, 500; a.A. OLG Koblenz, NJOZ 2005, 3122 (3142).

466 BVerfG, NJW 1995, 649 (650); OLG Celle, Beschluss vom 20.7.2006 – 16 VA 4/05, BeckRS 2006, 9152; OLG Düsseldorf, NJW-RR 2010, 573 (575); OLG Düsseldorf, NJW-RR 2009, 500; OLG Frankfurt a.M., NJOZ 2006, 3575.

467 BVerfG, NJW 2007, 3709 (3710); RIW 2007, 211 (212); BVerfG, NJW 2003, 2598.

468 BVerfG, NJW 1995, 649 (650); BVerfG, NJW 2003, 2598.

Vorbehaltsklauseln (2.), die Entstehungsgeschichte (3.), die Systematik (4.) und der Sinn und Zweck (5.) der Vorschrift zur Auslegung heranzuziehen.

1. Wortlaut des Art. 13 I HZÜ

Erste Anhaltspunkte für die Bedeutung des Wortlautes des Art. 13 I HZÜ liefert der Vergleich der deutschen Übersetzung mit der authentischen englischen und französischen Version des Vertrages.

a. Vergleich des englischen und französischen Vertragstextes mit der deutschen Übersetzung

aa. Hoheitsrechte

Während die deutsche Übersetzung das Wort „Hoheitsrechte" verwendet, gehen die französische und englische Version von „souveraineté" bzw. „sovereignty" aus. Dies gilt auch schon für das Vorgängerübereinkommen von 1954. Allerdings macht es inhaltlich für den Anwendungsbereich des Vorbehaltes keinen Unterschied, ob das Wort „Hoheitsrechte" oder „Souveränität" gebraucht wird.[469] Das OLG Frankfurt a.M. betitelt Art. 13 I HZÜ denn auch als Souveränitätsvorbehalt.[470] Auch in der Literatur wird vertreten, dass der Rechts(hilfe)staat seine eigene Souveränität gegen ausländische Eingriffe verteidigen dürfen muss.[471]

Der souveräne Status eines Staates führt dazu, dass er bestimmte Hoheitsrechte ausüben kann. Souveränität bezeichnet daher den völkerrechtlichen Status und Hoheitsrechte ergeben sich aus diesem Status. Staatliche Hoheitsrechte sind etwa die Personal[472]- und Gebietshoheit.[473]

Weder in der Denkschrift zum HZÜ noch in anderen deutschen Erklärungen zu anderen Haager Rechtshilfeübereinkommen ließ sich eine Erklärung finden, wieso die deutsche Übersetzung von dem Begriff der Souveränität abweicht. In anderen Rechtshilfeverträgen wird dieser in der deutschen Übersetzung benutzt.[474]

469 Ebenso Popp, S. 303 zur Auslegung des Begriffs der Souveränität in Art. 2 lit. b des Europäischen Übereinkommens über Rechtshilfe in Strafsachen und des der Hoheitsrechte, gemäß Art. 1 lit. a des Schweizer Gesetzes zur internationalen Rechtshilfe in Strafsachen.

470 OLG Frankfurt a.M. 15.3.2006, 20 VA 7/05, juris Rn 44, 45, 46, 50; OLG Frankfurt a.M. 6.3.2006, 20 VA 2/05, juris Rn 42. Nach Ansicht des Gerichts würde ein bloßer Verstoß gegen den deutschen ordre public kein Verstoß gegen den Vorbehalt des Art. 13 I HZÜ begründen.

471 Hau, ZZPInt 6 (2001), 249 (252).

472 Siehe hierzu D.I.1.b.aa.ccc.

473 Siehe hierzu D.I.1.b.aa.aaa.

474 Zum Bespiel in Art. 14 I lit. b des Europäischen Übereinkommens über die Zustellung von Schriftstücken in Verwaltungssachen im Ausland; siehe unten ausführlich hierzu.

bb. Der Begriff der Gefährdung

Auf den ersten Blick ergibt sich bei der deutschen Version des Vertragstextes durch den Begriff der „Gefährdung“ ein Unterschied zur gebräuchlichsten Formulierung der ordre public-Vorbehalte, die eine offensichtliche Unvereinbarkeit (siehe Art. 6 EGBGB sowie § 328 I Nr. 4 ZPO) bei der Feststellung des anwendbaren Rechts oder einen offensichtlichen Widerspruch (Art. 34 Nr. 1 EuGVO) im Anerkenntnisverfahren mit dem ordre public voraussetzen.

Der Begriff der Gefährdung ist im französischen mit à porter atteinte ausgedrückt, was mit dem Wort *beeinträchtigen* übersetzt wird. In der englischen Version steht das Wort *infringe*, welches in diesem Zusammenhang mit *verletzen* zu übersetzen ist. Auch in der englischen und französischen Version anderer Vorbehalte in multilateralen Übereinkommen wird – wie auch in den deutschen Übersetzungen – eine andere Wortwahl benutzt. Art. 34 Nr. 1 EuGVO setzt im Englischen *manifestly contrary to public policy* voraus. Im Französischen lautet Art. 34 Nr. 1 EuGVO *manifestement contraire à l'ordre public.* In jüngeren Übereinkommen der Haager Konferenz finden sich in der französischen und englischen Version ebenfalls diese Formulierungen wieder.[475]

Aus dem Vergleich mit dem englischen und französischen Vertragstext ergibt sich, dass der abweichenden Formulierung des Art. 13 I HZÜ von anderen Vorbehalten nur eine geringe Bedeutung beigemessen werden kann.

cc. Erledigung des Zustellungsantrags

Unproblematisch ist die Formulierung der *Erledigung des Zustellungsantrags.* Eine Heranziehung des französischen und englischen Vertragstextes ergibt, dass der Begriff übersetzt wurde vom französischen Ausdruck *l'exécution d'une demande* und vom Ausdruck *compliance with the request for service* im englischen Vertragstext. *Compliance* ist in diesem Zusammenhang am ehesten mit *Erfüllung* zu übersetzen und *exécution* mit *Durchführung.* Aus diesen sprachlichen Unterschieden ergeben sich keine Konsequenzen in der Anwendung des Art. 13 I HZÜ.

dd. Geeignet halten

Soweit das französischen Wort *juge* ins Deutsche mit dem Ausdruck *für geeignet halten* übersetzt wurde, ist festzustellen, dass der deutsche Begriff *bewerten* dem französischen Wortlaut wesentlich näher läge. Im englischen Text ist *geeignet halten* mit *only if [the requested state] deems* ausgedrückt, was mit *erachten* oder *halten* zu übersetzen ist. Die französische und englische Version verlangt daher, dass der ablehnende Staat in größerem Maße von der „Gefährdung“ seines ordre public überzeugt sein muss.

---

475 Siehe zum Beispiel Art. 6 lit. c und Art. 9 lit. e. der Convention on Choice of Court Agreements vom 30. Juni 2005 unter http://www.hcch.net/index_fr.php?act=conventions.text&cid=98 und http://www.hcch.net/index_en.php?act=conventions.text&cid=98.

Das deutsche *geeignet halten* könnte durchaus dazu verleiten, einen schwächeren Überzeugungsgrad des Staates von der Gefährdung vorauszusetzen.

Jedoch ist den drei sprachlichen Versionen gemein, dass dem Staat ein gewisser Spielraum hinsichtlich der Beurteilung des Vorliegens der Gefährdung seiner Sicherheit und Hoheitsrechte eingeräumt wird. Hierbei beurteilt die Zentrale Behörde als zuständiges Organ des Staates für die Rechtshilfeersuchen im Wege des HZÜ das Vorliegen der Tatbestandsvoraussetzungen nach einem objektiven Maßstab, der von jedem verständigen Dritten zum maßgeblichen Zeitpunkt gleichermaßen erkennbar ist.[476]

ee. Rechtsfolge

Die Rechtsfolge des Art. 13 I HZÜ stellt das *Ablehnen k*önnen dar. Hier ergeben sich in der deutschen Übersetzung keine Unterschiede zu dem englischen bzw. französischen Vertragstext (*ne peut être refusée que* und *may refuse*). Der Wortlaut legt nahe, dass es sich um eine Ermessensentscheidung der Behörde handelt.

ff. Ergebnis

Der Wortlaut des Art. 13 I HZÜ gibt wenig Aufschluss über die Rechtsnatur des Vorbehaltes. Bemerkenswert ist allein der Unterschied zur herkömmlichen Formel der Unvereinbarkeit mit dem ordre public.

Je nach englischer, französischer bzw. deutscher Version des Vertrages wird entweder eine Beeinträchtigung, eine Gefährdung oder eine Verletzung der Souveränität und Sicherheit vorausgesetzt.

b. Bedeutung der Begriffe Souveränität *und* Sicherheit

Im Rahmen der semantischen Auslegung ist weiter zu ergründen, welche Bedeutung den Begriffen *Souveränität und Sicherheit* zukommt. Die Begriffe werden nach völkerrechtlichem Verständnis auch unter Berücksichtigung von zwischen den Vertragsstaaten anwendbaren einschlägigen Völkerrechtssätzen gemäß Art. 31 III lit c WVK untersucht. Zu prüfen ist, ob nach völkerrechtlichem Verständnis die Begriffe der Souveränität und der Sicherheit den Schutzbereich des ordre public eines ersuchten Staates miteinbezieht. Weiterhin wird untersucht, ob die Begriffe auch Individualrechte umfassen. Zudem spielt bei der Auslegung eine Rolle, in welchen Fällen eine Gefährdung der Souveränität und Sicherheit des ersuchten Staates denkbar ist. Ist Ergebnis der Auslegung, dass praktisch keine Fälle in Betracht kommen, bei denen ein Zustellungsersuchen aufgrund der Gefährdung der Sicherheit und Souveränität verweigert werden kann, stellt sich die Frage, ob den Begriffen über ihren völkerrechtlichen Konzepten hinaus bei der Auslegung des Art. 13 I HZÜ nicht eine andere Bedeutung zugemessen werden sollte.

---

476 So auch Ghassabeh, S. 192.

Sowohl der Begriff der Souveränität als auch der der Sicherheit umfassen sehr unterschiedliche völkerrechtliche Konzepte und Rechte und werden in verschiedenen Zusammenhängen gebraucht, auf die hier nicht weiter eingegangen werden kann.[477]

aa. Souveränität

Es gibt kaum ein anderes Prinzip im Völkerrecht, das so allgemein anerkannt ist wie das der Souveränität, obwohl seine Bedeutung und Reichweite in spezifischen Zusammenhängen sehr oft umstritten sind.[478] Folgende Grundsätze lassen sich festhalten: Die Souveränität der Staaten hat sich im Laufe der Zeit auf das Prinzip der souveränen Gleichheit der Staaten reduziert.[479] Der souveräne Staat übt seine Hoheitsgewalt unabhängig von den übrigen Staaten aus, er hat aber dabei zu beachten, dass die übrigen Staaten in gleicher Weise über ihren Jurisdiktionsbereich herrschen.[480] Daher führt das Gebot der souveränen Gleichheit automatisch zur Beschränkung der Souveränität der einzelnen Staaten, ohne diese in Frage zu stellen. In der *Friendly Relations Declaration* vom 24.10.1970[481] haben die Vereinten Nationen den Grundsatz der souveränen Gleichheit der Staaten als sechstes Prinzip präzisiert:

> All States enjoy sovereign equality. They have equal rights and duties and are equal members of the international community, notwithstanding differences of an economic, social, political or other nature. In particular, sovereign equality includes the following elements:
>
> (a) States are juridically equal;
> (b) Each State enjoys the rights inherent in full sovereignty;
> (c) Each State has the duty to respect the personality of other States;
> (d) The territorial integrity and political independence of the State are inviolable;
> (e) Each State has the right freely to choose and develop its political, social, economic and cultural systems;
> (f) Each State has the duty to comply fully and in good faith with its international obligations and to live in peace with other States.

Dementsprechend setzt sich die Souveränität eines Staates aus mehreren Bereichen zusammen. Klassischerweise sind die Gebietshoheit und die Personalhoheit unmittelbare Ausformungen der Souveränität.[482] Darüber hinaus ist der Begriff der Justizhoheit im Zusammenhang mit Streitigkeiten auf dem Gebiet des internationalen Zivilverfahrensrechts verwendet worden.

477 Siehe umfassend zum Begriff *Sovereignty*, Encyclopedia of public international law, Band IV, S. 500–518.

478 *Sovereignty*, Encyclopedia of public international law, Band IV, S. 500 (517).

479 Stein/von Buttlar, Rn 510; so auch Art. 2 Nr. 1 UN-Charta.

480 Stein/von Buttlar, Rn 522.

481 GA Res. 2625 (XXV).

482 Stein/von Buttlar, Rn 510.

aaa. Gebietshoheit

Die Gebietshoheit wird häufig als innere Souveränität bezeichnet. Hiermit ist die von äußerer Einflussnahme unabhängige Hoheitsgewalt auf dem eigenen Territorium, also die exklusive Befugnis zur Wahrnehmung staatlicher Funktionen gemeint.[483] Die staatliche Hoheitsgewalt äußert sich in der umfassenden Macht, Rechtsregeln zu erlassen, der Zuständigkeit, die Einhaltung dieser Regeln zu überprüfen, und der Fähigkeit, diese Rechtsregeln durchzusetzen.[484]

Aus dem Grundsatz der Gebietshoheit folgt, dass es völkerrechtlich grundsätzlich unzulässig ist, auf fremdem Staatsgebiet hoheitlich tätig zu werden. Der Anspruch auf Achtung der territorialen Integrität gilt über die Anwendung oder Androhung von militärischer Gewalt hinaus gegenüber sämtlichen fremden Hoheitsakten, die die eigene Gebietshoheit beeinträchtigen. Dies gilt auch für unbefugte Vornahme von hoheitlichen Akten im Ausland im zivilen Bereich, denn ein Staat ist grundsätzlich nicht verpflichtet, in seinem Hoheitsbereich die Vornahme oder Vollstreckung von Hoheitsakten eines anderen Staates durch dessen Organe zu dulden. Das Völkerrecht bietet aber die Möglichkeit der Duldung solcher Akte oder die Leistung von Rechtshilfe.[485]

Nimmt ein Staat unbefugt Hoheitsakte auf dem Gebiet eines anderen Staates vor, stellt sich die Frage, ob sich aus der Verletzung der Gebietshoheit dieses Staates auch eine Verletzung der Rechte Einzelner ableiten kann. Bei der Zustellung an einen im Inland ansässigen Beklagten ohne die Mitwirkung deutscher Behörden könnte der Zustellungsadressat dann aufgrund der erfolgten Souveränitätsverletzung eigene Rechte geltend machen. Das Bundesverfassungsgericht nahm Stellung zu der Souveränitätsverletzung Deutschlands durch unmittelbare Postzustellungen von Bescheiden österreichischer Behörden an einen in Deutschland ansässigen Empfänger. Dabei verneint das Gericht, dass eine Verletzung der Souveränität und damit auch des Völkerrechts durch die unmittelbare Postzustellung zu einer Verletzung verfassungsmäßiger Rechte des Einzelnen führt:

> „Selbst wenn es jedoch einen völkerrechtlichen Übergriff bedeutet haben sollte, dass Österreich eigene Hoheitsbescheide ohne Zustimmung der zuständigen deutschen Organe im Hoheitsbereich der Bundesrepublik Deutschland mit der Post zugestellt hat, hätte dies allein jedenfalls eine Verletzung verfassungsmäßiger Rechte des Beschwerdeführers nicht begründet. Dies gilt selbst dann, wenn, wie der Beschwerdeführer vorbringt, ein solcher Völkerrechtsverstoß eine Verletzung allgemeiner Regeln des Völkerrechts im Sinne des Art. 25 GG darstellt, die Bestandteil des innerstaatlichen deutschen Rechts sind und von deutschen Behörden und Gerichten als objektives, dem Gesetzesrecht vorgehendes und im Rang von Bundesrecht stehendes Recht zu beachten sind (Art. 25 Satz 2 GG). Denn das völkerrechtliche Verbot, Hoheitsakte – ohne Zustimmung oder Duldung des

483 Stein/von Buttlar, Rn 535.
484 Stein/von Buttlar, Rn 536.
485 BVerfG, NJW 1983, 2757 (2759).

betroffenen Staates – auf fremdem Hoheitsgebiet zu setzen, ist auf der Ebene des Völkerrechts eine ausschließlich staatsgerichtete, dem Schutz der Souveränität als solcher dienende Norm. Art. 25 Satz 2 GG bewirkt zwar, dass sich der Verfahrensbeteiligte im Rahmen der Verfahrensordnungen vor Gericht auch auf solche Normen als objektives Recht berufen kann und dass diese Normen je nach ihrem Inhalt und dem Streitgegenstand Rechtswirkungen für oder gegen einen Verfahrensbeteiligten haben können; daraus allein erwachsen einem Verfahrensbeteiligten aber nicht schon inhaltlich subjektive Rechte von Verfassungsrang. Auch besagt die hier angesprochene allgemeine Regel des Völkerrechts noch nichts darüber, welche Wirkung völkerrechtswidrig vorgenommenen Zustellungen im innerstaatlichen Bereich des verletzten Staates, hier der Bundesrepublik Deutschland, zukommt."[486]

Die Argumentation des Bundesverfassungsgerichtes, dass es sich bei dem Gebot der Achtung der souveränen Gleichheit der Staaten um eine ausschließlich an die Völkerrechtssubjekte gerichtete Norm des Völkerrechts handelt, überzeugt. Die souveräne Gleichheit soll das Gefüge der Staaten untereinander in einem klar begrenzten Verhältnis ordnen. Weder können Private durch rein privates Handeln die Souveränität eines Staates verletzen, noch soll die Souveränität des Staates von Privaten als Recht eingeklagt werden können. Nur die staatlichen Träger des Rechtes können sich auf dieses auch berufen. Das Konzept der Souveränität umfasst keine Individualrechte.

Zusammengefasst folgt daraus, dass im Fall der Verletzung der Souveränität durch eine Zustellung in Deutschland der Beklagte keinen Schutz über die Souveränitätsverletzung erfährt.

Bezogen auf den Vorbehalt in Art. 13 I HZÜ heißt dies, dass ein inländischer Beklagter nicht die Verweigerung der Leistung der Rechtshilfe beantragen kann mit der Begründung, es liege andernfalls eine Verletzung der Souveränität Deutschlands vor.[487]

Es stellt sich die Frage, welche Fälle denkbar sind, in denen ein Staat in Bezug auf den Vorbehalt des Art. 13 I HZÜ eine Verletzung der Souveränität geltend machen könnte. Wenn sich ein Staat auf Art. 13 I HZÜ beruft, wendet sowohl der ersuchte als auch der ersuchende Staat das Übereinkommen an und die völkervertraglich legitimierten Zustellungswege des HZÜ wurden beschritten. Anders als im Fall des Bundesverfassungsgerichts oben liegt also aus deutscher Sicht keine unmittelbare Zustellung vor, der Deutschland widersprochen hat. Fraglich ist, wann eine Souveränitätsverletzung gegeben sein kann, wenn die Form des HZÜ gewahrt wurde.

486 BVerfGE 63, 343 (373).

487 Es bleibt zu ergänzen, dass der Beklagte gegen eine unmittelbare Zustellung durch die Post im Rahmen einer möglichen Verletzung seines Grundrechts auf rechtliches Gehör vorgehen kann. § 328 I Nr. 2 ZPO sieht dann auch die Möglichkeit vor, die Anerkennung und Vollstreckung ausländischer Titel aus diesem Grund zu verweigern.

Nach dem oben Dargelegten müsste eine Wirkung eines fremden Hoheitsaktes auf deutschem Hoheitsgebiet vorliegen.

In § 84 III 3 ZRHO sind folgende Fälle genannt worden, in denen ein Rechtshilfeersuchen verweigert werden kann. Dies soll insbesondere der Fall sein, wenn die Angelegenheit nicht zum Geschäftsbereich der Justizbehörden gehört oder nach dem Inhalt des Ersuchens Bedenken gegen seine Ausführung bestehen (z.B. bei Antrag auf Zustellung einer Klage, eines Mahnbescheids, einer Streitverkündung u. ä. gegen die Bundesrepublik Deutschland oder ein Bundesland).

Fraglich ist, ob die Souveränität der Bundesrepublik durch die Zustellung einer solchen Klage verletzt werden kann. Im Völkerrecht wird unterschieden zwischen *acta iure imperii* und *iure gestionis*. Für *acta iure imperii* genießen die Staaten nach allgemeinem Völkerrecht Immunität.[488] Eine Zustellung, die darauf abzielt gegen die Bundesrepublik als Beklagtem einen zivilrechtlichen Gerichtstreit im Ausland zu eröffnen, verletzt die staatliche Immunität – ein Ausfluss der staatlichen Souveränität – nach allgemeinem Völkergewohnheitsrecht also dann, wenn das Verfahren hoheitliches Handeln des Staates betrifft. Insofern kommt eine Souveränitätsverletzung in den Fällen des § 84 III ZRHO durchaus in Betracht.

Hieraus folgt, dass die Verletzung der Gebietshoheit durch eine Zustellung nach dem HZÜ möglich ist. In den Fällen, in denen ein Staat Zustellungsadressat ist und aufgrund von hoheitlichem Handeln im Ausland verklagt werden soll, kann der ersuchte Staat von Art. 13 I HZÜ Gebrauch machen und die Zustellung verweigern. Selbst wenn eine Verletzung der Gebietshoheit in anderen Fällen, in denen die Bundesrepublik oder die Bundesländer nicht Zustellungsempfänger sind, möglich wäre, würden dem Zustellungsempfänger keine Schutzrechte aus der Souveränitätsverletzung erwachsen.

bbb. Justizhoheit

Bei Konflikten im internationalen Zivilverfahrensrecht wurde als eine besondere Ausformung der Souveränität das Prinzip der Justizhoheit genannt. Darunter wird eine besondere Gerichtsgewalt über in Deutschland ansässige Personen verstanden.

Im Verfahren vor dem OLG Düsseldorf, in dem sich ein in Deutschland ansässiger Beklagter gegen die Zustellung einer *antisuit injunction* wehrte, wurde mit Hilfe des Begriffes der Justizhoheit für eine Anwendung des Art. 13 I HZÜ argumentiert. Der Grundsatz des freien Zugangs zu den Gerichten sei Ausdruck der deutschen Justizhoheit.[489]

Unter anderem im Verfahren Société Nationale Industrielle Aérospatiale vor dem US-Supreme Court haben verschiedene europäische Staaten sich in ihren

---

488 Zur Diskussion um eine Ausnahme von diesem Grundsatz für schwerwiegende Menschenrechtsverletzungen siehe F. I. 1.

489 OLG Düsseldorf, ZZP 109 (1996), 221 (225).

Amicus Curiae Briefen ebenfalls auf den Begriff der Justizhoheit bezogen.[490] In einem anderen US-Fall leitet die Bundesrepublik in ihrer Stellungnahme hieraus ein verfassungsmäßiges Recht der deutschen Parteien und Zeugen darauf ab, dass ein deutscher Richter den Prozess der Beweisaufnahme überwacht, damit nicht grundlegende Regeln des deutschen Rechts verletzt würden.[491] Im Zentrum der genannten Fälle in den USA standen Beweisvorlagepflichten für den US-Zivilprozess für sich im Ausland befindlichen Beweise bzw. die Durchsetzung der Vorlagepflichten in den USA.

Die Existenz eines Prinzips der Justizhoheit stößt jedoch auf Ablehnung. Der Begriff der Justizhoheit ist weder im Grundgesetz noch im verfassungsrechtlichen Schrifttum in Deutschland oder im Völkerrecht anerkannt.[492] Es gibt nur die Territorialhoheit eines Staates, keine davon zu unterscheidende Gesetzgebungs-, Justiz- oder Verwaltungshoheit.[493]

Zudem ist der Begriff der Justizhoheit nicht eindeutig und sein Inhalt lässt sich auch nicht zweifelsfrei aus dem Zusammenhang erschließen.[494] In zwischenstaatlichen Auseinandersetzungen wundert dies kaum, da sich politische und rechtliche Argumente vermischen und die staatliche Stellungnahme viele Väter habe.[495] Die Äußerungen zur Justizhoheit scheinen einer Forderung nach strenger Territorialität der *jurisdiction to enforce* am nächsten zu liegen.[496] Der Begriff der *jurisdiction to enforce* umfasst die Vollzugsgewalt, also das Recht zur tatsächlichen Durchsetzbarkeit nationaler Rechtsnormen für Auslandssachverhalte.[497] Hingegen bedeutet der Begriff *jurisdiction to prescribe* die sachliche Anwendbarkeit der nationalen Rechtsnormen für Auslandssachverhalte.[498] Eine Territorialität der *jurisdiction to enforce* entspricht weder der Staatenpraxis insgesamt noch der deutschen Praxis selbst.[499] Nach dem Völkerrecht ist ein Staat grundsätzlich nur befugt, seine Rechtsordnung im eigenen Territorium durchzusetzen.[500] Hingegen ist es völkerrechtlich untersagt,

---

490 Societe Nationale Industrielle Aerospatiale v. United States District Court, 482 U.S. 522 (1987); Mössle, S. 346 ff.

491 Siehe Heidenberger, RIW 1986, 486 (492); kritisch Leipold, S. 15: Die Schlussfolgerungen, die die Verbalnote der Bundesrepublik Deutschland im Anschütz Fall aus der „judicial sovereignty“ ziehe, trüge eher den Charakter einer Behauptung als eines Argumentes.

492 Leipold, S. 15; Schlosser, in: FS Lorenz, S. 497 (504).

493 Schlosser, in: FS Lorenz, S. 497 (505).

494 Bertele, S. 162.

495 Bertele, S. 162.

496 Bertele, S. 162.

497 Stein/von Buttlar, Rn 609.

498 Stein/von Buttlar, Rn 609.

499 Bertele, S. 162.

500 Stein/von Buttlar, Rn 609.

seine Rechtsregeln auf dem Gebiet eines anderen Staates durchzusetzen, es sei denn, es bestehen abweichende zwischenstaatliche Abmachungen.[501]

Der Souveränitätsverstoß im Fall des Verstoßes gegen die Justizhoheit wird nicht mit territorialen Übergriffen in Form hoheitlicher Auslandsaktivitäten begründet, sondern mit inhaltlichen Divergenzen zwischen den beteiligten Verfahrensordnungen.[502] Letztlich geht es bei dieser Sichtweise um die Durchsetzung des verfahrensrechtlichen ordre public des betroffenen Staates bzw. um die Sicherung des innerstaatlich garantierten Verfahrensstatus der betroffenen Privatperson.[503]

Selbst wenn man von der Existenz einer klar definierten Justizhoheit ausgeht, ist es abzulehnen, den Justizgewähranspruch als Teil der deutschen Justizhoheit und damit der staatlichen Souveränität zu begreifen.[504] Denn dann müsste man den Schutz aller Grundrechte als Bestandteil der Souveränität verstehen.[505] Alle Grundrechte enthalten objektive Wertentscheidungen, die für alle Bereiche der Rechtsordnung gelten und Richtlinien für Gesetzgebung, Verwaltung und Rechtsprechung vorgeben.[506] Eine derartige Subjektivierung des Hoheitsbegriffes deckt sich jedoch nicht mit dem herrschenden Souveränitätsverständnis.[507] Wie das Bundesverfassungsgericht bezüglich der unmittelbaren Postzustellung ausländischer Behörden an in Deutschland ansässige Zustellungsadressaten entschieden hat, ergibt sich aus der Verletzung der Souveränität keine Verletzung eines Individualrechts.[508] Anders herum ergibt sich auch keine Verletzung der Souveränität bei der Gefährdung eines Grundrechts. Das Prinzip der Souveränität umfasst keine Individualrechte.

Abschließend bleibt festzuhalten, dass der Begriff der Justizhoheit Ausdruck des Territorialitätsprinzips der souveränen Gleichheit der Staaten ist. Ein Schutz von Individualrechten als Bestandteil der Souveränität kommt nicht in Betracht. Im nationalen Kontext wird der Begriff der Justizhoheit dann auch mit der Ausübung rechtsprechender Gewalt definiert, die grundsätzlich bei den Ländern liege.[509] Dies entspricht der Auslegung des Begriffs der Justizhoheit als Bestandteil der hoheitlichen Gewalt des Staates über sein Territorium.

ccc. Personalhoheit

Der ersuchte Staat könnte dann seine Souveränität in Form der Personalhoheit als verletzt ansehen, wenn die Zustellung an einen eigenen Staatsangehörigen gerichtet

---

501 Stein/von Buttlar, Rn 609.
502 Mössle, S. 350–351.
503 Mössle, S. 351.
504 So aber das OLG Düsseldorf, ZZP 109 (1996), 221 (225).
505 Maack, S. 91.
506 Maack, S. 91.
507 Maack, S. 91.
508 Siehe oben BVerfGE 63, 343 (373).
509 Schmidt-Aßmann in: Schoch/Schmidt-Aßmann/Pietzner, VwGO, Einleitung Rn 67.

ist. Es ist allerdings fraglich, ob die Personalhoheit so weit geht, dass sie einen inländischen Beklagten vor einem ausländischen Zivilprozess schützt.

Die Personalhoheit geht über die Gebietshoheit hinaus, denn sie endet nicht an der Staatsgrenze.[510] Ein Staat kann kraft seiner Personalhoheit seine Staatsangehörigen Regelungen unterstellen, die während und für einen Aufenthalt im Ausland gelten.[511] Anknüpfungspunkt der Personalhoheit sind die nationalen Regelungen der Staatsangehörigkeit, die das Treueband zwischen dem Staat und den Einzelpersonen herstellen.[512] Ausdruck der Personalhoheit ist insbesondere der diplomatische Schutzanspruch eigener Staatsangehöriger vor dem Zugriff fremder Hoheitsgewalt im ausländischen Aufenthaltsstaat, wenn diese völkerrechtlichen Bestimmungen über die Behandlung von Ausländern widersprechen.[513] Unter diplomatischen Schutz versteht man den repressiven oder präventiven Schutz natürlicher und juristischer Personen gegenüber völkerrechtswidrigen Handlungen einer fremden Hoheitsgewalt durch den Heimatstaat.[514]

Allerdings geht es in den Fällen, in denen Art. 13 I HZÜ einschlägig sein kann, um andere Konstellationen. Gegen den eigenen Staatsangehörigen, der sich im Inland aufhält, wird ein Gerichtsverfahren im Ausland betrieben. Fraglich ist, ob die Personalhoheit des Heimat – und in diesem Fall gleichzeitig Aufenthaltstaates so weit reicht, dass durch die Einreichung einer zivilrechtlichen Klage im Ausland die Souveränität des Heimatstaates gefährdet sein könnte.

Dagegen spricht, dass bereits für die Gewährung diplomatischen Schutzes als Voraussetzung gilt, dass ein geschädigtes Individuum den innerstaatlichen Rechtsweg mit sämtlichen, zur Verfügung stehenden Rechtsbehelfen ausgeschöpft hat (*local remedies rule*).[515] Das Gebot der Rechtswegerschöpfung soll unter anderem der staatlichen Souveränität als auch dem Frieden in den zwischenstaatlichen Beziehungen dienen.[516] Ist dieser Weg erfolglos, steht dem verletzten eigenen Staatsangehörigen lediglich ein Anspruch auf ermessenfehlerfreie Entscheidung über die Gewährung diplomatischen oder konsularischen Schutzes zu.[517] Wenn schon vor der Gewährung diplomatischen Schutzes in Konstellationen, in denen der Inländer völkerrechtswidrigem Handeln ausgesetzt ist, die *local remedies rule* zu beachten ist, dann gilt dies erst recht in der Konstellation, in der ein im Inland ansässiger Inländer mit einem Gerichtsverfahren in einem anderen Forum konfrontiert ist. Im Fall der Involvierung in ein ausländisches Zivilverfahren erscheint der Inländer weniger schutzbedürftig als in den Fällen der Konfrontation mit völkerrechtswidrigem staatlichem Handeln.

---

510 Stein/von Buttlar, Rn 560.
511 Ipsen, S. 326; Stein/von Buttlar, Rn 560.
512 Stein/von Buttlar, Rn 560.
513 Stein/von Buttlar, Rn 560.
514 Ipsen, S. 337.
515 Ipsen, S. 340; Stein/von Buttlar, Rn 572.
516 Stein/von Buttlar, Rn 572.
517 BVerfGE 55, 349 (364).

Aufgrund der *local remedies rule* erscheint es fraglich, ob sich ein Staat zum Schutz eigener Staatsangehöriger auf seine Souveränität in Form seiner Personalhoheit berufen kann, um im Wege des Vorbehaltes von Art. 13 I HZÜ die Rechtshilfe für die Zustellung einer zivilrechtlichen Klage zu verhindern. Wendet man die *local remedies rule* in dieser Konstellation an, so führt dies dazu, dass der Beklagte sich gegen die Einleitung des Verfahrens bereits im Gerichtsstaat zur Wehr setzen muss.

Noch ein anderer Aspekt führt zu dem Ergebnis, dass der Schutz der Souveränität in Form der Personalhoheit nicht als Schutzgut einer rechtshilferechtlichen Vorbehaltsklausel geeignet ist. Es handelt sich in den Fällen, in denen ein diplomatisches Eingreifen zum Schutz eigener Staatsangehöriger in Betracht kommt, um Verletzungen dieser Staatsangehörigen aufgrund staatlicher Eingriffe durch einen anderen Staat. Diplomatischer Schutz setzt ein völkerrechtswidriges Verhalten des Aufenthaltsstaates gegenüber einem Angehörigen des schutzgewährenden Staates voraus.[518] Beispiele eines solchen völkerrechtswidrigen Verhaltens sind Rechtsverweigerung, willkürliche Enteignungen ohne Entschädigung und Beschlagnahme oder Freiheitsentziehung ohne Urteil.[519]

Ein staatlicher Eingriff in der geschilderten Art und Weise liegt jedoch bei der Zustellung eines gerichtlichen oder außergerichtlichen Schriftstückes auf dem Gebiet des Zivil- und Handelsrechts nicht vor. In der Regel wird mit den zivilrechtlichen Rechtshilfeersuchen die Einleitung staatlicher Gerichtsverfahren im Ausland gegen den inländischen Beklagten begehrt. Die Zivilrechtspflege dient lediglich der Durchsetzung privater Ansprüche und ihre Anrufung stellt noch keinen Eingriff in den Schutzbereich des Beklagten dar. Die Eröffnung eines zivilrechtlichen Verfahrens kann nicht die Voraussetzungen eines völkerrechtswidrigen Zugriffs fremder Hoheitsgewalt erfüllen. Ein Zugriff fremder Hoheitsgewalt, der eine Souveränitätsverletzung des Heimatstaates hervorrufen könnte, ist durch die Zustellung im Wege des HZÜ nicht begründet.

Schließlich ist eine Verletzung der Souveränität des ersuchten Staates nur in solchen Fällen denkbar, in denen eine Klage gegen den ersuchten Staat aufgrund seines hoheitlichen Handelns, für das er völkerrechtliche Immunität in Anspruch nehmen kann, zugestellt werden soll. Daher sind die Beispiele der Zustellung eines Schriftstückes an die Bundesrepublik Deutschland oder die Bundesländer in § 84 III 3 ZRHO zu Recht als mögliche Fälle, die eine Verweigerung der Rechtshilfe erlauben würden, benannt.

ddd. Politische Souveränität

Es wird vorgeschlagen, dass der Begriff der Souveränität in Art. 13 I HZÜ als einer der politischen Souveränität auszulegen ist. Dies würde dazu führen, dass der Vorbehalt des Art. 13 I HZÜ einen Raum für politische Erwägungen der Vertragsstaaten im Rechthilfeverkehr eröffnet.

518 Stein/von Buttlar, Rn 561.
519 Stein/von Buttlar, Rn 561.

Die politische Souveränität bezeichne einen unveräußerlichen materiellen Kern der staatlichen Handlungsfreiheit, dessen Fortfall, auch wenn er mit Mitteln des Völkerrechts erfolgt, die politische Staatlichkeit nicht unberührt lasse.[520] Es sei ein selbstverständliches Anliegen der Staaten, ihre Völkerrechte und souveränen Möglichkeiten zum Schutz der Gesellschaft und ihrer Bürger einzusetzen.[521] Diese Entscheidung sei Teil ihrer politischen Souveränität.[522] Hierfür böte dann auch der Hoheitsvorbehalt der Rechtshilfeabkommen, verstanden als ein Vorbehalt zur politisch souveränen Entscheidung, eine Handhabe.[523] Die Abkommen gebieten den Staaten die Möglichkeit, in ihnen wichtig erscheinenden Situationen Nein zur Rechtshilfe zu sagen.[524] Der Schutz der Grundrechte der Bürger könne ein Grund für die Verweigerung der Rechtshilfe sein.[525]

Art. 13 I HZÜ soll einen Vorbehalt zum Schutz der politischen Souveränität darstellen, da der Souveränitätsvorbehalt im Sinne des *ordre public international* enge Beziehungen zur politischen Souveränität enthalte. Der Begriff *ordre public international* ist identisch mit dem des ordre public, wie er in Deutschland im internationalen Privat- und Zivilverfahrensrecht gebräuchlich ist, und umfasst die wesentlichen Rechtsgrundsätze des Forums, die sich auch gegen ausländisches Recht durchsetzen, vor allem die Grundrechte.[526]

Ziel der Regelung des Art. 13 I HZÜ sei nicht die Vermeidung von völkerrechtswidrigem Handeln, sondern die Bewahrung der Möglichkeiten selbst bestimmten Handelns in Bereichen, die der einzelne Staat selbst als essentiell bezeichne.[527] Darüber hinaus soll die vertragliche Bindung durch Auslegung im Einzelfall relativiert werden.[528] Der Vorbehalt greife nicht erst, wenn der Kernbereich der politischen Souveränität selbst betroffen sei.[529]

Diese Auslegung der Souveränität im Rahmen des Art. 13 I HZÜ würde auch den Schutz der Grundrechte über den Vorbehalt erlauben. Aus der Relativierung der völkervertraglichen Pflicht des ersuchten Staates mit Hilfe des Konzeptes der politischen Souveränität würde sich die Möglichkeit ergeben, auf die nationalen Grundrechte als Grundlage für eine Verweigerung der Rechtshilfe zurückzugreifen. Zwar mag dies aus rechtsstaatlichen Gesichtspunkten begrüßenswert sein, jedoch birgt ein Vorbehalt der politischen Souveränität große Gefahren. Politisch unliebsame ausländische Verfahren könnten so unkontrolliert durch den ersuchten Staat verhindert werden. Der ersuchende Staat könnte zum Beispiel verhindern oder

520 Bertele, S. 351, Fn 60.
521 Bertele, S. 354.
522 Bertele, S. 354.
523 Bertele, S. 354.
524 Bertele, S. 354.
525 Bertele, S. 354.
526 Siehe hierzu auch D.I.3.a.bb.
527 Bertele, S. 353.
528 Bertele, S. 353.
529 Bertele, S. 354.

zumindest behindern, dass Unternehmen, deren Interessen er als schützenswert erachtet, Partei eines ausländischen Prozesses über eine Zustellung nach dem HZÜ werden.

Eine Relativierung der vertraglichen Bindung an das HZÜ je nach politischen Interessen würde der Zielsetzung des HZÜ vehement zuwiderlaufen. Hiermit wäre den Zielen des HZÜ der Vereinfachung und Beschleunigung der Rechtshilfe wenig gedient. Eine Gefährdung der Interessen des ersuchten Staates als Ablehnungsvoraussetzung für das Zustellungsersuchen zu erachten, würde zu einer Politisierung des Rechtshilfeverkehrs führen. Den internationalen Rechtshilfeverkehr von politischen Beziehungen der Vertragsstaaten abhängig zu machen, würde einen klaren Rückschritt darstellen im Vergleich zu den Zeiten, in denen eine Zustellung nur auf dem diplomatischen oder konsularischen Weg möglich war.[530] Zudem würde die ordnungsgemäße Benachrichtigung des in Deutschland ansässigen Zustellungsadressaten von nicht vorhersehbaren politischen Abwägungsinteressen beeinflusst. Außerdem ist es fraglich, wie die Zentrale Behörde in der Lage sein soll, den an sich juristisch-technischen Vorgang der Zustellung an den im Inland ansässigen Beklagten mit politischen Spielräumen auszufüllen. Eine Auslegung des Art. 13 I HZÜ im Lichte eines Vorbehaltes zum Schutze einer politischen Souveränität überzeugt daher nicht.

bb. Begriff der Sicherheit

Weitaus weniger Aufmerksamkeit als dem Schutzgut der Souveränität in Art. 13 I HZÜ wird dem der Sicherheit zuteil. Fälle einer möglichen Sicherheitsgefährdung werden lediglich vereinzelt in der Literatur diskutiert. Zum Beispiel wird vertreten, dass die nationale Sicherheit gefährdet sei, wenn das zuzustellende Schriftstück eine Aufforderung zum illegalen Tun enthielte.[531] Zu bedenken ist jedoch, dass dann die Regelungen des nationalen Strafrechts zum Maßstab für die Versagung der Zustellung nach dem HZÜ erhoben werden würden. Dieser Maßstab wäre strenger als der herkömmliche ordre public in Art. 6 EGBGB oder § 328 I Nr. 4 ZPO. Es ist fraglich, ob das der Funktion einer rechtshilferechtlichen Vorbehaltsklausel gerecht werden kann.

Weiterhin wird vertreten, dass die Sicherheit eines Staates gemäß Art. 13 I HZÜ beeinträchtigt sei, wenn der Inhalt des zuzustellenden Schriftstückes wichtige Interessen des ersuchten Staates gefährde.[532] Es ist nicht überzeugend, die Gefährdung wichtiger staatlicher Interessen unter das Tatbestandsmerkmal der staatlichen Sicherheit zu subsumieren. Der Begriff der *wichtigen Interessen* unterscheidet sich nicht erheblich von dem der *wesentlichen Interessen des Staates.* Straf- und verwaltungsrechtliche Vorbehaltsklauseln enthalten häufig die *wesentlichen Interessen des Staates* als Tatbestandsmerkmal neben dem Schutzgut der Sicherheit.[533] Hieraus kann

530 Siehe Regelungen des HZPÜ.
531 So Maack, S. 93 und Schlosser, EU-ZPR, Art. 13 HZÜ, Rn 2.
532 Maack, S. 93.
533 Siehe hierzu ausführlich D.I.2.f.

geschlossen werden, dass die Sicherheit eines Staates nicht auch dessen wesentliche oder wichtige Interessen enthalten kann, ansonsten würde das Tatbestandsmerkmal der wesentlichen Interessen in den straf- und verwaltungsrechtlichen Verträgen leer laufen.

In Art. 14 I lit. b des Europäischen Übereinkommens über die Zustellung von Schriftstücken in Verwaltungssachen im Ausland vom 24.11.1977[534] und Art. 7 I des Europäisches Übereinkommens vom 15.03.1978 über die Erlangung von Auskünften und Beweisen in Verwaltungssachen im Ausland[535] werden politische und wirtschaftliche Interessen des Staates als wesentlich angesehen.[536] Dies gilt auch für den Begriff *der wesentlichen Interessen* in Art. 2 lit. b des Europäischen Übereinkommens über die Rechtshilfe in Strafsachen.[537] Der Zielsetzung des HZÜ würde es jedoch entgegenstehen, wenn die Gewährung von Rechtshilfe von politischen oder wirtschaftlichen Interessen des ersuchten Staates abhängen. Der Beschleunigung der Rechtshilfe würden erhebliche Hürden im Weg stehen, wenn über jedes Rechtshilfeersuchen in einem politischen Abwägungsprozess entschieden werden könnte.

Zu Art. 12 I lit. b HBÜ wird vertreten, dass das Schutzgut der Sicherheit betroffen ist, wenn eine dritte Person oder eine in einem exorbitanten internationalen Gerichtsstand verklagte, inlandsansässige Person unter einem Sanktionsdruck, wie einer unkalkulierbar hohen Geldstrafe oder Verhaftungen bei Reisen ins Ausland, stehe.[538] Denn zur „Sicherheit" in Deutschland gehöre auch die Möglichkeit, als Inlandsbewohner den von der deutschen Rechtsordnung gewährten Freiheitsrahmen in Anspruch nehmen zu können, ohne von einem ausländischen Staat, zu dem man keine fallrelevanten Beziehungen unterhält, unter einschneidenden Sanktionsdruck gesetzt zu werden.[539] In einem solchen Fall müssten die deutschen Behörden ihre Mitwirkung verweigern, auch wenn die in Anspruch genommene Person, dem Sanktionsdruck weichend, zur „freiwilligen" Mitwirkung bereit wäre.[540]

Es bleibt zu prüfen, welchen Schutzbereich der Begriff der Sicherheit in Art. 13 I HZÜ tatsächlich umfasst. Der Begriff der Sicherheit kann aus verschiedenen Perspektiven definiert werden. Zunächst wird die Verwendung des Begriffs im Völkerrecht, dort vor allem als *kollektive Sicherheit*, erläutert. Dann wird seine Bedeutung im deutschen Recht mit der Differenzierung von *innerer* und *äußerer Sicherheit* untersucht. Neben der Gefährdung des Bestandes des Staates oder seiner Einrichtungen[541] könnte auch die Beeinträchtigung von Individualrechten das Tatbestandsmerkmal der Sicherheitsgefährdung erfüllen. Daher folgt eine Analyse des Schutzbereichs des Sicherheitsbegriffs dahingehend, ob auch Verletzungen von

534 BGBl. II 1981, S. 533; im folgenden EuVerwZÜ.
535 BGBl. II 1981, S. 533; im folgenden EuVerwBÜ.
536 Siehe hierzu ausführlich D.I.2.f.aa.
537 Siehe D.I.2.f.cc.
538 Schlosser, EU-ZPR, Art. 12 HBÜ, Rn 1.
539 Schlosser, EU-ZPR, Art. 12 HBÜ, Rn 1.
540 Schlosser, EU-ZPR, Art. 12 HBÜ, Rn 1.
541 So Maack, S. 93.

Rechtsgütern Einzelner zu einer Sicherheitsgefährdung im Sinne des Art. 13 I HZÜ führen können.

aaa. Sicherheit der Staaten

Art. 13 I HZÜ erfasst ausdrücklich die *Sicherheit des ersuchten Staates.* Daher kommt es bei der Auslegung des Vorbehaltes nicht auf die menschenrechtliche Sicht des Begriffes der Sicherheit[542], sondern allein auf die Gefährdung der Sicherheit des Staates an.

Der Begriff der Sicherheit taucht im Völkerrecht außerhalb des Bereichs der Menschenrechte vor allem als *kollektive Sicherheit* auf. Der Begriff der *kollektiven Sicherheit* beruht auf dem Gedanken, dass – ebenso wie im innerstaatlichen Recht der Staat durch seine Organe den Selbstschutz ersetzt – auch die Abwehr von Gewalt im internationalen Bereich einer organisierten und rechtlich geordneten Macht, nämlich der ganzen Staatengemeinschaft, zu übertragen ist.[543] Ausgangspunkt ist die Stellungnahme gegen Krieg und militärische Gewaltanwendung.[544] Im Zeitalter erlaubter Kriegsführung vor dem Ersten Weltkrieg lag die Sicherheit jedes Staates in seiner eigenen Vorsorge.[545] Der Aufbau kollektiver Sicherheitssysteme, wie zum Beispiel den Vereinten Nationen, führte zu einem grundlegenden Wandel. Gemäß Art. 1 Nr. 1 der Charta der Vereinten Nationen ist die Wahrung der internationalen Sicherheit ein Ziel der Organisation.[546]

Im Sinne des Art. 24 II GG ist ein System gegenseitiger kollektiver Sicherheit dadurch gekennzeichnet, dass es durch ein friedenssicherndes Regelwerk und den Aufbau einer eigenen Organisation für jedes Mitglied einen Status völkerrechtlicher Gebundenheit begründet, der wechselseitig zur Wahrung des Friedens verpflichtet und Sicherheit gewährt.[547]

Stark vereinfacht dargestellt bedeutet Sicherheit demnach für die Staaten, die Teil des Systems sind, die Aufgabe von Gewalt und den Schutz vor Gewalt. Sicherheit bedeutet, in einem Friedenszustand zu sein. Damit ein Staat seine Sicherheit durch die Zustellung im Rahmen des HZÜ als gefährdet erachtet, müsste nach der völkerrechtlichen Definition des Sicherheitsbegriffs durch die Erledigung der Zustellung eine Gewaltanwendung gegen ihn drohen. Die Zustellung einer Zivilrechtssache kann jedoch kein Akt von Gewaltanwendung oder gar einer kriegerischen Handlung gegen einen Staat sein.

---

542 Eine detaillierte Untersuchung bietet Robbers, Sicherheit als Menschenrecht.

543 Schlochauer, Wörterbuch des Völkerrechts, Band II, S. 242.

544 Schlochauer, Wörterbuch des Völkerrechts, Band II, S. 242.

545 Schlochauer, Wörterbuch des Völkerrechts, Band II, 243.

546 Näheres zu Systemen kollektiver Sicherheit siehe Ipsen, S. 1109 ff.; Stein/von Buttlar, Rn 853 ff.

547 BVerfG, NJW 1994, 2207 (2209).

bbb. Sicherheit im deutschen Recht

Nach der völkerrechtlichen Definition des Sicherheitsbegriffs ist eine Anwendung des Vorbehaltes in Art. 13 I HZÜ aufgrund einer Sicherheitsgefährdung des ersuchten Staates ausgeschlossen. Allerdings kann eine Sicherheitsgefährdung auch in anderen als in den Konstellationen im klassischen Völkerrecht auftreten. Zur Veranschaulichung der Möglichkeiten der Subsumtion von Fällen der Sicherheitsgefährdung wird seine Verwendung im deutschen Recht untersucht.

Im deutschen Recht und in der deutschen Politik wird zwischen der inneren und äußeren Sicherheit des Staates unterschieden, deren Grenzen aber fließend sind. Im Strafrecht ist die innere und äußere Sicherheit des Staates als Schutzgut insbesondere der §§ 80 ff. StGB bekannt. Die äußere Sicherheit der Bundesrepublik wird in diesem Zusammenhang als deren Fähigkeit, sich gegen Eingriffe von außen her zu wehren, definiert.[548] In welcher Weise dabei die Sicherheit gefährdet würde, ob durch Verrat politischer, militärischer, nachrichtendienstlicher oder wirtschaftlicher Geheimnisse, sei gleichgültig.[549] Entscheidend sei nur, dass dadurch die äußere Machtstellung der Bundesrepublik nachteilig berührt werde.[550]

Auch in § 7 Passgesetz ist die Gefährdung der Sicherheit der Bundesrepublik ein Tatbestandsmerkmal. In diesem Zusammenhang wird die Sicherheit der Bundesrepublik Deutschland als gefährdet angesehen, wenn aus dem bisherigen Verhalten des Passbewerbers oder seiner bisherigen Tätigkeit zu schließen sei, dass er das innere Gefüge des Staates untergrabe oder zu untergraben beabsichtige oder dass er äußeren Gegnern der Bundesrepublik in die Hände spiele.[551] Die äußere Sicherheit der Bundesrepublik werde zum Beispiel durch die Vorbereitung von Angriffen auf das Bundesgebiet gefährdet, die von dem Passbewerber im Ausland zu befürchten sei.[552] Eine Gefährdung der inneren Sicherheit könne vorliegen, wenn erwartet werden müsse, dass der Passbewerber im Ausland aufrührerische Reden gegen die Bundesrepublik und deren demokratische Grundordnung führen werde.[553]

Eine Gefährdung der inneren Sicherheit Deutschlands durch eine Zustellung im Rahmen des HZÜ müsste – ausgehend von der Definition des deutschen Strafrechts – das innere Gefüge des Staates untergraben oder zu untergraben beabsichtigen. Es steht auch im Einklang mit dieser Definition, dass Deutschland als ersuchter Staat eine Zustellung nach Art. 13 I HZÜ verweigern kann, wenn eine Gefährdung des Bestandes des Staates oder seiner Einrichtungen droht.[554] Allerdings ist kein Fall denkbar, in dem die Zustellung eines zivilrechtlichen Schriftstückes zu einer solchen Gefährdung führen könnte.

---

548 Sternberg-Lieben in Schönke/Schröder, § 93 StGB, Rn 17.
549 Sternberg-Lieben in Schönke/Schröder, § 93 StGB, Rn 17.
550 Sternberg-Lieben in Schönke/Schröder, § 93 StGB, Rn 17.
551 Erbs/Kohlhaas, § 7 Paßversagung Rn 6.
552 Erbs/Kohlhaas, § 7 Paßversagung Rn 6.
553 Erbs/Kohlhaas, § 7 Paßversagung Rn 6.
554 Fälle, in denen laut Maack, S. 93 die staatliche Sicherheit gefährdet sei.

Damit eine Gefährdung der äußeren Sicherheit vorliegt, müsste die Verteidigungsmöglichkeit des Staates gegen Angriffe von außen durch die Zustellung beeinträchtigt werden. Als Beispiel für die Gefährdung der äußeren Sicherheit im Rahmen des HZÜ wird der Fall genannt, dass ein zuzustellendes Schriftstück darauf gerichtet sei, militärische oder sonstige Geheimnisse preiszugeben und dies im Inland eine strafbare Handlung darstellt.[555] Die Strafbarkeit des Offenbarens oder Verratens von Staatsgeheimnissen, §§ 93 ff. StGB dient der Abwehr der Gefahr für die äußere Sicherheit des Staates. Die Zustellung eines Schriftstückes, welches auf eine Aufforderung zur Preisgabe eines Staatsgeheimnisses gerichtet ist, kann demnach tatsächlich die äußere Sicherheit des Staates gefährden.

ccc. Schutz von Individualrechten

Fraglich ist auch für den Begriff der Sicherheit, ob Individualgrundrechte durch ihn geschützt sind. Im Bereich der Rechtshilfe in internationalen Strafsachen wird vertreten, dass der Begriff der Sicherheit des Staates auch hochrangige Güter des Einzelnen gegen gewaltsame Eingriffe umfasse.[556] Laut Schweizerischem Bundesgericht sind Individualgüter, die durch den Begriff der staatlichen Sicherheit geschützt sind, das Leben, die körperliche Unversehrtheit und das Eigentum.[557]

Auch in der international-zivilverfahrensrechtlichen Literatur zu Rechtshilfeklauseln wird vertreten, dass zur Sicherheit in Deutschland die Möglichkeit gehöre, als Inlandsbewohner den von der deutschen Rechtsordnung gewährten Freiheitsrahmen in Anspruch nehmen zu können, ohne von einem ausländischen Staat, zu dem man keine fallrelevanten Beziehungen unterhält, unter einschneidenden Sanktionsdruck gestellt zu werden.[558] Die Sicherheit in Deutschland sei dann gefährdet, wenn in dem zuzustellenden Schriftstück schwere Sanktionen für den Fall angedroht werden, dass etwas geschieht oder unterbleibt, dass für die deutsche Rechtsordnung Ausübung fundamentaler Freiheitsrechte sei.[559]

Zweifelhaft ist jedoch, ob sich dieses Verständnis der Sicherheit eines Staates mit dem im klassischen völkerrechtlichen Sinne deckt. Der völkerrechtliche Sicherheitsbegriff umfasst nicht den Schutz von Individualrechten. Im Völkerrecht ist zwar die Ansicht im Vordringen, dass die Sicherheit und die Wahrung der Menschenrechte voneinander abhängen.[560] Menschenrechtsverletzungen in einem Staat werden von einem bestimmten Ausmaß an als Friedensbedrohungen aufgefasst, weil sie wegen der steigenden weltweiten Verflechtungen nicht mehr ohne Auswirkungen auf die anderen Staaten bleiben.[561] In Anlehnung daran kann man den Sicherheitsbegriff so

555 Maack, S. 93.
556 Popp, S. 304.
557 BGE 117 Ia 472 (485).
558 Schlosser, EU-ZPR, Art. 12 HBÜ, Rn 1.
559 Schlosser, EU-ZPR, Art. 13 HZÜ, Rn 2.
560 So auch Maack, S. 93 mit weiteren Nachweisen.
561 Maack, S. 93 mit weiteren Nachweisen.

verstehen, dass er den Schutz der Menschenrechte und fundamentale Freiheitsrechte umfasst.[562] Allerdings spricht vor allem gegen die Auslegung des Sicherheitsbegriffs als Schutzschild für Individualrechte im Rahmen des Art. 13 I HZÜ, dass die Menschenrechte in einem erheblichen Ausmaß verletzt sein müssen, um die Bedrohung der nationalen Sicherheit zur Folge zu haben.[563] Massive gewaltsame Eingriffe gegen hochrangige Individualgüter, wie das Leben, die körperliche Unversehrtheit und das Eigentum, können die Sicherheit eines Staates gefährden. Eine einzelne Zustellung von gerichtlichen oder außergerichtlichen Schriftstücken auf dem Gebiet des Zivil- oder Handelsrechts kann jedoch nicht solche massiven gewaltsamen Eingriffe zur Folge haben, dass dadurch eine Sicherheitsgefährdung des ersuchten Staates hervorgerufen würde.

ddd. Ergebnis zur Auslegung des Begriffs der Sicherheit

Eine Gefährdung der Sicherheit eines Staates durch die Erledigung eines Zustellungsersuchens gemäß Art. 13 I HZÜ ist theoretisch denkbar, aber praktisch sehr unwahrscheinlich. Nach der völkerrechtlichen Auffassung des Sicherheitsbegriffes müsste durch die Erledigung der Zustellung eine Gewaltanwendung gegen den ersuchten Staat drohen. Folgt man der Definition des deutschen Rechts für den Begriff der inneren Sicherheit, dann wäre diese beeinträchtigt, wenn eine Gefährdung des Bestandes des Staates oder seiner Einrichtungen droht. Beide geschilderten Fälle sind praktisch nicht vorstellbar.

Tatsächlich könnte die Zustellung eines Schriftstückes, welches auf die Preisgabe eines Staatsgeheimnisses gerichtet ist, die äußere Sicherheit des Staates gefährden. Hier wäre ein Fall der Verweigerung der Rechtshilfe nach Art. 13 I HZÜ möglich.

Drohende Verletzungen von Individualrechten können nicht aufgrund einer Sicherheitsgefährdung für den um Rechtshilfe ersuchten Staat zu einer Zustellungsverweigerung nach Art. 13 I HZÜ führen.

cc. Ergebnis zur Untersuchung der Begriffe Souveränität und Sicherheit

Würde man für die Auslegung des Art. 13 I HZÜ die Begriffe der Sicherheit und Souveränität aus dem Völkerrecht definieren, dann würde die Vorbehaltsklausel leer laufen. Greift man auf die autonome deutsche Definition des Sicherheitsbegriffs zurück, dann würden Fälle der Gefährdung der äußeren Sicherheit Deutschlands zu einer Verweigerung der Zustellung gemäß Art. 13 I HZÜ führen können. Es handelt sich jedoch um sehr seltene Konstellationen, in der eine derartige Sicherheitsgefährdung möglich erscheint.

---

562 Maack, S. 93.
563 So auch Maack, S. 93.

Räumt man dem ersuchten Staat unten den Begriffen der Souveränität und Sicherheit einen politischen Entscheidungsspielraum ein, dann würde die Wahrung des rechtlichen Gehörs des in Deutschland ansässigen Zustellungsadressaten von unbeeinflussbaren politischen Interessen des Staates abhängen. Die Möglichkeit des Missbrauchs des Art. 13 I HZÜ als politisches Machtinstrument wäre deutlich größer als bei anders formulierten Vorbehaltsklauseln im internationalen Zivilverfahrensrecht. Daher ist festzuhalten, dass Art. 13 I HZÜ keinen Spielraum für politische Interessenabwägungen des ersuchten Staates lässt.

Vielmehr ist davon auszugehen, dass die Formulierung der Vorbehaltsklausel eine rechtshilferechtliche Besonderheit darstellt, deren genauer Schutzbereich sich nicht aus der völkerrechtlichen Definition, sondern aus der Analyse des Vergleichs mit anderen Vorbehaltsklauseln, der Entstehungsgeschichte, der Systematik und der Teleologie der Norm ergibt.

2. Vergleich mit anderen Vorbehaltsklauseln

Mangels näherer Erläuterung im Vertrag selbst hinsichtlich der Frage, ob es sich bei Art. 13 I HZÜ um einen ordre public-Vorbehalt handelt, über den die Unvereinbarkeit des Ersuchens mit wesentlichen Rechtsgrundsätzen des ersuchten Staates zur Zustellungsverweigerung führen dürfte, werden gemäß Artikel 31 I WVK ähnliche Vorbehalte untersucht, um Art. 13 I HZÜ in Übereinstimmung mit der gewöhnlichen, seinen Bestimmungen in ihrem Zusammenhang zukommenden Bedeutung auszulegen. Hierfür wird der Vergleich mit Vorbehalten in anderen Haager Übereinkünften, im deutschen autonomen Recht, im europäischen Recht und in Rechtshilfeverträgen in Straf- und Verwaltungssachen angestellt.

a. Vergleich mit Art. 12 HBÜ

Das HBÜ bietet sich aufgrund seiner Natur als rechtshilferechtlicher Vertrag, der der Haager Konferenz und aus dem gleichen Zeitraum wie das HZÜ entstammt sowie ebenso seine Ursprünge im HZPÜ hat, besonders gut für einen Vergleich mit dem HZÜ an. Vergleicht man zunächst den Wortlaut des Art. 13 I HZÜ mit dem des Art. 12 I HBÜ, so sind die Ähnlichkeiten eindeutig.

Art. 12 I HBÜ lautet in der offiziellen deutschen Übersetzung:

> Die Erledigung des Rechtshilfeersuchens kann nur insoweit angelehnt werden, als
>
> a) die Erledigung des Ersuchens im ersuchten Staat nicht in den Bereich der Gerichtsgewalt fällt oder
> b) der ersuchte Staat die Erledigung für geeignet hält, seine Hoheitsrechte oder seine Sicherheit zu gefährden.

Im Folgenden wird zunächst dargelegt, wie der mit Art. 13 I HZÜ wortlautidentische Art. 12 I lit. b HBÜ in der Praxis und Literatur ausgelegt wird, danach folgt ein Vergleich des Wortlautes und eine Erläuterung der Entstehungsgeschichte des Art. 12 I lit. b HBÜ.

aa. Auslegung des Art. 12 I lit. b HBÜ

Aus der Auslegung des Art. 12 I lit. b HBÜ in der deutschen und ausländischen Rechtsprechung sowie der Literatur könnten sich aufgrund der Wortlautidentität der Regelungen Rückschlüsse für die Auslegung des Art. 13 I HZÜ ergeben.

aaa. Rechtspraxis in Deutschland

Von den 297 eingegangenen Ersuchen im Jahr 2007 über das HBÜ an die Zentralen Stellen in Deutschland sind 36 mit Verweis auf die Regelung des Art. 12 HBÜ nicht erledigt worden.[564] Insgesamt gaben die Vertragsstaaten an, dass in 47 Fällen das Rechtshilfeersuchen aufgrund des Vorbehaltes des Art. 12 HBÜ verweigert wurde.[565]

Die deutsche Rechtsprechung hat zumeist mit Fällen zu tun, in denen die in Deutschland ansässigen Betroffenen des Ersuchens, ebenso wie beim HZÜ, sich gegen die Erledigung gerichtlich wehren. In einem solchen Fall verweist das OLG Celle für die Auslegung des Art. 12 I lit. b HBÜ auf die Rechtsprechung des Bundesverfassungsgerichts zu Art. 13 I HZÜ.[566] Prüfungsinhalt bilden die unverzichtbaren Grundsätze des freiheitlichen Rechtsstaates.

Wörtlich weist das Gericht den Antrag der Antragstellerin zurück, weil „Gesichtspunkte des ordre public (Art. 12 HBÜ)“ einer Ausführung des Ersuchens nicht entgegenstünden.[567] Wie das OLG Celle benennt auch das OLG Frankfurt Art. 12 I HBÜ als beweishilferechtlichen ordre public-Vorbehalt.[568]

Das OLG München sieht die Möglichkeit, dass ein materieller oder prozessualer Verstoß gegen den ordre public vorliegen könne und setzt Art. 12 I lit. b HBÜ danach in Klammern.[569] Daraus folgt, dass aus Sicht des Gerichtes der Art. 12 I lit. b HBÜ einen ordre public-Vorbehalt darstellt.

bbb. Rechtsprechung in anderen Staaten

Vor allem in Großbritannien wurde zu der Auslegung des Art. 12 I HBÜ von den Gerichten Stellung bezogen. Das House of Lords ist der Ansicht, dass Art. 12 I lit. b HBÜ ausdrücklich erlaubt, die Auswirkungen auf die Souveränität des ersuchten Staates zu berücksichtigen.[570] Dabei seien Beeinträchtigungen der *public policy* des ersuchten Landes entscheidend.

---

564 Summary of Responses to the Questionnaire 2008, HBÜ, Rn 6.

565 Summary of Responses to the Questionnaire 2008, HBÜ, Rn 68.

566 OLG Celle vom 06.07.2007, 16 VA 5/07, juris Rn 20; so auch OLG Frankfurt, IPRax 2009, 71 (73).

567 OLG Celle vom 06.07.2007, 16 VA 5/07, juris Rn 37.

568 OLG Frankfurt, IPRax 2009, 71 (73).

569 OLG München, JZ 1981, 538 (539).

570 Rio Tinto Zinc Corp. v. Westinghouse Electric Corp. (1978) 1 All. E.R. 434 (448); so auch zitiert von Gulf Oil Corp. v. Gulf Canada ltd. et al. (1980) 2 S.C.R. 39 (58); 1980 S.C.R. LEXIS 959 (36).

Das House of Lords begründete seine Entscheidung unter anderem damit, dass den englischen Zeugen, die vernommen werden sollten, das Recht nach dem 5. Verfassungszusatz der USA zur Auskunftsverweigerung aufgrund der Gefahr, sich selbst zu belasten, durch Intervention der US-Regierung genommen wurde.[571] Die Motivation der US-Regierung bestand darin, sonst keine Möglichkeit der Vernehmung der in England ansässigen Zeugen in den angestrebten Kartellrechtsverfahren der US-Behörden gegen die Unternehmen, die am internationalen Urankartell beteiligt waren, zu haben.[572] Wenn aber das öffentliche Interesse im Verfahren in den USA Eingang fände, dann müsse es auch bei der Beurteilung der Rechtshilfeersuchen in England berücksichtigt werden.[573]

Vor dem Hintergrund dieser Motivation für die Verweigerung der Erledigung des Rechtshilfeersuchens ist jedoch wichtig, welche Bedeutung der Begriff der *public policy* hat und ob er gleichbedeutend ist mit dem des ordre public. Zum Teil wird der Schluss gezogen, dass ungeachtet möglicher terminologischer Differenzen Art. 12 I lit. b HBÜ sowohl vom englischen House of Lords als auch vom kanadischen Supreme Court als ordre public-Vorbehalt eingestuft wurde.[574]

Daran könnten aber Zweifel bestehen, denn während der Ausarbeitung des HBÜ gibt der Delegierte Großbritanniens zu bedenken, dass es kein präzises Äquivalent des *civil law* Begriffs des ordre public in den *common law* Ländern gebe.[575] Es wird vertreten, dass der Hauptunterschied zwischen den beiden Begriffen im Verständnis vom Wesen der Klausel liegt.[576] Als Ausfluss der Staatsraison konzipiert, verlange die *public policy* politische Interessen des Forumstaats ebenso wie Interessen ausländischer befreundeter Staaten zu berücksichtigen.[577] Damit gehe sie über die bloße Rechtsanwendung hinaus und gewinne politische Dimensionen.[578]

Allerdings wird in vielen internationalen Übereinkommen der Begriff des ordre public in der englischen Version mit *public policy* übersetzt, so zum Beispiel in Art. 34 I EuGVO. Auch in den Haager Konventionen wird der Begriff des ordre public mit *public policy* übersetzt (siehe Art. 6 lit. c und Art. 9 lit. e. der Convention on Choice of Court Agreements vom 30 Juni 2005[579], Art. 11 der Convention on the Law Applicable to Certain Rights in respect of Securities held with an Intermediary vom 5. Juli 2006[580], Art. 22 lit. a und Art. 30 Nr. 4 lit. a Convention on the

571 Rio Tinto Zinc Corp. v. Westinghouse Electric Corp. (1978) 1 All. E.R. 434 (445–447, 457–460, 465–467, 473–475).
572 Siehe Schreiben der US-Behörden in Rio Tinto Zinc Corp. v. Westinghouse Electric Corp. (1978) 1 All. E.R. 434 (445–447, 457–460).
573 Rio Tinto Zinc Corp. v. Westinghouse Electric Corp. (1978) 1 All. E.R. 434 (448).
574 von Hülsen, RIW 1982, 537 (540–543); ebenso Stiefel, RIW 1979, 509 (514).
575 Procès-Verbal No 6 Onzième Session 1968, 112 (114).
576 Schütz, S. 7.
577 Schütz, S. 7.
578 Schütz, S. 7.
579 http://www.hcch.net/index_en.php?act=conventions.text&cid=98.
580 http://hcch.e-vision.nl/index_en.php?act=conventions.text&cid=72.

international recovery of child support and other forms of family maintenance vom 23. November 2007[581]). Ebenso lautet Art. 17 der Inter-American Convention on Letters Rogatory:

> The State of destination may refuse to execute a letter rogatory that is manifestly contrary to its public policy ("ordre public").

In England scheint der Begriff der *public policy* nicht so weit entfernt vom deutschen Verständnis des ordre public-Vorbehaltes ausgelegt zu werden. Folgende Fallgruppen im internationalen Privat- und Zivilverfahrensrecht können bei Verstößen gegen *public policy* ausgemacht werden[582]:

1. Where the fundamental conceptions of English justice are disregarded.
2. Where the English conceptions of morality are infringed.
3. Where a transaction prejudices the interests of the United Kingdom or its good relations with foreign powers.
4. Where a foreign law or status offends the English conceptions of human liberty and freedom of action.

Daraus kann geschlossen werden, dass mit der Ausnahme der dritten oben genannten Fallgruppe der über den Begriff der *public policy* in England geschützte Inhalt der deutschen Auffassung der Vorbehaltsklausel des ordre public, die eine Unvereinbarkeit mit wesentlichen Rechtsgrundsätzen des Formstaates voraussetzt, sehr ähnlich ist.

Hinsichtlich der Funktion der Vorbehaltsklausel wurde folgender Vergleich zwischen der englischen und der französischen Herangehensweise angestellt:

> "English courts regard the use of public policy as being discourteous to the foreign State whose law is excluded. It is like throwing stones at your neighbour's house. Public policy is seen in England as a catapult, which makes the courts (understandably) very reluctant to use it... But the French courts regard public policy in a different way; less a catapult, more like a Chinese wall. It is designed not to throw stones at the laws of other countries but to protect the laws and values of the forum in the forum."[583]

Ungeachtet terminologischer Unterschiede kann aufgrund der allgemein üblichen Übersetzung von *public policy* mit ordre public und der weitgehend identischen Fallgruppen in der Anwendung des Vorbehaltes geschlossen werden, dass es sich nach Ansicht der englischen Gerichte bei Art. 12 I lit. b HBÜ –in deutscher bzw. französischer Terminologie ausgedrückt- um einen ordre public-Vorbehalt handelt.

---

581 http://www.hcch.net/index_en.php?act=conventions.text&cid=131.

582 Cheshire and North's Private International Law, S. 126–127.

583 Enonchong, 45 Int'l & Comp. L.Q. 633 (653–654) (1996).

ccc. Literatur

Die überwiegende Ansicht in der Literatur legt Art. 12 I lit. b HBÜ als ordre public-Vorbehalt aus.[584] Dabei wird vertreten, dass der in Absatz 1 lit. b genannte Ablehnungsgrund der Gefährdung von „Hoheitsrechten" in gleicher Weise wie die entsprechende Regelung im HZPÜ 1954 als Formulierung des ordre public-Vorbehalts zu verstehen ist.[585] Aufgrund des Verweises auf Art. 13 I HZÜ in der Entstehungsgeschichte des Art. 12 I lit. b HBÜ liegt ein Vorbehalt des *ordre public international* vor.[586]

Eine Auslegung der Begriffe Hoheitsrechte und Sicherheit anhand der völkerrechtlichen Definition wird in der Literatur zum Teil abgelehnt. Legt man die Klausel wörtlich aus, dann läuft sie leer.[587] Denn wenn der ersuchte Staat sich staatsvertraglich verpflichtet hat, zur Unterstützung ausländischer Gerichte Rechtshilfe zu leisten, ist nicht vorstellbar, in welcher Art von Rechtshilfe noch eine Gefährdung der Hoheitsrechte liegen könne.[588]

Art. 12 I lit. b HBÜ soll so ausgelegt werden, dass er einen Notfilter verankert, der erlaubt, einem Rechtshilfeersuchen die Erledigung zu versagen, wenn diese besonders schwere Beeinträchtigungen der Wertungsgrundlagen der Rechtsordnung des ersuchten Staates mit sich brächte.[589] Rechtshilfeersuchen verletzen im Sinne des Art. 12 I lit. b HBÜ dann den ordre public, wenn durch ihre Erledigung tragende Prinzipien der deutschen Rechtsordnung verletzt würden.[590] Nur die Vorschriften des internen zwingenden Rechts, die sich auch gegenüber ausländischem Recht durchsetzen, rechtfertigen die Zurückweisung eines Ersuchens.[591]

Rechtshilfe hat nicht den Zweck, nur denjenigen bei der Beweisführung zu unterstützen, dessen Wege und Methoden sowie Inhalte der Gesetzgebung und Rechtsprechung man akzeptierte.[592] Art. 12 HBÜ kann nur den Zweck haben, die durch eine Beweisaufnahme direkt betroffenen Personen davor zu schützen, dass ihre durch das Grundgesetz gesicherten Rechte in Frage gestellt wird.[593]

Als Beispiel für die Fälle der ordre public-Widrigkeit werden US-Amerikanische Verfahrensbesonderheiten benannt. Dabei wird vertreten, dass die teilweise schon krassen Wertungsunterschiede im materiellen Recht durch die Besonderheiten des amerikanischen Prozessrechts mit seinen privaten Ermittlungsbefugnissen im

---

584 Greger, in: Erlanger FS Schwab, S. 331 (342); Heinrich in MüKo-ZPO, Art. 12 HBewÜ, Rn 1; Junker, Discovery, S. 269; Martens, RIW 1981, 725 (729); Pfeil-Kammerer, S. 215; Schlosser, ZZP 94 (1981), 369 (381); Stiefel, RIW 1979, 509 (514 ff.); Trittmann, S. 144; von Hülsen, RIW 1982, 537 (550).

585 Heinrich in MüKo-ZPO, Art. 12 HBewÜ, Rn 1.

586 Junker, Discovery, S. 269; Trittmann, S. 144.

587 Schlosser, ZZP 94 (1981), 369 (381).

588 Schlosser, ZZP 94 (1981), 369 (381).

589 Schlosser, ZZP 94 (1981), 369 (381).

590 Heinrich in MüKo-ZPO, Art. 12 HBewÜ, Rn 2.

591 Junker, Discovery, S. 269; Trittmann, S. 144.

592 Trittmann, S. 144.

593 Trittmann, S. 144.

Discovery-Verfahren und Entscheidung durch die *jury* so weit verschärft werden, dass die Hilfe zur Durchsetzung amerikanischen Rechts in manchen Fällen als ordre public-widrig qualifiziert werden muss.[594] Insbesondere Aussageverweigerungsrechte oder Vorlageverbote im deutschen Recht können betroffen sein.[595]

Dagegen wird eingewendet, dass es unsachgemäß wäre und mit dem HBÜ unvereinbar, Ersuchen aus den USA allein deshalb nicht zu erledigen, weil sie der Ausforschung dienten und daher in Deutschland unzulässig seien.[596] Dafür spreche, dass das HBÜ nur einen Vorbehalt bezüglich *pre-trial discovery of documents* vorsehe und die *pre-trial discovery* darüber hinaus insbesondere in Bezug auf die Zeugenvernahme zuließe.[597] Die deutsche Rechtshilfebehörde könne einzig die Spezifizierung des Gegenstandes der Beweisaufnahme nach Art. 3 HBÜ verlangen.[598]

Zum Teil wird auch vertreten, dass es sich bei Art. 12 I lit. b HBÜ um einen eingeschränkten ordre public handele, der nur bei rechts- und staatspolitisch wirklich „stoßenden" Situationen zum Tragen kommen dürfe.[599] Als Argument dient der Wortlaut des Vorbehaltes, der dafür spreche, dass er eingeschränkter zu verstehen sei als ein kollisionsrechtlicher Vorbehalt.[600]

ddd. Ergebnis

In Bezug auf Art. 12 I lit. b HBÜ besteht in der Literatur und Rechtsprechung überwiegend Einigkeit darüber, dass es sich um einen ordre public-Vorbehalt handelt. Widersprüchliche Ansichten bestehen hingegen bezüglich der Reichweite des Vorbehaltes.

bb. Wortlaut

Während Art. 12 I lit. b HBÜ wortlautidentisch mit Art. 13 I HZÜ ist, ist eine Regelung wie in Art. 12 I lit. a HBÜ, wonach die Erledigung des Rechtshilfeersuchens nur insoweit angelehnt werden kann, als die Erledigung des Ersuchens im ersuchten Staat nicht in den Bereich der Gerichtsgewalt fällt, dem HZÜ fremd. Art. 12 I lit. a HBÜ ist für die seltenen Fälle vorgesehen, in denen ein Rechtshilfeersuchen direkt an ein Gericht geschickt wird, das nicht über die Gerichtsgewalt verfügt das Ersuchen zu erledigen, zum Beispiel die Übermittlung eines Ersuchens direkt an den französischen *Conseil d'Etat*.[601] Aus der Tatsache, dass es keine ähnliche Klausel im Vorbehalt des Art. 13 HZÜ gibt, lässt sich aber nicht schließen, dass kein Staat mangels fehlender Zuständigkeit der ersuchten Behörde die Erledigung

594 von Hülsen, RIW 1982, 537 (550).
595 Von Hülsen, RIW 1982, 537 (550 ff.); Stiefel, RIW 1979, 509 (517).
596 Martens, RIW 1981, 725 (729); so auch Stürner, JZ 1981, 521.
597 Martens, RIW 1981, 725 (729).
598 Martens, RIW 1981, 725 (730).
599 Meier, S. 199; Volken, S. 110.
600 Meier, S. 200 bezüglich Art. 17 IPRG des Schweizer Internationalen Privatrechts.
601 Rapport de la Commission spéciale 1968, S. 55 (60).

des Ersuchens ablehnen darf. Angesichts der klar bestimmten Zuständigkeiten der Zentralen Behörden im Rechtshilfeverkehr nach dem HZÜ muss davon ausgegangen werden, dass im Fall der Versendung eines Ersuchens an ein unzuständiges Gericht die Behörden im ersuchten Staat die Zentrale Stelle des ersuchenden Staates an die zuständige Stelle verweisen.

Art. 12 II HBÜ ist identisch mit seinem Pendant im HZÜ in Art. 13 II.[602] Danach darf die Erledigung nicht alleine aus dem Grund abgelehnt werden, dass der ersuchte Staat nach seinem Recht die ausschließliche Zuständigkeit seiner Gerichte für die Sache in Anspruch nimmt oder ein Verfahren nicht kennt, das dem entspricht, für welches das Ersuchen gestellt wird.

cc. Entstehungsgeschichte

Bei der Ausarbeitung des HBÜ hat man hinsichtlich der Vorbehaltsklausel das bereits fertig gestellte HZÜ als Vorbild genommen. Der Bericht der *Special Commission* zu den Vorarbeiten zum HBÜ erläutert, dass die Regelung eine wörtliche Kopie des Art. 11 des Haager Übereinkommens über den Zivilprozess von 1954 ist.[603] Es wurden keine Beispiele genannt, in denen es Auslegungsschwierigkeiten gegeben hätte.[604]

Ein interessanter Hinweis zur Auslegung des Art. 12 I HBÜ ist seiner Entstehungsgeschichte zu entnehmen. In den Verhandlungen zum HBÜ machte die spanische Delegation den Vorschlag, die Worte „ou à son ordre public" Art. 12 I lit. b HBÜ anzufügen.[605] Sie begründet dies damit, dass es Rechtshilfeersuchen gäbe, denen der ordre public entgegenstehen würde.[606] In Spanien wäre dies bei Vaterschaftsuntersuchungen der Fall.[607] Der Ursprung des Änderungsvorschlags liegt darin, dass nach der Auffassung der spanischen Delegation die Worte Souveränität und Sicherheit nicht Fälle des ordre public-Verstoßes umfassen würden. Daraus könnte man schließen, dass es sich bei dem Vorbehalt des Art. 12 I HBÜ nicht um einen ordre public-Vorbehalt handelt.

Der Änderungsvorschlag der spanischen Delegation stieß jedoch überwiegend auf Kritik. Der portugiesische Delegierte Taborda Ferreira, der im Rahmen der Ausarbeitung des HZÜ Berichterstatter der *Special Commission* war, war der Meinung, dass der Begriff des ordre public unüberschaubar sei, und dass der ordre public in den Begriffen Souveränität und Sicherheit enthalten sei.[608]

Der Vertreter Großbritanniens wies darauf hin, dass es zwei Schwierigkeiten mit der Aufnahme des Begriffs ordre public gäbe.[609] Erstens würden sogar zwischen

602 Rapport de la Commission spéciale 1968, S. 55 (60).
603 Rapport de la Commission spéciale 1968, S. 55 (60).
604 Rapport de la Commission spéciale 1968, S. 55 (60).
605 Documents de travail No 36 de la Onzième Session, S. 112.
606 Procès-verbal No 6 Onzième Session 1968, S. 112 (114).
607 Procès-verbal No 6 Onzième Session 1968, S. 112 (114).
608 Procès-Verbal No 6 Onzième Session 1968, 112 (114).
609 Procès-Verbal No 6 Onzième Session 1968, 112 (114).

den verschiedenen Ländern des *civil law* die Konzepte des ordre public variieren.[610] Zweitens gäbe es kein präzises Äquivalent des *civil law* Begriffs in den *common law* Ländern.[611]

Der Präsident der Sitzung, der Vertreter der deutschen Delegation, sprach sich gegen die Aufnahme des Begriffs ordre public aus.[612] Die in dem Entwurf des Übereinkommens enthaltene Formulierung der Gefährundung der Hoheitsrechte und Sicherheit des ersuchten Staates sei die Formulierung des *ordre public international*[613], und sie sei daher in allen Staaten anerkannt.[614] Auch die italienische Delegation sprach sich dafür aus, die Begriffe Souveränität und Sicherheit beizubehalten, die den Begriff des ordre public abdecken würden.[615]

Dass diese Auffassung sowie die Ablehnung der Verwendung des Begriffes des ordre public von der Mehrheit geteilt wurde, lässt das Abstimmungsergebnis vermuten. Der Vorschlag der spanischen Delegation wurde mit 17 zu 4 Stimmen bei einer Enthaltung zurückgewiesen. Demnach ist die Mehrheit der Vertragsstaaten davon ausgegangen, dass eine Vereinbarkeit mit dem ordre public eines ersuchten Staates im Rahmen der Abwendung des Art. 12 I HBÜ zu prüfen ist.

Die Entstehungsgeschichte des Art. 12 I lit. b HBÜ zeigt, dass die Regelung trotz ihres anderen Wortlautes als herkömmliche ordre public-Klauseln einen Vorbehalt gegen Verstöße des *ordre public international* des ersuchten Staates, namentlich seiner wesentlichen Rechtsgrundsätze, die sich auch gegen ausländisches Recht oder Gerichtsentscheidungen durchsetzen, enthält.

dd. Ergebnis

Aus der Entstehungsgeschichte des Art. 12 I lit. b HBÜ geht hervor, dass es sich um einen Vorbehalt zum Schutz des *ordre public international* handelt. Diese Ansicht wird in der Rechtsprechung sowie in der Literatur weitgehend geteilt. Hieraus ergeben sich wertvolle Hinweise auch auf die Auslegung des Art. 13 I HZÜ. Zum einen erlaubt dies der identische Wortlaut der Vorschriften, zum anderen ihr gemeinsamer Ursprung aus dem Haager Übereinkommen über den Zivilprozess von 1954.[616]

---

610 Procès-Verbal No 6 Onzième Session 1968, 112 (114).

611 Procès-Verbal No 6 Onzième Session 1968, 112 (114); Siehe hierzu die Entsprechung von ordre public mit *public policy* unter D.I.2.a.aa.bbb.

612 Procès-Verbal No 6 Onzième Session 1968, 112 (115).

613 Siehe zum Begriff des *ordre public international* D.I.3.a.bb.

614 Procès-Verbal No 6 Onzième Session 1968, 112 (115).

615 Procès-Verbal No 6 Onzième Session 1968, 112 (115).

616 Siehe von Danwitz, DÖV 2004, 501 (508), der darauf hinweist, dass in Deutschland die beiden Übereinkommen durch ein Vertragsgesetz und ein Ausführungsgesetz in deutsches Recht überführt wurden.

b. Vergleich mit Vorbehalten in anderen Haager Übereinkünften

Art. 13 I HZÜ ist über Art. 12 I lit. b HBÜ hinaus auch wortlautidentisch mit den Vorbehalten in Art. 3 des Entwurfs des Rechtshilfeabkommens von 1893/94, in Art. 4 des Haager Übereinkommens über den Zivilprozess von 1905 und Art. 4 des Haager Übereinkommens über den Zivilprozess von 1954.[617] Die erstmals 1893 verwendete Formulierung wurde also im HZÜ und HBÜ als nachfolgenden rechtshilferechtlichen Übereinkommen beibehalten.

Andere Haager Übereinkommen hingegen enthalten ausdrücklich einen Bezug auf den ordre public. Der Begriff des ordre public wird seit 1956 in Übereinkommen der Haager Konferenz verwendet.[618] So ist in Art. 4 des Haager Übereinkommens von 1956 über das auf Unterhaltsverpflichtungen gegenüber Kindern anzuwendende Recht[619] wie auch in weiteren Haager Übereinkommen[620] die offensichtliche Unvereinbarkeit mit dem ordre public eine Tatbestandsvoraussetzung:

> La loi déclarée applicable par la présente Convention ne peut être écartée que si son application est manifestement incompatible avec l'ordre public de l'Etat dont relève l'autorité saisie.

Daraus, dass die Übereinkommen seit 1956 ausdrücklich den Begriff des ordre public verwenden, lässt sich nicht schließen, dass es ausgeschlossen ist, dass Art. 13 I HZÜ ein Vorbehalt zum Schutze des ordre public darstellt. Vielmehr geht daraus nur hervor, dass offensichtlich im Rahmen des HZÜ und des HBÜ an der ursprünglichen Formulierung der Vorbehaltsklausel aus dem HZPÜ festgehalten wurde, sich aber bei der Haager Konferenz betreffend Übereinkommen in anderen Rechtsmaterien mittlerweile eine andere Formulierung durchgesetzt hatte.

---

617 Siehe zu den Details auch G. Geimer, S. 68 und Merkt, S. 128.

618 So auch Merkt, S. 128.

619 BGBl. 1961 II, S. 1013.

620 Art. 11 I des Haager Übereinkommens vom 2.10.1973 über das auf Unterhaltspflichten anzuwendende Recht (BGBl. II 1986, S. 873); Art. 22 und Art. 23 II lit. d der Convention on jurisdiction, applicable law, recognition, enforcement and cooperation in respect of paternal responsibility and measures for the protection of children vom 19.10.1996; Art. 21 und Art. 22 II lit. c des Haager Übereinkommen vom 13.1.2000 über den internationalen Schutz von Erwachsenen (BGBl. II 2007, S. 323); Art. 6 lit. c und Art. 9 lit. e der Convention on Choice of Court Agreements vom 30.6.2005; Art. 11 der Convention on the Law Applicable to Certain Rights in respect of Securities held with an Intermediary vom 5.7.2006; Art. 22 lit. a und Art. 30 Nr. 4 lit. a der Convention on the international recovery of child support and other forms of family maintenance vom 23.11.2007.

c. Vergleich mit Vorbehalten des autonomen deutschen Rechts[621]

aa. Rechtshilferechtliche Vorbehalte

Unter Rechtshilfe ist nach deutschem Verständnis jede gerichtliche oder behördliche Hilfe in einer bürgerlichen Rechtsangelegenheit zu verstehen, die entweder zur Förderung eines inländischen Verfahrens im Ausland oder zur Förderung eines ausländischen Verfahrens im Inland geleistet wird (§ 2 ZRHO). Einen allgemeinen ordre public-Vorbehalt im Rechtshilfeverkehr nach autonomem deutschen Recht gibt es nicht. Die ZRHO[622] enthält die allgemeinen rechtsverbindlichen Richtlinien für den Rechtshilfeverkehr der deutschen Justizbehörden mit dem Ausland im Bereich der Verfahrensgegenstände des Zivil- oder Handelsrechts (§ 1 I ZRHO). Es handelt sich dabei um eine vom Bund und den Ländern erlassene Verwaltungsvorschrift.

Ein rechtshilferechtlicher ordre public-Vorbehalt bei Ersuchen an die Bundesrepublik Deutschland aus dem Ausland ist auch hierin nicht ausdrücklich geregelt. § 84 III ZRHO regelt, dass in Fällen, bei denen Zweifel bestehen, ob dem Ersuchen entsprochen werden kann, die Landesjustizverwaltung entscheidet. Dies könne der Fall sein, wenn nach dem Inhalt des Ersuchens Bedenken gegen seine Ausführung bestehen (z.B. bei Antrag auf Zustellung einer Klage, eines Mahnbescheids, einer Streitverkündung u. ä. gegen die Bundesrepublik Deutschland oder ein Bundesland[623]). Es wird also eingeräumt, dass die Möglichkeit der Verweigerung aufgrund des Inhaltes des Ersuchens besteht. Wann dies über die erwähnten Beispiele hinaus der Fall sein könnte, wird nicht definiert.

§ 59 III Nr. 1 ZRHO a.F. sah vor, dass die Justizverwaltung die Zustellungsersuchen ablehnt, wenn die Hoheitsrechte oder die Sicherheit der Bundesrepublik Deutschland gefährdet sind.

Bei ausgehenden Ersuchen ist in § 29 II 1 ZRHO ausdrücklich kodifiziert, dass bei Bedenken gegen die Absendung des Ersuchens wegen Gefährdung der staatlichen Sicherheit oder Hoheitsrechte zunächst der Landesjustizverwaltung zu berichten sei. Die Formulierung der Gefährdung der Sicherheit und Hoheitsrechte ist wortlautidentisch mit dem Vorbehalt in Art. 13 I HZÜ.

Trotz der Tatsache, dass die EuZVO keinen ordre public-Vorbehalt enthält[624], regelt § 29 II 2 ZRHO, dass die Berichtspflicht bei Bedenken gegen die Absendung des Ersuchens wegen Gefährdung der staatlichen Sicherheit oder Hoheitsrechte

621 Ein Vergleich mit der EuZVO und der EuBVO erübrigt sich, da die Verordnungen keine ordre public-Vorbehalte enthalten.

622 Die ZRHO ist eine verwaltungsinterne Richtlinie, die keine Außenwirkung entfaltet, aber dennoch als Orientierung hier zur Veranschaulichung herangezogen werden kann.

623 Siehe hierzu die Untersuchung unter F.I.

624 Siehe zur Problematik des mangelndes ordre public-Vorbehaltes in der EuZVO De Lind van Wijngarden-Maack, IPRax 2003, 153 (154); G. Geimer, S. 213; Krause, RIW 2004, 533 (535); Sharma, S. 49–50.

nach § 29 II 1 ZRHO auch im Anwendungsbereich der EuZVO gilt. Dies würde bedeuten, dass die Behörden angewiesen sind eine inhaltliche Prüfung vorzunehmen, wenn sie es für richtig erachteten. Aufgrund der Tatsache, dass die EuZVO eine EG-Verordnung darstellt, bei deren Ausführung den EU-Staaten nur dann ein eigener Auslegungsspielraum eingeräumt wird, wenn dieser ausführlich kodifiziert ist, darf die Prüfungspflicht in § 29 II 2 ZRHO auch nur unter ganz engen Voraussetzungen wahrgenommen werden.

Art. 23 GG setzt für die Übertragung von Hoheitsrechten voraus, dass rechtsstaatliche Grundsätze und ein dem Grundgesetz im wesentlichen vergleichbarer Grundrechtsschutz gewährleistet sind. Es bedarf dann keiner Prüfung des ordre public-Vorbehaltes bei der Anwendung der EuZVO, wenn in jedem Mitgliedstaat Rechtsstaatlichkeit und dem Grundgesetz vergleichbarer Grundrechtsschutz gewährleistet sind. Diese Frage lässt sich nur schwer untersuchen. Jedoch sind alle Mitgliedstaaten der EU zugleich an Art. 6 EMRK gebunden, wonach die Vertragsparteien einen rechtsstaatlichen Mindestschutz gewährleisten müssen. Auf dieser Grundlage haben sich unter anderem durch die Rechtsprechung des EuGH gemeinschaftsrechtliche Mindeststandards entwickelt, die in Art. 47 Grundrechte-Charta kodifiziert sind.

Daher ist auch § 29 II 2 ZRHO dahingehend auszulegen, dass eine Gefährdung der staatlichen Sicherheit und Hoheitsrechte im Anwendungsbereich der EuZVO nur vorliegen kann, wenn im Einzelfall kein rechtsstaatliches Verfahren und kein dem Grundgesetz vergleichbarer Grundrechtsschutz vorliegt. Die EuGH-Entscheidung im Fall Krombach[625] zeigt, dass es durchaus noch Raum für einen ordre public-Vorbehalt auch im EU-Raum gibt.[626]

Die Berichtspflicht des § 29 II ZRHO im Anwendungsbereich der EuZVO spricht dafür, dass der Prüfung der Gefährdung der Sicherheit und Hoheitsrechte eine gewisse Bedeutung zukommt und ein Vorbehalt, der die Gefährdung der staatlichen Sicherheit und Hoheitsrechte als Schutzgüter enthält, wie Art. 13 I HZÜ, keine sinnentleerte Klausel darstellt. Vielmehr wird Rechtsstaatlichkeit und ein dem Grundgesetz vergleichbarer Grundrechtsschutz als Voraussetzung für die Mitwirkung am Rechtshilfeverkehr vorausgesetzt. Hierin liegen dann auch die Mindestparameter für die Erledigung der Rechtshilfeersuchen nach dem HZÜ.

---

625 EuGH, 28.3.2000 – Rs. C-7/98 – Krombach – Slg. 2000, I- 01935. Darin bestätigt der EuGH die Weigerung eines deutschen Gerichtes, ein französisches Schadensersatzurteil zu vollstrecken, das im strafrechtlichen Adhäsionsverfahren ergangen war. Das französische Gericht hatte den Verteidigern des Angeklagten gemäß der französischen Prozessordnung die Teilnahme am Verfahren untersagt, da der Angeklagte selbst nicht anwesend war, und ihn in Abwesenheit strafrechtlich sowie zivilrechtlich verurteilt. Darin sah der EuGH eine Verletzung des gemeinschaftsrechtlichen ordre public, da das von Art. 6 EMRK, Art. 6 II EUV garantierte rechtliche Gehör verletzt worden sei.

626 Wagner, IPRax 2002, 75 (91); Stadler, IPRax 2004, 2 (8).

bb. Andere Vorbehaltsklauseln im internationalen Privat- und Zivilverfahrensrecht

Ein Vergleich mit dem Wortlaut von Vorbehalten außerhalb der internationalen Rechtshilfe zeigt die Besonderheit von Art. 13 I HZÜ zu den sonst üblichen ordre public-Vorbehalten im internationalen Privat- und Zivilverfahrensrecht. Zum Beispiel lautet der anerkennungsrechtliche § 328 I Nr. 4 ZPO:

> Die Anerkennung des Urteils eines ausländischen Gerichts ist ausgeschlossen, (...) wenn die Anerkennung des Urteils zu einem Ergebnis führt, das mit wesentlichen Grundsätzen des deutschen Rechts offensichtlich unvereinbar ist, insbesondere wenn die Anerkennung mit den Grundrechten unvereinbar ist.

Art. 34 Nr. 1 EuGVO, der fast wortlautidentisch mit Art. 27 Nr. 1 EuGVÜ ist, lautet:

> Eine Entscheidung wird nicht anerkannt, wenn die Anerkennung der öffentlichen Ordnung (ordre public) des Mitgliedstaats, in dem sie geltend gemacht wird, offensichtlich widersprechen würde.

Diese Vorbehaltsklauseln werden geprüft, wenn eine ausländische Gerichtsentscheidung im Inland anerkannt werden soll, um zum Beispiel aus dieser im Inland gegen die gegnerische Partei des ausländischen Verfahrens zu vollstrecken. Die Rechtsfolge der Versagung der Anerkennung ist, dass die ausländische Gerichtsentscheidung im Inland keine Wirkungen entfaltet. Die im ausländischen Verfahren obsiegende Partei muss gegebenenfalls erneut den Prozess im Inland führen, um aus der dann ergehenden Entscheidung gegen die gegnerische Partei vorzugehen.

Art. 6 EGBGB regelt unter der Überschrift Öffentliche Ordnung (ordre public) den Vorbehalt des autonomen internationalen Privatrechts im deutschen Recht:

> Eine Rechtsnorm eines anderen Staates ist nicht anzuwenden, wenn ihre Anwendung zu einem Ergebnis führt, das mit wesentlichen Grundsätzen des deutschen Rechts offensichtlich unvereinbar ist. Sie ist insbesondere nicht anzuwenden, wenn die Anwendung mit den Grundrechten unvereinbar ist.

Im Rahmen des Vorbehaltes wird das Ergebnis der Anwendung des materiellen Rechts eines anderen Staates geprüft. Die Anwendung dieses Rechtes ist zuvor durch das deutsche Kollisionsrecht bestimmt worden. Wenn der Vorbehalt greift, dann bleibt die Rechtsnorm des ausländischen Staates, obwohl ihre Anwendung kollisionsrechtlich geboten ist, unangewendet.

Der herkömmliche Vorbehalt enthält den Begriff der *Unvereinbarkeit mit den wesentlichen Grundsätzen des deutschen Rechts* oder dem *Widerspruch gegenüber der öffentlichen Ordnung*. Zudem muss es sich gewöhnlich um eine *offensichtliche* Unvereinbarkeit oder einen *offensichtlichen* Widerspruch handeln. Bei Art. 13 I HZÜ genügt bereits, dass der Staat das Ersuchen *für geeignet hält, eine Gefährdung* zur Folge zu haben. Geht man also vom Wortlaut des Art. 13 I HZÜ aus, dann könnte man schließen, dass es sich um einen weitreichenderen Vorbehalt hinsichtlich des Gefährdungspotentials handelt, als dem sonst üblichen ordre public-Vorbehalt.

Vergleicht man hingegen die erfassten Schutzgüter, ergibt sich allerdings ein viel engerer Vorbehalt. Die Hoheitsrechte und die Sicherheit des ersuchten Staates sind sehr eingegrenzte Rechtsgüter, für die eine Gefährdung bestehen muss. Die hier erwähnten Vorbehalte schützen vor einer Unvereinbarkeit mit den wesentlichen Grundsätzen des deutschen Rechts, insbesondere der Grundrechte. Aber abgesehen von dem Konzept eines engeren oder weiteren Schutzes ist der wesentliche Unterschied, dass Art. 13 I HZÜ augenscheinlich allein Rechtsgüter des Staates schützt, wohingegen die zitierten Vorbehalte ausdrücklich auch Individualrechtsgüter schützen. Hieraus ergibt sich als eine wesentliche Fragestellung, ob Art. 13 I HZÜ tatsächlich keinen Schutz für Individualrechtsgüter bietet.[627] Wäre dies der Fall, dann würden bei der Erledigung eines Ersuchens allein die Gefährdung staatlicher Rechtsgüter geprüft werden. Gefährdete Rechtsgüter von Zustellungsadressaten würden bei der Prüfung, ob dem Ersuchen entsprochen werden kann, unbeachtet bleiben.

d. Inter-American Convention on Letters Rogatory

Das Rechtshilfeübereinkommen wurde 1975 zwischen den Mitgliedern der Organisation Amerikanischer Staaten geschlossen. Art. 17 des Übereinkommens lautet:

> The State of destination may refuse to execute a letter rogatory that is manifestly contrary to its public policy ("ordre public").

e. Bilaterale Übereinkommen

Exemplarisch werden einige bilaterale Rechtshilfeübereinkommen in Zivil- und Handelssachen aufgezeigt, die eine ähnliche Vorbehaltsklausel wie Art. 13 I HZÜ enthalten.

Das deutsch-britische Abkommen über den Rechtsverkehr in Zivil- und Handelssachen vom 20.3.1928[628] gilt heute noch im Rechtsverkehr mit einer Vielzahl von ehemaligen britischen Kolonien oder Protektoraten fort.[629] Im Verhältnis zum Vereinigten Königreich genießt die EuZVO allerdings gemäß ihrem Art. 10 I Vorrang. Art. 3 lit. f des deutsch-britischen Abkommens sieht vor, dass die Ausführung des Zustellungsantrags nur abgelehnt werden kann, wenn der vertragsschließende Teil, in dessen Gebiet sie erfolgen soll, sie für geeignet hält, seine Hoheitsrechte oder seine Sicherheit zu gefährden. Art. 9 lit. f des deutsch-britischen Abkommens enthält eine ähnliche Formulierung wie Art. 3 lit. f für Rechtshilfeersuchen in Beweissachen.

---

627 Siehe hierzu E. 3.

628 RGBl. II 1928, S. 624; siehe auch Jonas, JW 1929, 88–89, allerdings ohne Erklärung zu den hier relevanten Regelungen.

629 Siehe Bülow in Geimer/Schütze, Band I, A II, Nr. 520, S. 7 ff.

Ebenso ist dies bei Art. 4 und Art. 10 des deutsch-griechischen Abkommens über die gegenseitige Rechtshilfe in Angelegenheiten des bürgerlichen und Handelsrechts vom 11.5.1938[630] und bei Art. 13 des deutsch-tunesischen Vertrages vom 19.7.1966[631] über Rechtsschutz und Rechtshilfe, die Anerkennung und Vollstreckung gerichtlicher Entscheidungen in Zivil- und Handelssachen sowie bei der Handelsschiedsgerichtsbarkeit der Fall.

Die „Convention between the United Kingdom and France respecting Legal Proceedings in Civil and Commercial Matters" vom 2. Februar 1922[632] sieht in Art. 3 lit. g einen Versagungsgrund für Zustellungsersuchen und in Art. 6 lit. f 2 einen Versagungsgrund für die Rechtshilfe in Beweissachen vor, wenn die Souveränität oder Sicherheit des ersuchten Staates beeinträchtigt wird.

Im Vertrag zwischen der Bundesrepublik Deutschland und dem Königreich Marokko über die Rechtshilfe und Rechtsauskunft in Zivil- und Handelssachen vom 29.10.1985[633] trägt Art. 32 die Überschrift *Kapitel IV. Öffentliche Ordnung*. Art. 32 regelt, dass der ersuchte Staat es ablehnen kann, nach diesem Vertrag tätig zu werden, wenn er die begehrte Maßnahme für geeignet hält, seine Hoheitsrechte oder seine Sicherheit zu gefährden. Die Benennung der Überschrift im deutsch-marokkanischen Rechtshilfevertrag mit dem Begriff *Öffentliche Ordnung*, der deutschen Übersetzung der Formulierung ordre public, spricht dafür, dass es sich zumindest in diesem Übereinkommen um einen ordre public-Vorbehalt handelt.

Zusammenfassend ist festzuhalten, dass die Formulierung des Art. 13 HZÜ auch in bilateralen Rechtshilfeübereinkommen auf dem Gebiet des Zivilrechts gebräuchlich ist.

f. Vergleich mit Vorbehalten in Rechtshilfeverträgen in Straf- und Verwaltungssachen

Nachdem ein Vergleich des Art. 13 I HZÜ mit Vorbehaltsklauseln im internationalen Zivilverfahrensrecht ergeben hat, dass die Formulierung des Art. 13 I HZÜ typisch für zivilrechtliche Rechtshilfeverträge ist und Anhaltspunkte bestehen, dass es sich dabei um einen ordre public-Vorbehalt handelt, werden im Folgenden Rechtshilfeverträge im Bereich des Verwaltungs- und des Strafrechts untersucht. Dabei wird die Verwendung und Definition der Begriffe *Sicherheit und Hoheitsrechte* neben bzw. zusätzlich zu dem Begriff des *ordre public* sowie der *wesentlichen Interessen* des ersuchten Staates und ihre jeweiligen Schutzfunktionen erläutert. Sollte eine feststehende Definition der Begriffe Sicherheit und Hoheitsrechte in verwaltungs- und strafrechtlichen Rechtshilfeverträgen existieren, dann ist zu prüfen, ob diese

630 RGBl. II 1939, S. 848.
631 BGBl. II 1969, S. 889.
632 Veröffentlicht in American Journal of International Law, Vol. 17 (1923), No 1, S. 34–38.
633 BGBl. II 1988, S. 1054.

Anhaltspunkte für die Auslegung des Art. 13 I HZÜ bieten. Zu überlegen wäre, ob daraus, dass die Klauseln den Begriff der Sicherheit und Hoheitsrechte um den des ordre public ergänzen, geschlossen werden kann, dass die Inhalte, denen der Begriff in den Übereinkommen Schutz bietet, nicht unter den Schutz der Haager Rechtshilfeübereinkommen fallen.

aa. Übereinkommen des Europarates in Verwaltungssachen

Art. 14 I lit. b EuVerwZÜ lautet:

> The central authority of the requested State to which a request for service is addressed may refuse to comply with it (:...) if it considers that compliance would interfere with the sovereignty, security, public policy or other essential interests of that State.
>
> L'autorité centrale de l'Etat requis saisie d'une demande de notification peut refuser d'y donner suite (:...) lorsqu'elle estime que son exécution est de nature à porter atteinte à la souveraineté, à la sécurité, à l'ordre public ou à d'autres intérêts essentiels de cet Etat.
>
> Die zentrale Behörde des um Zustellung ersuchten Staates kann es ablehnen, dem Ersuchen stattzugeben, (...) wenn sie die Erledigung für geeignet hält, die Souveränität, die Sicherheit, die öffentliche Ordnung oder andere wesentliche Interessen dieses Staates zu beeinträchtigen.

Gemäß Art. 23 des Übereinkommens sind der englische und französische Text maßgeblich.

Die Denkschrift zu dem Übereinkommen erläutert Art. 14 I lit. b EuVerwZÜ wie folgt:

> „Ein zweiter Grund für eine Ablehnung ist unter Buchstabe b angeführt, wonach ein Ersuchen abgelehnt werden kann, wenn seine Erledigung die Souveränität oder die Sicherheit (z.B. weil die Erledigung das zwischen den Staaten und ihren Angehörigen bestehende Staatsangehörigkeitsverhältnis beeinträchtigen würde), die öffentliche Ordnung oder andere wesentliche Interessen des Staates des ersuchten Staates beeinträchtigen könnte. Der Ausdruck „wesentliche Interessen" bezieht sich auf die Interessen des Staates und nicht auf die von Einzelpersonen. Dieser Begriff kann auch wirtschaftliche Interessen umfassen.
>
> Die Rechte der Einzelperson werden über die Klausel über die öffentliche Ordnung geschützt. Diese Klausel bedeutet für die Staaten eine konkrete Verpflichtung bestimmte Mindestgrundsätze der Rechtsstaatlichkeit zu beachten, weil sonst die Gefahr bestünde, dass andere Staaten eine Zustellung ablehnen."[634]

Art. 7 I des EuVerwBÜ enthält weitere Elemente, die die Ablehnung der Erledigung rechtfertigen:

634 BT-Drucks. 9/68, S. 42–43.

Artikel 7 Ablehnung der Erledigung

(1) Die zentrale Behörde des ersuchten Staates, die ein Amtshilfeersuchen erhält, kann es ablehnen, dem Ersuchen stattzugeben, wenn sie der Ansicht ist,
   a) dass der Gegenstand des Ersuchens keine Verwaltungssache im Sinne des Artikels 1 ist;
   b) dass die Erledigung des Ersuchens geeignet ist, die Souveränität, die Sicherheit, die öffentliche Ordnung oder andere wesentliche Interessen dieses Staates zu beeinträchtigen;
   c) dass die Erledigung des Ersuchens die Grundrechte oder die wesentlichen Interessen der Person, auf die sich die erbetene Auskunft bezieht, beeinträchtigen könnte oder dass das Ersuchen vertrauliche Auskünfte betrifft, die nicht preisgegeben werden dürfen;
   d) dass ihr innerstaatliches Recht oder ihre innerstaatliche Übung der erbetenen Amtshilfe entgegensteht.

Die Denkschrift zum EuVerwBÜ[635] erklärt hierzu folgendes:

> „Die Einführung der Bestimmung über die öffentliche Ordnung gibt der zentralen Behörde des ersuchten Staates die Möglichkeit, die Erledigung eines Ersuchens abzulehnen, die, auch wenn sie die Souveränität und die Sicherheit des Staates nicht gefährden würde, die Grundsätze auf denen seine Rechtsordnung beruhe, beeinträchtigen würde. (...)
>
> Der Ausdruck ‚oder andere wesentliche Interessen' ist ziemlich weitgehend und umfasst nicht nur politische, sondern auch finanzielle und wirtschaftliche Interessen.
>
> Buchstabe c befasst sich mehr mit dem Schutz der Rechte des Einzelnen. (...) Die Worte „wesentliche Interessen“ zielen auf einen zusätzlichen Schutz des Einzelnen ab. Sie betreffen beispielsweise den Fall, in dem die zentrale Behörde des ersuchten Staates bei der Beurteilung der Frage eines solchen Schutzes die Tatsache berücksichtigen kann, dass die Auskunft für eine ausländische Behörde bestimmt ist.“

Hierbei ist vor dem Hintergrund der zivilverfahrensrechtlichen Definition des ordre public unverständlich, dass die Beeinträchtigung von Grundrechten in lit. c ausdrücklich erwähnt wird, obwohl diese üblicherweise zumindest nach heutigem Verständnis den Kernbestandteil des ordre public bilden und dies auch im EuVerwZÜ der Fall ist.

Die Denkschrift zu den beiden Europäischen Rechtshilfeübereinkommen gibt an, dass es zweckmäßig erschien, obwohl es sich um Übereinkommen im Bereich des Verwaltungsrechts handelt, eine möglichst weitgehende inhaltliche und formelle Übereinstimmung mit anderen multilateralen Übereinkommen über gegenseitige Hilfe in Zivil- und Handelssachen einerseits und Strafsachen andererseits herzustellen.[636]

---

635 BT-Drucks. 9/68, S. 47.
636 BT-Drucks. 9/68, S. 29.

Insbesondere das HZÜ von 1965, das HBÜ von 1970 und das Haager Übereinkommen über den Zivilprozess von 1954 werden angeführt.

Für den Bereich der Zustellungswege mag diese Orientierung zutreffen. Im Bereich der Vorbehaltsklauseln unterscheiden sich das HZPÜ, das HZÜ und das HBÜ aufgrund der Beschränkung auf die Gefährdung der Sicherheit und Souveränität wesentlich von den hier untersuchten verwaltungs- und strafrechtlichen Übereinkommen.

bb. Deutsch-österreichisches Übereinkommen über Amts- und Rechtshilfe in Verwaltungssachen

Im Vertrag zwischen der Bundesrepublik Deutschland und der Republik Österreich über Amts- und Rechtshilfe in Verwaltungssachen vom 31.05.1988[637] bestimmt Art. 4 I, dass Amts- und Rechtshilfe nicht geleistet wird, wenn sie nach dem Recht des ersuchten Staates unzulässig ist, oder wenn die Erledigung des Ersuchens geeignet wäre, die Souveränität, die Sicherheit, die öffentliche Ordnung oder andere wesentliche Interessen des ersuchten Staates zu beeinträchtigen. Die Denkschrift zu dem Vertrag[638] erläutert, dass die nach Absatz 1 mögliche Ablehnung eines Ersuchens um Amts- und Rechtshilfe den üblichen Regelungen in Amts- und Rechtshilfeverträgen entspricht.

cc. Europäisches Übereinkommen über die Rechtshilfe in Strafsachen

Art. 2 lit. b des Europäischen Übereinkommens über die Rechtshilfe in Strafsachen vom 20.05.1959[639] lautet:

> Die Rechtshilfe kann verweigert werden (...) wenn der ersuchte Staat der Ansicht ist, dass die Erledigung des Ersuchens geeignet ist, die Souveränität, die Sicherheit, die öffentliche Ordnung (ordre public) oder andere wesentliche Interessen seines Landes zu beeinträchtigen.

Die Denkschrift definiert den Begriff der „wesentlichen Interessen", der sich auf Interessen des Staates, nicht auf die von Individuen, beziehen soll und auch wirtschaftliche Interessen umfasst.[640] Sie können zum Beispiel dann beeinträchtigt sein, wenn das Betriebsgeheimnis einer Firma offenbart werden müsste und der Staat selbst am Schutz des Betriebsgeheimnisses interessiert ist.[641]

§ 73 des deutschen Gesetzes über die internationale Rechtshilfe in Strafsachen (IRG) ergänzt Art. 2 lit. b und bildet die Grundlage für die Verweigerung von Rechtshilfe im vertraglosen Rechtsverkehr. Danach ist die Leistung von Rechtshilfe

637 BGBl. II 1990, S. 358.
638 BT-Drucks. 41/89, S. 11.
639 BGBl. II 1964, S. 1369.
640 http://conventions.coe.int/Treaty/en/Reports/Html/030.htm.
641 Grützner/Pötz/Kreß, III A 3.1., Art. 2 Europäisches Rechtshilfeabkommen, Fn 8.

unzulässig, wenn sie wesentlichen Grundsätzen der deutschen Rechtsordnung widersprechen würde. Daraus folgt, dass die Grenze der Rechtshilfe erreicht ist, wenn im Ausland eine Behandlung droht, die dem deutschen verfassungsrechtlichen Standard widerspricht.[642]

Das OLG Stuttgart[643] hält die Leistung von Rechtshilfe gemäß Art. 2 lit. b des Übereinkommens von 1959 dann für unzulässig, wenn in dem konkreten Verfahren, für das um Rechtshilfe ersucht wird, gegen elementare verfassungs- und völkerrechtliche Gebote des Grundrechts- bzw. Menschenrechtsschutzes verstoßen wird, d.h., wenn durch die Gewährung von Rechtshilfe Menschenrechtsverletzungen gegen einen bestimmten Beschuldigten Vorschub geleistet würde.[644]

Weder § 73 IRG noch das OLG Stuttgart unterscheiden zwischen den unterschiedlichen Begriffen der Vorbehaltsklausel in Art. 2 lit. b des Europäischen Übereinkommens über die Rechtshilfe in Strafsachen und geben daher keine Definition der Begriffe *Souveränität* und *Sicherheit.*

In der Literatur wurden Definitionen für die einzelnen Schutzgüter der Vorbehaltsklausel entwickelt. Der Begriff der *Souveränität* in Art. 2 lit. b des Europäischen Übereinkommens über Rechtshilfe in Strafsachen bezieht sich auf die außenpolitischen Interessen des ersuchten Staates.[645] Namentlich die Gleichheit mit anderen Staaten, der Anspruch auf Nichtintervention durch andere Staaten und die Unabhängigkeit der Justiz sollen geschützt werden.[646] Gleichheit meint die Autonomie der Staatsverfassung, Nichtintervention die Absenz von Beeinflussung durch Gewaltmittel.[647]

Sicherheit ist zu verstehen als das friedliche Zusammenleben im Inneren des Staates.[648] Es gehe um den Schutz der Rechtsordnung insgesamt, der hochrangigen Güter des Einzelnen sowie der staatlichen Grundstrukturen gegen gewaltsame Eingriffe.[649]

Andere wesentliche Interessen des Staates seien solche, die darauf abzielten, die Existenz und Handlungsfähigkeit des ersuchten Staates zu schützen, sowohl was seinen Bestand und seine Funktionsfähigkeit nach innen als auch was seine Anerkennung in der Gemeinschaft der Völker nach außen beträfe.[650] Allerdings lässt sich nach dieser Definition keine klare Abgrenzung zu den Begriffen der Souveränität und der Sicherheit erkennen. Ebenso steht diese im Widerspruch zu den

642 Lagodny in Schomburg/Lagodny/Gleß/Hackner, § 73 IRG, Rn 3.
643 Vom 18.7.1983 – 4 Ars 73/83, so zitiert Grützner/Pötz/Kreß, III A 3.1., Art. 2 Europäisches Rechtshilfeabkommen, Fn 8.
644 OLG Stuttgart vom 18.7.1983 – 4 Ars 73/83, so zitiert in Grützner/Pötz/Kreß, III A 3.1., Art. 2 Europäisches Rechtshilfeabkommen, Fn 8.
645 Popp, S. 303.
646 Popp, S. 303.
647 Popp, S. 303.
648 Popp, S. 304.
649 Popp, S. 304.
650 Schädel, S. 208.

Erläuterungen der Denkschrift, wonach auch wirtschaftliche Interessen des Staates geschützt sind.[651] Vielmehr lässt das Schutzgut der wesentlichen Interessen dem ersuchten Staat einen Spielraum, um seine politischen Interessen, wozu auch solche wirtschaftlicher Natur zählen, zu berücksichtigen.

Individualgüter, die durch den Begriff der staatlichen Sicherheit geschützt sind, sind laut Schweizerischem Bundesgericht das Leben, die körperliche Unversehrtheit und das Eigentum.[652] Würde man das Ergebnis des Schweizerischen Bundesgerichtes auf die Interpretation im HZÜ übertragen, dann wären diese Individualrechtsgüter über den Begriff der Sicherheit im Art. 13 I HZÜ geschützt. Typischerweise umfasst der Begriff der Sicherheit jedoch keine Individualrechtsgüter, es sei denn, diese werden in einem so großen Maße verletzt, dass das staatliche Gefüge in Gefahr wäre.[653]

dd. Abkommen der Europäischen Union und den USA über Rechtshilfe in Strafsachen

In dem zwischen der Europäischen Union und den USA geltenden Abkommen zur Leistung über Rechtshilfe in Strafsachen[654] regelt Art. 13, dass das Übereinkommen nicht ausschließt, „dass der ersuchte Staat Gründe für die Ablehnung der Rechtshilfe geltend macht, die sich aus einem bilateralen Vertrag über Rechtshilfe oder, wenn ein solches nicht besteht, aus seinen anwendbaren Rechtsgrundsätzen ergeben; dies gilt auch für den Fall, dass durch die Erledigung des Ersuchens die Souveränität, die Sicherheit, die öffentliche Ordnung und andere grundlegende Interessen dieses Staates beeinträchtigt werden". Dabei ist der Begriff „ordre public" im Französischen und im Englischen, der Begriff „öffentliche Ordnung" für die deutsche Version gewählt worden.

ee. Auswertung der Vergleiche

Anders als Art. 13 I HZÜ enthalten die untersuchten straf- und verwaltungsrechtlichen Rechtshilfeverträge die Schutzgüter der staatlichen Souveränität und Sicherheit zusätzlich zu dem Begriff des *ordre public* sowie dem der *wesentlichen Interessen* des Staates. Es ließen sich keine Anhaltspunkte finden, ob bzw. wieso bewusst von den Formulierungen der Vorbehaltsklauseln der Haager Beispiele abgewichen wurde, obwohl die Haager Rechtshilfeübereinkommen zum Teil ausdrücklich als Vorbilder genannt werden.

Zu überlegen ist nun, ob sich Konsequenzen aus diesen unterschiedlichen Schutzbereichen der Vorbehalte für die Auslegung des Art. 13 I HZÜ ergeben. Vor allem könnte aus der Tatsache, dass Art. 13 I HZÜ den Begriff des *ordre public* nicht

651 BT-Drucks. 41/89, S. 11.
652 BGE 117 Ia 472 (485).
653 Siehe zum Begriff der Sicherheit im Völkerrecht D.I.1.b.bb.
654 Vom 19.7.2003, Abl EU 2003 L 181/34; siehe Spinellis, in: FS Eser, S. 873–888.

enthält, geschlossen werden, dass die Inhalte, denen der Begriff in den Übereinkommen Schutz bietet, nicht unter den Schutz der Haager Rechtshilfeübereinkommen fallen.[655]

Aus dem Bericht zu Art. 7 EuVerwBÜ ergibt sich ausdrücklich, dass die Begriffe *Souveränität und Sicherheit des Staates* nicht bereits den ordre public erfassen. Die Grundsätze, auf denen die Rechtsordnung des Staates beruht, werden danach nicht mit einbezogen in den Schutzbereich der Souveränität und Sicherheit des Staates. Würde man diese Terminologie auf das HZÜ übertragen, enthielte Art. 13 I HZÜ keinen ordre public-Vorbehalt und ein Staat dürfte kein Zustellungsersuchen aufgrund der Unvereinbarkeit mit den wesentlichen Grundsätzen seiner Rechtsordnung zurückweisen.

Eine Definition der Begriffe *Souveränität* und *Sicherheit* enthalten jedoch weder die Übereinkommen selbst noch die erläuternden Materialien. Lediglich in der Literatur werden Ansätze zur Begriffsdefinition entwickelt. Hiernach würden die Begriffe im Wesentlichen außenpolitische Interessen des ersuchten Staates beinhalten. Bei der Entstehung des HZÜ sollte jedoch sichergestellt werden, dass es gerade nicht mehr auf diese Interessen ankommt, die vor allem bei der Zustellung auf dem diplomatischen Weg zu Behinderungen geführt haben.

Zu beachten ist aber, dass das Europäische Übereinkommen über die Erlangung von Auskünften und Beweisen in Verwaltungssachen im Ausland über zehn Jahre nach dem HZÜ entstanden ist. Im international geprägten Recht ist über den internationalen Rechtshilfeverkehr hinaus allgemein eine stetig zunehmende Bedeutung der Menschenrechte, die Gegenstand einer ordre public-Prüfung wären, zu beobachten. Diese sind – zumindest im europäischen Kontext – Bestandteil der hier erwähnten Grundsätze der Rechtsordnung der Staaten oder Mindestgrundsätze der Rechtsstaatlichkeit. Die Menschenrechte sind heute der am weitesten entwickelte Bereich des öffentlichen Völkerrechts. Kennzeichnend für das gesamte moderne Völkerrecht – aber besonders deutlich auf dem Gebiet der Menschenrechte – ist eine Zunahme von Normen, die ein gemeinsames Interesse der Staatengemeinschaft verkörpern.[656]

Aufgrund der stetig wachsenden Anzahl von Normen und der Diskussion über Menschenrechte mit universellem Charakter ist das Bewusstsein bei der Bildung der Vorbehalte, dass eine Beeinträchtigung dieser Rechte vorliegen kann, in der Zeitspanne zwischen der Entstehung des HZÜ und der hier untersuchten europäischen Übereinkommen in Verwaltungs- und Strafsachen gestiegen. Vor diesem Hintergrund kann die ausdrückliche Erwähnung des ordre public wie auch der

---

655 Hopt/Kulms/v.Hein, S. 133 bemerken, dass es überflüssig wäre in Art. 14 I lit. b des Europäischen Übereinkommens über die Zustellung von Schriftstücken in Verwaltungssachen im Ausland ausdrücklich die öffentliche Ordnung als Schutzgut zu nennen, wenn im internationalen Sprachgebrauch Souveränität und Sicherheit als Synonyme für den ordre public verstanden würden.

656 Kokott, BerDtGeVR 38 (1998), 71 (78) mit weiteren Ausführungen.

Interessen des Einzelnen in den Übereinkommen erklärt werden. Aus der ausdrücklichen Erwähnung lässt sich daher für das HZÜ nicht automatisch folgern, dass die über den ordre public geschützten Inhalte nicht auch in den Schutzbereich des Vorbehaltes des Art. 13 I HZÜ miteinbezogen sind.

g. Ergebnis der Vergleiche mit anderen Übereinkommen

Der Vergleich des Art. 13 I HZÜ mit anderen Übereinkommen hat ergeben, dass die Formulierung der *Gefährdung der Sicherheit und Hoheitsrechte* eine Besonderheit rechtshilferechtlicher Vorbehaltsklauseln darstellt. Es spricht auf dem Gebiet des Zivilrechtes einiges dafür, dass es sich dabei um Vorbehaltsklauseln zum Schutze des ordre public handelt.

In internationalen Rechtshilfeverträgen gibt es auch den ausdrücklichen Verweis auf den ordre public, jedoch fällt die Häufigkeit, mit der die Begriffe *Sicherheit* und *Hoheitsrechte* als Schutzgüter in den Vorbehaltsklauseln enthalten sind, auf. Vor allem ältere und Rechtshilfeverträge auf dem Gebiet des Zivilrechts verwenden ausschließlich die Begriffe der *Sicherheit* und der *Hoheitsrechte.*

Bei den Vorarbeiten zum HBÜ hat sich das Verständnis durchgesetzt, dass der ordre public des ersuchten Staates Schutzgut der Vorbehaltsklausel in Art. 12 I lit. b HBÜ ist. Im deutschen Recht enthält § 29 II 2 ZRHO unter der Voraussetzung *einer Gefährdung der staatlichen Sicherheit oder Hoheitsrechte* bei ausgehenden Ersuchen eine Berichtspflicht der ausführenden staatlichen Stelle. Aufgrund der Tatsache, dass diese auch im Rahmen der Anwendung der EuZVO gilt, ist davon auszugehen, dass es sich dabei um einen Schutz für den ordre public handelt.

Die Untersuchung der bilateralen Rechtshilfeübereinkommen auf dem Gebiet des Zivilrechts hat ergeben, dass die Formulierung des Art. 13 I HZÜ bei diesen Verträgen üblich ist und eine ausdrückliche Erwähnung des ordre public nicht zusätzlich zu dem Begriff der *Gefährdung der Sicherheit und Hoheitsrechte* kodifiziert wurde. Die Überschrift der *Öffentlichen Ordnung* vor Art. 32 des Vertrages zwischen der Bundesrepublik Deutschland und dem Königreich Marokko über die Rechtshilfe und Rechtsauskunft in Zivil- und Handelssachen vom 29.10.1985[657] lässt vermuten, dass es sich hierbei um ordre public-Klauseln handelt.

Jüngere Rechtshilfeübereinkommen erwähnen entweder ausschließlich oder auch den ordre public des ersuchten Staates als Schutzgut. Dabei ist zu beachten, dass sich aufgrund der gewachsenen Bedeutung des Schutzes des Individuums seit der Zeit der Kodifizierung des HZÜ sowie seines Vorgängerübereinkommens, des HZPÜ, ein stärkeres Bewusstsein für den ausdrücklichen Schutz dieser Rechte entwickelt hat.

---

657 BGBl. II 1988, S. 1054.

3. Entstehungsgeschichte

Im Rahmen der Auslegung des Art. 13 I HZÜ ist die Entstehungsgeschichte heranzuziehen. Insoweit ist zu prüfen, ob sich hieraus eine Einordnung der Vorschrift als ordre public-Klausel aufdrängt.[658]

a. Vorbehaltsklauseln in den Haager Rechtshilfeübereinkommen

Die Formulierung des Art. 13 I HZÜ findet ihren Ursprung bereits in den Beratungen zu einem zivilrechtlichen Rechtshilfeübereinkommen in den Jahren ab 1893 und wurde bis zu der Ausarbeitung einer Vorbehaltsklausel des HZÜ und HBÜ[659] beibehalten.

aa. Beratungen in den Jahren 1893–1894

Bereits bei der Ausarbeitung eines Haager Rechtshilfeabkommens in den Jahren 1893–1894 wurde eine Vorbehaltsklausel vorgeschlagen, nach der ein Rechtshilfeersuchen bei der Gefährdung der Sicherheit und Hoheitsrechte des ersuchten Staates abgelehnt werden kann.[660] Es wurde ausdrücklich abgelehnt die Begriffe Sicherheit und Souveränität durch den Begriff des ordre public zu ersetzen.[661] Stattdessen sollte der Vorbehalt nur dann einschlägig sein, wenn ein Verstoß gegen international zwingende Normen, die sich gegen ausländisches Recht durchsetzen und die nur durch eine Änderung von gesellschaftlichen oder verfassungsmäßigen Prinzipien aufgehoben werden können, in Betracht komme.[662] Die vorgeschlagene Formulierung der Gefährdung der Sicherheit und Souveränität sei präziser und eingeschränkter als die der ausdrücklichen Erwähnung des ordre public.[663]

bb. Unterscheidung ordre public intern *und* ordre public international

Hier spiegelt sich die Unterscheidung im romanischen Rechtskreis zwischen dem *ordre public intern* und dem *ordre public international* wider. Ersterer bezeichnet Normen, die nicht zur Disposition der Parteien stehen und letzterer solche Normen, die sich auch gegen ausländisches Recht durchsetzen. Um zu vermeiden, dass die Vertragsstaaten ihren *ordre public intern* unter dem Tatbestandsmerkmal des

---

658 Dieser Ansicht sind Braun, ZIP 2003, 2225 (2227); Brockmeier, S. 97, der Art. 13 I HZÜ zusammen mit Art. 12 I lit. b HBÜ untersucht; von Danwitz, DÖV 2004, 501 ff.; Greger, in: Erlanger FS Schwab, 1990, S. 331 (331–341); Merkt, S. 136; Pfeil-Kammerer, S. 62; Schütze, Prozessführung, S. 246; Siehr, RIW 2007, 321 (326); Stadler, JZ 1995, 718 (720); ebenso JZ 2007, 1047 ff. Laut Stadler spricht auch eine teleologische Auslegung für dieses Ergebnis.

659 Zur Entstehungsgeschichte des HBÜ siehe D.I.2.a.cc.

660 Procès-Verbaux 1893, S. 67 (68).

661 Procès-Verbaux 1894, S. 51.

662 Procès-Verbaux 1894, S. 51 (52).

663 Procès-Verbaux 1894, S. 51 (52).

ordre public in einer Vorbehaltsklausel subsumieren, wurde von dem Gebrauch des Begriffes abgesehen.

Dem deutschen Recht ist eine Unterscheidung zwischen den national und den international zwingenden Normen ebenfalls nicht fremd. Nur letztere setzen sich im internationalen Privat- und Zivilverfahrensrecht im Wege des Art. 6 EGBGB bzw. § 328 I Nr. 4 ZPO durch. Im deutschen Recht entspricht der Begriff des ordre public gewöhnlich dem des *ordre public international.*[664] Der Begriff des *ordre public intern* ist mit den national zwingenden Normen des deutschen Rechts gleichzusetzen, vergleiche zum Beispiel Art. 27 III EGBGB a.F.

cc. Beratungen zum Haager Übereinkommen über den Zivilprozess von 1905 und Ergänzungsvorschlag um „d'autres intérêts sociaux essentiels du pays"

Im Haager Übereinkommen über den Zivilprozess von 1905 enthält Art. 4 die gleiche Formulierung, die auch schon 1893 ausgearbeitet wurde. Im Laufe der Diskussionen wurde vorgeschlagen, diese um das Element der *d'autres intérêts sociaux essentiels du pays* zu erweitern.[665] Der Vorschlag wurde damit begründet, dass die ursprüngliche Formel nicht ausreiche, um mögliche Beeinträchtigungen bestimmter Prinzipien des örtlichen öffentlichen Rechtes, wie zum Beispiel die der persönlichen Freiheit durch eine Zustellung zu verhindern.[666] Die vorgeschlagene Änderung wurde aber ohne weitere Diskussion abgelehnt.

Zu klären ist, was unter dem Begriff der *d'autres intérêts sociaux essentiels du pays* zu verstehen ist und welche Konsequenzen sich aus der Ablehnung der Ergänzung der Vorbehaltsklausel um diese Formulierung ergeben.

Der Begriff der *wesentlichen Interessen des Staates* findet sich in den Vorbehaltsklauseln in Art. 14 I lit. b des Europäischen Übereinkommens über die Zustellung von Schriftstücken in Verwaltungssachen im Ausland, Art. 7 I des Europäischen Übereinkommens über die Erlangung von Auskünften und Beweisen in Verwaltungssachen im Ausland und in Art. 2 lit. b des Europäischen Übereinkommens über die Rechtshilfe in Strafsachen. Der Ausdruck *andere wesentliche Interessen* wird dort weit ausgelegt und umfasst nicht nur politische, sondern auch finanzielle oder wirtschaftliche Interessen des Staates. Es kann nur darüber spekuliert werden, ob durch den Zusatz *sociaux* der Formulierung eine andere Bedeutung gegeben werden sollte.

Aus der heutigen Perspektive ist die Begründung des Ergänzungsvorschlags nicht überzeugend. Heute ist das öffentliche Recht des ersuchten Staates in seiner Gesamtheit kein Bestandteil der international zwingenden Normen des ersuchten Staates. Allerdings ist das erwähnte Beispiel, das Prinzip der persönlichen Freiheit

---

664 Zu unterscheiden mit dem im deutschen verwendeten Begriff des *internationalen ordre public*, siehe hierzu Jaenicke, BerDtGeVR 7 (1967), 77 (80).

665 Italie, Quatrième conférence da La Haye 1904, S. 269 (270).

666 Procès-verbal N° 6 1904, S. 65 (67); Rapport de la 1ière Commission 1904, S. 81 (88).

des Einzelnen, heute sehr wohl Inhalt dieser Normen, soweit es zu den Grundsätzen der nationalen Rechtsordnungen gehört, z.B. in Form von Grundrechten (in Deutschland in Art. 2 I GG).

Im Jahre 1905 war jedoch die Stellung von Grundrechten des einzelnen Bürgers sowohl im Völkerrecht als auch im nationalen Verfassungsrecht bei weitem nicht in seiner heutigen Form entwickelt.[667] Das Prinzip der persönlichen Freiheit war nicht zwingend Bestandteil der Grundsätze eines Staates. Es handelte sich um ein einfaches Recht, welches im öffentlichen Recht normiert wurde. Das Prinzip der persönlichen Freiheit war damals nicht selbstverständlich im Schutzbereich des *ordre public international* enthalten. Die Inhalte, die unter dem Begriff des ordre public geschützt werden, unterliegen zwangsläufig einem zeitlichen Wandel. Jeder Vertragsstaat bestimmt selbst, wie die zu schützenden Inhalte sich mit der Zeit verändern.[668] Dies ergibt sich daraus, dass die Vertragsstaaten nach autonomem Recht bestimmen, welche Normen im Rahmen des Art. 13 I HZÜ zu prüfen sind. Daher lässt der Verlauf der Beratungen zum Übereinkommen von 1905 nicht den Schluss zu, dass es sich bei dem Vorbehalt nicht um eine ordre public-Klausel im Sinne des internationalen Privatrechts handelt.

dd. Haager Übereinkommen von 1954 und Beratungen zum Haager Zustellungsübereinkommen

In Art. 4 des Haager Übereinkommens über den Zivilprozess von 1954 wurde die Vorbehaltsklausel ohne Diskussion übernommen.[669]

In den Vorarbeiten zum HZÜ schlug die Expertenkommission in ihrem Bericht ebenfalls vor, Art. 4 des Übereinkommens von 1954 zu übernehmen.[670] Dort hieß es, dass der Ausdruck *atteinte à la souveraineté ou à la sécurité* häufiger benutzt wird, als der Ausdruck *atteinte à l'ordre public.*[671] Die Kommission dachte zudem, dass so die Anzahl der Ablehnungen von Rechtshilfeersuchen begrenzt werden könne.[672] Der Begriff *ordre public* könne gefährlich sein, weil er wenig präzise sei und Ablehnungen auf der Grundlage eines einem internationalen Übereinkommen gegenüber feindlichen Geiste erlaube.[673] Man wolle die Fälle der Ablehnung auf solche reduzieren, in denen die Zustellung die innere Sicherheit oder Souveränität der Staaten verletzen könne.[674] Die Kommission fragte sich allerdings in Bezug auf den Begriff

---

667 Zur Entwicklung der Menschen- und Bürgerrechte siehe Hofmann, NJW 1989, 3177–3187; Pieroth/Schlink, Grundrechte, S. 6–14; Rivers, Julian, JZ 2001, 127 ff; Rivers, Grundrechtsprinzipien in England, S. 231–261.

668 Siehe hierzu auch D. III.

669 Projet de convention relative à la procédure civile 1952, S. 390 (391).

670 Special Commission 1964, S. 74 (85).

671 Special Commission 1964, S. 74 (85).

672 Special Commission 1964, S. 74 (85).

673 Special Commission 1964, S. 74 (85).

674 Special Commission 1964, S. 74 (85).

der Souveränität, ob seine Verwendung im aktuellen Zustand des internationalen Rechts noch gerechtfertigt sei.[675]

In der Diskussion um den Entwurf zum HZÜ wurde zwar ebenfalls die Übereinstimmung zwischen Art. 4 des Vertragsentwurfs mit dem gleichnamigen Artikel des Übereinkommens von 1954 bestätigt.[676] Jedoch wurden die Überlegungen, die auch schon die Kommission angestellt hat, geäußert, und zwar, ob statt des bisher benutzten Wortes *Souveränität* eine modernere Formulierung entwickelt werden sollte, um die Substanz des ordre public auszudrücken.[677] Dagegen wurde vorgebracht, dass die Benutzung des Wortes *Souveränität* besser sei als die Erwähnung des ordre public, weil es sich aus gutem Grund auf den *ordre public international* beschränke.[678] Die Diskussion hierüber wurde ohne Änderung am Entwurf geschlossen.

Im erläuternden Bericht zum HZÜ wurden denn auch die Bedenken gegen die Unbestimmtheit der Begriffe Souveränität und Sicherheit aufgegriffen. Jedoch würden diese zur Erreichung des Zieles der Minimierung der Fälle der Verweigerung der Rechtshilfe führen, denn der Begriff der Souveränität sei mit dem des *ordre public international* gleichzusetzen:

> « L'article 13 a voulu restreindre au maximum les cas de refus d'entraide. L'exécution de la demande peut être refusée uniquement en cas d'offense à l'ordre public portant atteinte à la souveraineté ou à la sécurité de l'Etat. On a voulu limiter l'ordre public par l'emploi des mots *souveraineté* et *sécurité*. Ces mots sont imprécis mais ils sont susceptibles de répondre au but poursuivi. L'expression *souveraineté* serait équivalente à *ordre public international.* »[679]

b. Auswertung

Die Formulierung „Hoheitsrechte und Sicherheit" wurde trotz ihrer Ungenauigkeit demnach gewählt, um zu unterstreichen, dass die Vorbehaltsklausel nur in den Fällen der Gefährdung des *ordre public international* zur Anwendung kommt, also nur bei der Gefährdung international zwingender Normen des ersuchten Staates. Es ist festzuhalten, dass es ein durchgreifendes Motiv der Vorarbeiten zu Art. 13 HZÜ ist, die Anwendung der Vorbehaltsklausel auf wenige Fälle zu beschränken.[680] Hierdurch erklärt sich die Entscheidung gegen die Formulierung *atteinte à l'ordre public.*

Die Zweifel, die bereits die Expertenkommission und ihr Berichterstatter an der Verwendung des Wortes *Souveränität* in der Klausel hatten, lassen den Schluss zu, dass Art. 13 I HZÜ sich inhaltlich nicht in einer Verletzung des Prinzips der souveränen Gleichheit, insbesondere an der Gebiets- und der Personalhoheit des

---

675 Special Commission 1964, S. 74 (85).
676 Procès-Verbal N° 4 1964, S. 181 (192).
677 Procès-Verbal N° 4 1964, S. 181 (192).
678 Procès-Verbal N° 4 1964, S. 181 (193).
679 Rapport explicatif, S. 363 (375) Hervorhebungen im Original.
680 So auch Practical Handbook, Rn 181.

ersuchten Staates erschöpft. Gerade in der Zeit zwischen den ersten Arbeiten der Haager Kommission 1893 und der Verabschiedung des HZÜ 1965 hat sich hinsichtlich des Prinzips der Souveränität der Staaten ein grundlegender Wandel vollzogen.

In den Zeiten des Konzeptes der unbeschränkten Souveränität wurde vertreten, dass vertragliche Einschränkungen der eigenen Autonomie mit der staatlichen Souveränität als Grundlage der zwischenstaatlichen Beziehungen nicht vereinbar seien.[681] Mittlerweile hatte sich jedoch die Zulässigkeit der Unterwerfung der Staaten unter völkerrechtliches Vertrags – und Gewohnheitsrecht durchgesetzt.[682] Ein Staat erscheint nunmehr als souverän, wenn er keiner anderen Autorität als der des Völkerrechts unterliegt.[683] Vor allem die Abschaffung des ursprünglichen Rechts zur gewaltsamen Interessendurchsetzung hin zum allgemeinen Gewaltverbot zwischen den Staaten bedeutete eine Einschränkung der staatlichen Souveränität nach außen.[684] 1919 wurde den Staaten in der Satzung des Völkerbundes bereits eine Verpflichtung zur friedlichen Streitbeilegung vor einem Krieg auferlegt. Der Briand-Kellog-Pakt von 1928 verpflichtete die Vertragsstaaten, auf den Krieg grundsätzlich zu verzichten. Seit 1945 verbietet die Charta der Vereinten Nationen ihren Unterzeichnern generell die Anwendung oder Androhung von Gewalt.

Allerdings wirft die Feststellung, dass der Begriff der Souveränität gleichbedeutend sei mit dem *ordre public international*[685], die Frage auf, ob durch die gleichzeitige Verwendung des Begriffs der Sicherheit ein zusätzlicher Inhalt durch die Klausel geschützt sein soll. Dem Begriff der Sicherheit in seiner völkerrechtlichen Definition kommt in Art. 13 I HZÜ praktisch keine Bedeutung zu. Es ist kein Fall denkbar, in dem die Zustellung eines Schriftstücks einer Zivilrechtssache – und gleiches gilt für eine zivilrechtliche Klage im Ausland gegen den Staat an sich – eine Gefährdung der Sicherheit des ersuchten Staates darstellen könnte. An anderer Stelle wird denn auch der Formulierung Sicherheit und Souveränität insgesamt die Bedeutung des ordre public im Sinne des internationalen Privatrechts beigemessen.[686]

c. *Kritik an der Auslegung des Art. 13 I HZÜ als Vorbehalt des* ordre public international *anhand der Entstehungsgeschichte des Übereinkommens*

Das hier anhand der Auslegung der Entstehungsgeschichte zu Art. 13 I HZÜ erarbeitete Ergebnis, dass es sich bei Art. 13 I HZÜ um einen Vorbehalt zum Schutz des *ordre public international* handelt, wird zum Teil kritisiert. Die Entstehungsgeschichte des

---

681 Stein/von Buttlar, Rn 514.
682 Stein/von Buttlar, Rn 515.
683 Stein/von Buttlar, Rn 515.
684 Stein/von Buttlar, Rn 518.
685 Rapport explicatif, S. 363 (375); so auch das OLG Frankfurt a.M., RIW 1991, 417 (418).
686 Procès-Verbaux 1894, S. 51 (52); Special Commission 1964, S. 74 (85).

Art. 13 I HZÜ zeige zwar Verbindungslinien zum ordre public auf, gleichwohl sei es nicht gerechtfertigt, den Begriff der Gefährdung der Hoheitsrechte mit dem allgemeinen ordre public gleichzusetzen.[687] Insbesondere die Angaben des Berichterstatters der Haager Konferenz bei der Ausarbeitung des HZÜ, Taborda Ferreira, ließen die Interpretation gerade nicht zu.

aa. Interpretation der Entstehungsgeschichte mit dem Ergebnis eines internationalen ordre public-Vorbehaltes im völkerrechtlichen Sinne

Es wird vertreten, dass Taborda Ferreira mit dem Begriff *ordre public international* nicht auf die Bedeutung des Begriffs im französischen internationalen Privatrecht abstellen wollte, sondern den Begriff der Souveränität in Art. 13 I HZÜ als Bestandteil eines internationalen ordre public im völkerrechtlichen Sinne charakterisieren wollte.[688] Dafür spreche, dass Ferreira betone, die Gründe zur Verweigerung der Rechtshilfe soweit wie möglich einschränken zu wollen.[689] Dies sei ein Anhaltspunkt gegen die Auslegung als ordre public-Vorbehalt im Sinne des internationalen Privatrechts. Ferreira führe weiter aus, dass nur die Durchführung der Zustellung, nicht aber die Klageschrift als solche daraufhin zu überprüfen sei, ob sie die Souveränität des ersuchten Staates gefährde.[690] Als einziges Beispiel für eine Verletzung der Souveränität werde ein Eingriff in das zwischen dem ersuchten Staat und seinen Bürgern bestehende Staatsangehörigkeitsverhältnis genannt.[691] Des Weiteren unterstreiche Ferreira, dass der zweite Absatz des Art. 13 HZÜ eine Hilfe bei der Interpretation des ersten Absatzes geben solle.[692] Gemäß Art. 13 II HZÜ darf die Erledigung nicht alleine aus dem Grund abgelehnt werden darf, dass der ersuchte Staat nach seinem Recht die ausschließliche Zuständigkeit seiner Gerichte für die Sache in Anspruch nimmt oder ein Verfahren nicht kennt, das dem entspricht, für das der Antrag gestellt wird. Schließlich hebe Ferreira ausdrücklich hervor, dass die Urteilsanerkennung durch die Zustellung nicht präjudiziert werde.[693]

Zudem sei das Ziel, die möglichen Gründe für eine Verweigerung der Rechtshilfe soweit wie möglich einzuschränken, nicht erreichbar, wenn es sich bei Art. 13 I HZÜ um den aus den übrigen Haager Übereinkommen (mit Ausnahme des HBÜ) sowie aus Art. 6 EGBGB und § 328 I Nr. 4 ZPO bekannten *ordre public international* Vorbehalt handele.[694]

---

687 OLG Frankfurt a.M., NJW-RR 2002, 357.

688 Hopt/Kulms/v.Hein, S. 148; zur Auslegung als ordre public im völkerrechtlichen Sinne siehe E.I.

689 Hopt/Kulms/v.Hein, S. 147.

690 Hopt/Kulms/v.Hein, S. 147.

691 Hopt/Kulms/v.Hein, S. 147.

692 Hopt/Kulms/v.Hein, S. 147; siehe hierzu die Untersuchung unter D.I.4.

693 Hopt/Kulms/v.Hein, S. 147.

694 Hopt/Kulms/v.Hein, S. 147.

bb. Stellungnahme

Letzterem ist zu entgegnen, dass sich die Formulierung des Art. 13 I HZÜ auch in anderen Übereinkommen wieder findet.[695] Dies gilt für Übereinkommen der Haager Konferenz (über das HBÜ hinaus) sowie bilaterale Übereinkommen und Rechtshilfeübereinkommen in Verwaltungs- und Strafsachen. Ergebnis der Untersuchung des Wortlautes des Art. 13 I HZÜ ist, dass es sich bei seiner Formulierung um eine rechtshilferechtliche Besonderheit handelt.[696] Auf dem Gebiet des internationalen Rechtshilfeverkehrs in Zivilsachen handelt es sich bei dieser Formulierung um einen ordre public-Vorbehalt.

Das Ziel der Einschränkung der Gründe für die Rechtshilfeverweigerung ist durch die Annahme eines *ordre public international* Vorbehaltes per se nicht gefährdet. Hierbei kommt es entscheidend darauf an, wie die Vertragsstaaten von dem Vorbehalt Gebrauch machen. Dass sie dies bisher nur zurückhaltend getan haben, muss nicht dazu führen, dass sie die Annahme eines Vorbehaltes des *ordre public international* gemäß Art. 31 III lit. b WVK derogiert haben.[697] Die Kritik der Vertragsstaaten an der Berufung der deutschen Gerichte auf den Vorbehalt des Art. 13 I HZÜ mit dem Argument, dass der ordre public-Vorbehalt derogiert wurde, ist ausgeblieben. Auch im Practical Handbook von 2006 zum HZÜ wird eine solche Kritik nicht geäußert. Dort wird lediglich betont, dass die Ablehnungsgründe des Art. 13 I HZÜ nicht identisch mit dem anerkennungs- und vollstreckungsrechtlichen ordre public-Vorbehalt seien und strengere Voraussetzungen als diese zugrunde legen.[698]

Zudem formuliert Ferreira, dass die Ablehnungsgründe *soweit wie möglich* eingeschränkt werden sollten.[699] Eine Reduzierung auf einen Vorbehalt im völkerrechtlichen Sinne[700] würde eine Einschränkung bedeuten, die über das verfassungsrechtlich zulässige Maß hinausgehen würde. Konflikte mit den wesentlichen Grundsätzen des ersuchten Staates könnten nicht mehr vertragskonform gelöst werden, da die nationalen Grundsätze nicht Teil des Prüfungsmaßstabes wären.[701]

Die Kritik, dass unklar sei, wann eine im internationalprivatrechtlichen Sinne zu verstehende ordre public-Prüfung vorgenommen werden solle, wenn der Inhalt der Klageschrift keine Berücksichtigung finden dürfe, überzeugt nicht.[702] Im *rapport explicatif* gibt es keine Anhaltspunkte dafür, dass die Klageschrift nicht berücksichtigt werden darf. Die relevante Passage lautet:

> « De l'introduction du mot *exécution* dans l'article en question, il résulte que, d'après la convention, la demande, comme telle, ne pourra jamais porter atteinte à la souveraineté

695 Siehe hierzu die ausführliche Untersuchung unter D.I.2.
696 Siehe D.I.2.g.
697 So aber Hopt/Kulms/v.Hein, S. 148.
698 Practical Handbook, Rn 174.
699 Rapport Explicatif, S. 375.
700 Zum Begriff des ordre public-Vorbehaltes im völkerrechtlichen Sinne siehe E.I.
701 Siehe unter D.I.5. zur teleologischen Auslegung des Art. 13 I HZÜ.
702 So aber Hopt/Kulms/v.Hein, S. 147; siehe hierzu auch D.II.

et à la sécurité, même si, par exemple, elle concerne une institution méconnue par l'Etat requis ou à laquelle il s'oppose. La demande pourra seulement être refusée si du fait de *l'exécution*, résulte une atteinte à la *souveraineté* ou à la *sécurité*. »[703]

Hieraus ergibt sich, dass die „Frage" nach Rechtshilfe, was im Deutschen mit dem Rechtshilfeersuchen zu übersetzen ist, keinen Verstoß darstellen könne. Nur die Durchführung des Ersuchens könne zu einem Verstoß führen. Insofern ist die Annahme, dass der Inhalt der Klageschrift keine Berücksichtigung bei der Prüfung des Ersuchens finden dürfe, nicht nachvollziehbar. Im *rapport explicatif* wird ausdrücklich die Berücksichtigung der Durchführung des Ersuchens bei der Prüfung des Art. 13 I HZÜ erwähnt.

Zudem wird bemerkt, dass bei einer Gleichsetzung von Art. 13 I HZÜ mit dem allgemeinen anerkennungs- und kollisionsrechtlichen ordre public nicht erklärlich wäre, dass Ferreira *im rapport explicatif* feststellt, dass mit der Zustellung über die Frage der Urteilsanerkennung nicht entschieden werde:

« L'exécution de la demande ne préjuge pas la reconnaissance de l'exécution ultérieure. Le pays requis pourra, malgré l'exécution de la demande d'assignation, ne pas reconnaître et exécuter la décision rendue par les tribunaux du pays requérant à la suite de cette assignation. Tel fut l'avis de la Troisième commission, mais on n'a pas estimé nécessaire d'établir une disposition expresse à ce sujet. »[704]

Wäre Art. 13 I HZÜ im Sinne eines normalen ordre public-Vorbehaltes zu verstehen, dann würde in beiden Verfahrensstadien inhaltlich derselbe Prüfungsmaßstab gelten.[705]

Zwar ist bei der Annahme eines ordre public-Vorbehaltes in Art. 13 I HZÜ der geschützte Inhalt (und Prüfungsmaßstab) identisch mit dem, der über den anerkennungsrechtlichen ordre public-Vorbehalt geprüft wird.[706] Jedoch können sich aufgrund der verschiedenen Eingriffsmomente in das ausländische Verfahren unterschiedliche Ergebnisse der Einzelfallprüfung ergeben. Der Eingriff in ein Recht des Beklagten durch die Zustellung einer ausländischen Klage kann aufgrund der rechtlichen Konsequenzen, die an die Zustellung im Vergleich zu einem vollstreckbaren Urteil geknüpft sind, geringer ausfallen als durch ein Urteil. Insofern ist die Ausführung Ferreiras diesbezüglich nicht sinnentleert, wenn es sich bei Art. 13 I HZÜ um einen *ordre public international* handelt. Sie ist lediglich als ein Hinweis dafür zu sehen, dass im Falle einer möglichen Urteilsanerkennung dem Rechtshilfestaat nach der Zustellungsentscheidung ein weiterer Eingriffsmoment für die Anwendung seines ordre public verbleibt.

Auf den ersten Blick spricht für die Interpretation des Art. 13 I HZÜ als einem Vorbehalt ausschließlich zum Schutz des völkerrechtlichen ius cogens, dass laut

---

703 Rapport explicatif, S. 363 (375) Hervorhebungen im Original.
704 Rapport explicatif, S. 363 (376).
705 So Hopt/Kulms/v.Hein, S. 147–148.
706 Siehe zur These der Unteilbarkeit des ordre public E.II.1.b.

Abschlussbericht zum Übereinkommen der Begriff der Souveränität mit dem *ordre public international* gleichzusetzen sei.[707] Allerdings würde dieser Schluss die im französischen Rechtskreis übliche Unterteilung in einen *ordre public intern* und einen *ordre public international* (oder auch *ordre public extern* genannt) außer Acht lassen.[708]

Die Kritik an der Auslegung der Entstehungsgeschichte des Art. 13 I HZÜ dahingehend, dass es sich dabei um einen Vorbehalt des *ordre public international* handelt, überzeugt nicht. Insgesamt wird außer Acht gelassen, dass nicht nur ein Satz des *rapport explicatif* dahingehend gedeutet werden kann, dass es sich um einen *ordre public international* handelt, sondern verschiedene Passagen sowohl im *rapport explicatif* als auch in der Diskussion der ausarbeitenden Kommission zum HZÜ sowie jeweils auch zum HBÜ und den Vorgängerübereinkommen keinen anderen Schluss zulassen.

d. Ergebnis

Aus der Entstehungsgeschichte des Art. 13 I HZÜ ergibt sich, dass es sich um eine Vorbehaltsklausel handelt, die es dem ersuchten Staat ermöglicht, Zustellungsersuchen nicht nachzukommen, wenn der Staat durch die Erledigung des Rechtshilfeersuchens seinen ordre public als gefährdet erachtet. Dabei stellen die Begriffe *Sicherheit* und *Souveränität* ein Synonym für den *ordre public international* dar, welches aus dem Motiv der Abgrenzung zum Inhalt des *ordre public intern* gewählt wurde.

4. Systematik

Art. 13 I HZÜ lässt sich dann besser verstehen, wenn das System der in Zusammenhang mit dem Vorbehalt stehenden Artikel untersucht wird. Art. 13 HZÜ steht im Kapitel I. Gerichtliche Schriftstücke. Der Artikel leitet den inhaltlichen Abschnitt ein, in dem Schwierigkeiten im Rechtshilfeverkehr nach dem Übereinkommen thematisiert werden.

Relevant ist insbesondere der 2. Absatz des Artikels, aus dem sich Rückschlüsse auf die Auslegung seines ersten Absatzes ergeben könnten.

Art. 13 II HZÜ lautet:

> Die Erledigung darf nicht alleine aus dem Grund abgelehnt werden, dass der ersuchte Staat nach seinem Recht die ausschließliche Zuständigkeit seiner Gerichte für die Sache in Anspruch nimmt oder ein Verfahren nicht kennt, das dem entspricht, für das der Antrag gestellt wird.

Art. 13 II HZÜ nimmt also die Fälle der ausschließlichen Zuständigkeitsinanspruchnahme des ersuchten Staates und des unbekannten Verfahrens, für das die Rechtshilfe

---

707 Rapport explicatif, S. 363 (375).

708 Siehe zu den Entsprechungen im deutschen Recht D.I.3.a.bb.

geleistet werden soll, ausdrücklich als alleinige Ablehnungsgründe aus. Es handelt sich in beiden Fallgruppen des Art. 13 II HZÜ um einen Konflikt zwischen dem ius cogens des ersuchten und des ersuchenden Staates. Das nationale Recht des ersuchten Staates unterscheidet sich von den nationalen Regelungen des ersuchenden Staates.

Wenn eine Ausnahme kodifiziert wird, bedeutet dies im Umkehrschluss in der Regel, dass sie ohne ihre spezielle Regelung unter den Grundsatz fallen würde. Entsprechend dieser Regel würde Art. 13 II HZÜ einen Teilbereich von Art. 13 I HZÜ erfassen. Ohne die Regelung des Art. 13 II HZÜ könnten die beiden genannten Fälle demnach mögliche Ablehnungsgründe gemäß Art. 13 I HZÜ sein.

Es ist zu untersuchen, ob die beiden benannten Konfliktfälle von Art. 13 I HZÜ je nach Auslegung als Vorbehalt zum Schutz der national bzw. der international zwingenden Normen oder der Sicherheit und der Souveränität im völkerrechtlichen Sinne erfasst werden würden.

a. Vergleich mit dem Verhältnis von § 328 I Nr. 1 ZPO zu § 328 I Nr. 4 ZPO

Dafür, dass die Regelungen der ausschließlichen Zuständigkeit in Deutschland zu den international zwingenden Normen des deutschen Rechts gehören, spricht auf den ersten Blick die Regelung des § 328 I ZPO. Wenn nach der spiegelbildlichen Anwendung der deutschen Zuständigkeitsregelungen eine ausschließliche Zuständigkeit deutscher Gerichte gegeben wäre, dann besteht gemäß § 328 I Nr. 1 ZPO ein Anerkennungshindernis. Allerdings lässt sich daraus, dass der § 328 I Nr. 1 ZPO neben dem Anerkennungshindernis des ordre public-Verstoßes in § 328 I Nr. 4 ZPO kodifiziert ist, schließen, dass die ausschließliche Zuständigkeit der deutschen Gerichte nicht zu den wesentlichen Grundsätzen des deutschen Rechts zählt. Zwar könnte angenommen werden, dass die Regelung des § 328 I Nr. 1 ZPO nur klarstellenden Charakter hat und die ausschließlichen Zuständigkeitsregelungen Teil des ordre public sind. Jedoch spricht die Definition des Anwendungsbereichs des § 328 I Nr. 4 ZPO dagegen, dass ein Verstoß gegen den ordre public durch einen Konflikt ausschließlicher Zuständigkeitsnormen vorliegen kann. § 328 I Nr. 4 ZPO ist nicht schon dann einschlägig, wenn bei gleicher Verfahrensweise ein deutscher Richter gegen Grundsätze des deutschen Zivilverfahrensrechts verstoßen hätte.[709] Ein Versagungsgrund nach § 328 I Nr. 4 ZPO liegt erst dann vor, wenn das Urteil des ausländischen Gerichts auf Grund eines Verfahrens gefällt worden ist, das von den Grundprinzipien des deutschen Verfahrensrechts in einem solchen Maße abweicht, dass nach der deutschen Rechtsordnung das Urteil nicht als in einem geordneten rechtsstaatlichen Verfahren ergangen angesehen werden kann.[710] Der Verstoß gegen eine ausschließliche Zuständigkeitsnorm begründet daher keine ordre public-Widrigkeit.

---

709 Musielak, § 328 ZPO, Rn 25a.
710 Musielak, § 328 ZPO, Rn 25a.

Auch die zweite erwähnte Fallgruppe des in Deutschland unbekannten Verfahrens führt nicht per se zu einem Verstoß gegen den deutschen ordre public. Im Rahmen der ordre public-Prüfung des § 328 I Nr. 4 ZPO ist die Anerkennung zu verweigern, wenn das Erstverfahren mit fundamentalen Verfahrensgrundsätzen des deutschen Prozessrechts unvereinbar ist.[711] Es kommt dabei ausschließlich darauf an, ob das konkrete ausländische Verfahren mit inländischen Gerechtigkeitsvorstellungen unvereinbar ist.[712] Nur eine konkrete Prüfung des Verfahrens nach ausländischem Recht kann also zu dem Ergebnis einer Unvereinbarkeit mit den wesentlichen Grundsätzen des deutschen Rechts führen. Allein die Tatsache, dass es sich um ein ausländisches Verfahren handelt, welches in Deutschland unbekannt ist, reicht nicht für die Annahme eines ordre public-Verstoßes aus.[713]

b. Verhältnis der Fallgruppen des Art. 13 II HZÜ zu Art. 13 I HZÜ

Geht man demnach davon aus, dass Art. 13 I HZÜ einen ordre public-Vorbehalt enthält, der eine Zustellungsverweigerung bei der Gefährdung der wesentlichen Grundsätze des deutschen Rechts ermöglicht, dann wäre die Einführung der Regelung des Art. 13 II HZÜ zumindest aus der Sicht des deutschen Rechtsanwenders nicht notwendig gewesen. Die in Art. 13 II HZÜ geregelten Gründe sind nicht unter die international zwingenden Normen zu subsumieren. Es überzeugt daher auch nicht, wenn anhand der Regelung des Art. 13 II HZÜ für einen engeren ordre public-Vorbehalt als im Rahmen der Anerkennung und Vollstreckung argumentiert wird.[714] Letzterer erfasst gerade die international zwingenden Normen, unter die die Fallgruppen von Art. 13 II HZÜ nicht fallen.

Es handelt sich demnach bei beiden Fallgruppen des Art. 13 II HZÜ nicht um Verstöße gegen deutsches international zwingendes Recht. Daraus könnte geschlossen werden, dass der Schutzbereich des Art. 13 I HZÜ auf die national zwingenden Normen des ersuchten Staates auszuweiten ist, da nur dann die Notwendigkeit eines ausdrücklichen Ausschlusses der beiden Fallgruppen in Art. 13 II HZÜ notwendig gewesen wäre. Jedoch hat die bisherige Untersuchung keine Anhaltspunkte ergeben, dass die Vorbehaltsklausel derart auszulegen ist. Im Gegenteil spricht der Wortlaut und die Entstehungsgeschichte der Vorbehaltsnorm gegen eine solche Annahme.

Die in Art. 13 II HZÜ angeführten Ausnahmen können auch nicht unter einer Gefährdung der Sicherheit und Souveränität im völkerrechtlichen Sinne subsumiert werden. Weder ist die Souveränität des Staates beeinträchtigt, denn es handelt sich nicht um Klagen gegen den ersuchten Staat aufgrund seines hoheitlichen Handelns, für das er völkerrechtliche Immunität in Anspruch nehmen kann, noch ist die Sicherheit

711 Gottwald in MüKo-ZPO, § 328 ZPO, Rn 110.
712 Gottwald in MüKo-ZPO, § 328 ZPO, Rn 110.
713 Siehe zu Konsequenzen hieraus F. VI.
714 Geimer, ZZP 103 (1990), 477 (489); Koch/Diedrich, ZIP 1994, 1830 (1831); Morisse, RIW 1995, 370 (372); Rasmussen-Bonne, in: FS Hay, S. 323 (335).

durch die in Art. 13 II HZÜ benannten Fälle durch einen Akt von Gewaltanwendung oder eine Aufforderung zur Preisgabe eines Staatsgeheimnisses gefährdet. Daher hätte es keiner Kodifizierung dieser Fälle bedurft, wenn der Grundsatz in Art. 13 I HZÜ Gefährdungen der Sicherheit und Souveränität nach völkerrechtlichem Verständnis als Schutzgut enthalten würde. Auch andere völkerrechtliche Grundsätze sind nicht verletzt. Dem Völkergewohnheitsrecht ist außer der relativ schwachen Vorgabe des *genuine link* als Voraussetzung zur Inanspruchnahme einer internationalen Zuständigkeit für ein Zivilverfahren keine weitere Regelung hierfür zu entnehmen.[715] Erst recht macht das Völkerrecht keine Vorgaben, wann eine ausschließliche Zuständigkeit eines Forums eröffnet werden muss.

Daher muss es eine andere Erklärung für die Kodifizierung des Art. 13 II HZÜ geben. Um die Fälle des Art. 13 II HZÜ aus dem Anwendungsbereich des Vorbehaltes auszuschließen, wäre die Einführung der Regelung nicht nötig gewesen.

c. Genese des Art. 13 II HZÜ

Die deutsche Delegation hat die Einfügung des Absatzes vorgeschlagen. Dabei wurde argumentiert, dass es häufig genug vorkomme, dass aus den angeführten Gründen eine Zustellung abgelehnt werde.[716] Die indirekte Zuständigkeit war der Hemmschuh für die Erlangung von Rechts- und Beweishilfe aus einem anderen Staat.[717] Im *rapport explicatif* zum Übereinkommen wurde festgehalten, dass Absatz 2 als Auslegung von Absatz 1 verstanden werden muss.[718] Er verstärkt die sehr strenge Auslegung, die die Mitglieder der Kommission Absatz 1 geben wollten.[719] Der erste Absatz wäre aus ihrer Sicht ausreichend gewesen, um zu der Entscheidung zu kommen, dass es nicht legitim ist, die Durchführung des Ersuchens in den in Absatz 2 berücksichtigten Fällen zu verweigern.[720] Man wollte sich dieser Auslegung sicher sein und hat sich daher zur Präzisierung entschlossen.[721]

Auch nach dem Practical Handbook von 2006 bekräftigt Art. 13 II HZÜ durch die Klarstellung, dass die Behörde des ersuchten Staates nicht die Zuständigkeit des ausländischen Gerichts überprüfen darf, die sehr strenge Auslegung der Versagungsgründe, die unter Art. 13 I HZÜ fallen.[722] Der Einwand der mangelnden Zuständigkeit müsse vor dem Gericht, bei dem das Verfahren anhängig ist, und nicht

715 Siehe hierzu F.VIII.1.
716 Zu Art. 4, Allemagne, Dixième session 1964, S. 121 (124).
717 Knöfel, IPRax 2009, 46 (48) mwN.
718 Rapport Explicatif, S. 363 (375).
719 Rapport Explicatif, S. 363 (375).
720 Rapport Explicatif, S. 363 (376).
721 Rapport Explicatif, S. 363 (376).
722 Practical Handbook, Rn 181.

im Zusammenhang mit der Zustellung im Ausland erhoben werden.[723] Das gleiche gelte für die Einwände der *lis alibi pendens* und *res judicata.*[724]

d. Ergebnis

Die Systematik der Art. 13 I und II HZÜ wirft in Bezug auf die Interpretation des Art. 13 I HZÜ mehr Fragen auf, als Antworten zu geben. Aus den Materialien der Haager Konferenz ergibt sich, dass Art. 13 II HZÜ für Absatz 1 weder den Schluss zulässt, dass es sich um einen weiten Vorbehalt handelt, der ansonsten die Fälle des Absatz 2 umfassen würde, noch, um was für eine Art von Vorbehalt es sich grundsätzlich in Absatz 1 handelt.[725] Durch die Kodifizierung von Art. 13 II HZÜ sollte lediglich sichergestellt werden, dass in diesen beiden Fällen keine Zustellungsverweigerung nach dem HZÜ erfolgen darf.

5. Teleologische Auslegung

Sinn und Zweck des Art. 13 I HZÜ ist es, dem ersuchten Staat innerhalb des Systems des HZÜ eine völkervertragsrechtlich legitimierte Möglichkeit zu geben, dem Rechtshilfeersuchen nicht nachzukommen. Würde der Staat ein Zustellungsersuchen verweigern, ohne dass das Übereinkommen hierfür eine Möglichkeit vorsieht, würde er sich völkervertragswidrig verhalten. Ein Grund für den ersuchten Staat, dem Rechtshilfeersuchen nicht nachzukommen, können innerstaatliche Rechtsvorgaben sein. Die Funktion des Art. 13 I HZÜ als Vorbehaltsklausel beinhaltet daher, dass der Staat die Möglichkeit erhält, sich gemäß seinen eigenen innerstaatlichen Grundsätzen zu verhalten, ohne gegen das HZÜ zu verstoßen.[726] Bezogen auf die Zustellungsempfänger bedeutet das, dass es der Zweck der Vorbehaltsklausel ist, die auf nationalem Gebiet ansässigen Zustellungsempfänger vor solchen Zustellungsformen zu schützen, die mit den Grundsätzen des jeweils nationalen Verfahrensrechts unvereinbar sind.[727]

Gegen das Erfordernis einer Vorbehaltsklausel im zivilrechtlichen internationalen Rechtshilfeverkehr könnte mit Hilfe der europäischen Verordnungen im internationalen Zivilverfahrensrecht, namentlich der EuZVO, der EuBVO und der EuVTVO[728]

723 Practical Handbook, Rn 181.
724 Practical Handbook, Rn 181.
725 Ebenso Merkt, S. 127; a.A. Hopt/Kulms/v.Hein, S. 147.
726 Dies verkennen Koch/Horlach/Thiel, RIW 2006, 357 (362), die eine Bindung der Zentralen Behörden an das Grundgesetz über Art. 1 III GG im „Innenverhältnis" anerkennen, aber Art. 13 I HZÜ nur als Schutz von staatlichen Interessen politischer, militärischer oder fiskalischer Art sehen.
727 Pfennig, S. 99.
728 Verordnung (EG) Nr. 805/2004 des Europäischen Parlaments und des Rates zur Einführung eines europäischen Vollstreckungstitels für unbestrittene Forderungen, vom 21. April 2004 (ABl EG 2004, Nr. L 143 S. 15).

argumentiert werden. Diese neueren Verordnungen enthalten keine ordre public-Klausel und daher keine durch die Verordnung vorgesehene Möglichkeit der Prüfung der nationalen unverzichtbaren verfassungsrechtlichen Grundsätze. Die Verweigerung der Rechtshilfe aufgrund eines Verstoßes gegen den nationalen ordre public würde zu einem unerlaubten Verstoß gegen die Verordnungen führen. Jedoch dienten im Rahmen der europäischen Verordnungen höherrangiges europäisches Recht, namentlich die EU-Verfassung bzw. die EU-Grundrechte-Charta und die EMRK trotz mangelnder Vorbehaltsklauseln als Prüfungsmaßstab. Eine Überprüfung der Rechtshilfeentscheidung anhand dieses Prüfungsmaßstabes findet auch ohne ordre public-Klausel statt. Gemeinsame übergeordnete rechtsstaatliche Wertmaßstäbe, wie sie innerhalb der EU fest verankert sind und deren Durchsetzung und Konkretisierung vom EuGH betrieben wird, gibt es zwischen den Vertragsstaaten des HZÜ nicht. Anders als in den Europäischen Gemeinschaften gibt es im bilateralen Rechtshilfeverkehr mit ausländischen Staaten keine hinreichend gefestigte institutionelle Gewährleistung dafür, dass die Voraussetzungen der Rechtsstaatlichkeit konstant gewahrt bleiben.[729] Zwar gibt es ein menschenrechtliches ius cogens[730], jedoch erstreckt sich dieses nicht auf den Bereich der Rechtsstaatlichkeit. Daher fehlt es an einem gemeinsamen Maßstab zur Überprüfung von Rechtshilfeersuchen.

Der Sinn und Zweck der Vorbehaltsklausel des Art. 13 I HZÜ – die Möglichkeit der vertragskonformen Prüfung der nationalen und völkerrechtlichen Grenzen der Rechtshilfe – ist jedoch eingeschränkt durch den Gesamtkontext des Übereinkommens. Um zu einem sinnvollen Maß an Berücksichtigung des Interesses des möglichst störungsfreien Rechtshilfeverkehrs nach dem HZÜ zu gelangen, bedarf es des Rückgriffs auf den Sinn und Zweck des Rechtshilfeübereinkommens an sich. Die Präambel des HZÜ gibt Aufschluss hierüber.[731] Demnach verfolgt das HZÜ das Ziel der rechtzeitigen und tatsächlichen Kenntnisnahme des ausländischen Empfängers von der Zustellung gerichtlicher und außergerichtlicher Schriftstücke. Um dies zu erreichen, soll die gegenseitige Rechtshilfe vereinfacht und beschleunigt werden.

Macht ein Staat vom Vorbehalt des Art. 13 I HZÜ Gebrauch, dann ist die rechtzeitige und tatsächliche Kenntnisnahme des inländischen Empfängers möglicherweise behindert. Aufgrund seiner Zweifel an der Vereinbarkeit der Erledigung des Ersuchens mit dem über Art. 13 I HZÜ geschützten Inhalt des Vorbehaltes hat der Empfänger durch eigene juristische Schritte in der Praxis jedoch in der Regel bereits Kenntnis erlangt und wehrt sich gegen die Wirksamkeit der Zustellung.

---

729 Tomuschat, IPRax 1996, 83 (85).

730 Siehe E.I.1.

731 „Die Unterzeichnerstaaten dieses Übereinkommens – in dem Wunsch, durch geeignete Maßnahmen sicherzustellen, dass gerichtliche und außergerichtliche Schriftstücke, die im Ausland zuzustellen sind, ihren Empfängern rechtzeitig zur Kenntnis gelangen, in der Absicht, dafür die gegenseitige Rechtshilfe zu verbessern, indem das Verfahren vereinfacht und beschleunigt wird – haben beschlossen, zu diesem Zweck ein Übereinkommen zu schließen, und haben die folgenden Bestimmungen vereinbart."

Daher bleibt festzuhalten, dass Art. 13 I HZÜ nicht so weit ausgelegt werden darf, dass der Zweck des Übereinkommens, die Verbesserung der gegenseitigen Rechtshilfe, gefährdet wird. Zwar kann nicht jede Abweichung von innerstaatlichen Vorstellungen und Rechtsnormen zu einem Gebrauch der Vorbehaltsklausel führen.[732] Die jeweiligen national zwingenden Normen der Vertragsstaaten dürfen nicht als Maßstab für die Verweigerung der Zustellung genommen werden, dies ergibt sich schon aus Art. 13 II HZÜ. Allerdings rechtfertigt es der Zweck des Übereinkommens nicht, die Klausel in dem Maß zu reduzieren, dass sie praktisch keinen Anwendungsbereich hat. Auch das Bundesverfassungsgericht betont bei seinen Entscheidungen zur Auslegung des Art. 13 I HZÜ, dass dieser nicht inhaltsleer sei.[733] Dazu würde eine Reduzierung des Anwendungsbereichs des Übereinkommens auf die Begriffe der Sicherheit und der Souveränität im völkerrechtlichen Sinn aber führen. Der ersuchte Staat hätte keine Möglichkeit, die Erledigung einer Zustellung zu verweigern, die seinen verfassungsrechtlichen Grundsätzen widersprechen würde.

Das Ergebnis der teleologischen Auslegung ist daher, dass die Grenzen des möglichen Inhaltes des Vorbehaltes des Art. 13 I HZÜ so gezogen werden müssen, dass im Einklang mit der Zielsetzung des HZÜ eine Vereinfachung und Beschleunigung der Zustellungen nicht gefährdet werden darf. Andererseits ergibt sich aus dem Sinn und Zweck der Natur der Vorbehaltsklausel des Art. 13 I HZÜ, dass der ersuchte Staat in den seltenen Fällen, in denen ihm die Erledigung des Zustellungsersuchens nicht möglich ist, einen vertraglich vorgesehenen Weg beschreiten kann, um die Erledigung zu verweigern. Aus diesem Spannungsfeld ergibt sich bereits, dass Art. 13 I HZÜ nur in Ausnahmefällen zur Anwendung kommt.

6. Ergebnis

Art. 13 I HZÜ enthält einen Vorbehalt zum Schutz des ordre public des ersuchten Staates. Der ersuchte Staat darf demnach dann das Rechtshilfeersuchen ablehnen, wenn ansonsten eine Gefahr für wesentliche verfassungsrechtliche Grundsätze durch die Erledigung des Ersuchens bestünde. Im Grundsatz sind daher auch Individualrechtsgüter vom Schutzbereich des Vorbehaltes erfasst.[734]

Dieses Ergebnis ist nicht auf eine Auslegung der Begriffe der Hoheitsrechte und der Sicherheit im völkerrechtlichen Sinne zurückzuführen. Würde man alleine auf eine völkerrechtliche Begriffsbestimmung zurückgreifen, dann würde die Vorbehaltsklausel leerlaufen. Jedoch hat sich aus dem Vergleich mit anderen Übereinkommen gezeigt, dass die Formulierung des Vorbehaltes eine rechtshilferechtliche Besonderheit darstellt.

---

732 So auch BVerfG, NJW 1995, 649.

733 BVerfG, NJW 2007, 3709 (3710); RIW 2007, 211 (212); RIW 2003, 874.

734 a.A. Huber, in: FS Jayme, 361 (369); Juenger/Reimann, NJW 1994, 3274; Rasmussen-Bonne, in: FS Hay, S. 323 (337); siehe hierzu E.II.3.

Aus der Entstehungsgeschichte des Vorbehaltes ergibt sich, dass den Vertragsstaaten eine Möglichkeit des Schutzes ihres *ordre public international* im Rechtshilfeverkehr des HZÜ eingeräumt werden sollte. Für die Berücksichtigung von politischen Interessen lässt sie hingegen keinen Raum.

Der Schutz der wesentlichen Grundlagen des höherrangigen Rechts durch den Vorbehalt des Art. 13 I HZÜ entspricht auch seinem Sinn und Zweck. Den Vertragsstaaten wird die Möglichkeit eingeräumt, in Ausnahmefällen vertragskonform das Rechtshilfeersuchen zu verweigern. Diese Interpretation des Art. 13 I HZÜ steht im Einklang mit den Zielen des gesamten Übereinkommens.

Eine Auslegung des Art. 13 I HZÜ anhand seiner systematischen Stellung im Übereinkommen, insbesondere im Zusammenhang mit Art. 13 II HZÜ lässt allerdings keinen Schluss auf die Rechtsnatur des Vorbehaltes zu. Die Einführung des Art. 13 II HZÜ erfolgte aus Gründen, die mit dem Inhalt von Art. 13 I HZÜ nicht im Zusammenhang stehen. Dadurch kann jedoch nicht geschlossen werden, dass Art. 13 I HZÜ kein Vorbehalt zum Schutz des ordre public ist. In diesem Zusammenhang wiegt die eindeutige Auslegung der Klausel anhand seiner Formulierung, deren Bedeutung sich nach der vergleichenden Analyse mit anderen Übereinkommen erschlossen hat, der Entstehungsgeschichte und des Sinns und Zwecks zugunsten der Annahme, dass eine ordre public-Prüfung vorgesehen ist, schwerer.

II. Prüfungsgegenstand im Rahmen des Art. 13 I HZÜ

Im Folgenden wird erläutert, welcher Rechtsakt bei der Zustellung nach dem HZÜ auf seine Vereinbarkeit mit dem ordre public untersucht werden darf. Art. 13 I HZÜ verlangt in der deutschen Version die *Gefährdung der Hoheitsrechte und Sicherheit* durch die *Erledigung des Zustellungsantrags.* Gegenstand der Prüfung der Vereinbarkeit mit dem ordre public wäre danach die Erledigung des Zustellungsantrags. Das Zustellungsersuchen bzw. der Zustellungsakt als schriftliche, formelle Inkenntnissetzung des Beklagten vom Inhalt eines gegen ihn gerichteten Rechtsaktes im Ausland werden an sich jedoch schwerlich gegen den Vorbehalt des Art. 13 I HZÜ verstoßen. Wesentliche verfassungsrechtliche Grundsätze des ersuchten Staates können durch die reine Inkenntnissetzung und Übergabe eines Schriftstückes nicht beeinträchtigt sein. Die Erledigung des Zustellungsantrages als Verlängerung der Jurisdiktionsgewalt eines anderen Staates kann auch nicht in die Hoheitsrechte des ersuchten Staates eingreifen, weil der Staat durch seine Ratifikation des Vertrages der Einschränkung der Hoheitsrechte zugestimmt hat, die mit der Erledigung der Ersuchen nach dem HZÜ einhergehen.

Daher muss nicht das Zustellungsersuchen als solches, sondern dessen Erledigung eine Rechtsfolge hervorrufen, die geeignet sein muss, die Hoheitsrechte oder die Sicherheit des ersuchten Staates zu gefährden.[735] Dies geht auch aus dem

735 Ebenso Junker, Discovery, S. 268; Merkt, S. 124; a.A. Schack, AG 2006, 823 (829), der der Ansicht ist, dass die Erledigung des Ersuchens selbst geeignet sein müsse, die

Abschlussbericht zum HZÜ hervor, in dem erläutert wird, dass das Rechtshilfeersuchen nie die Souveränität und Sicherheit gefährden könne, hierzu wäre nur die Durchführung eines Ersuchens geeignet:

> « De l'introduction du mot *exécution* dans l'article en question, il résulte que, d'après la convention, la demande, comme telle, ne pourra jamais porter atteinte à la souveraineté et à la sécurité, même si, par exemple, elle concerne une institution méconnue par l'Etat requis ou à laquelle il s'oppose. La demande pourra seulement être refusée si du fait de *l'exécution*, résulte une atteinte à la *souveraineté* ou à la *sécurité.* »[736]

Daher stellt sich die Frage, inwieweit die Folgen, die die Erledigung der Zustellung nach sich ziehen, in die Prüfung einer möglichen Gefährdung des ordre public einfließen. Hier wird deutlich, dass in gewissem Umfang eine Prognoseentscheidung zu treffen ist (1.). Das Tatbestandsmerkmal der *Gefährdung* wirft ebenfalls die Frage auf, inwieweit mögliche Konsequenzen, die in der Zukunft liegen, zu berücksichtigen sind. Eine Antwort hierauf wird anhand der Untersuchung des Wortlautes (1.a.) und dem Sinn und Zweck der Norm (1.b.) und einem Vergleich mit Rechtshilfeentscheidungen in Strafsachen und Abschiebeentscheidungen (1.c.) gesucht.

Schließlich ist zu untersuchen, ob und wie eine Abgrenzung der Prüfung des ordre public im Zustellungsstadium von der Prüfung im Rahmen der Anerkennung und Vollstreckung vorzunehmen ist (2.).

1. Das prognostische Element

Die Prüfung des ordre public im internationalen Privatrecht und bei der Anerkennung und Vollstreckung beschränkt sich immer auf eine Ergebniskontrolle. Zum Beispiel wird in Art. 6 EGBGB auf das Ergebnis der Rechtsanwendung und in § 328 I Nr. 4 ZPO auf das Ergebnis der Anerkennung abgestellt. In beiden Fällen ist das Verfahren bereits so weit vorangeschritten, dass der Prüfungsgegenstand im Rahmen der ordre public-Kontrolle das Ergebnis von Rechtsakten darstellt. Ein Verstoß gegen § 328 I Nr. 4 ZPO liegt vor, wenn die Anerkennung des Urteils zu einem Ergebnis führt, das mit wesentlichen Grundsätzen des deutschen Rechts, insbesondere mit den Grundrechten, offensichtlich unvereinbar ist. Das Ergebnis der Anerkennung muss im konkreten Fall schlechthin untragbar sein.[737]

Auf das Ergebnis des formalen Zustellungsaktes an sich kann die ordre public-Kontrolle nicht abstellen.[738] Es müssen die sich aus der Verfahrenseinleitung ergebenden Konsequenzen untersucht werden. Der ordre public-Vorbehalt im Rahmen der Zustellung hat im Gegensatz zum ordre public-Vorbehalt im internationalen Privatrecht oder dem anerkennungsrechtlichen Vorbehalt immer ein prognostisches

---

Souveränität zu gefährden; spätere mittelbare Auswirkungen des ausländischen Verfahrens reichten gerade nicht aus.

736 Rapport explicatif, S. 363 (375) Hervorhebungen im Original.

737 BGH, IPRax 1999, 466 (468).

738 Siehe Einleitung zu D. II.

Element.[739] Es stellt sich die Frage, wie weit die Konsequenzen – also das weitere Verfahren – berücksichtigt werden dürfen oder sollen.

Zum Teil wird als Filter vorgeschlagen nur solche Rechtshilfebegehren scheitern zu lassen, durch deren Erledigung unmittelbar vollendete Tatsachen geschaffen werden.[740] Die Gefährdung der Hoheits- bzw. Menschenrechte müsse bereits durch die Erledigung des Zustellungsantrags eintreten.[741] Die Einbeziehung des Zustellungsadressaten in den Prozess müsse geeignet sein, die Souveränität zu gefährden; spätere mittelbare Auswirkungen des durch die Zustellung in Gang gesetzten ausländischen Verfahrens reichten gerade nicht aus.[742] Als Voraussetzung für die Ablehnung eines Ersuchens müsse eine Verletzung von Grundrechten mit einer Zwangsläufigkeit drohen, die von der deutschen Rechtsordnung anders nicht mehr anzuhalten sei.[743]

Allerdings ist dem zu entgegnen, dass es sich bei der inländischen Zustellung um einen staatlichen Hoheitsakt im Dienste fremder Gerichtsgewalt handelt.[744] Durch die Rechtshilfe wird die fremde Staatsgewalt auf das eigene Staatsgebiet ausgedehnt, daher besteht stets ein Zusammenhang auch zwischen den mittelbaren Wirkungen des ausländischen Rechts und dem inländischen Vorgang der Zustellung. Die Zustellung bewirkt gerade eine Wirkungserstreckung des ausländischen Rechts auf im Inland ansässige Zustellungsempfänger. Die Zustellung in Deutschland ist demnach nicht losgelöst von den Zwangs- und Rechtswirkungen des ausländischen Rechts zu beurteilen. Durch die Erledigung der Zustellung wird der Zustellungsempfänger diesen Wirkungen ausgesetzt. Demnach sind diese bei der Beurteilung der Vereinbarkeit mit dem inländischen ordre public zu berücksichtigen.

Weiterhin wird für die Berücksichtigung allein der unmittelbaren Wirkungen der Zustellung argumentiert, dass der Ausgang des Verfahrens im Stadium der Zustellung noch völlig offen sei.[745] Dem ist grundsätzlich zuzustimmen. Jedoch kann es sein, dass sich die Verletzung von wesentlichen Grundsätzen des deutschen Rechts bereits soweit abzeichnet, dass von einer hinreichenden Wahrscheinlichkeit für die Unvereinbarkeit mit dem deutschen ordre public ausgegangen werden kann.[746]

---

739 Anders hingegen Bungert, EWiR Art. 13 HZÜ 1/94, 1111 (1112), der auch bei der Kontrolle im Rahmen des Art. 13 I HZÜ wie bei Art. 6 EGBG und § 328 I Nr. 4 ZPO auf Ergebnisse abstellen will.

740 Hau, ZZPInt 6 (2001), 249 (252).

741 Hau, IPRax 1997, 245 (246–247).

742 Schlosser, EU-ZPR, Art. 13 I HZÜ, Rn 4; so auch Meier, S. 200 und Volken, S. 111 zur Auslegung des Art. 12 I lit. b HBÜ.

743 Schlosser, EU-ZPR, Art. 13 I HZÜ, Rn 4; ihm zustimmend Stadler, JZ 2007, 1047 (1949).

744 Siehe auch C.

745 Bungert, NJW 1996, 3405; Hau, ZZPInt 6 (2001), 249 (253); Stadler, JZ 1995, 718 (720); Zekoll/Rahlf, JZ 1999, 384 (387); siehe hierzu aber D. II. 2.

746 Brockmeier, S. 99; so auch Merkt, S. 137.

Anhaltspunkte für die ordre public-Widrigkeit können sich aus dem Rechtshilfeantrag oder dem klagebegründenden Gesetz ergeben.[747]

Es ist festzuhalten, dass die Beurteilung der Unvereinbarkeit eines Zustellungsersuchens mit dem ordre public auf der Grundlage einer Prognose zu treffen ist, die auch zukünftige Verfahrensschritte berücksichtigt.[748]

Im Folgenden wird dieses Ergebnis der Untersuchung eines prognostischen Elements im Vorbehalt des Art. 13 I HZÜ auf seine Kohärenz mit der Auslegung des Wortlautes (a.) und dem Sinn und Zweck der Norm (b.) sowie dem Vergleich mit Rechtshilfesachen in Strafsachen und verwaltungsrechtlichen Abschiebeentscheidungen (c.) hin analysiert.

a. Wortlaut des Art. 13 I HZÜ

Der Wortlaut des Art. 13 I HZÜ ist dahingehend zu untersuchen, ob er für die Berücksichtigung der zukünftigen Verfahrensschritte bei der Beurteilung der ordre public-Widrigkeit eines Ersuchens Anhaltspunkte gibt.

Insbesondere der Begriff der Gefährdung weist auf ein prognostisches Element hin. Es wird vertreten, dass der Wortlaut der Vorbehaltsklausel durch den Begriff der Gefährdung zum Ausdruck bringt, dass in der Anwendung des Art. 13 I HZÜ eine Prognose über den Prozessausgang zu treffen sei.[749] Zudem sei vom Wortlaut auch die Ablehnung von Zustellungsersuchen gedeckt, wenn sie eine Klageschrift betreffen, aufgrund derer eine Möglichkeit zu einer Verurteilung bestünde, die die Hoheitsrechte oder die Sicherheit gefährde.[750]

Tatsächlich legt der Begriff der *Gefährdung* nahe, sich für seine Auslegung an der Definition aus dem nationalen deutschen Recht zu orientieren. Allerdings kann der deutsche Vertragstext für die Auslegung aufgrund der allein authentischen englischen und französischen Vertragstexte nicht von Bedeutung sein. Die französische Übersetzung benutzt das Wort *beeinträchtigen* und die englische den Begriff *verletzen*.[751] Insoweit ist das prognostische Element nicht dem Wortlaut von Art. 13 I HZÜ zu entnehmen. Die prognostische Prüfungsweise könnte sich aber aufgrund der Funktion des ordre public-Vorbehaltes gegen die Erstreckung hoheitlicher Staatsgewalt auf das Gebiet des ersuchten Staates, nämlich seinem Sinn und Zweck, rechtfertigen.

---

747 Brockmeier, S. 99; Merkt, S. 137.

748 So auch Brockmeier, S. 99; von Danwitz, DÖV 2004, 501 (506); Greger, in: Erlanger FS Schwab, S. 331 (336); Maack, S. 88; Merkt, S. 137.

749 Brockmeier, S. 99.

750 Maack, S. 88.

751 Siehe D.I.1.

b. Sinn und Zweck des Art. 13 I HZÜ

Die spezifische Funktion des zustellungsrechtlichen ordre public-Vorbehaltes besteht in der präventiven Abwehr von Beeinträchtigungen für die unverzichtbaren Grundsätze des freiheitlichen Rechtsstaates, die sich infolge der Zustellung aufgrund eines ausländischen Verfahrens ergeben würden.[752] Sinn und Zweck des Vorbehaltes in Art. 13 I HZÜ ist die Möglichkeit, bei der Prüfung eines Zustellungsersuchens mögliche Verstöße gegen die wesentlichen Grundsätze des ersuchten Staates auch durch das weitere, durch die Zustellung in Gang gesetzte ausländische Verfahren zu berücksichtigen. Dabei hat die Zentrale Behörde den wahrscheinlichen Kausalverlauf im Wege typisierender Betrachtung zu antizipieren, also die absehbaren Konsequenzen aus dem Zustellungsersuchen ihrer Beurteilung zugrunde zu legen.[753] Im Folgenden wird untersucht, ob die Berücksichtigung von Verfahrensschritten im Ausland durch die deutschen Behörden bei der Prüfung eines Zustellungsersuchens im Einklang mit der sonstigen Praxis der deutschen Behörden und Gerichte abseits der Zivilrechtshilfe ist.

c. Vergleich mit Rechtshilfeentscheidungen in Strafsachen und Abschiebeentscheidungen

Die Frage, in wie weit im Rahmen einer Prognoseentscheidung durch deutsche Behörden rechtliche Konsequenzen, die sich im Ausland realisieren könnten, beachtet werden dürfen oder müssen, stellt sich auch im Bereich der Rechtshilfe in Strafsachen und bei Abschiebeentscheidungen. In beiden Fällen wird ebenfalls eine Prüfung rechtlicher Folgen im Ausland anhand der wesentlichen Grundsätze des deutschen Rechts vorgenommen, die zur Entscheidung über den Erlass eines inländischen Rechtsakts führt.

aa. Auslegung von § 73 IRG

Im Rechtshilfeverkehr in Strafsachen stellt sich im Rahmen der Auslegung von § 73 S. 1 IRG eine ähnliche Auslegungsfrage wie in Art. 13 I HZÜ. § 73 IRG bildet eine Grenze der internationalen Rechtshilfe in Strafsachen. Nach Satz 1 ist die Leistung von Rechtshilfe sowie die Datenübermittlung ohne Ersuchen unzulässig, wenn sie wesentlichen Grundsätzen der deutschen Rechtsordnung widersprechen würde. In der Beurteilung eines ordre public-Verstoßes im Rahmen des § 73 IRG erläutert die Bundesregierung im Gesetzentwurf, dass das Abstellen darauf, ob die Leistung der Rechtshilfe gegen wesentliche Grundsätze der deutschen Rechtsordnung verstieße, keine Begrenzung der erforderlichen Prüfung auf die jeweilige Rechtshilfehandlung sei.[754] Vielmehr sind im Rahmen der Regelung auch und gerade solche Verstöße zu

752 So auch von Danwitz, DÖV 2004, 501 (505).
753 So auch von Danwitz, DÖV 2004, 501 (506).
754 BT-Drucks. 9/1338, S. 93.

berücksichtigen, die sich nicht in dem jeweils aktuellen Verfahrensabschnitt, sondern in dem zu fördernden ausländischen Verfahren insgesamt manifestieren und auf die rechtliche Bewertung der einzelnen Rechtshilfehandlungen zurückwirken.[755]

Nach der Rechtsprechung ist Voraussetzung für die Annahme der Gefahr menschenrechtswidriger Behandlung bei einer Auslieferung, dass begründete Anhaltspunkte für die Gefahr einer menschenrechtswidrigen Behandlung vorliegen.[756] Dieser Prüfungsmaßstab entspricht auch dem des Europäischen Gerichtshofs für Menschenrechte[757], der „begründete Tatsachen" *(substantial grounds)* für ein „tatsächliches Risiko" (*real risk*) von Folter voraussetzt.[758] Laut Bundesverfassungsgericht müssten wesentliche Gründe für die beachtliche Wahrscheinlichkeit einer realen Gefahr von menschenrechtswidriger Behandlung vorliegen.[759]

Auf konkrete Anhaltspunkte kommt es in der Regel nur dann nicht an, wenn in dem ersuchenden Staat eine ständige Praxis grober, offenkundiger oder massenhafter Verletzungen der Menschenrechte herrscht (so auch Art. 3 des VN-Anti-Folter Übereinkommens).[760] Die Auslieferung in Staaten, die eine ständige Praxis umfassender und systematischer Menschenrechtsverletzungen aufweisen, wird regelmäßig die Wahrscheinlichkeit einer Verletzung der elementaren Grundsätze der deutschen verfassungsrechtlichen Ordnung begründen.[761]

Hinsichtlich der Beweislast gilt, dass nach Ausschöpfung aller Aufklärungsmöglichkeiten Zweifel am Vorliegen begründeter Anhaltspunkte für die Gefahr einer menschenrechtswidrigen Behandlung des Verfolgten zugunsten des Verfolgten berücksichtigt werden müssen.[762]

Überträgt man diesen Prüfungsrahmen auf die Prüfung des zustellungsrechtlichen ordre public, dann folgt daraus, dass mögliche Verstöße gegen wesentliche Grundsätze der deutschen Rechtsordnung im eingeleiteten ausländischen Verfahren beachtet werden müssen. Das Zustellungsverfahren kann nicht isoliert von den auf ihn folgenden Verfahrensabschnitten geprüft werden. Allerdings bedarf es begründeter Tatsachen, die für eine reale Gefahr eines Verstoßes von wesentlichen innerstaatlichen Grundsätzen sprechen.

Die Übertragung des Prüfungsrahmens ist möglich, denn es handelt sich sowohl im Strafrecht als auch im Zivilrecht um rechtshilferechtliche Entscheidungen, die beide verfassungsrechtlich gemäß Art. 1 III GG der Bindung an die Grundrechte unterliegen. Es ist daher kein Grund ersichtlich, wieso der Prüfungsgegenstand bei der Messung strafrechtlicher Rechtshilfeentscheidungen anhand der wesentlichen

---

755 BT-Drucks. 9/1338, S. 93.
756 BVerfG, NVwZ 2003, 1499 (1500).
757 Vgl. EGMR, Urteil vom 7.7.1989, NJW 1990, 2183 (2185) – Soering.
758 BVerfG, NVwZ 2003, 1499 (1500).
759 BVerfG, v. 22.6.1992, 2 BvR 1901/91, juris Rn 12.
760 BVerfG, NVwZ 2003, 1499 (1500).
761 BVerfG, NVwZ 2003, 1499 (1500).
762 OLG Karlsruhe, 27.5.2004, 1 AK 40/03, juris Rn 16; KG, StV 1996, 103 (104).

Grundsätze des deutschen Rechts weiter gefasst werden darf als derjenige im Zivilrecht.

bb. Vergleich mit verwaltungsrechtlichen Abschiebeentscheidungen

Möglicherweise bietet auch ein Vergleich des Umgangs mit möglichen Konsequenzen einer verwaltungsrechtlichen Abschiebeentscheidung der deutschen Behörden einen Anhaltspunkt für die Berücksichtigung der potentiellen Beeinträchtigungen durch eine Zustellung für ein im Ausland anhängiges Verfahren. Im Rahmen einer Abwägung berücksichtigt das Bundesverwaltungsgericht die Konsequenzen, die sich dadurch für den ins Ausland abgeschobenen Ausländer ergeben:

> „Eine Einbeziehung der im Ausland eintretenden Folgen ist ferner nicht deshalb ausgeschlossen, weil die deutsche Hoheitsgewalt grundsätzlich die Eigenständigkeit fremder Rechtsordnungen zu respektieren hat. Denn die deutsche Staatsgewalt ist dadurch nicht gehindert, bei innerstaatlichen Maßnahmen den Grundsätzen ihrer Rechtsordnung Geltung zu verschaffen."[763]

> „Bei der Abwägung selbst ist zu berücksichtigen, dass es sich bei den gegen eine Ausweisung sprechenden Nachteilen regelmäßig nicht um feststehende Ereignisse, sondern um Gefahren im Heimatstaat des Betroffenen handelt, deren Verwirklichung nicht gewiss ist. Es kommt bei der gebotenen Abwägung darauf an, in welchem Maße mit dem Eintritt der befürchteten Nachteile zu rechnen ist."[764]

> „Einer bloß abstrakten Hypothese kann rechtlich kein bedeutsames Gewicht zukommen. [...] In die Abwägung sind nur solche Nachteile einzustellen, für deren Annahme konkrete und ernsthafte Anhaltspunkte bestehen."[765]

Zunächst gilt es zu betonen, dass ein entscheidender Unterschied zwischen einer Abschiebeentscheidung und einer Zustellung im Rahmen des HZÜ darin liegt, dass durch die Verweigerung der Rechtshilfe im Falle der Zustellungsverweigerung ein ausländisches Gerichtsverfahren direkt beeinträchtigt wird. Im Rahmen von Abschiebeentscheidungen hingegen handelt es sich ausschließlich um ein inländisches Verfahren. Allerdings werden im Rahmen seiner Prüfung tatsächliche Konsequenzen, die im Ausland eintreten, berücksichtigt. Diese wiegen bei Abschiebeentscheidungen nach menschenrechtlichen Gesichtspunkten im Vergleich zu den Folgen von Rechtshilfeentscheidungen im Zivilrecht ungleich schwerer. Jedoch ähnelt die Frage, in wie weit mögliche, aus deutscher Sicht verfassungsrechtlich bedenkliche Folgen, die sich im Ausland realisieren könnten, in der Entscheidung der deutschen Behörden eine Rolle spielen, der Situation im Rahmen der Prüfung der Zustellungsverweigerung im Rechtshilfeverkehr in Zivilsachen.

---

763 BVerwG, NJW 1988, 660 (661).
764 BVerwG, NJW 1988, 660 (662).
765 BVerwG, NJW 1988, 660 (662).

Das Gericht spricht sich für eine Berücksichtigung der im Ausland eintretenden Konsequenzen und ihre Prüfung anhand von innerstaatlichen Grundsätzen der Rechtsordnung aus. Allerdings sind nur solche Folgen zu beachten, für die konkrete und ernsthafte Anhaltspunkte bestehen. Insofern ergibt sich auch aus der Untersuchung von verwaltungsrechtlichen Abschiebeentscheidungen, dass die sich im Ausland abzeichnenden Rechtswirkungen zu berücksichtigen sind, wenn für ihr Eintreten konkrete und ernsthafte Anhaltspunkte bestehen.

d. Ergebnis

Bei der Anwendung des HZÜ dürfen und müssen – wie im Rahmen des § 73 IRG und bei Abschiebeentscheidungen – in der Prüfung der innerstaatlichen Grundsätze der Rechtsordnung die Folgen der deutschen verwaltungsrechtlichen Entscheidung, die sich für den Betroffenen im Ausland ergeben, berücksichtigt werden. Dabei wirken sich die Verfahrensschritte im Ausland auf die Beurteilung der inländischen Rechtshilfehandlung aus. Voraussetzung für die Berücksichtigung ist, dass tatsächliche Anhaltspunkte für eine beachtliche Wahrscheinlichkeit des Eintritts der mit dem deutschen ordre public unvereinbaren Folgen bestehen.

Diese Beurteilung der ordre public-Widrigkeit unter Berücksichtigung des prognostischen Elementes ist aus verfassungsrechtlichen Gründen gerechtfertigt. Der Schutz durch deutsche Grundrechte macht vor dem Rechtsverkehr mit dem Ausland nicht automatisch halt.[766] Die deutschen Behörden sind in ihrer Zustellungsentscheidung in Ausübung deutscher Staatsgewalt an Art. 1 III GG gebunden.[767] Art. 1 III GG differenziert nicht danach, ob die Wirkungen des Verwaltungsaktes im In- oder Ausland eintreten.[768] Die Grundrechtsbindung der deutschen staatlichen Gewalt ist territorial umfassend. Deutsche staatliche Gewalt ist an die Grundrechte gebunden, gleichgültig, wo sie ausgeübt wird und ob ihre Wirkungen im In- oder Ausland eintreten.[769]

Prinzipiell ist die Ausübung von Staatsgewalt auf das Staatsgebiet beschränkt. Die Tatsache, dass die Zustellungsverweigerung ein Eingriff in ein ausländisches Verfahren ist, ist an sich jedoch kein Hindernis für eine weite Berücksichtigung der Folgen, die eine positive Zustellung haben könnte. Dieser Eingriff ist über Art. 13 I HZÜ gedeckt, der diese Möglichkeit ausdrücklich vorsieht mit den Konsequenzen, die sich daraus ergeben.

---

766 Vergleich BVerfGE 31, 58.
767 Siehe C. IV.
768 Merkt, S. 171.
769 Siehe Pieroth/Schlink, S. 47 mwN.

2. Abgrenzung zum anerkennungs- und vollstreckungsrechtlichen ordre public-Vorbehalt

Im Rahmen der Prüfung des Art. 13 I HZÜ wird angemahnt, dass trotz des notwendigerweise im zustellungsrechtlichen ordre public-Vorbehalt enthaltenen prognostischen Elements eine Prüfung des Vorbehaltes in Art. 13 I HZÜ nicht alle möglichen hypothetischen Rechtsverstöße, die im weiteren Verfahren auftreten könnten, vorwegnehmen darf.[770] Hierfür sei die abschließende Prüfung im Rahmen des anerkennungsrechtlichen ordre public-Vorbehaltes vorgesehen, auch dieser gewähre dem Beklagten Schutz. Bei verfahrenseinleitenden Zustellungen könne jedoch nicht außer Acht gelassen werden, dass die Vorbehaltsklausel es den Vertragsstaaten des Zustellungsübereinkommens nicht ermöglichen solle, durch Zurückweisung des Zustellungsersuchens eine Präjudizierung des im Ausland anhängigen Rechtsstreits vorzunehmen.[771] Der ordre public-Vorbehalt des Art. 13 I HZÜ müsse enger sein als der anerkennungs- und vollstreckungsrechtliche Vorbehalt.[772]

Auch wird zum Teil die bloße *Gefährdung* von Auslandsvermögen durch ein möglicherweise ergehendes Urteil nicht als Ablehnungsgrund im Rahmen des Art. 13 I HZÜ angesehen.[773]

Der Auffassung, dass eine Verweigerung der Rechtshilfe im Zustellungsstadium einen größeren Eingriff in das Verfahren im Ausland darstellt als die Versagung der Anerkennung und Vollstreckung, ist zuzustimmen. Das ausländische Rechtsverfahren ist empfindlicher gestört durch die Verweigerung der Zustellung, weil die Verweigerung zur Folge haben könnte, dass ein Verfahren gegen den Beklagten nicht oder nur beschränkt geführt werden kann. Praktisch wird das Problem der mangelnden Zustellung oftmals durch die Möglichkeit der Durchführung einer Ersatzzustellung behoben.[774] Allerdings gibt es auch Beispiele, in denen sich die Verweigerung der Zustellung der ersuchten deutschen Behörden auf das U.S.-amerikanische Verfahren nachhaltig ausgewirkt hat. Im Fall Bauman v. Daimler Chrysler verneinte das angerufene kalifornische Gericht seine Zuständigkeit aufgrund der Souveränitätsbedenken, die Deutschland im Rahmen des Art. 13 I HZÜ bei einer Zustellung an Daimler Chrysler in Deutschland äußern könnte.[775]

---

770 BVerfG, NJW 1995, 649; G. Geimer, S. 71; Merkt, S. 130; Schlosser, EU-ZPR, Art. 13 HZÜ, Rn 5.

771 OLG Frankfurt a.M., RIW 1991, 417 (418).

772 Koch/Diedrich, ZIP 1994, 1830 (1831); Morisse, RIW 1995, 370 (372); Rohe, in: FS Vollkommer, S. 291 (307); Rothe, RIW 2003, 859 (863); Zekoll, NJW 2003, 2885 (2886).

773 Mörsdorf-Schulte, S. 46; Stadler, JZ 1995, 718 (721); Koch/Diedrich, ZIP 1994, 1830 (1832).

774 Siehe Ghassabeh, S. 155–169; zur Nieden, S. 102–104.

775 Bauman v. Daimler Chrysler AG, 2005 WL 3157472 (N.D. Cal. 2005); ausführlich hierzu Hess, AG 2006, 809 (816); vergleiche hierzu auch Koch/Zekoll, IPRax 1993, 288 (289).

Im Fall der Verweigerung der Anerkennung und Vollstreckung wird „lediglich" die Durchsetzung des ausländischen Rechtsspruchs behindert. Allerdings kann dies in der Praxis für den im Ausland ansässigen Kläger eine ebenso große Härte darstellen. Immerhin bleibt dem Kläger die Möglichkeit, zumindest die im Ausland vollstreckbaren Elemente des Urteils durchzusetzen. Ist bereits die Zustellung verweigert worden, dann kann – ohne auf Elemente der Ersatzzustellung zurückzugreifen – ein ausländischer Gerichtsprozess gar nicht stattfinden.

Für eine Begrenzung des Prüfungsgegenstandes im Rahmen des Art. 13 I HZÜ spricht auch, dass es nicht zu einer quasi vorweggenommenen sog. *révision au fond*, also einer Überprüfung auf inhaltliche Richtigkeit der Entscheidung des Gerichts des ersuchten Staates, kommen darf.[776] Dies folgt in Bezug auf die internationale Zuständigkeit der Gerichte des Forumstaates ausdrücklich aus Art. 13 II 1. Alt. HZÜ. Eine derart weite Prüfung würde zudem den Beschleunigungs- und Vereinfachungseffekt der Zustellung im Wege des HZÜ abschwächen.

Dennoch verbleibt bei der Anwendung des zustellungsrechtlichen Vorbehaltes des Art. 13 I HZÜ ein eigener Prüfungsgegenstand, den es zu berücksichtigen gilt. Das Argument des möglichen Schutzes durch den anerkennungs- und vollstreckungsrechtlichen Vorbehalt greift nur, wenn gegen den Beklagten das Urteil auch in Deutschland anerkannt und vollstreckt wird. Wenn es dem Kläger nur um die Eröffnung des Verfahrens geht und danach der Schutz der anerkennungs- und vollstreckungsrechtlichen ordre public-Kontrolle nicht mehr greifen kann, weil eine Anerkennung und Vollstreckung gar nicht angestrebt wird, erlangt die ordre public-Kontrolle im Rahmen der Zustellung eine andere Bedeutung.

Im Verfahren gegen die Bertelsmann AG hat das Bundesverfassungsgericht den durch die Zustellung begünstigten Vergleichsdruck als Argument für einen möglichen Verstoß gegen den Vorbehalt des Art. 13 I HZÜ angeführt. Der Vergleichsdruck würde durch eine erfolgreiche Zustellung an die Bertelsmann AG in Deutschland erhöht werden. Die wichtige Bedeutung des Vergleichsdrucks in den USA wird dann deutlich, wenn man berücksichtigt, dass die meisten Verfahren in den USA verglichen oder zurückgezogen werden.[777] Nur 5% aller Zivilsachen werden von der *jury* verhandelt und mit einem Endurteil entschieden.[778] Zwar findet im *class action* Verfahren in Bezug auf das den Vergleich bestätigende Urteil wegen seiner Rechtskraftwirkung eine Anerkennung nach § 328 ZPO statt.[779] Wenn der Beklagte sich aber erst einmal auf einen Vergleich eingelassen hat, kann er sich im Anerkennungs- und Vollstreckungsverfahren schwerlich auf die ordre public-Widrigkeit berufen, mit dem Argument, die Klage sei ohne jede sachliche Substanz und daher z.B. rechtsmissbräuchlich erfolgt.[780]

---

776 So auch Ghassabeh, S. 229; Mörsdorf-Schulte, S. 47.
777 Schack, Einführung, Rn 146.
778 Hess, AG 2005, 897.
779 Stadler, JZ 2007, 1047 (1049).
780 Stadler, JZ 2007, 1047 (1049); siehe zu rechtsmissbräuchlichen Klagen F. VII.

Daher haben alle den Vergleich beeinflussenden Elemente eine große Bedeutung. Es wird vertreten, dass die wesentliche Funktion in der Geltendmachung von sehr hohen Schadensersatzansprüchen in der Erzwingung der Vergleichsbereitschaft liegt.[781]

In Fällen, in denen keine Anerkennung und Vollstreckung in Deutschland stattfindet, besteht kein Schutz durch eine ordre public-Kontrolle.[782] Dies gilt für die Vollstreckung in außerhalb Deutschlands belegenes Vermögen des Beklagten. Im Rahmen der Zustellung nach dem HZÜ kann daher häufig die letzte Chance gesehen werden, den deutschen Beklagten vor einem Vergleich als Ausweg vor erpresserischen völlig unbegründeten, langwierigen, imageschädigenden und kostenträchtigen Klagen zu bewahren.[783] Diesen Umständen muss auch der Prüfungsgegenstand des Art. 13 I HZÜ Rechnung tragen.

In den Fällen, in denen die Zustellung ein nicht mit dem Grundgesetz zu vereinbarender Zugriff fremder Staatsgewalt darstellt, bietet auch § 328 I ZPO keinen Schutz, denn der zu verhindernde Verfassungsverstoß liegt nicht erst in der Vollstreckbarkeit des ausländischen Urteils, sondern schon in der Begründung des internationalen Prozessrechtsverhältnisses vor dem ausländischen Gericht.[784] Sie bewirkt, dass der Beklagte sich dem ausländischen Gerichtsverfahren stellen muss, um nicht Säumnisfolgen zu riskieren.[785] Zwar sind grundsätzlich die Belastungen, die sich aus einer Prozessführung in einem ausländischen Forum ergeben, im internationalen Rechtsverkehr hinzunehmen, aber, wo ein ausländisches Verfahren in grundgesetzlich geschützte Rechtspositionen eingreift, müssen diese Vorrang behalten.[786] Ob dieser Eingriff in den Schutzbereich eines Grundrechtes tatsächlich eine Rechtsverletzung darstellt, hängt von der hinreichenden Inlandsbeziehung des Sachverhaltes ab, die im Rahmen der Verhälntismäßigkeitsprüfung zu berücksichtigen ist.[787]

3. Ergebnis

Insofern wird es vor allem die Funktion der Zustellung sein, die Prüfungsgegenstand im Rahmen der zustellungsrechtlichen ordre public-Prüfung ist. Dies ist auch in den Entscheidungen des Bundesverfassungsgericht ersichtlich, denn dort wird auf eine rechtsmissbräuchliche Klageerhebung verwiesen, durch die Art. 2 I GG in Verbindung mit dem Rechtsstaatsprinzip verletzt sein könnte.[788]

---

781 von Danwitz, DÖV 2004, 501 (510).
782 So auch von Danwitz, DÖV 2004, 501 (510).
783 So auch Stadler, JZ 2007, 1047 (1049).
784 Greger, in: Erlanger FS Schwab, S. 331 (336).
785 Greger, in: Erlanger FS Schwab, S. 331 (336).
786 Greger, in: Erlanger FS Schwab, S. 331 (336).
787 Siehe E.II.1.b.bb.
788 BVerfG, IPRax 2009, 253.

Eine ordre public-Prüfung ist immer eine Einzelfallentscheidung, die auf der Tatbestandsseite einen Beurteilungsspielraum enthält und deren Rechtsfolge eine Ermessensentscheidung ist. Insofern können hier lediglich Leitlinien ermittelt werden, aus denen sich ergibt, in wie weit bei der Zustellung das folgende ausländische Verfahren zu berücksichtigen ist. In diesem Rahmen ist es von Bedeutung, dass eine positive Zustellung nach US-amerikanischem Recht zuständigkeitsbegründend sein kann[789] und dass in den seltensten Fällen ein Urteil in Deutschland anerkannt und vollstreckt werden wird, bei dem eine weitere Möglichkeit der ordre public-Kontrolle besteht.

Ergebnis der Untersuchung ist daher, dass die weiteren Folgen einer positiven Zustellungsentscheidung dann besonders unter Aspekten des ordre public-Verstoßes zu würdigen sind, wenn es unwahrscheinlich ist, dass eine Kontrolle im Rahmen der Anerkennung und Vollstreckung stattfinden wird. Ergibt sich aus dieser Betrachtung, dass die Konsequenzen mit hinreichender Wahrscheinlichkeit zu einem Ergebnis führen werden, das mit dem deutschen ordre public nicht vereinbar ist, dann ist das Ersuchen abzulehnen. Dies gilt umso mehr, wenn ein Schutz durch die Prüfung des anerkennungs- und vollstreckungsrechtlichen ordre public-Vorbehaltes nicht ersichtlich ist.

III. Einschätzungsprärogative des ersuchten Staates oder vertragsautonome Auslegung

Es stellt sich die Frage, ob dem ersuchten Staat bei der Anwendung von Art. 13 I HZÜ eine Einschätzungsprärogative zusteht oder ob die Auslegung rein staatsvertraglich autonom vorzunehmen ist. Bejaht man letzteres, dann müsste die Auslegung des Art. 13 I HZÜ anhand von Begriffsdefinitionen, die sich aus dem Übereinkommen selbst ergeben, erfolgen. In einem zweiten Schritt stellt sich die Frage, ob, wenn der Inhalt des Vorbehaltes durch die Vorgaben der nationalen Rechtsordnungen bestimmt wird, bei der Prüfung des Art. 13 I HZÜ ein Beurteilungs- bzw. Ermessensspielraum eingeräumt wird.

Hiervon ist die Problematik zu trennen, ob der Vorbehalt lediglich Schutz vor Verstößen gegen einen rein völkerrechtlich verankerten ordre public bietet, zum Beispiel nur international anerkannte Menschenrechte schützt.[790] Diese Untersuchung ist zwar Teil der Frage, wie der ersuchte Staat den über den ordre public geschützten Inhalt zu bestimmen hat, allerdings setzt dies zunächst eine Einschätzungsprärogative bei der Auslegung des Beurteilungsspielraumes und des Ermessens voraus.

Möglicherweise führt die Anwendung des Art. 27 und des Art. 31 WVK dazu, dass Art. 13 I HZÜ vertragsautonom auszulegen ist. Gemäß Art. 27 WVK kann eine Vertragspartei sich nicht auf ihr innerstaatliches Recht berufen, um die Nichterfüllung

789 Siehe Rule 4 (k) FRCP.
790 Siehe hierzu E.I.

eines völkerrechtlichen Vertrages zu rechtfertigen. Dem steht jedoch entgegen, dass es Ziel des Art. 27 WVK ist, eine willkürliche Nichterfüllung völkerrechtlicher Bindungen unter Berufung auf innerstaatliches Recht zu verhindern. Werden bereits beim Vertragsschluss Vorbehalte der Vertragsstaaten in Form einer allgemeinen Vorbehaltsklausel berücksichtigt, dann greift Art. 27 WVK nicht. Hierfür sprechen auch die in der WVK ausdrücklich vorgesehenen Möglichkeiten der vertraglichen Vorbehalte.[791]

Grundsätzlich erfolgt die Auslegung von völkerrechtlichen Verträgen gemäß Art. 31 WVK vertragsautonom. Das würde bedeuten, dass aus dem Vertrag selbst zu entnehmen ist, ob und unter welchen Voraussetzungen ein Staat vom Vorbehalt des Art. 13 I HZÜ Gebrauch machen darf. Es wird vertreten, dass Art. 13 HZÜ entsprechend seiner übernationalen Herkunft autonom auszulegen sei,[792] selbst wenn nach dem Wortlaut bereits ein subjektives „Sichgefährdetfühlen" genüge.[793] Über das methodische Vorgehen der vertragsautonomen Auslegung sei Einigung erzielt worden.[794] Die Auslegung solle unter Einbeziehung rechtsvergleichender Erkenntnisse, insbesondere im Lichte der international vorherrschenden Rechtsprechung und Justizverwaltungspraxis erfolgen, um Friktionen mit anderen Vertragsstaaten zu vermeiden.[795]

Wie und wann Einigkeit über die vertragsautonome Auslegung erzielt worden sein soll, wird nicht dargelegt. Daher entbehrt diese Behauptung jeder Grundlage. Zudem definiert das HZÜ den zu prüfenden Inhalt des Vorbehaltes nicht weiter. Daher ist schon fraglich, was das Ergebnis einer staatsvertraglich autonomen Auslegung sein sollte. Eine Auslegung anhand rechtsvergleichender Erkenntnisse sowie der herrschenden Rechts- und Verwaltungspraxis wird dem Vorbehalt des Art. 13 I HZÜ zum einen nicht gerecht (siehe 1.- 4.), zum anderen fehlt es an einer grundlegenden Untersuchung dieser Auslegungsrichtlinien. Selbst die Haager Konferenz hat diese bisher nicht ermittelt. Dort werden zur Anwendungspraxis des Art. 13 I HZÜ lediglich Fälle der deutschen Rechtsprechung untersucht. Daher zwingen die Regelungen der Wiener Vertragsrechtskonvention nicht zu einer vertragsautonomen Auslegung des Vorbehaltes in Art. 13 I HZÜ.

1. Auslegung des Vorbehaltes nach dem Recht des ersuchten Staates

Der Wortlaut des Art. 13 I HZÜ legt an drei verschiedenen Stellen nahe, dass dem ersuchten Staat eine Einschätzungsprärogative bei der Auslegung des Vorbehaltes zukommt. Zum einen spricht in der englischen Version der Ausdruck „to deem" und

791 Siehe zum Verhältnis von Art. 27 und Art. 19 ff. WVK ausführlich Winkler, Zulässigkeit und Rechtswirkungen von Vorbehalten nach der Wiener Vertragsrechtskonvention, S. 94–95.

792 Bischof, S. 283; Koch/Diedrich, ZIP 1994, 1830 (1833); Lejeune, CR 2003, 764.

793 Bischof, S. 283.

794 Stadler, JZ 1995, 719 (720).

795 Hopt/Kulms/v.Hein, S. 126.

in der französischen Version „juger“ dafür.[796] Zusätzlich legen die Begriffe „may“ und „peut“ sowie die deutsche Übersetzung mit „kann“ nahe, dass in Art. 13 I HZÜ dem ersuchten Staaten ein Ermessensspielraum eingeräumt wird. Wäre der Inhalt, der über den Vorbehalt geschützt wird, hingegen rein vertragsautonomen Ursprungs, dann bedürfte es keines Auslegungsspielraumes des ersuchten Staates, den die verwendeten Verben nahe legen. Zum anderen weist auf eine Einschätzungsprärogative des ersuchten Staates hin, dass ausdrücklich die Gefährdung der Hoheitsrechte und Sicherheit des ersuchten Staates verlangt wird.[797]

Auch die Entstehungsgeschichte spricht für eine Einschätzungsprärogative des ersuchten Staates. Wenn es sich um einen Vorbehalt des *ordre public international* handeln soll, dessen Inhalt international zwingende Normen sind, die sich gegen ausländisches Recht durchsetzen und die nur durch eine Änderung von gesellschaftlichen und verfassungsmäßigen Prinzipien aufgehoben werden können,[798] dann müssen diese per Definition nationale Normen oder durch die nationale Rechtsordnung geschützte Normen, zum Beispiel die EMRK, sein.

Indem das Bundesverfassungsgerichts es für möglich erachtet, dass durch eine positive Zustellungsentscheidung gegen unverzichtbare Grundsätze eines freiheitlichen Rechtsstaats verstoßen werden kann und Art. 2 I GG in Verbindung mit dem Rechtsstaatsprinzip als Prüfungsmaßstab bei rechtsmissbräuchlichen Klageerhebungen in Betracht kommt[799], geht das Gericht von einer nationalen Einschätzungsprärogative des ersuchten Staates aus.[800] Andernfalls könnte das Gericht nicht auf diese nationalen Grundsätze zurückgreifen. Dass der Erste Senat 1994 als weiteren Maßstab unverzichtbare Grundsätze, wie sie auch in internationalen Menschenrechtsübereinkommen verankert seien, erwähnte[801], stellt keinen Widerspruch dar. Das Gericht setzt nicht voraus, dass nur in internationalen Menschenrechtsübereinkommen verankerte Grundsätze Inhalt der Prüfung sind. Dieser Prüfungsmaßstab soll lediglich zusätzlich zu den nationalen Grundsätzen herangezogen werden. Zudem hat das Bundesverfassungsgericht in keiner weiteren Entscheidung auf die Verankerung in internationalen Menschenrechtsübereinkommen Bezug genommen.

Das OLG Frankfurt a.M. betont, dass bei der Anwendung des Art. 13 HZÜ dem supranationalen Charakter der Vorschrift Rechnung getragen werden müsse und sie nicht etwa allein aus deutscher Sicht ausgelegt werden darf.[802] Daraus folgt aber, dass eine Auslegung auch aus deutscher Sicht nicht ausgeschlossen ist.

Auch in der Literatur wird vertreten, dass die Vertragsstaaten verschiedene Souveränitätsrechte als schutzbedürftig ansehen können und auch in unterschiedlichem

796 Die deutsche Version verwendet den Ausdruck „geeignet halten“.
797 Von Danwitz, DÖV 2004, 501 (506) ist der Ansicht, dass die Einschätzungsprärogative bei der französischen Version noch stärker herauskommt.
798 Siehe D.I.3.a.
799 BVerfG, NJW 2007, 3709 (3710); BVerfG, RIW 2007, 211 (212).
800 Ebenso Malzahn, S. 367–368.
801 BVerfG, NJW 1995, 649 (650).
802 OLG Frankfurt a.M., NJW-RR 2002, 357 (358).

Maße von einer Gefährdung ihrer Hoheitsrechte ausgehen werden.[803] Was unter Gefährdung der Sicherheit und Hoheitsrechte zu verstehen ist, wird den einzelnen Vertragsstaaten zur Entscheidung überlassen.[804] Ein gewisser Unsicherheitsfaktor bleibt danach bestehen.[805]

Im Rechtshilfeverkehr in Strafsachen wird ebenso davon ausgegangen, dass eine nationale Einschätzungsprärogative des ersuchten Vertragsstaates besteht. Ein Vorschlag für einen rechtshilferechtlichen Vertrag in der Europäischen Union enthält einen Vorbehalt, der eine Verweigerung des Rechtshilfeersuchens erlaubt, wenn der ersuchte Staat der Ansicht sei, dass die Erledigung des Ersuchens geeignet sei, die Souveränität, die Sicherheit, die öffentliche Ordnung oder andere wesentliche Interessen seines Landes zu beeinträchtigen.[806] Der Vorschlag wird damit begründet, dass die Einschätzungsprärogative und Subsumtionsbefugnis des ersuchten Staates bezüglich der Tatbestandsmerkmale der Norm notwendig sei, da die wesentlichen Interessen eines Staates aufgrund seiner Sachnähe nur von ihm selbst bzw. von seinen eigenen Organen umfassend und vorbehaltlos beurteilt werden können.[807]

Das Ergebnis der Auslegung des ordre public-Vorbehaltes in Art. 13 I HZÜ nach dem Recht des ersuchten Staates steht auch nicht im Widerspruch zu der Annahme einer vertragsautonomen Auslegung des Anwendungsbereichs in Art. 1 I HZÜ.[808] Eine unterschiedliche methodische Herangehensweise bei der Auslegung einzelner Normen in ein und demselben Staatsvertrag ist möglich.[809] Art. 1 I EuGVÜ wird nach der Rechtsprechung des EuGH vertragsautonom ausgelegt.[810] Der Begriff des ordre public in Art. 27 Nr. 1 EuGVÜ wird hingegen nach der lex fori bestimmt.[811] Da kein Grund ersichtlich ist, wieso diese Methodik nicht auf das HZÜ übertragbar ist, steht der Auslegung des Art. 13 I HZÜ nach dem Recht des ersuchten Staates daher nicht die Auslegungsweise für den Anwendungsbereich entgegen.

2. Grenzen der Auslegungskompetenz des ersuchten Staates

Bei der Auslegung nach dem Recht des ersuchten Staates können sich jedoch Grenzen für die Einschätzungsprärogative dadurch ergeben, dass es sich um die

803 von Danwitz, DÖV 2004, 501 (506).

804 So auch Brockmeier, S. 98; Ghassabeh, S. 204; Maack, S. 88; Mansel, EuZW 1996, 335 (337); K.I. Mössle, Internationale Forderungspfändung, S. 119; Nagel/Gottwald, § 7, Rn 120 (zu Art. 4 HZÜ 1954); Rothe, RIW 2003, 859 (860); Pfeil-Kammerer, S. 64; von Danwitz, DÖV 2004, 501 (506).

805 Nagel/Gottwald, § 7, Rn 120 (zu Art. 4 HZÜ 1954).

806 Schädel, S. 259.

807 Schädel, S. 265.

808 Siehe B IV.; so aber Rogler, IPRax 2009, 223 (227) der aus den gleichen Gründen wie bei Art. 1 HZÜ auch Art. 13 HZÜ vertragsautonom auslegen will.

809 Ghassabeh, S. 204.

810 EuGH, 14.10.1976 – Rs. C-29/76 – LTU/Eurocontrol, NJW 1977, 489.

811 BGHZ 75, 167 (171).

Anwendung einer Vorbehaltsklausel im Rahmen eines multilateralen Übereinkommens handelt. Fraglich ist, ob und wie die Vertragsstaaten bei der Auslegung von Art. 13 I HZÜ berücksichtigen müssen, dass es sich um eine solche Vorbehaltsklausel handelt. Auch bei der Auslegung nach dem Recht des ersuchten Staates ist Art. 31 I WVK zu berücksichtigen, nachdem ein Vertrag nach Treu und Glauben in Übereinstimmung mit der gewöhnlichen, seinen Bestimmungen in ihrem Zusammenhang zukommenden Bedeutung und im Lichte seines Zieles und Zweckes auszulegen ist.

Der EuGH hat zum ordre public-Vorbehalt des Art. 27 Nr. 1 EuGVÜ im Urteil Krombach folgende Leitlinien bestimmt:

> „Wenngleich die Vertragsstaaten somit aufgrund des Vorbehalts in Artikel 27 Nummer 1 des Übereinkommens selbst festlegen können, welche Anforderungen sich nach ihren innerstaatlichen Anschauungen aus ihrer öffentlichen Ordnung ergeben, gehört doch die Abgrenzung dieses Begriffes zur Auslegung des Übereinkommens.
>
> Auch wenn es demnach nicht Sache des Gerichtshofes ist, den Inhalt der öffentlichen Ordnung eines Vertragsstaats zu definieren, hat er doch über die Grenzen zu wachen, innerhalb deren sich das Gericht eines Vertragsstaats auf diesen Begriff stützen darf, um der Entscheidung eines Gerichts eines anderen Vertragsstaats die Anerkennung zu versagen."[812]

Einen Grenzwächter, wie es der EuGH für das EuGVÜ ist, gibt es für das HZÜ nicht. Somit stellt sich die Frage, welche Grenzen sich für die Einschätzungsprärogative des ersuchten Vertragsstaates aus dem Übereinkommen selbst ergeben. Zum Teil wird vertreten, dass die Begründung der Zustellungsverweigerung zumindest rational nachvollziehbar sein müsse.[813] Es dürfe nicht jede beliebige Konstellation unter den Tatbestand subsumiert werden und dadurch die Verweigerung der Zustellung in das freie Belieben des Staates gestellt werden.[814] Eine Orientierung zur Begrenzung der möglichen Auslegung des Vorbehaltes bietet die Zielsetzung des HZÜ, wie sie in der Präambel verankert wurde. Nutzt ein Vertragsstaat seinen Beurteilungsspielraum derart, dass es zum Erliegen des Rechtshilfeverkehrs im Rahmen des HZÜ mit diesem Staat kommt, dann widerspricht dies der Zielsetzung des HZÜ.[815] Laut Bundesverfassungsgericht darf die Anwendung inländischer Rechtsvorstellungen nicht dem Ziel zuwiderlaufen, dem ausländischen Kläger die Führung eines Prozesses gegen einen inländischen Beklagten im Ausland zu ermöglichen.[816]

812 EuGH, 28.3.2000 – Rs. C-7/98 – Krombach – Slg. 2000, I- 01935 Rn 22–23; ebenso EuGH, 11.5.2000 – Rs. C-38/98 – Renault SA/Maxicar SpA– Slg. 2000, I- 2973; siehe Anmerkung Heß, IPRax 2001, 301 (304).

813 Maack, S. 88.

814 Maack, S. 88.

815 Maack, S. 88.

816 BVerfG, RIW 2007, 211 (212).

Art. 13 III HZÜ verlangt, dass die Zentrale Behörde die ersuchende Stelle unverzüglich über die Ablehnung unter Angabe von Gründen unterrichtet. Aus dieser formalen Pflicht lässt sich schließen, dass die Gründe nicht willkürlich und nicht bereits auf den ersten Blick abwegig sein dürfen. Eine rationale Nachvollziehbarkeit der Begründungsverweigerung erscheint einleuchtend.[817]

3. Einräumen eines Beurteilungs- und Ermessensspielraumes

Im zweiten Schritt stellt sich die Frage, ob dem ersuchten Staat bei der Prüfung eines Verstoßes gegen seinen ordre public gemäß Art. 13 I HZÜ ein Beurteilungsspielraum auf Tatbestandsseite und auf der Rechtsfolgenseite ein Ermessensspielraum eingeräumt wird.

Die besondere Formulierung der Vorbehaltsklausel des Art. 13 I HZÜ, wie sie in multi- und bilateralen Verträgen im internationalen Rechtshilfeverkehr üblich ist[818], spricht dafür, dass die Norm einen Beurteilungs- und Ermessensspielraum eröffnet.[819] Insbesondere die Formulierung *deem* im Englischen und im Französischen *juger* – in der deutschen Version *geeignet halten* – aus der Sicht des ersuchten Staates sind unbestimmte Rechtsbegriffe, die einen tatbestandlichen Beurteilungsspielraum eröffnen[820], der nur in engen Grenzen gerichtlich nachprüfbar ist. Nach dem Wortlaut der Regelung wird bereits der Beurteilungsspielraum des ersuchten Staates festgelegt. Die Formulierung *may* oder *peut* – im Deutschen *kann* – lässt auf einen Ermessensspielraum schließen.

Allerdings kann der durch die Norm des Art. 13 I HZÜ eingeräumte Ermessensspielraum auf Rechtsfolgenseite durch das Ergebnis der Prüfung des ordre public des ersuchten Staates faktisch ausgeschlossen sein. Wenn tatsächlich ein Verstoß gegen den ordre public, insbesondere gegen Verfassungsrecht vorliegt, dann ist der Ermessensspielraum des ersuchten Staates auf Null reduziert. Übertragen auf eine Entscheidung einer deutschen Behörde im Rahmen des Art. 13 I HZÜ bedeutet das: liegt ein Grundrechtsverstoß vor, kann die Behörde nicht aufgrund des in Art. 13 I HZÜ eingeräumten Ermessens dennoch die Zustellung bewirken. Schon im Rahmen der Prüfung der Rechtfertigung des Eingriffs in den Schutzbereich eines Grundrechts muss die Tatsache, dass ein Eingriff in den internationalen Rechtshilfeverkehr erfolgt, berücksichtigt werden.[821] Ebenso ist der Prüfungspunkt der Inlandsbeziehung Teil der Abwägung im Rahmen der verfassungsrechtlichen Verhältnismäßigkeitsprüfung. Der Staat ist bei einer Verletzung des ordre public-Vorbehaltes durch seine innerstaatlichen Grundsätze gebunden. Dieser Bindung

817 Maack, S. 88.
818 Siehe D. I. 2.
819 So auch Ghassabeh, S. 273–278 mit Untersuchung hinsichtlich der gerichtlichen Überprüfbarkeit des Beurteilungsspielraums und der Ermessensentscheidung.
820 so auch Maack, S. 88.
821 Siehe E.II.1.

Vorrang einzuräumen bei der Prüfung des Zustellungsersuchens ist Sinn und Zweck des Art. 13 I HZÜ.

Insofern kommt den Formulierungen des Art. 13 I HZÜ, die auf einen Beurteilungs- und Ermessensspielraum schließen lassen, keine Bedeutung zu, die es erlauben würde eine Abwägung zugunsten der Durchführung einer Zustellung vorzunehmen, wenn dadurch ein Verfassungsverstoß eintreten würde. Wenn ein Verfassungsverstoß vorliegt, dann muss der ersuchte Staat von der Möglichkeit der Verweigerung der Rechtshilfe, die Art. 13 I HZÜ einräumt, Gebrauch machen. Grundsätzlich besteht bei der Auslegung des Art. 13 I HZÜ jedoch ein Beurteilungs- und Ermessensspielraum, den der ersuchte Staat nach seinen nationalen Rechtsvorgaben im Rahmen der Prüfung, ob überhaupt ein Verfassungsverstoß vorliegt, ausfüllen kann.

4. Auslegungskompetenz

In einem dritten Schritt stellt sich die Frage, ob jeder ersuchte Staat exklusiv kompetent ist, über seine Anwendung des Art. 13 I HZÜ zu entscheiden. Anders formuliert lautet die Fragestellung, ob nur der ersuchte Staat entscheiden darf, was der Inhalt des Vorbehaltes in der Anwendung in seinem Rechtshilfeverkehr ist, oder ob auch die Gerichte anderer Staaten die Entscheidung nachprüfen können. In der Anwendung des ordre public-Vorbehaltes im Rahmen der Anerkennung und Vollstreckung sowie im Internationalen Privatrecht kann die Entscheidung des Gerichtes eines Staates zur ordre public-Widrigkeit von den Gerichten eines anderen Staates nicht nachgeprüft werden. Selbst eine unrichtige Verneinung eines Verstoßes gegen den ordre public oder dessen falsche Bejahung des Anerkennungsgerichtes ist wirksam.[822]

Es besteht kein Anhaltspunkt, dass im Rahmen des Art. 13 I HZÜ etwas anderes gelten soll hinsichtlich der Nachprüfbarkeit einer ordre public-Entscheidung. Zwar stellt die Formulierung des rechtshilferechtlichen Vorbehaltes eine Besonderheit dar, jedoch kann aus dem Wortlaut nicht geschlossen werden, dass dem Staat, der sich auf Art. 13 I HZÜ beruft, weniger Auslegungskompetenz eingeräumt werden sollte. Der Wortlaut spricht im Gegenteil für eine weite Kompetenz des Staates, weil ausdrücklich auf seine Sicht abgestellt wird. In Art. 34 Nr. 1 EuGVO und in § 328 I Nr. 4 ZPO fehlt das ausdrückliche Abstellen auf die Ansicht des entscheidenden Staates.

5. Ergebnis

Ausgehend von einer ordre public-Klausel scheidet eine vertragsautonome Auslegung aus. Jeder Vertragsstaat entscheidet selbst, welche unverzichtbaren Grundsätze seines Rechts durch den Vorbehalt des Art. 13 I HZÜ geschützt sind. Hierfür spricht unter anderem auch, dass es an vertragsautonomen Maßstäben fehlt, denen zu entnehmen sein könnte, wann für den ersuchten Staat sein nationaler ordre public

---

822 Geimer, IZPR, Rn 2989.

beeinträchtigt ist. Einen Beurteilungs- und Ermessensspielraum räumt Art. 13 I HZÜ dem ersuchten Staat neben der Prüfung des Verstoßes dann ein, wenn die Prüfung des ordre public des ersuchten Staates diese Auslegung zulässt.

IV. Ergebnis der Untersuchung der Rechtsnatur des Vorbehaltes in Art. 13 I HZÜ

Ergebnis der bisherigen Untersuchung ist, dass Art. 13 I HZÜ einen rechtshilferechtlichen ordre public-Vorbehalt enthält, der nach dem Recht des ersuchten Staates auszulegen ist. Bei seiner Anwendung müssen die Folgen, die sich aus einer positiven Zustellungsentscheidung im ausländischen Verfahren realisieren könnten, berücksichtigt werden.

E. Prüfungsmaßstab des Vorbehaltes in Art. 13 I HZÜ

Nun gilt es zu untersuchen, an welchem rechtlichen Maßstab sich die Erledigung eines Zustellungsersuchens im Rahmen des Vorbehaltes des Art. 13 I HZÜ messen lassen muss. Dabei wird ermittelt, welche Rechte des Zustellungsadressaten durch die Zustellungsentscheidung betroffen sein könnten, und welche Rechtsnormen über den rechtshilferechtlichen ordre public geschützt sind. Zu diskutieren ist, ob ausschließlich völkerrechtliche Normen (I.) oder auch wesentliche Rechtsgrundsätze des nationalen Rechts des ersuchten Staates (II.) den Prüfungsmaßstab für die Zustellungserledigung bilden. Ausgangspunkt der Untersuchung bildet die Anwendung des Art. 13 I HZÜ in Deutschland. Jedoch sind die Ergebnisse hinsichtlich des Schutzes der völkerrechtlichen Normen und der zu prüfenden Normen in Bezug auf ihre Stellung in der Normenhierarchie der nationalen Rechtssysteme für alle Vertragsstaaten übertragbar.

I. Vorbehalt zum Schutz des internationalen ordre public oder des *ordre public international*

Zum Teil wird vertreten, dass Art. 13 I HZÜ einen rein völkerrechtlichen Vorbehalt enthält, dessen Prüfungsmaßstab die international anerkannten Menschenrechte sind.[823] Der *ordre public international*, den Art. 13 I HZÜ laut seiner Entstehungsgeschichte in den Materialien zur Haager Konferenz enthält, sei als Bestandteil eines internationalen ordre public im völkerrechtlichen Sinne zu charakterisieren.[824] Es handele sich um eine Vorbehaltsklausel völkervertraglichen Ursprungs, die ihrerseits im Lichte international akzeptierter Menschenrechte konkretisiert würde.[825] Als Maßstab der Konkretisierung der international anerkannten Menschenrechte gelten Art. 6 EMRK und Art. 14 I des Internationalen Paktes über bürgerliche und politische Rechte.

823 Hau, IPRax 1997, 245 (246); ZZPInt 6 (2001), 249 (252); Hopt/Kulms/v.Hein, S. 149; a.A. Brockmeier, S. 98; Ghassabeh, S. 227–228.

824 Hopt/Kulms/v.Hein, S. 149; Schack, AG 2006, 823 (827); Geimer in Zöller, § 363 ZPO, Rn 113 ist in Bezug auf Art. 12 I HBÜ der Ansicht, dass eine Erledigung nur dann abzulehnen sei, wenn die Beweisaufnahme durch deutsche Richter Beihilfe zu völkerrechtswidrigem oder zu absolut unmoralischem Verfahren bedeute, das jedes wie auch immer gearteten Bezugs zur Rechtsidee ermangele.

825 Hopt/Kulms/v.Hein, S. 150.

1. Das Konzept des völkerrechtlichen internationalen ordre public

Offen ist, was unter einem internationalen ordre public im völkerrechtlichen Sinne zu verstehen ist. Es wird vertreten, dass der Begriff des *internationalen ordre public* Regeln bezeichne, die übereinstimmend mit dem Völkerrecht den Forumstaat daran hindern, Bestimmungen des ausländischen Rechts anzuwenden, wenn diese Bestimmungen im Konflikt mit substantiellen völkerrechtlichen Regeln stehen.[826]

Diese substantiellen Regeln stellen die Menschenrechte, insbesondere das Verbot der willkürlichen Tötung, der Sklaverei, des Völkermordes, der Folter, der Zwangsarbeit, der politischen und ähnlich motivierter Verfolgung und Deportation dar.[827] Denn Menschenrechte sind das am meisten entwickelte Gebiet des öffentlichen Völkerrechts und bilden damit die wesentliche Grundlage für die Anerkennung eines völkerrechtlichen ordre public.[828] In Menschenrechtsverträgen kodifizierte Verpflichtungen sowie die gewohnheitsrechtlich geltenden universellen Menschenrechtsgarantien haben wesentlich einen objektiven Charakter.[829] Der menschenrechtliche ordre public bezeichnet also einen menschenrechtlichen Mindeststandard im Völkergewohnheitsrecht, der über Art. 25 GG auch den deutschen Staat bindet. Dabei ist der Begriff des ordre public nicht im Sinne des internationalen Privat- und Zivilverfahrensrechts zu verstehen. Der Begriff des internationalen völkerrechtlichen ordre public ist abzugrenzen von dem des *ordre public international*, der für nationale Regelungen gebraucht wird, die in einer absoluten Weise anzuwenden sind.[830] Es handelt sich vielmehr um einen untechnischen Begriff des ordre public, der nicht über die Nichtanwendbarkeit bestimmter ausländischer Rechtssätze entscheidet, sondern einen Normenkonsens bildet, der als menschenrechtlicher Mindeststandard völkerrechtlich oder völkergewohnheitsrechtlich anerkannt ist.

Der völkerrechtliche ordre public gilt unmittelbar nur für Völkerrechtssubjekte, Staaten und internationale Organisationen in ihren unmittelbaren Beziehungen.[831] Er ist von der Rechtsquelle her Völkerrecht und Ergebnis des neuen „öffentlichen" Völkerrechts, welches durch Prinzipien wie ius cogens und erga omnes geltende Verpflichtungen gekennzeichnet sind.[832] Der völkerrechtliche ordre public wird

---

826 Zum Begriff *ordre public*, Encyclopedia of public international law, Band III, S. 788 (789); siehe zum Ursprung des Begriffes internationaler ordre public Jaenicke, BerDtGeVR 7 (1967), 77 (80–81).

827 Siehe Kälin, BerDtGeVR 33 (1994), 9 (11–12) mwN.

828 Kälin, BerDtGeVR 33 (1994), 9 (16).

829 Kälin, BerDtGeVR 33 (1994), 9 (45); Kokott, BerDtGeVR 38 (1998), 79.

830 Begriff *ordre public*, Encyclopedia of public international law, Band III, S. 788.

831 Kokott, BerDtGeVR 38 (1998), 71 (73); so auch und insgesamt zum Begriff des völkerrechtlichen ordre public Schütz, S. 12 ff.

832 Kokott, BerDtGeVR 38 (1998), 71 (73).

mitunter der Erfüllung vertraglicher Verpflichtungen zum Beispiel im Rahmen der Auslieferung entgegengesetzt.[833]

Zum Teil wird die Existenz eines menschenrechtlichen ordre public allerdings nur sehr eingeschränkt bejaht. Der Inhalt eines völkerrechtlichen menschenrechtlichen Mindeststandards sei weltweit allenfalls in Kernbereichen konsentiert.[834] Alles andere sei mehr eine „black box", in die man hineingeben könne, was man im Ergebnis brauche.[835]

Dennoch gibt es Bemühungen, Kriterien für die Ermittlung eines menschenrechtlichen ordre public zu ermitteln. Es werden fünf Dimensionen vorgeschlagen, anhand derer der objektive Charakter eines menschenrechtlichen ordre public zu ermitteln ist: Die Möglichkeit zur kollektiven Durchsetzung von Menschenrechten, die Funktion der Menschenrechte als Kriterium für die Ausgestaltung und Begrenzung internationaler Kooperation, eine Höherrangigkeit auch im Verhältnis zu zwischen- und überstaatlichem Recht, Grundlage für die Verpflichtung der Staaten zu aktivem Tätigwerden auch im Bereich von Abwehrrechten und zumindest mittelbare Verbindlichkeit für Private.[836]

Allerdings wird betont, dass es „den" menschenrechtlichen ordre public nicht gibt, sondern eine Vielzahl menschenrechtlich gewährleisteter objektiver Ordnungen bestünden, welche die fünf genannten Dimensionen in unterschiedlich starkem Ausmaß realisierten, aus je unterschiedlichen Rechten konstruiert und für jeweils andere Staaten gelten würden.[837] Den Menschenrechtsgarantien, die wegen ihres gewohnheitsrechtlichen Charakters universell gelten, kommt dabei die stärkste objektiv-rechtliche Geltung zu.[838] Eine mittlere Ebene bilden Menschenrechte, die in universellen Verträgen verankert seien, diese seien, soweit sie nicht Gewohnheitsrecht wiedergäben, nur für die Vertragspartner verbindlich.[839] Der regionale ordre public, wie er durch regionale Konventionen, besonders deutlich aber auch durch gemeinsame Verfassungstraditionen einer Region konstruiert sei, bilde die unterste Ebene.[840] Eine europäische öffentliche Ordnung soll das System der EMRK und der Gründungsverträge der Europäischen Gemeinschaften bzw. der Europäischen Union bilden.[841]

Insofern bleibt festzuhalten, dass es das Konzept eines völkerrechtlichen internationalen ordre public gibt, dessen Bestandteile das völkerrechtliche ius cogens

833 Kokott, BerDtGeVR 38 (1998), 71 (76).
834 Lagodny in Schomburg/Lagodny/Gleß/Hackner, § 73 IRG, Rn 6a.
835 Lagodny in Schomburg/Lagodny/Gleß/Hackner, § 73 IRG, Rn 6a.
836 Kälin, BerDtGeVR 33 (1994), 9 (45).
837 Kälin, BerDtGeVR 33 (1994), 9 (39).
838 Kälin, BerDtGeVR 33 (1994), 9 (39).
839 Kälin, BerDtGeVR 33 (1994), 9 (40).
840 Kälin, BerDtGeVR 33 (1994), 9 (40).
841 Kokott, BerDtGeVR 33 (1994), 9 (78–79).

und insbesondere die Menschenrechte sind und der unmittelbar nur für Völkerrechtssubjekte gilt. Hierbei handelt es sich nicht um einen ordre public im Sinne des internationalen Privatrechts.

2. Art. 13 I HZÜ als ordre public-Vorbehalt im Sinne des internationalen Privatrechts

Im Folgenden wird untersucht, ob es sich bei Art. 13 I HZÜ um einen Vorbehalt zum Schutz des völkerrechtlichen internationalen ordre public oder des *ordre public international* handelt. Anhand der Vorgaben des Art. 27 WVK (a.), der historischen Auslegung der Norm (b.), der Grundrechtsbindung der deutschen Behörden bei der Anwendung der Norm (c.) und der Vorgaben der EMRK sowie des Internationalen Paktes über bürgerliche und politische Rechte[842] (d.) wird untersucht, ob Art. 13 I HZÜ einen ordre public-Vorbehalt im Sinne des internationalen Privatrechts enthält.

a. Keine Folge aus der Anwendung des Art. 27 WVK

Zu einer Auslegung von Art. 13 I HZÜ ausschließlich anhand von international anerkannten Menschenrechten und völkerrechtlichem ius cogens könnte die Anwendung der Auslegungsregel des Art. 27 WVK führen. Diese besagt, dass eine Vertragspartei sich nicht auf ihr innerstaatliches Recht berufen kann, um die Nichterfüllung eines Vertrags zu rechtfertigen. Wie schon in der Diskussion um eine rein vertragsautonome Auslegung des Vorbehaltes[843], steht auch hier dieser Schlussfolgerung die Zielsetzung der Regelung des Art. 13 I HZÜ entgegen. Art. 13 I HZÜ wurde geschaffen, um den Vertragsstaaten die Nichterfüllung von Rechtshilfeersuchen unter strengen Voraussetzungen vertragskonform zu ermöglichen. Daher greift Art. 27 WVK hier nicht. Es handelt sich bei der Inanspruchnahme der Ausnahmeklausel des Art. 13 I HZÜ aufgrund einer Unvereinbarkeit mit den wesentlichen Grundsätzen des innerstaatlichen Rechts nicht um eine Willkürentscheidung des ersuchten Staates, sondern um die Inanspruchnahme eines vertraglich vorgesehenen Ausweges.

b. Historische Auslegung des Art. 13 I HZÜ

Wie bereits erläutert, ist der Begriff eines internationalen ordre public nicht identisch mit dem französischen des *ordre public international.*[844]

Es ist nicht davon auszugehen, dass bei der Entstehung des HZÜ Bezug auf den rein völkerrechtlichen ordre public genommen worden ist. Zunächst spricht die

842 BGBl. II, 1973, S. 1553, im Folgenden IntPbpR.
843 Siehe D. III.
844 Siehe D.I.3.c.

Entstehungsgeschichte der Norm dagegen.[845] Darüber hinaus steht dem entgegen, dass zur Zeit der Entstehung des Übereinkommens das Konzept des völkerrechtlichen ordre public noch weitestgehend unbekannt war. Jaenicke schreibt 1966, dass das Konzept eines ordre public der Völkerrechtsordnung gewagt, fast illusionär sei.[846] Dennoch versucht er Grundsätze und Normen der Völkerrechtsordnung herauszuarbeiten, die wegen ihrer vorrangigen Geltung (*ius cogens*) oder wegen ihrer grundlegenden Bedeutung für die Völkerrechtsgemeinschaft ordre public-Charakter hätten.[847] Diese würden auch ohne ihre Umsetzung in innerstaatliches Recht und dadurch Aufnahme in den ordre public der lex fori gelten.[848] Er spricht sich aber dafür aus, dass diese Normen *neben* dem nationalen ordre public bei der Anwendung ausländischen Rechts oder der Anerkennung ausländischer Hoheitsakte durch nationale Gerichte oder Behörden zur Anwendung kommen sollen.[849]

Ebenso würde die Annahme eines völkerrechtlichen ordre public der Erläuterung, die zum Entwurf eines Rechtshilfeübereinkommens von 1895 gemacht worden sind, widersprechen. Welcher Inhalt durch den Vorbehalt geschützt werden sollte, wurde in den Beratungen zum Haager Übereinkommen im Jahr 1893 über den Zivilprozess genau umrissen. Auf dem ausgearbeiteten Entwurf basiert auch die heutige wortlautidentische Version des Art. 13 I HZÜ. Die rechtlichen Bestimmungen, die zum *ordre public international* gehören, sind solche, die der Gesetzgeber selbst nicht verändern kann, ohne die gesellschaftliche oder verfassungsrechtliche Ordnung seines Landes zu ändern, zu erschüttern oder zu zerstören.[850] In den Übereinkommen, die dem Entwurf von 1895 folgten, wird für den näheren Inhalt des über Art. 13 I HZÜ geschützten ordre public immer wieder auf die zitierte Ausführung verwiesen. So wird auch einheitlich zu den Vorbehalten in Art. 12 I lit. b HBÜ, Art. 13 I HZÜ und Art. 4 HZPÜ gefolgert:

> "This rather narrow description of *ordre public* probably means all cases where the execution of a letter of request would violate fundamental rules of the legal order of the requested state."[851]

Aus der historischen Entwicklung des HZÜ folgt nicht, dass bei der Bestimmung des ordre public im Rahmen des Art. 13 I HZÜ nur auf völkerrechtliche Bestimmungen zurückzugreifen ist. Vielmehr wird eine Auslegung anhand von nationalen Rechten deutlich.

---

845 Siehe D.I.3.a.
846 Jaenicke, BerDtGeVR 7 (1967), 77 (85).
847 Jaenicke, BerDtGeVR 7 (1967), 77 (84).
848 Jaenicke, BerDtGeVR 7 (1967), 77 (83).
849 Jaenicke, BerDtGeVR 7 (1967), 77 (81).
850 Procès-Verbaux 1894, S. 51 (52).
851 Zum Begriff *Legal Assistance between states in civil matters,* Encyclopedia of Public international law, Band III, S. 196 (Hervorhebungen im Original).

c. *Grundrechtsbindung*

Würde es sich tatsächlich um einen Vorbehalt allein im völkerrechtlichen Sinne handeln, dann dürften die deutschen Grundrechte kein Maßstab für die Prüfung des Vorbehaltes sein. Dies könnte zu Konflikten führen, denn die Grundsätze der deutschen Verfassung würden dennoch zur Anwendung kommen. Der ordre public-Vorbehalt im Sinne des internationalen Privatrechts gilt auch ohne eine ausdrückliche Bestimmung.[852] Laut Bundesverfassungsgericht erstrebt das Grundgesetz die Einfügung Deutschlands in die Rechtsgemeinschaft friedlicher und freiheitlicher Staaten, verzichtet aber nicht auf die in dem letzten Wort der deutschen Verfassung liegende Souveränität.[853] Insofern widerspricht es nicht dem Ziel der Völkerrechtsfreundlichkeit, wenn der Gesetzgeber ausnahmsweise Völkervertragsrecht nicht beachtet, sofern nur auf diese Weise ein Verstoß gegen tragende Grundsätze der Verfassung abzuwenden ist.[854] Das Grundgesetz will eine weitgehende Völkerrechtsfreundlichkeit, grenzüberschreitende Zusammenarbeit und politische Integration in eine sich allmählich entwickelnde internationale Gemeinschaft demokratischer Rechtsstaaten.[855] Es will jedoch keine jeder verfassungsrechtlichen Begrenzung und Kontrolle entzogene Unterwerfung unter nichtdeutsche Hoheitsakte.[856] Völkervertragsrecht kann demnach nur in den Grenzen des Art. 79 III GG Vorrang vor grundrechtlichen Gewährleistungen haben.[857] Danach ist eine Änderung dieses Grundgesetzes, durch welche die Gliederung des Bundes in Länder, die grundsätzliche Mitwirkung der Länder bei der Gesetzgebung oder die in den Artikeln 1 und 20 niedergelegten Grundsätze berührt werden, unzulässig.

Dieser Ansatz gilt auch im internationalen Rechtshilfeverkehr. Das Bundesverfassungsgericht entschied in einem Fall der Rechtshilfe für die Vollstreckung einer Abgabenforderung an einen in Deutschland ansässsigen Schuldner, dass aus dem Rechtsstaatsgrundsatz des Grundgesetzes Mindestanforderungen für die Gewährung von Rechtshilfe durch die Bundesrepublik Deutschland folgen.[858] Diese sei von Verfassungs wegen nur zulässig, wenn das materielle ausländische Abgabenrecht nicht der verfassungsrechtlichen öffentlichen Ordnung (ordre public) der Bundesrepublik Deutschland zuwiderlaufe, und wenn das ausländische Verfahrensrecht, in dem Abgabeverpflichtungen tituliert würden, rechtsstaatlichen Mindeststandards an Verfahrensgerechtigkeit genüge.[859]

---

852 Martens, RIW 1981, 725 (729) zu Art. 12 I lit. b HBÜ.
853 BVerfG, NJW 2004, 3407 (3408).
854 BVerfG, NJW 2004, 3407 (3408).
855 BVerfG, NJW 2004, 3407 (3408).
856 BVerfG, NJW 2004, 3407 (3408).
857 Möller in Hofmann/Hoffmann, HK-AuslR, Art. 16 a GG, Rn 53.
858 BVerfG, NJW 1983, 2757 (2760); zum Deutsch-Österreichischen Vertrag zur Leistung von Rechts- und Amtshilfe in Zoll-, Verbrauchssteuer- und Monopolangelegenheiten vom 29.7.1971, BGBl. II 1971, S. 1001.
859 BVerfG, NJW 1983, 2757 (2760).

Im Rechtshilfeverkehr in Strafsachen ist die Geltung der rechtsstaatlichen Mindeststandards allerdings umstritten.[860] Allein ein verbindlicher völkerrechtlicher Mindeststandard soll bei Auslieferungsverfahren geprüft werden.[861]

Dieser eingeschränkte Prüfungsmaßstab der deutschen Grundrechte wird kritisiert. Eine einschränkende Auslegung der Grundrechte zugunsten anderer Staaten sei aus dem Völkerrecht nicht ableitbar.[862] Die völkerrechtliche Vertragsverpflichtung allein könne nicht als allgemeine Schranke für die Grundrechtsinterpretation verwendet werden.[863] Damit würde eine nach Art. 59 II GG auf dem Rang eines einfachen Gesetzes stehende Norm, wie Art. 6 EMRK sie ist, generell die Grundrechte einschränken.[864]

Die dargestellte Diskussion ist nur bedingt auf die Auslegung von Art. 13 I HZÜ übertragbar, da hier gerade eine vertragliche Vorbehaltsklausel vorgesehen ist. Zu entnehmen ist der Diskussion aber, dass von einer grundsätzlichen Anwendbarkeit zumindest der Art. 1 und Art. 20 GG im zivilverfahrensrechtlichen Rechtshilfeverkehr ausgegangen werden muss. Bei der Annahme eines rein völkerrechtlichen ordre public im Rahmen des HZÜ müsste aus den dargelegten Gründen eine Prüfung von Art. 1 und Art. 20 GG außerhalb des Art. 13 I HZÜ stattfinden. Dies hätte zur Folge, dass der ersuchte Staat sich völkervertragswidrig verhalten würde, wenn seine eigenen verfassungsrechtlichen Grundwerte ihm die Durchführung des Ersuchens verbieten, aber das Zustellungsersuchen dem Völkerrecht nicht entgegensteht. Die Verweigerung wäre bei einer rein völkerrechtlichen Auslegung des ordre public-Vorbehaltes nicht über Art. 13 I HZÜ gerechtfertigt.

Das Bundesverfassungsgericht und die unterinstanzlichen Gerichte nehmen bei Art. 13 I HZÜ eine Prüfung anhand der deutschen Grundrechte vor. Daher ist zu bezweifeln, dass das Bundesverfassungsgericht mit folgender Formulierung einen rein völkerrechtlichen Vorbehalt in Art. 13 I HZÜ begründen wollte[865]:

> „Ob die Zustellung einer Klage selbst dann mit Art. 2 I GG in Verbindung mit dem Rechtsstaatprinzip vereinbar wäre, wenn das mit der Klage angestrebte Ziel offensichtlich gegen unverzichtbare Grundsätze eines freiheitlichen Rechtsstaats verstieße, wie sie auch in internationalen Menschenrechtsübereinkommen verankert sind, bedarf in diesem Zusammenhang keiner grundsätzlichen Klärung."

Gegen ein rein völkerrechtliches Verständnis des Vorbehaltes spricht, dass das Gericht erwähnt, dass die Grundsätze lediglich „auch", aber nicht „ausschließlich" in Menschenrechtsübereinkommen verankert sein müssen.

860 Siehe hierzu ausführlich zum Beispiel Lagodny in Schomburg/Lagodny/Gleß/Hackner, § 73 IRG, Rn 6a ff.
861 Ständige Rechtsprechung seit BVerfG, NJW 1994, 2883.
862 Lagodny in Schomburg/Lagodny/Gleß/Hackner, § 73 IRG, Rn 17.
863 Lagodny in Schomburg/Lagodny/Gleß/Hackner, § 73 IRG, Rn 30.
864 Lagodny in Schomburg/Lagodny/Gleß/Hackner, § 73 IRG, Rn 30.
865 BVerfG, NJW 1995, 649 (650).

Andererseits schreibt das Gericht an anderer Stelle ausdrücklich, dass es sich bei Art. 13 I HZÜ um keinen innerstaatlichen ordre public-Vorbehalt handele.[866] Vor dem Hintergrund der eben zitierten Passage ist diese Aussage des Gerichtes so zu verstehen, dass sich lediglich die international zwingenden Normen des deutschen Rechts im Rahmen der Prüfung des Art. 13 I HZÜ durchsetzen.

2007 entschied das Bundesverfassungsgericht, dass bei rechtsmissbräuchlichen Schadensersatzforderungen die Unvereinbarkeit der Zustellung der Klageschrift mit unverzichtbaren Grundsätzen eines freiheitlichen Rechtsstaats nicht ausgeschlossen sei.[867] In einem solchen Fall sei es möglich, dass die deutschen Hoheitsträger mit einer positiven Zustellungsentscheidung durch ihre Anwendung und Auslegung des Vorbehalts in Art. 13 I HZÜ Rechte eines Beschwerdeführers grundsätzlich verkennen und unverhältnismäßig einschränken.[868] Als Prüfungsmaßstab wird unter anderem auf Art. 2 I GG in Verbindung mit dem Rechtsstaatsprinzip verwiesen.[869]

d. Vorgaben der EMRK und des IntPbpR

Zusätzlich ist zu bedenken, dass in Art. 6 I EMRK und Art. 14 I IntPbpR auch der Begriff des ordre public verwendet wird.[870] Zwar wird auf ihn nur als Korrektiv für die Einschränkung der Öffentlichkeit eines Verfahrens zurückgegriffen, die nur einen Teilaspekt der Regelungen des Art. 6 I EMRK und Art. 14 I IntPbpR darstellt. Offen bleibt bei dem Vorschlag, allein auf völkerrechtlich anerkannte Menschenrechte, insbesondere Art. 6 EMRK und Art. 14 I IntPbpR zurückzugreifen, ob über diesen Umweg nicht die international zwingenden Normen des deutschen Rechts Anwendung finden und im Rahmen der Prüfung berücksichtigt werden müssten.

Aus der EMRK und dem IntPbpR ergeben sich weitere Argumente gegen einen rein völkerrechtlich auszulegenden Vorbehalt. Art. 53 EMRK bestimmt, dass die EMRK nicht so auszulegen ist, dass sie Menschenrechte oder Grundfreiheiten, die in den Gesetzen der Vertragsstaaten oder in einer anderen Übereinkunft, deren Vertragspartei sie ist, anerkannt sind, beschränkt oder beeinträchtigt. Ähnliches ist Art. 5 II IntPbpR zu entnehmen. Danach dürfen die in einem Vertragsstaat durch Gesetz, Übereinkommen, Verordnung oder durch Gewohnheitsrecht anerkannten oder bestehenden grundlegenden Menschenrechte nicht unter dem Vorwand beschränkt oder außer Kraft gesetzt werden, dass der Pakt derartige Rechte nicht oder nur in einem geringeren Ausmaße anerkenne.

---

866 BVerfG, NJW 2003, 2598; so auch OLG Düsseldorf, NJW-RR 2010, 573 (575); OLG Düsseldorf, NJW-RR 2009, 500.
867 BVerfG, NJW 2007, 3709 (3710); BVerfG, RIW 2007, 211 (212).
868 BVerfG, NJW 2007, 3709 (3710).
869 BVerfG, RIW 2007, 211 (212).
870 Siehe zum Wortlaut des Art. 6 I EMRK E.II.2.a., zum Wortlaut des Art. 14 I IntPbpR E.II.2.c.

Würde nun ein Rückgriff auf die nationalen Rechte im Rahmen des Art. 13 I HZÜ verwehrt werden, dann würde genau die Folge eintreten, die Art. 53 EMRK und Art. 5 II IntPbpR verhindern wollen. Würde der Vorbehalt allein durch internationale Menschenrechte ausgefüllt werden, dann würde der Schutz durch die nationalen Rechte vor allem in den Bereichen verkürzt werden, in denen dieser weiter geht als derjenige, der durch die EMRK und des Internationalen Paktes gewährt wird. Dies würde der Zielsetzung der Konventionen widersprechen. Eine Verdrängung der nationalen Grundrechte unter Berufung auf die Prüfung der EMRK und des Paktes wird ausdrücklich durch Art. 53 EMRK und Art. 5 II IntPbpR untersagt.

3. Ergebnis

Mittlerweile gibt es eine hinreichende völkerrechtliche Normendichte, die einen völkerrechtlichen, vor allem regionalen ordre public beinhalten. In Europa bildet die EMRK die Grundlage des regionalen völkerrechtlichen ordre public. Sehr wohl gibt es auch völkerrechtliche Normen, die in einer Untersuchung des deutschen ordre public über Art. 25 GG zu prüfen sind. Allerdings ist es abzulehnen zu verlangen, dass nur die Beeinträchtigung von Normen völkerrechtlichen Ursprungs eine Ablehnung des Rechtshilfeersuchens gemäß Art. 13 I HZÜ rechtfertigt. Vielmehr muss sich ein Zustellungsersuchen im Rahmen des HZÜ an allen Normen messen, die Teil des ordre public in Deutschland sind. Nur diese Auslegung entspricht der Entstehungsgeschichte des HZÜ, der Grundrechtsbindung der deutschen Staatsgewalt, der Rechtspraxis in Deutschland und den Vorgaben in Art. 53 EMRK und in Art. 5 II IntPbpR.

Welche Normen konkret einem Zustellungsersuchen entgegenstehen, muss bei jeder Prüfung im Einzelfall untersucht werden. Gemeinsam ist den zu prüfenden Rechtsgrundsätzen, dass sie sich aufgrund ihrer Bedeutung für die Rechtsordnung auch im Rechtshilfeverkehr mit ausländischen Staaten durchsetzen und den Prüfungsmaßstab für Zustellungen aus dem Ausland darstellen.

II. Normen des Prüfungsmaßstabes

Nachdem festgestellt wurde, dass Art. 13 I HZÜ nicht nur völkerrechtliche Normen als Maßstab der Prüfung zulässt, wird nun in einem Überblick auf die Regelungen des deutschen Rechts (1.) und Rechtssätze des Völkerrechts (2.) eingegangen. Es wird untersucht, welche international zwingenden Normen im Rahmen der Prüfung des ordre public-Vorbehaltes in Art. 13 I HZÜ zu berücksichtigen sind. Danach wird zum Schutz von Individualrechten unter Art. 13 I HZÜ (3.) Stellung genommen.

Darüber hinaus ist fraglich, ob staatliche Interessen (4.) Inhalt des Prüfungsmaßstabes sind. Die konkrete Prüfung einer Verletzung der einzelnen Rechte durch eine Zustellung nach dem HZÜ ist in der Untersuchung der Fallgruppen (F.) vorgesehen. Unabhängig von den konkreten Fallgruppen wird im vorliegenden Abschnitt zunächst die Anwendbarkeit der Normengruppen untersucht.

1. Wesentliche Grundsätze des deutschen Rechts

Zunächst wird ermittelt, welche Normen des deutschen Rechts bei einer Prüfung des ordre public-Vorbehaltes zu berücksichtigen sind. Ausdrücklich sind laut Art. 6 EGBGB die Grundrechte Inhalt des ordre public in Deutschland. Die wesentlichen Grundsätze des deutschen Rechts, die neben den Grundrechten zu prüfen sind, müssen ein grundrechtsentsprechendes Gewicht aufweisen.[871] Genießen Rechte oder Prinzipien Verfassungsrang, ist das ein gewichtiges, aber nicht hinreichendes Prinzip dafür, dass es sich um einen wesentlichen Grundsatz des deutschen Rechts im Sinne des ordre public handelt.[872] Für die Wesentlichkeit spricht ebenfalls eine inländische zivilrechtliche Sanktion. Auch der Strafbewehrung kann ein Hinweis auf die Wesentlichkeit entnommen werden.[873]

Nach der jeweiligen Zielrichtung der Normen wird zwischen verfahrens- und materiellrechtlichem ordre public unterschieden. Der verfahrensrechtliche ordre public wird über seine Funktion so definiert, dass er die Auswirkungen einer in anstößiger Weise zustande gekommenen Entscheidung international begrenzen soll.[874] Im verfahrensrechtlichen ordre public enthalten sind grundlegende Verfahrensprinzipien, die im Rechtsstaatsprinzip verwurzelt sind. Dazu gehören unter anderem der Grundsatz der Unabhängigkeit und Unparteilichkeit des Gerichtes, der Grundsatz des rechtlichen Gehörs, prozessuale Waffengleichheit oder der Anspruch auf ein faires Verfahren.[875]

Inhalt des materiellrechtlichen ordre public-Vorbehaltes sind zum Beispiel Grundsätze des Schadensersatzrechts oder die ungeschriebenen rechtsethischen Grundsätze der §§ 138, 826 BGB.[876]

a. Anwendbarkeit der Grundrechte

Die Grundrechte sind wesentliche Grundsätze des deutschen Rechts und damit Teil des Prüfungsmaßstabes des ordre public. Die Anwendbarkeit der Grundrechte bei Sachverhalten, die sich im Wesentlichen im Ausland abspielen, ist allerdings nicht eindeutig. Es gilt daher zu untersuchen, in wie weit Auslandssachverhalte an deutschen Rechtsmaßstäben zu messen sind. Teilweise wird in Zweifel gezogen, ob das Grundgesetz Auslandsvermögen überhaupt schützt.[877] Es bestehen Zweifel an einer hinreichenden Inlandsbeziehung des Sachverhaltes. Zudem wird vertreten, dass der Schutzbereich des deutschen Rechts grundsätzlich am Hoheitsgebiet des

---

871 Völker, S. 116.
872 Völker, S. 116 mwN.
873 Völker, S. 116–117.
874 Völker, S. 253.
875 Geimer, IZPR, Rn 2946–2948; Völker, S. 127–131.
876 Siehe Untersuchung bei Völker, S. 159–166.
877 Koch/Horlach/Thiel, RIW 2006, 357 (363); Schlosser, EU-ZPR, Art. 13 HZÜ Rn 5; Stadler, JZ 1995, 718 (721); Zekoll, NJW 2003, 2885 (2886).

anderen Staates ende.[878] Eine extraterritoriale, d.h. auf Auslandsvermögen bezogene Anwendung des deutschen Grundgesetzes würde deutsche Wertvorstellungen in überzogener Weise in das Ausland exportieren.[879]

aa. Völkergewohnheitsrechtliche Rechtfertigung der Anwendbarkeit der Grundrechte

Möglicherweise gibt das Völkerrecht einen internationalen Standard vor, nach dem nationale Rechte bei internationalen Sachverhalten zur Anwendung kommen. Im völkerrechtlichen Kontext ist zu untersuchen, ob eine nationale Rechtsordnung neben rein inländischen Sachverhalten auch solche zum Regelungsgegenstand machen darf, die einen Auslandsbezug haben. Hierbei ist nicht der räumliche Geltungsbereich der nationalen Gesetzgebung betroffen (dieser ist identisch mit der Hoheitsgewalt auf das eigene Staatsgebiet beschränkt), sondern der sachliche Anwendungsbereich. Die extraterritoriale Wirkung einer nationalen Rechtsnorm wird hier untersucht.

Das Völkergewohnheitsrecht verlangt für die Regelung von Sachverhalten einen legitimierten Anknüpfungspunkt.[880] Wenn ein Staat ohne einen legitimierten Anknüpfungspunkt einen Sachverhalt mit Auslandsberührung regelt, verstößt er gegen das Interventionsverbot.[881] Das ergibt sich schon aus dem Nebeneinander gleichberechtigter souveräner Staaten. Völkerrechtlich legitimierte Anknüpfungsmomente bieten das Territorialitätsprinzip, das Personalitätsprinzip und das Schutzprinzip.

Das völkerrechtliche Territorialitätsprinzip greift dann, wenn das geregelte Geschehen sich ganz oder teilweise auf dem Staatsgebiet des regelnden Staates vollzieht oder es um den Status von Sachen und Rechten geht, die auf dem Staatsgebiet belegen sind.[882] Das Prinzip verlangt, dass ein territorialer Bezug zwischen

---

878 OLG München, IPRax 1993, 309 (310).

879 Stadler, JZ 1995, 718 (721).

880 Herdegen, S. 192; Stein/von Butlar, Rn 606–630; siehe auch die Grundsätze des Restatement (Third) of the Foreign Relations Law of the United States (Bd. 1, 1987) in § 402
"(1) (a) a conduct that, wholly or in substantial part, takes place within its territory;
(b) the status of persons, or interests in things, present within its territory;
(c) conduct outside its territory that has or is intended to have substantial effect within its territory;
(2) the activities, interests, status, or relations of its nationals outside as well as within its territory; and
(3) certain conduct outside its territory by persons not its nationals that is directed against the security of the state or against a limited class of other state interests."

881 Herdegen, S. 192.

882 Herdegen, S. 193.

dem Sachverhalt und dem Staat, der diesen regelt, bestehen muss.[883] Dadurch, dass der Zustellungsadressat in Deutschland ist, besteht an einem Bezug kein Zweifel.

Die weite Fassung des Territorialitätsprinzips wird Wirkungsprinzip genannt und bezieht die Auswirkungen eines Geschehens in einem anderen Staat auf das Inland ein.[884] Bei einer Zustellung an einen im Inland ansässigen Adressaten ist die Wirkung des ausländischen Verfahrens im Inland unzweifelhaft.[885] Auch nach dem Wirkungsprinzip können die nationalen Grundrechte daher im Rahmen des zustellungsrechtlichen ordre public in Art. 13 I HZÜ angewandt werden.

Das passive Personalitätsprinzip könnte ebenfalls als legitimierender Anknüpfungspunkt für die Anwendung der Grundrechte bemüht werden. Danach knüpft das Prinzip an den Schutz von Personen nach dem Recht ihres Heimat- oder Aufenthaltstaates an.[886] Die Reichweite des passiven Personalitätsprinzips ist allerdings umstritten.[887]

Nach dem Schutzprinzip kann ein Staat Vorschriften zu seiner eigenen Sicherheit oder zum Schutz anderer wichtiger öffentlicher Belange auch auf gefährdetes Verhalten außerhalb seines Staatsgebietes erstrecken.[888] Ein Beispiel solcher Vorschriften bilden die sogenannten *blocking statutes* gegen Zustellungen und Beweiserhebungen im Inland für ausländische Verfahren.[889] Die Bundesrepublik Deutschland sieht von dem Erlass solcher Vorschriften im Rechtshilfeverkehr mit Ausnahme der *pre-trial discovery* im Seerecht ab.[890] Daher ergibt sich aus dem Schutzprinzip kein legitimierender Anknüpfungspunkt für die Anwendung der deutschen Grundrechte im Rahmen der Zustellung.

Das Universalitätsprinzip rechtfertigt die Verteidigung von bestimmten Rechtsgütern mit den Mitteln des Strafrechts durch die gesamte Staatengemeinschaft aufgrund der Wertigkeit der gefährdeten Rechtsgüter.[891] Diese Gruppe von Rechtsgütern umfasst Völkermord, Sklaverei, Kriegsverbrechen, Flugzeugentführungen

---

883 Näheres zum Territorialitätsprinzip siehe Bertele, S. 65, insbesondere S. 73ff.

884 Herdegen, S. 193.

885 Das OLG Koblenz sah durch die Inanspruchnahme extraterritorialer Rechtsprechungsgewalt das Territorialitätsprinzip verletzt (OLG Koblenz, NJOZ 2005, 3122 (3146). Die Kläger wollen die Beklagte mit Sitz in Deutschland wegen eines Verhaltens ihrer kanadischen Tochtergesellschaft auf kanadischem Hoheitsgebiet in den USA auf Schadensersatz, Gewinnabschöpfung und Unterlassung weiterer Handlungen in Kanada in Anspruch nehmen. Kritisch zum Verstoß gegen das Territorialitätsprinzip Piekenbrock, IPRax 2006, 4 (9).

886 Herdegen, S. 197.

887 Siehe Herdegen, S. 197.

888 Herdegen, S. 197.

889 Siehe D.I.2.a.

890 § 11 des Gesetzes über die Aufgaben des Bundes auf dem Gebiet der Seeschiffahrt vom 21.1.1987, BGBl. I 1987, 541; dazu die Verordnung über die Übermittlung schiffahrtsgeschäftlicher Unterlagen an ausländische Stellen v. 14.12.1966, BGBl II 1966, 1542.

891 Herdegen, S. 197.

und bestimmte terroristische Gewaltakte.[892] Nur schwer denkbar ist die Relevanz des Universalitätsprinzips im Rahmen der Zustellungsverweigerung nach Art. 13 I HZÜ.

Somit ist völkergewohnheitsrechtlich die Anwendbarkeit der deutschen Grundrechte auf ein Zustellungsersuchen für ein ausländisches Verfahren an einen im Inland ansässigen Adressaten über das Territorialitätsprinzip gewährleistet. Die Frage nach der völkerrechtlichen Rechtfertigung der Anwendung innerstaatlicher Grundsätze auf sich im Ausland abspielende Sachverhalte hat sich in der Vergangenheit zumeist zwischen den USA und anderen Staaten ergeben[893], so zum Beispiel im Fall der Westinghouse-Verfahren[894], im Fall Anschütz[895] sowie den Pipeline-Embargo[896]-Fällen. Dabei vertraten kanadische Gerichte, dass auch die Grundsätze der *international comity*[897] nicht zur Erledigung von Rechtshilfeersuchen gegen den ordre public des ersuchten Staates zwingen:

> "The enforcement of letters rogatory is always a matter within the discretionary power of the Court. Their enforcement is based upon international comity or courtesy proceeding from the law of nations. Inherent in the idea of international comity is a mutuality of purpose and of power. (...) Courts in Canada recognize, and have often said, that, in the interests of comity, judicial assistance should whenever possible be given at the request of Courts of other countries. It is also fundamental that comity will not be exercised in violation of the public policy of the state to which the appeal is made or at the expense of injustice to its citizens; and comity leaves to the Court whose power is invoked the determination of the legality, propriety or rightfulness of its exercise."[898]

bb. Verfassungsrechtliche Rechtfertigung für die Anwendbarkeit der Grundrechte

Neben dem Völkerrecht kann sich auch aus dem Verfassungsrecht selbst eine Rechtfertigung für die Anwendung der Grundrechte im Rahmen des ordre public-Vorbehaltes in Art. 13 I HZÜ ergeben. Grundsätzlich die Erledigung des Zustellungsersuchens an deutschem Verfassungsrecht zu messen, weil die Zustellung einen inländischen Hoheitsakt darstellt[899] und damit der deutsche Hoheitsträger an Artt. 1 III, 19 IV 1 und 20 III GG gebunden ist. Damit ist die Anwendbarkeit der

892 Herdegen, S. 198.
893 Siehe hierzu die ausführliche Darstellung in Ziegenhain, Extraterritoriale Rechtsanwendung und die Bedeutung des Genuine-Link-Erfordernisses, 1992.
894 Westinghouse Elec. Corp. v. Rio Algom Ltd., 480 F. Supp. 1138 (N.D. Ill. 1979).
895 Anschütz & Co. GmbH, 754 F. 2d 602 (5th Cir. 1985) und 107 S.Ct. 3223 (1987).
896 Siehe zu den Einzelheiten Bockslaff, S. 28 ff.
897 Siehe hierzu B.IV.3.c.aa.
898 Westinghouse Electric Corporation and Duquesne Light Co. (1977), 16 O.R. (2d) 273 (290–291).
899 Siehe C.

Grundrechte bereits über die Rechtsnatur des Zustellungshoheitsaktes nicht nur legitimiert, sondern auch zwingend.

Auf der Ebene der Grundrechtsprüfung gilt zudem, dass es für einen möglichen Eingriff in den Schutzbereich eines Grundrechtes keine Rolle spielt, ob sich wesentliche Teile des Tatbestandes im Ausland abspielen. Die deutsche Behörde ist immer an die Grundrechte gebunden. Die Grundrechte treffen mit Ausnahme der sogenannten Deutschen-Grundrechte keine Aussage darüber, für wen sie nicht gelten.

In seiner Grundsatzentscheidung zur Anwendbarkeit der Grundrechte im Kollisionsrecht entschied das Bundesverfassungsgericht, dass ein Grundrecht wesensgemäß eine bestimmte Beziehung zur Lebensordnung im Geltungsbereich der Verfassung voraussetzen kann, so dass eine uneingeschränkte Durchsetzung in ganz oder überwiegend auslandsbezogenen Sachverhalten den Sinn des Grundrechtsschutzes verfehlen würde.[900] Wieweit dies der Fall ist, lässt sich nicht allgemein bestimmen.[901] Vielmehr ist jeweils durch Auslegung der entsprechenden Verfassungsnorm festzustellen, ob sie nach Wortlaut, Sinn und Zweck für jede denkbare Anwendung hoheitlicher Gewalt innerhalb der Bundesrepublik gelten will oder ob sie bei Sachverhalten mit mehr oder weniger intensiver Auslandsbeziehung eine Differenzierung zulässt oder verlangt.[902]

Bei der Differenzierung ist zu berücksichtigen, dass sowohl die Präambel des Grundgesetzes und die Artt. 1 II, 24 und 25 GG als auch die das Verfassungssystem insgesamt kennzeichnenden Prinzipien des Pluralismus und der Toleranz erkennen lassen, dass die Verfassung andere Staaten als gleichberechtigte Glieder der Völkergemeinschaft anerkennt und deren eigenständige Rechtsordnung respektiert.[903]

Das Problem der Geltung der Grundrechte in grenzüberschreitenden Sachverhalten ist ein rein verfassungsrechtliches, welches im Wege der Verfassungsauslegung zu lösen ist.[904] Die Verfassung selbst muss sagen, ob sie anwendbar und ob sie verletzt ist.[905] Bei der Prüfung der Anwendbarkeit der Grundrechte wird nicht auf andere, einfachgesetzliche Rechtsquellen zurückgegriffen. Dies folgt aus der Normenhierarchie.[906] Die Verfassungsnorm wird auf ihren Inhalt allgemein und speziell auf ihre Aussage zum eigenen Anwendungsanspruch im Fall mit Auslandsberührung hin überprüft.[907] Die im Kontext des internationalen Privatrechts entwickelten Grundsätze der Anwendbarkeit der Grundrechte gelten auch im internationalen Zivilverfahrensrecht[908], da sich diese aus der Verfassung selbst ergeben.

---

900 BVerfGE 31, 58 (77).
901 BVerfGE 31, 58 (77).
902 BVerfGE 31, 58 (77).
903 BVerfGE 31, 58 (75).
904 Kronke, BerDtGeVR 38 (1998), 33 (45–46).
905 Kronke, BerDGeVR 38 (1998), 33 (49).
906 Kronke, BerDtGeVR 38 (1998), 33 (45–46).
907 Kronke, BerDtGeVR 38 (1998), 33 (45–46).
908 Siehe auch Koch/Diedrich, ZIP 1994, 1830 (1832); Rothe, RIW 2003, 859 (863).

Die modifizierte Anwendung der Grundrechte darf im Hinblick auf Artt. 1 III und 20 III GG nicht zu einer generellen Unanwendbarkeit der Grundrechte bei der Erledigung von Zustellungsersuchen im Rahmen des HZÜ führen. Zutreffend ist daher, dass eine Geschäftstätigkeit im Ausland pauschal keinen Fall von Grundrechtsverwirkung darstellt.[909] Die allgemeinen Voraussetzungen einer Grundrechtsverwirkung sind in Art. 18 GG geregelt.[910] Nicht zuletzt aus dieser Regelung folgt, dass andere Fälle der Verwirkung von Grundrechten nicht vorgesehen sind und einer ausdrücklichen Regelung bedürften.[911]

Aus den dargelegten Gründen ist somit der Einwand abzulehnen, dass eine extraterritoriale Anwendung der Grundrechte abzulehnen sei und Grundrechte keinen universellen Geltungsanspruch hätten, es sei denn sie hätten allgemeinen Menschenrechtscharakter.[912]

Zusätzlich spricht gegen die Ansicht, dass eine extraterritoriale Anwendung der Grundrechte abzulehnen sei, dass sie von einem örtlichen Denken der Grundrechtsgeltung ausgeht. Grundrechte schützen jedoch in Beziehungen zwischen Verpflichtetem und Berechtigtem. Wo sich das geschützte Rechtsgut befindet, spielt für die Eröffnung des Anwendungsbereichs keine Rolle, wenn grundsätzlich ein grundrechtsrelevantes Verhalten des Grundrechtsverpflichteten vorliegt. Das grundrechtsrelevante Handeln der grundrechtsverpflichteten Zentralen Behörde ist bei der internationalen Zustellung nach dem HZÜ die Erledigung des Zustellungsersuchens.

Art. 1 III GG differenziert nicht zwischen Handlungs- und Erfolgsort.[913] Die Grundrechtsbindung der Ausübung deutscher Staatsgewalt knüpft nicht daran an, ob deren Wirkungen im In- oder Ausland eintreten.[914] Der deutsche Staat darf im Ausland abspielende Sachverhalte an deutschen Rechtsmaßstäben messen, wenn er an ihnen mitwirkt und dadurch einem Verstoß von innerstaatlichen Wertungsmaßstäben zulasten eines im Inland ansässigen Zustellungsadressaten Vorschub leistet.[915] Das Auslandsvermögen eines in Deutschland ansässigen Beklagten genießt daher beispielsweise grundsätzlich den Schutz der deutschen Grundrechte.

909 Greger in: Erlanger FS Schwab, S. 331 (348); Merkt, S. 180.

910 Spezialvorschriften der Grundrechtsverwirkung enthalten auch in Art. 9 II GG und Art. 21 II GG, wobei Art. 21 II GG parallel zu Art. 18 GG anzuwenden ist und Art. 18 GG durch Art. 9 II GG verdrängt wird. Siehe Nachweise bei Jarass/Pieroth, Art. 18 GG Rn 2.

911 Ausnahmen hiervon sind zu machen, wenn die Verwirkung eines Grundrechtes die Einschränkungen anderer Grundrechte abdeckt, soweit sie zwangsläufig mit der Ausübung des verwirkten Grundrechts verbunden sind und dem betroffenen Grundrecht kein Vorrang zukommt. So BVerfGE 25, 88 (97); Jarass/Pieroth, Art. 18 GG, Rn 6; Dürig/Klein in Maunz/Dürig, Art. 18 GG, Rn 32.

912 So aber Koch/Diedrich, ZIP 1994, 1830 (1832).

913 Kronke, BerDtGeVR 38 (1998), 33 (41) mwN.

914 Merkt, S. 171.

915 Kronke, BerDtGeVR 38 (1998), 33 (41).

Im Rahmen der Verhältnismäßigkeit des Eingriffs in den Schutzbereich spielt die Inlands- bzw. Auslandsbeziehung des Sachverhaltes eine Rolle.

cc. Ergebnis

Somit ist festzuhalten, dass die Anwendbarkeit der deutschen Grundrechte im Rahmen der Prüfung des ordre public-Vorbehaltes in Art. 13 I HZÜ sowohl auf völkerrechtlicher als auch auf verfassungsrechtlicher Ebene gerechtfertigt ist.

b. Unteilbarkeit des ordre public

Als weitere Vorüberlegung zur Anwendbarkeit der Grundrechte des deutschen Rechts als Prüfungsmaßstab im Rahmen der ordre public-Prüfung des Art. 13 I HZÜ ist zu untersuchen, ob bei der Prüfung des deutschen ordre public der Prüfungsmaßstab identisch ist, egal ob die Prüfung im Rahmen der kollisionsrechtlichen, rechtshilferechtlichen oder anerkennungsrechtlichen Vorbehalte erfolgt. Der Prüfungsmaßstab enthält zwei Ebenen: einerseits die zu prüfenden wesentlichen Grundsätze des deutschen Rechts, andererseits die Eingriffintensität der ausländischen Norm in den wesentlichen Grundsatz. Anders formuliert könnte auf einer ersten Ebene je nach Verortung des Vorbehaltes der Inhalt des Prüfungsmaßstabes – die zu prüfenden Rechte – variieren und auf der zweiten Ebene nach dem Grad der Unvereinbarkeit der ausländischen Norm mit dem innerstaatlichen wesentlichen Grundsatz differenziert werden.

aa. Differenzierung des Prüfungsinhaltes nach Verortung des ordre public-Vorbehaltes

Die herrschende These vom *ordre public atténué de la reconnaissance* spricht sich für eine Differenzierung zwischen dem Prüfungsinhalt des ordre public im Kollisionsrecht und im Anerkennungsstadium aus.[916] Danach soll der zu prüfende Vorbehalt im Anerkennungsstadium eine abgeschwächte Wirkung (*effet atténué*) haben und seltener zur Anwendung kommen als im Kollisionsrecht. Zum Teil wird vertreten, dass der rechtshilferechtliche ordre public abermals abgeschwächt gegenüber dem anerkennungsrechtlichen *ordre public atténué* sei.[917]

Daher ist für die Ermittlung des Prüfungsmaßstabes im Rahmen des ordre public-Vorbehaltes in Art. 13 I HZÜ eine Auseinandersetzung mit der These vom *effet atténué* in der Anwendung von ordre public-Vorbehalten im internationalen Zivilverfahrensrecht relevant. Es wird vertreten, dass nicht der gesamte Normenbestand, der im kollisionsrechtlichen ordre public zu prüfen sei, Maßstab im Rahmen der

---

916 BGHZ 138, 331; Geimer, IZPR, 27–28; siehe weitere Nachweise bei Völker, S. 51–52.

917 Koch/Diedrich, ZIP 1994, 1830 (1831); Morisse, RIW 1995, 370 (372); Rohe, in: FS Vollkommer, S. 291 (307); Rothe, RIW 2003, 859 (863); Zekoll, NJW 2003, 2885 (2886).

Anerkennung sei und sich gegenüber ausländischen Urteilen durchsetze.[918] Zur Differenzierung zwischen den ordre public-Vorbehalten im Verfahrensrecht und denen im materiellen Recht sei maßgeblich, ob das Ergebnis der Anwendung ausländischen Rechts im konkreten Fall zu den Grundgedanken der deutschen Regelungen und den darin enthaltenen Gerechtigkeitsvorstellungen in so starkem Widerspruch stehe, dass es nach deutscher Vorstellung untragbar erscheine.[919] Nur dann würde der verfahrensrechtliche Vorbehalt greifen.

Allerdings ist dem zu entgegnen, dass der Unterschied zwischen dem ordre public-Vorbehalt im internationalen Zivilverfahrensrecht, wie zum Beispiel § 328 I Nr. 4 ZPO und dem kollisionsrechtlichen Vorbehalt in Art. 6 EGBGB anhand ihres Wortlautes nicht deutlich wird. Tatsächlich haben die ordre public-Vorbehalte im autonomen deutschen Recht einen identischen Wortlaut. Sowohl für die Anwendung des fremden Rechts in Art. 6 EGBGB als auch für die Anerkennung der ausländischen Entscheidung in § 328 I Nr. 4 ZPO ist Voraussetzung, dass das Ergebnis mit wesentlichen Grundsätzen des deutschen Rechts unvereinbar ist. In der Regierungsbegründung zur IPR-Reform von 1986, die die Wortlaute der ordre public-Vorbehalte im deutschen Recht vereinheitlichte, wird festgehalten, dass die ordre public-Klauseln des Verfahrensrechts nicht ohne zwingenden Grund von der entsprechenden kollisionsrechtlichen Vorschrift abweichen sollen.[920]

Eine Quantifizierung oder Konkretisierung der Abschwächung des ordre public-Vorbehaltes im Verfahrensrecht gegenüber dem im Kollisionsrecht ist durch die Vertreter der These vom *ordre public atténué* nicht erfolgt und auch unmöglich.[921]

Zum Teil wird daher ein einheitlicher Begriff des ordre public befürwortet, so dass keine Differenzierung zwischen einem zustellungsrechtlichen, anerkennungs- und kollisionsrechtlichen ordre public-Vorbehalt zu treffen ist.[922] Es wird von einem Gleichlauf zwischen dem ordre public im internationalen Zivilverfahrensrecht mit dem kollisionsrechtlichen ordre public-Vorbehalt des Art. 6 EGBGB ausgegangen.

Die Tatsache, dass die ordre public-Klausel bereits als äußerste Grenze verstanden wird, erlaubt nicht weiter zwischen einem engen und einem weiten *ordre public*

---

918 Geimer, IZPR, Rn 28.

919 BGHZ 138, 331.

920 BT-Drucks. 10/504, S. 89; nach Völker, S. 56–89 rechtfertigt auch die Funktion einer kollisions- und anerkennungsrechtlichen ordre public-Kontrolle sowie die Folgen des Verstoßes gegen den Vorbehalt nicht die These vom effet atténué der Vorbehalte im internationalen Zivilverfahrensrecht.

921 Völker, S. 56.

922 OLG Koblenz, NJOZ 2005, 3122 (3141); Brockmeier, S. 99; Greger in: Erlanger FS Schwab, S. 331 (348); Merkt, S. 148; Schütze, Prozessführung, S. 246; für eine Gleichlauf zwischen anerkennungsrechtlichem und kollisionsrechtlichem Vorbehalt auch Schlosser, EU-ZPR, Art. 34–36 EuGVO, Rn 2; Stadler, JZ 1995, 718 (720), die auch eine einheitliche Auslegung mit Art. 27 Nr. 1 EuGVÜ und Art. 12 I lit. b HBÜ befürwortet; Völker, S. 55.

international zu differenzieren.[923] Der ordre public ist unteilbar.[924] Entweder ist die Anwendung eines ausländischen Rechtssatzes oder die Durchführung eines ausländischen Urteils oder Schiedsspruchs mit den Grundwerten der deutschen Rechtsordnung unvereinbar oder sie können hingenommen werden.[925] Grundsätzlich ist die Möglichkeit eröffnet, bei Unvereinbarkeit mit unverzichtbaren Grundsätzen der deutschen Rechtsordnung bzw. bei Verstoß gegen Grundrechte des Betroffenen die Zustellung abzulehnen.[926]

Für einen unteilbaren ordre public-Prüfungsmaßstab unabhängig von seiner Verortung spricht, dass in der konkreten Prüfung der deutschen Normen (insbesondere der Grundrechte), die zu dem ausländischen Rechtssatz im Widerspruch stehen könnten, immer der in der Verfassung fest verankerte Respekt vor der Verfassung anderer Staaten als gleichberechtigte Glieder der Völkergemeinschaft und deren eigenständige Rechtsordnung[927] zu berücksichtigen ist. Insbesondere das Interesse an einem geordneten Rechtshilfeverkehr und einer Sicherstellung, dass im Ausland zuzustellende Schriftstücke ihrem Empfänger rechtzeitig zur Kenntnis gelangen[928], ist im Rahmen der zustellungsrechtlichen ordre public-Prüfung der Grundsätze des deutschen Rechts zu beachten. Aus diesem Kontext können sich unterschiedliche Ergebnisse der konkreten Prüfung im Einzelfall auf der Ebene des Kollisions- und des internationalen Zivilverfahrensrechts ergeben. Grundsätzlich ist der zu prüfende Inhalt des deutschen ordre public jedoch immer identisch.

bb. Inlandsbeziehung des Sachverhaltes

Auf der zweiten Ebene des Prüfungsmaßstabes, die der Eingriffsintensität der ausländischen Rechtssätze in deutsche wesentliche Grundsätze, ist die vom Bundesverfassungsgericht beschriebene Haltung des Grundgesetzes zu berücksichtigen.[929] Hier wird das Kriterium der Inlandsbeziehung als Prüfungstatbestand bemüht. Je geringer der Bezug zu Deutschland, desto geringer soll die Eingriffsintensität in die wesentlichen Grundsätze des deutschen Rechts ausfallen. Je stärker der Bezug zum Inland, desto geringer ist die Hürde, einen ordre public-Verstoß zu bejahen.

Allerdings ist der Inlandsbezug kein von der Grundrechtsprüfung losgelöstes Tatbestandsmerkmal des ordre public.[930] Der Inlandsbezug ist für die Klärung der Frage

---

923 Stadler, JZ 1995, 718 (720).
924 Schütze, Prozessführung. S. 246.
925 Schütze, Prozessführung. S. 246.
926 Stadler, JZ 1995, 718 (720).
927 BVerfGE 31, 58 (75–76); BVerfGE 18, 112 (116 ff.).
928 BVerfG, NJW 2007, 3709.
929 Siehe BVerfGE 31, 58 (74–76); BVerfGE 18, 112 (116 ff.).
930 Wie hier Kronke, BerDtGeVR 38 (1998), 33 (44) mit umfangreichen Ausführungen zum ordre public und den Grundrechten; Scholz, IPRax 2008, 213 (214); Voltz, S. 45 ff; a.A. Blumenwitz in Staudinger, Art. 6 EGBGB, Rn 106; Thorn in Palandt, Art. 6 EGBGB, Rn 6.

relevant, ob und inwieweit der Schutzbereich des jeweils betroffenen Grundrechts auch Sachverhalte mit Auslandsberührung erfasst.[931] Für eine weitere Relativierung des Grundrechtsschutzes ist kein Raum.[932] Liegt infolge einer hinreichenden Inlandsbeziehung eine Grundrechtsverletzung vor, greift nach der Rechtsprechung des Bundesverfassungsgerichtes die Vorbehaltsklausel immer ein, da angesichts der Grundrechtsbindung des Art. 1 III GG für eine Differenzierung zwischen tragbaren und untragbaren Grundrechtsverletzungen kein Raum ist.[933] Jede Grundrechtsverletzung ist auch ein ordre public-Verstoß.[934] Hingegen ist nicht jeder Grundrechtseingriff eine Verletzung. Es ist zwischen gerechtfertigten und ungerechtfertigten Grundrechtseingriffen zu differenzieren. Im Rahmen der Rechtfertigung, insbesondere bei der Prüfung der Verhältnismäßigkeit, ist das Kriterium des Inlandsbezuges heranzuziehen. Anhand von Wortlaut, Sinn und Zweck des betroffenen Grundrechts ist das im Einzelfall gebotene Maß an Inlandsbezug zu bestimmen, das den Schutzbereich des Grundrechts berührt sein lässt.[935]

Die Lehre vom *effet atténué* jedoch geht genau umgekehrt davon aus, dass der Prüfungsmaßstab von vorneherein beschränkt ist.[936] Dem ist jedoch nicht zuzustimmen. Erst auf der zweiten Ebene der Eingriffsintensität ist zu berücksichtigen, wie eng der Bezug zum Inland ist bzw. ob sich nicht doch der verfassungsrechtlich verankerte Respekt vor der ausländischen Rechtsordnung durchsetzt. Aus diesen Erwägungen heraus werden aus der Anwendung des ordre public-Vorbehaltes im Kollisionsrecht und im Verfahrensrecht unterschiedliche Ergebnisse resultieren. Findet ein Verfahren in Deutschland statt und rechtfertigt die Anwendung deutschen Kollisionsrechts, dann wird in der Regel auch ein stärkerer Inlandsbezug vorliegen als im Rahmen der Anerkennung. Damit ein Gerichtsstand in Deutschland eröffnet ist, müssen tatsächliche Anknüpfungspunkte zum deutschen Forum vorliegen. Zudem ist der verfassungsrechtlich verankerte Respekt vor ausländischen Rechtsordnungen stärker ausgeprägt, wenn bereits ein feststehendes Urteil zu beurteilen ist, als wenn die Anwendbarkeit einer ausländischen materiellen Rechtsnorm geprüft wird.

cc. Unterscheidung zwischen dem Prüfungsmaßstab des Art. 13 I HZÜ und dem des anerkennungsrechtlichen ordre public-Vorbehaltes

Relevant wird die Unterscheidung des Prüfungsmaßstabes je nach Verortung des ordre public-Vorbehaltes dann, wenn schon im Rechtshilfeverfahren erkennbar ist, dass das zu erwartende Urteil des Verfahrens gegen den anerkennungsrechtlichen ordre public verstoßen würde. Bei Klagen auf *punitive damages* zum Beispiel wäre

931 Scholz, IPRax 2008, 213 (215).
932 BVerfGE 31, 58 (86); Scholz, IPRax 2008, 213 (215) Fn 53.
933 BVerfGE 31, 58 (86); Scholz, IPRax 2008, 213 (215) Fn 53.
934 Kronke, BerDtGeVR 38 (1998), 33 (49).
935 BVerfGE 31, 58 (86); Scholz, IPRax 2008, 213 (215) mwN; siehe oben.
936 Kritisch auch Völker, S. 91.

die Zustellung in Deutschland dann immer zu versagen, weil die Anerkennung von Urteilen zu *punitive damages* in Deutschland gegen den ordre public verstoßen.[937]

Fraglich ist also, ob bei einer negativen Anerkennungsprognose dennoch Rechtshilfe zu gewähren ist. Das Verhältnis zwischen dem ordre public-Vorbehalt in Art. 13 I HZÜ und dem anerkennungsrechtlichen ordre public ist demnach zu untersuchen. Ebenso wie bei der Differenzierung zwischen dem Prüfungsmaßstab des kollisionsrechtlichen und anerkennungsrechtlichen ordre public-Vorbehaltes verbietet sich aus den bereits dargelegten Gründen eine pauschale Einengung des Prüfungsmaßstabes des rechtshilferechtlichen ordre public. Vielmehr ist auch hier im Rahmen der Prüfung des Inlandsbezug des Sachverhaltes, d.h. im Rahmen der Rechtfertigung eines Eingriffs in ein Grundrecht, zu prüfen, ob sich der Respekt gegenüber dem ausländischen Recht und dem ausländischen Rechtshilfeersuchen gegenüber dem Ergebnis der Erledigung des Rechtshilfeersuchens durchsetzt. Dabei wird zu beachten sein, dass im Rahmen der Zustellung der Eingriff in das ausländische Verfahren weitaus intensiver sein kann als im Rahmen der Anerkennung. Bei einer Verweigerung der Zustellung werden bereits in einem frühen Verfahrensstadium möglicherweise negative Auswirkungen der mangelnden internationalen Rechtshilfe für den Kläger spürbar.[938] Unter Umständen verneint das ausländische Gericht als Folge seine internationale Zuständigkeit.[939]

Letztlich ist im Rahmen der Differenzierung im Prüfungsmaßstab zwischen dem zustellungsrechtlichen und anerkennungsrechtlichen ordre public zu beachten, dass für ein Verfahren, für das Rechtshilfe gewährt worden ist, nicht notwendigerweise eine Urteilsanerkennung und Vollstreckung im Inland stattfindet. Die Rechtshilfe zu versagen aufgrund der Aussicht, dass eine mögliche Anerkennung im Inland gegen den ordre public verstoßen würde, ließe außer Acht, dass es zu einer Anerkennung im Inland gar nicht kommen muss. Daher ist die Zustellung auch zu gewähren, wenn eine Anerkennungsprognose negativ ist.[940]

dd. Prüfungsmaßstab des Art. 13 I HZÜ im Vergleich zu Art. 6 EGBGB und Einfluss des Art. 40 III EGBGB

Wie bereits erwähnt, ist der Prüfungsmaßstab des ordre public Vorbehaltes in Art. 13 I HZÜ mit dem des Art. 6 EGBGB identisch.[941] Beide umfassen die wesentlichen Grundsätze des deutschen Rechts, insbesondere die Grundrechte.

Hinsichtlich der Regelung des Art. 40 III Nr. 2 EGBGB ist ein Vergleich zu Art. 13 I HZÜ weniger klar. Das Bundesverfassungsgericht hat in einer Entscheidung

---

937 BGH, NJW 1992, 3096 ff.

938 Siehe bereits zur Differenzierung des Prüfungsgegenstandes zwischen Art. 13 I HZÜ und dem anerkennungsrechtlichen ordre public-Vorbehalt D II.2.

939 Siehe hierzu Bauman v. Daimler Chrysler AG, 2005 WL 3157472 (N.D. Cal. 2005) in der Einleitung.

940 So auch Geimer, IZPR, Rn 29b.

941 Siehe E.I.2.

zur Auslegung des Art. 13 I HZÜ auf die Regelung des Art. 40 III Nr. 2 EGBGB verwiesen, wonach deutsches Verfassungsrecht verletzt sein könnte, wenn ein rechtsmissbräuchliches Verfahren vor dem ausländischen Gericht angestrebt wird, um einen Marktteilnehmer gefügig zu machen.[942]

Art. 40 III EGBGB ist lex specialis für das internationale Deliktsrecht zum kollisionsrechtlichen ordre public-Vorbehalt des Art. 6 EGBGB. Die Regelung wurde mit der Begründung eingeführt, dass dem deutschen Richter Subsumtions – und Abgrenzungsprobleme bei der Anwendung des Art. 6 EGBGB erspart werden sollten.[943] Die Regelung führt dazu, dass die Ansprüche, soweit sie unter Art. 40 III EGBGB fallen, nicht geltend gemacht werden können. Insoweit ist die Anwendung ausländischen materiellen Rechts ausgeschlossen.

Der Anwendungsbereich des Art. 40 III EGBGB ist jedoch schon bei der Beurteilung der Zustellbarkeit einer Klage nicht eröffnet. Die Frage des anwendbaren materiellen Rechts wird durch das Zustellungsersuchen weder gestellt noch beantwortet. Im Zeitpunkt der Zustellung steht das anwendbare materielle Recht noch nicht fest.

Ebenso kann Art. 40 III EGBGB nicht ein Rechtsgedanke entnommen werden, der dafür spricht, die Zustellung einer Klage zu verweigern, deren Gegenstand ein offensichtlich anderer Zweck als eine angemessene Entschädigung des Verletzten ist.[944] Dann müsste auch die Zustellung einer solchen inländischen Klage versagt werden. Diesen Regelungsgehalt enthält Art. 40 III EGBGB jedoch nicht. Er schließt weder die Zulässigkeit noch die Zustellbarkeit oder die Anwendbarkeit eines ausländischen Rechts aus. Die Anwendung des ausländischen Rechts wird nur im konkreten Fall beschränkt und führt insoweit zur Abweisung der Klage als unbegründet.[945]

Daher ist zwar im Allgemeinen der Prüfungsmaßstab des zustellungsrechtlichen Vorbehaltes in Art. 13 I HZÜ mit dem kollisionsrechtlichen Vorbehalt des Art. 6 EGBGB identisch, der spezielle Art. 40 III EGBGB darf jedoch nicht als grundsätzliche Konkretisierung des deutschen ordre public herangezogen werden.

ee. Zwischenergebnis

Eine Unterscheidung des Prüfungsmaßstabes des ordre public je nach Verortung im internationalen Privatrecht und im internationalen Zivilverfahren ist abzulehnen. Grundsätzlich entspricht der Prüfungsmaßstab des rechtshilferechtlichen ordre public dem des anerkennungs- und kollisionsrechtlichen Vorbehaltes, wobei der Inhalt des Art. 40 III EGBGB nicht als Inhalt des Prüfungsmaßstabes über den deliktsrechtlichen Kontext hinaus zu berücksichtigen ist.

---

942 BVerfG, NJW 2003, 2598 (2599); a.A. Hopt/Kulms/von Hein, S. 130–132; Koch/Diedrich, ZIP 1994, 1830 (1831); Oberhammer, IPRax 2004, 40 (41); Piekenbrock, IPRax 2006, 4(8); Zekoll, NJW 2003, 2885 (2886).

943 Begründung des Entwurfs eines Gesetzes zum IPR für außervertragliche Schuldverhältnisse und für Sachen, BT-Drucks. 14/343, S. 12.

944 Zur Nieden, S. 93.

945 Oberhammer, IPRax 2004, 40 (41).

c. *Relativierung des Inlandsbezuges*

Zudem wird der internationale menschenrechtliche Standard oft im Zusammenhang mit der Prüfung der Inlandsbeziehung des Sachverhaltes im Rahmen des ordre public berücksichtigt. Wenn der wesentliche Grundsatz der deutschen Rechtsordnung eine Entsprechung im internationalen menschenrechtlichen Mindeststandard findet, dann tritt das Kriterium der Inlandsbeziehung als Voraussetzung für die Anwendung des deutschen Grundsatzes in den Hintergrund.[946] Würde die Reichweite der Grundrechte durch einen Vergleich mit den Menschenrechten konkretisiert, so bestünde nicht die Gefahr eines deutschen Grundrechtsoktroi.[947] Dabei bilden die menschenrechtlichen Bindungen Deutschlands die unterste Grenze der Relativierung der Grundrechte aufgrund ihrer Anwendung im ordre public-Vorbehalt.[948] Die menschenrechtlichen Verpflichtungen sind unerlässlicher Maßstab zur Ermittlung dessen, was grundrechtswidrig ist.[949]

Dem Ansatz ist zuzustimmen, allerdings bedarf es jeweils einer konkreten Ermittlung der einschlägigen, dem Grundrecht entsprechenden völkerrechtlichen Norm. Hierfür bedürfte es einer genauen Untersuchung jedes Grundrechtes, inwieweit es von den Menschenrechten abgedeckt ist.[950] Zudem findet die Ausprägung des deutschen Grundrechtssystems und das Schutzniveau der deutschen Grundrechte unter den internationalen Menschenrechten wie auch den Verfassungen anderer Länder kaum Entsprechung.[951] Daher ist zweifelhaft, ob die Heranziehung internationaler menschenrechtlicher Standards bei der Prüfung der Grundrechte im Rahmen des ordre public ergiebig ist.

2. Internationale Menschenrechte

Im Folgenden wird der Inhalt des menschenrechtlichen ordre public im Hinblick auf die Anwendbarkeit im Rahmen des Prüfungsmaßstabes des Vorbehaltes in Art. 13 I HZÜ untersucht. Denn Art. 13 I HZÜ enthält einen den Menschenrechtsschutz umfassenden ordre public-Vorbehalt.[952] Dabei werden vor allem die bei einer Prüfung deutscher Rechtshilfebehörden relevanten Menschenrechte ermittelt. Aus der Sicht der deutschen Verfassung sind völkerrechtlich garantierte Menschenrechte über Art. 25 GG oder aufgrund eines Zustimmungsgesetzes nach Art. 59 II GG

946 von Bar, BerDtGeVR 33 (1994), 191 (207 f.); Kokott, BerDtGeVR 38 (1998), 72 (92); Kronke, BerDtGeVR 38 (1998), 33 (52); Voltz, S. 46 ff.

947 Kokott, BerDtGeVR 38 (1998), 72 (92); Blumenwitz in Staudinger, Art. 6 EGBGB Rn 105.

948 Voltz, S. 51.

949 Voltz, S. 52.

950 So auch Kronke, BerDtGeVR 38 (1998), 33 (53).

951 Voltz, S. 57.

952 Siehe E.I.; so auch Hau, IPRax 1997, 245 (246); ZZPInt 6 (2001), 249 (252).

Bestandteil des deutschen Rechts geworden.[953] Aus Art. 25 GG folgt, dass alle völkergewohnheitsrechtlich bzw. als allgemeine Rechtsgrundsätze anerkannten Menschenrechte zur Ausfüllung eines unter Rückgriff auf das Völkerrecht ausgelegten innerstaatlichen ordre public herangezogen werden müssen.[954] Zudem gilt über Art. 59 II GG, dass auch alle nur den Forumstaat vertraglich bindenden Menschenrechte anzuwenden sind. Der konkrete Maßstab für den ordre public ist dabei der europäischen oder internationalen Rechtsprechung und der Auslegungspraxis zur einschlägigen europa- bzw. völkerrechtlichen Norm zu entnehmen.[955]

Im Zusammenhang mit der Prüfung des ordre public bei der Zustellung kommen insbesondere die Prüfung von Art. 6 I EMRK und Art. 14 I IntPbpR in Betracht.

a. Europäische Menschenrechtskonvention

Die EMRK ist in 47 Mitgliedsstaaten des Europarates in Kraft und hat so zu einer Entwicklung eines gesamteuropäischen Grundrechtsschutzsystems geführt. Jeder Mitgliedstaat oder jede Einzelperson, die behauptet, Opfer einer Verletzung der EMRK geworden zu sein, kann direkt eine Beschwerde beim Europäischen Gerichtshof für Menschenrechte (EGMR) einlegen mit der Behauptung, eines seiner durch die Konvention garantierten Rechte sei durch einen Mitgliedsstaat verletzt worden.

Die EMRK hat in Deutschland über Art. 59 II GG formell den Rang eines einfachen Bundesgesetzes. Allerdings sind nach der Rechtsprechung des Bundesverfassungsgerichtes die Grundrechte des Grundgesetzes als Prüfungsmaßstab für einfache Gesetze im Einklang mit der EMRK sowie der Rechtsprechung des EGMR auszulegen.[956] Somit kommt es faktisch zu einem Vorrang der EMRK vor einfachem deutschen Gesetzen.

Der Anwendungsbereich der EMRK wird durch Art. 1 EMRK bestimmt. Danach sichern die Hohen Vertragsparteien allen ihrer Hoheitsgewalt unterstehenden Personen die in Anschnitt I bestimmten Rechte und Freiheiten zu. Verpflichtete der in der EMRK niedergelegten Rechte sind die Konventionsstaaten.[957] Berechtigte sind alle Personen, unabhängig von ihrer Staatsangehörigkeit, die unter der Staatsgewalt der Verpflichteten stehen.[958] Daher ist jeder Mensch vor Konventionsverletzungen eines jeden Konventionsstaates geschützt.[959]

Bei der Prüfung des ordre public im Rahmen der Zustellung nach dem HZÜ liegt ein Hoheitsakt der Exekutive vor, dessen Wirkungen im ausländischen Verfahren eintreten. Fraglich ist, ob diese Wirkungen Prüfungsgegenstand der durch die EMRK garantierten Rechte sein dürfen. Für die deutschen Grundrechte wurde dies bereits

953 Scholz, IPRax 2008, 213 (214) mwN.
954 Kokott, BerDtGeVR 38 (1998), 71 (92).
955 Volz, S. 385; Scholz, IPRax 2008, 213 (214).
956 BVerfGE 74, 358 (370).
957 Grabenwarter, S. 103.
958 Grabenwarter, S. 102.
959 Peters/Altwicker, S. 14.

bejaht.[960] Der Schutz der EMRK gilt auch für die Ausübung von Akten staatlicher Gewalt, die zwar innerhalb des Staatsgebietes vorgenommen werden, ihre Wirkungen aber außerhalb des Staatsgebietes entfalten.[961] Als Beispiel hierfür wird die Haftung des Vertragsstaates für Konventionsverletzungen genannt, wenn er selbst eine Person nicht konventionswidrig behandelt hat, sie aber durch Abschiebung oder Auslieferung in einen Drittstaat der Gefahr einer solchen konventionswidrigen Behandlung aussetzt.[962]

Ebenso ist fraglich, ob die bereits im Ausland erfolgten Verfahrensmaßnahmen bei der Prüfung des inländischen Hoheitsaktes der Zustellung den Maßstab der EMRK zu genügen haben. Zu untersuchen ist, ob die EMRK Prüfungsmaßstab ist für Verstöße gegen die in ihr niedergelegten Garantien oder Rechte, die bereits vor dem Zustellungsersuchen an die zuständige inländische Behörde erfolgt sind. Der Europäische Gerichtshof für Menschenrechte hat entschieden, dass ein Mitgliedsstaat ein rechtliches Verfahren eines Nichtmitgliedstaates der EMRK dann an Art. 6 EMRK zu messen hat, sobald seine Mithilfe an der Umsetzung der Regelung notwendig ist.[963] Die Mithilfe des Mitgliedstaates ist also an der EMRK zu messen.[964]

Daher kommt auch eine Verletzung der in der EMRK garantierten Rechte durch die Bewirkung der Zustellung in Betracht, wenn durch die Zustellung über das HZÜ ein konventionswidriges Verfahren im Ausland gefördert wird sowie wenn bereits ein Konventionsverstoß durch das vor der Zustellung erfolgte ausländische Verfahren vorliegt.[965]

Die EMRK hat in Deutschland vor allem in dem Bereich der Verfahrensgarantien Berücksichtigung gefunden.[966] Hier enthält das Grundgesetz nur in geringem Umfang detaillierte Rechte. Darüber hinaus ist zur Sicherung der Rechte der Verfahrensbeteiligten auf das Rechtsstaatsprinzip abzustellen.[967] Das Bundesverfassungsgericht hat insbesondere in Art. 6 und Art. 7 EMRK garantierte Rechte und die Auslegung, die sie durch die Rechtsprechung des EGMR erfahren haben, herangezogen, um aus dem Rechtsstaatsprinzip, z.T. in Zusammenhang mit anderen Grundrechten des Grundgesetzes, einzelne Verfahrensrechte zu entwickeln.[968]

---

960 E.II.1.

961 Meyer-Ladewig, Art. 1 EMRK, Rn 5.

962 Meyer-Ladewig, Art. 1 EMRK, Rn 5.

963 Pellegrini vs. Italy v. 20.7.2001, RJD 2001 – VIII, Rn 40; siehe zu dem Urteil Paulus, RIW 2006, 258 (260–262).

964 Pellegrini vs. Italy v. 20.7.2001, RJD 2001 – VIII, Rn 40.

965 Paulus, RIW 2006, 258 (261) bejaht aufgrund des Pellegrini-Urteils die Anwendbarkeit der EMRK als Prüfungsmaßstab beim anerkennungsrechtlichen ordre public in Bezug auf U.S.-amerikanische Urteile.

966 Grabenwarter, S. 19.

967 Grabenwarter, S. 19.

968 Grabenwarter, S. 19.

Im Rahmen der hier relevanten zustellungsrechtlichen ordre public-Prüfung ist vor allem Art. 6 I EMRK von Bedeutung. Art. 6 I EMRK, der das Recht auf ein faires Verfahren kodifiziert, lautet:

> Jede Person hat ein Recht darauf, dass über Streitigkeiten in Bezug auf ihre zivilrechtlichen Ansprüche und Verpflichtungen oder über eine gegen sie erhobene strafrechtliche Anklage von einem unabhängigen und unparteiischen, auf Gesetz beruhenden Gericht in einem fairen Verfahren, öffentlich und innerhalb angemessener Frist verhandelt wird. Das Urteil muss öffentlich verkündet werden; Presse und Öffentlichkeit können jedoch während des ganzen oder eines Teiles des Verfahrens ausgeschlossen werden, wenn dies im Interesse der Moral, der öffentlichen Ordnung oder der nationalen Sicherheit in einer demokratischen Gesellschaft liegt, wenn die Interessen von Jugendlichen oder der Schutz des Privatlebens der Prozessparteien es verlangen oder – soweit das Gericht es für unbedingt erforderlich hält – wenn unter besonderen Umständen eine öffentliche Verhandlung die Interessen der Rechtspflege beeinträchtigen würde.

Der personelle Anwendungsbereich des Art. 6 I EMRK richtet sich an jede natürliche und juristische Person unabhängig von ihrer Staatsangehörigkeit.[969] Sachlich ist Art. 6 I EMRK dann anwendbar, wenn ein Anspruch nach innerstaatlichem Recht auf vertretbare Weise geltend gemacht wird, ein wirklicher und ernsthafter Streit darüber besteht und der Anspruch zivilrechtlicher Natur ist.[970] Als zivilrechtlich ist ein Anspruch dann zu qualifizieren, wenn das Ergebnis eines Verfahrens für zivilrechtliche Ansprüche und Verpflichtungen unmittelbar entscheidend ist.[971] Art. 6 EMRK gilt für den Zivilprozess ab der Klageeinreichung.[972]

Der Gewährleistungsinhalt des Art. 6 I EMRK ist in drei verschiedene Bereichen zu gliedern: in Organisationsgarantien, in das Recht auf Zugang zu Gericht und in die Verfahrensgarantien im engeren Sinn, namentlich in dem Grundsatz auf ein faires Verfahren. Im Rahmen der Prüfung des ordre public bei Zustellungen nach dem HZÜ steht der Grundsatz des fairen Verfahrens im Mittelpunkt einer möglichen Verletzung von Art. 6 I EMRK. Dabei ist das Gebot der Waffengleichheit implizit in Art. 6 I EMRK verankert und enthält ein Recht aller Verfahrensbeteiligten auf Gleichbehandlung. Insbesondere müssen Parteien gleichermaßen Zugang zu allen Unterlagen haben und in allen Verfahrensabschnitten und zu allen Beweismitteln gleichermaßen gehört werden.[973] Die Garantie auf Gewährung rechtlichen Gehörs korrespondiert mit dem in Art. 103 I GG verankerten Grundrecht.[974]

969 Meyer-Ladewig, Art. 6 EMRK, Rn 4.
970 Meyer-Ladewig, Art. 6 EMRK, Rn 5; Peters/Altwicker, S. 103–104.
971 Grabenwarter, S. 330–335; Meyer-Ladewig, Art. 6 EMRK, Rn 7 mwN.
972 Peters/Altwicker, S. 127.
973 Peters/Altwicker, S. 129.
974 Grabenwarter, S. 363.

b. EU-Grundrechte

Grundsätzlich sind die Mitgliedsstaaten der Europäischen Union an die Grundrechte der Europäischen Grundrechte-Charta[975] als geltendes Primärrecht gebunden. Zu untersuchen ist, ob die Anwendung der EU-Grundrechte im Rahmen der ordre public-Prüfung des Art. 13 I HZÜ geboten ist. Dagegen spricht jedoch bereits der in Art. 51 I kodifizierte Anwendungsbereich der Charta. Danach gilt die Charta für die Organe und Einrichtungen der Union unter Einhaltung des Subsidiaritätsprinzips und für die Mitgliedstaaten ausschließlich bei der Durchführung des Rechts der Union.

Da die Erledigung eines Zustellungsersuchens nach dem HZÜ weder von den Organen und Einrichtungen der Union betrieben wird noch Mitgliedsstaaten dabei EU-Recht durchführen[976], finden die Grundrechte der Charta keine Anwendung bei der Prüfung des ordre public im Art. 13 I HZÜ.

Zudem entsprechen die in Art. 47 GRC niedergelegten rechtsstaatsrelevanten zivilprozessualen Gewährleistungen der Grundrechte-Charta in vollem Umfang denen der EMRK. Art. 53 trägt dem Gedanken Rechnung, dass sich die Charta in das bestehende Geflecht aus nationalen, europäischen und internationalen Grund- und Menschenrechten schonend einfügen soll, ohne zu einer Anpassung nach unten zu führen.[977]

c. Internationaler Pakt für bürgerliche und politische Rechte

Der 1976 in Kraft getretene Pakt[978] hat mit 160 Vertragsstaaten[979] große internationale Akzeptanz erlangt. Die Bedeutung des IPbpR zusammen mit dem Internationalen Pakt über die wirtschaftlichen, sozialen und kulturellen Rechte[980] (IPwirR) liegt darin, dass sie die in der Allgemeinen Erklärung der Menschenrechte enthaltenen Rechte juristisch verbindlich machen. Damit werden Individuen völkerrechtlich verankerte Garantien eingeräumt, deren Einhaltung in gewissem Rahmen von dem nach Art. 28 I IPbpR eingerichteten Menschenrechtsausschuss überwacht werden kann.

Art. 2 I IPbpR bestimmt den räumlichen Anwendungsbereich des Paktes. Danach verpflichtet sich jeder Vertragsstaat, die im Pakt anerkannten Rechte zu achten und sie allen in seinem Gebiet befindlichen und seiner Herrschaftsgewalt unterstehenden Personen (...) zu gewährleisten. Die herrschende Meinung geht davon aus, dass der Pakt sowohl auf die im Staatsgebiet befindlichen Personen als auch auf die der

975 ABl EU Nr. C-83/389 v. 30.3.2010; im folgenden GRC.
976 Zu den Einzelheiten des Anwendungsbereichs siehe Borowsky in Meyer, GR-Charta, Art. 51 Rn 25.
977 Borowsky in Meyer, GR-Charta Art. 53 Rn 11.
978 BGBl. II 1973, S. 1534.
979 www.ohchr.org.
980 BGBl. II 1973, S. 1570.

staatlichen Herrschaftsgewalt unterstehenden Personen anzuwenden ist[981], so dass die Vertragsstaaten auch für Handlungen ihrer Organe verantwortlich sind, die sich außerhalb des eigenen Territoriums ereignen.

Hinsichtlich des personellen Anwendungsbereichs des Paktes ist fraglich, ob juristische Personen auch unter dem Schutz des Paktes stehen. Dagegen spricht die Verwendung des Wortes „individuals" bzw. „individus" im authentischen englischen und französischen Vertragstext. Zudem sind die meisten Rechte des Paktes auf natürliche Personen zugeschnitten. Darüber hinaus sind Organisationen und juristische Personen nicht beschwerdefähig, da nach Art. 1 und 2 des Ersten Fakultativprotokolls nur Beschwerden von Einzelpersonen entgegengenommen und geprüft werden.[982] Diese Argumente lassen den Schluss zu, dass grundsätzlich die Rechte des Paktes nur natürlichen Personen Schutz gewähren.[983]

Dem Pakt kommt gemäß Art. 59 II GG in Deutschland der Rang eines einfachen Bundesgesetzes zu. Soweit der Pakt aber bestimmte, dem ius cogens zugehörige Menschenrechte enthält, so zum Beispiel das Folterverbot, stehen die Rechte nach Art. 25 GG zwischen dem Grundgesetz und einfachgesetzlichen Bestimmungen.

Insbesondere Art. 14 I IntPbpR ist im Zusammenhang mit der Anwendung des ordre public-Vorbehaltes in Art. 13 I HZÜ relevant. Hierbei werden im Folgenden nur die im Rahmen des zustellungsrechtlichen ordre public-Vorbehaltes interessanten rechtsstaatlichen Verfahrensgarantien untersucht.

Art. 14 I IntPbpR lautet:

> Alle Menschen sind vor Gericht gleich. Jedermann hat Anspruch darauf, dass über eine gegen ihn erhobene strafrechtliche Anklage oder seine zivilrechtlichen Ansprüche und Verpflichtungen durch ein zuständiges, unabhängiges, unparteiisches und auf Gesetz beruhendes Gericht in billiger Weise und öffentlich verhandelt wird. Aus Gründen der Sittlichkeit, der öffentlichen Ordnung (ordre public) oder der nationalen Sicherheit in einer demokratischen Gesellschaft oder wenn es im Interesse des Privatlebens der Parteien erforderlich ist oder – soweit dies nach Auffassung des Gerichts unbedingt erforderlich ist – unter besonderen Umständen, in denen die Öffentlichkeit des Verfahrens die Interessen der Gerechtigkeit beeinträchtigen würde, können Presse und Öffentlichkeit während der ganzen oder eines Teils der Verhandlung ausgeschlossen werden; jedes Urteil in einer Straf- oder Zivilsache ist jedoch öffentlich zu verkünden, sofern nicht die Interessen Jugendlicher dem entgegenstehen oder das Verfahren Ehestreitigkeiten oder die Vormundschaft über Kinder betrifft.

Das Recht auf gleichen Zugang zu Gericht in Art. 14 I IntPbpR verpflichtet Staaten, unabhängige und unparteiische Gerichte einzurichten und sie mit einer finanziellen und institutionellen Struktur so auszustatten, dass sie in der Lage sind ein faires

981 Kälin/Künzli, S. 127; Lorenz, S. 74; Meron, 89 Am. J. Int'l L. 78 (1995).
982 Schilling, Rn 673.
983 Kälin/Künzli, S. 116/117.

Verfahren in allen Bereichen des Zivil- und Strafrechts durchzuführen.[984] Durch die prozessualen Garantien des Art. 14 IntPbpR soll eine schrittweise Anpassung der verschiedenen nationalen Rechtssysteme zu einem gemeinsamen minimalen Standard der Rechtstaatlichkeit in Zivil- und Strafverfahren erfolgen.[985]

Art. 14 I 1 IntPbpR ist als Recht auf gleichen Zugang zu Gericht zu verstehen, der nicht auf der Grundlage einer Diskriminierung aufgrund von Rasse, Religion, Geschlecht, Besitz etc. beschränkt werden darf.[986]

Übermäßig hohe Gerichtsgebühren und –kosten können in wirksamer Weise tatsächlich Bürger davon abhalten, auf Gerichte zurückzugreifen und daher das Recht auf gleichen Zugang zu Gericht verletzen.[987] Laut Menschenrechtsausschuss kann es zu einem Verstoß gegen Art. 14 I IntPbpR führen, wenn Verwaltungs- und Justizbehörden oder die Staatsanwaltschaft eines Vertragsstaates einem Bürger derart hohe Kosten aufbürden, dass sein Zugang zu Gericht de facto verhindert wird.[988]

Die Voraussetzung der Unabhängigkeit der Gerichte verlangt, dass Richter und andere Mitglieder des Gerichtes für einen relativ langen Zeitraum ernannt oder gewählt werden müssen.[989] Sie müssen nicht unbedingt auf Lebenszeit ernannt werden oder unabrufbar sein, aber sie dürfen in der Ausübung ihrer Tätigkeit nicht von Vorgaben oder in anderer Weise abhängig von anderen staatlichen Organen sein.[990] Zudem kann die Garantie eines unabhängigen Gerichtes in bestimmten Fällen dazu führen, dass die Vertragsstaaten positiv tätig sein müssen, um die Unabhängigkeit des Gerichtes gegen übermäßigen Einfluss der Medien, Industrie oder politischen Parteien zu schützen.[991] Die Unparteilichkeit eines Richters ist nicht mehr gewährleistet, wenn er ein spezielles persönliches Interesse an dem individuellen Fall hat und von politischen und emotionalen Motiven oder den Medien beeinflusst ist.[992]

Art. 14 I IntPbpR garantiert ein Recht auf faires Verfahren. Das wichtigste Kriterium hierbei ist das Prinzip der Waffengleichheit.[993] Hinsichtlich der Garantie eines öffentlichen Verfahrens, welches Bestandteil der Regelung des Paktes ist, wird, wie auch im allgemeinen für die Auslegung des Art. 14 I INtPbpR, auf die Rechtsprechung zu dem zum Teil identisch formulierten Art. 6 I EMRK zurückgegriffen.

984 Nowak, S. 307.
985 Nowak, S. 307.
986 Nowak, S. 308.
987 Nowak, S. 308.
988 No 646/1995, § 6.4.
989 Nowak, S. 320.
990 Nowak, S. 320.
991 Nowak, S. 321.
992 Nowak, S. 321.
993 Nowak, S. 321.

d. *Zwischenergebnis*

Aus dem Bereich der Menschenrechte, die über Art. 13 I HZÜ zu prüfen sind, bilden insbesondere die Verfahrensgarantien des Art. 6 I EMRK und Art. 14 I IntPbpR den Prüfungsmaßstab.

3. Individualrechte

Des Öfteren wurde in der Untersuchung des Art. 13 I HZÜ die Frage aufgeworfen, ob die Ausführung eines Zustellungsersuchens mit Verweis auf den Vorbehalt auch zum Schutz von Individualrechten verweigert werden darf. Dies wird in der Literatur zum Teil abgelehnt. Es handele sich bei Art. 13 I HZÜ nicht um den Normalfall des ordre public, sondern um eine verdichtete Ausnahmevorschrift, die sich grundsätzlich nicht auf die im ersuchten Staat vorherrschenden Vorstellungen von Rechtsstaatlichkeit oder gar auf Grundrechte privater Parteien beziehe.[994] Man überschreite die Grenzen des Wortlauts von Art. 13 I HZÜ, wenn man den Grundrechtsschutz unter die dort genannten Hoheitsrechte subsumiere.[995] Die Vorbehaltsklausel beziehe sich nur auf die Sicherheit und Souveränität des Staates.[996]

Zutreffend ist, dass -wie in der Untersuchung der völkerrechtlichen Begriffe der Sicherheit und Souveränität dargestellt- diese keine Individualrechte umfassen. Die völkerrechtliche Auslegung ist jedoch für den Schutz von Individualrechten durch den Vorbehalt des Art. 13 I HZÜ nicht hinderlich, denn es handelt sich um einen rechtshilferechtlichen ordre public-Vorbehalt, dessen Schutzbereich auch Individualrechte umfasst. Dies ergibt sich aus seiner Entstehungsgeschichte, der Systematik, der Teleologie sowie der vergleichenden Auslegung zu Art. 12 I lit. b HBÜ und anderen Vorbehaltsklauseln.[997] Insofern ist die Kritik an der Reichweite des Prüfungsmaßstabes hinsichtlich der Individualrechte nicht berechtigt. Die Gegenansicht in der Literatur vertritt denn auch, dass es plausibel scheint anzunehmen, die Gewährleistung der Grundrechte sei Bestandteil der von Art. 13 I HZÜ geschützten Ausübung staatlicher Souveränität.[998] Die Begriffe Souveränität und Sicherheit seien mit dem *ordre public international* gleichzusetzen.[999]

4. Staatliche Interessen

Bei der Prüfung des rechtshilferechtlichen ordre public-Vorbehaltes ist ungeklärt, ob und inwieweit staatliche Wirtschaftsinteressen der Bundesrepublik Deutschland

994 Huber, in: FS Jayme, S. 361 (369); Rasmussen-Bonne, in: FS Hay, S. 323 (336).
995 Rasmussen-Bonne, in: FS Hay, S. 323 (336).
996 Juenger/Reimann, NJW 1994, 3274.
997 Siehe D.I.
998 Oberhammer, IPRax 2004, 40 (45).
999 von Danwitz, DÖV 2004, 501 (506).

als Grundlage für die Ablehnung eines Rechtshilfeersuchens herangezogen werden dürfen.

a. Vergleich zu Art. 12 I lit. b HBÜ

Die gleiche Frage stellt sich auch bei der Prüfung des Art. 12 I lit. b HBÜ. Vor allem bei Beweisaufnahmeersuchen im Zuge von Produkthaftpflichtprozessen, Kartellverfahren, Patentverletzungs- und Umweltschutzprozessen ist strittig, ob staatliche Wirtschaftsinteressen unter den Vorbehalt des Art. 12 I lit. b HBÜ fallen.[1000]

Zum Teil wird vertreten, dass Art. 12 I lit. b HBÜ praktische Bedeutung vor allem in Fällen erlangt, in denen staatliche Interessen berührt sind.[1001] Dies soll zum Beispiel der Fall sein, wenn aus militärischen Sicherheitsgründen ein Augenschein verweigert werden muss oder diplomatische Geheimnisse tangiert werden[1002] sowie bei einer versuchten Ausforschung geheimer Produktionsverfahren oder bei der Beschaffung von Personendaten über politische Flüchtlinge.[1003] Der ordre public sei verletzt, wenn Dinge ausgekundschaftet werden sollen, deren Geheimhaltung einem wichtigen nationalen Wirtschaftsinteresse entspricht, etwa im Zusammenhang mit Ausforschungen zur Strategie eines Großunternehmens bei der Entwicklung und Verwertung neuer Technologien.[1004]

Dagegen wird aufgrund des eng auszulegenden ordre public-Vorbehaltes eingewandt, dass ein ordre public-Verstoß nur dann vorliegen kann, wenn die Gefahr eines schwerwiegenden Eingriffs in das gesamtwirtschaftliche Interesse der Bundesrepublik Deutschland besteht.[1005]

Frankreich und Großbritannien hatten zum Schutz solcher Geheimnisse so genannte *blocking statutes* als Ausdruck ihres ordre public in Gesetzesform erlassen.[1006] Danach waren Rechtshilfehandlungen unzulässig und zum Teil auch unter Strafe gestellt, wenn durch die Rechtshilfe Interessen des Landes beeinträchtigt worden wären. Deutschland hat von dem Erlass eines *blocking statute* außer hinsichtlich der *pre-trial discovery* im Seerecht abgesehen.[1007]

1000 Stiefel, RIW 1979, 517; Geimer, IZPR, Rn 2484; Geimer in Zöller, § 363 ZPO, Rn 111; von Hülsen, RIW 1982, 550.

1001 Meier, S. 200.

1002 Meier, S. 200.

1003 Volken, S. 89.

1004 Schlosser, ZZP 94 (1981), 369 (383).

1005 Pfeil-Kammerer, S. 219 mwN bezüglich des Vorliegens der Gefahr eines schwerwiegenden Eingriffs in das gesamtwirtschaftliche Interesse.

1006 Frankreich: Gesetz Nr. 80.538 vom 16.7.1980, Jounal officiel, 1980, 1799, siehe hierzu auch Schlosser, ZZP 94 (1981), 369 (398); Großbritannien: Protecting of Trading Interests Act, 1980, siehe hierzu von Hülsen, RIW 1982, 537 (550).

1007 Siehe E.I.1.a.aa.

b. Vergleich mit § 73 IRG

Oft wird bei der Frage, ob staatliche Interessen im Rahmen des ordre public zu berücksichtigen sind oder nicht, auf die Regelungen im Rechtshilfeverkehr in Strafsachen verwiesen.[1008] Im internationalen Rechtshilfeverkehr in Strafsachen gilt nach deutschem Recht, dass die Rechtshilfe nach § 73 IRG abzulehnen ist, wenn durch deren Leistung ein Geschäfts-, Berufs- oder sonstiges Geheimnis eines in Deutschland von der Rechtshilfehandlung Betroffenen unbefugt verletzt und ihm dadurch ein mit dem Zweck der Rechtshilfe nicht zu vereinbarender Schaden entstehen könnte.[1009]

§ 73 IRG greift damit ein spezielles Schutzinteresse der von der Rechtshilfe betroffenen Individuen auf. Daraus kann jedoch kein Schluss für den Schutz von rein staatlichen Interessen gezogen werden. Die Interessen der Individuen sind über die Anwendung der Grundrechte und sonstiger Rechte im Rahmen des ordre public hinreichend geschützt. Es bedarf keiner weiteren Kategorie von schutzwürdigen Rechten der Interessen, wie der Geschäfts-, Berufs – oder sonstiger Geheimnisse über den Schutz des ordre public hinaus. Insbesondere das Grundrecht auf informationelle Selbstbestimmung, die Berufsfreiheit in Art. 12 GG und das allgemeine Persönlichkeitsrecht aus Art. 2 I GG i.V.m. Art. 1 I GG bieten hinreichenden Schutz vor dem Geheimnisverrat.

c. Vergleich mit Art. 2 lit. b des Europäischen Übereinkommens über die Rechtshilfe in Strafsachen

Art. 2 lit. b des Europäischen Übereinkommens über die Rechtshilfe in Strafsachen erwähnt wesentliche Interessen des ersuchten Staates als ausdrücklichen Verweigerungsgrund der Rechtshilfe. Vor allem wirtschaftliche Staatsinteressen sind als wesentliche Interessen des ersuchten Staates in Art. 2 lit. b des Europäischen Übereinkommens über die Rechtshilfe in Strafsachen zu berücksichtigen.[1010] Die staatlichen Wirtschaftsinteressen können dabei auch die Wahrung eines Betriebsgeheimnisses eines Privatunternehmens umfassen.

d. Stellungnahme

Aus den Vergleichen können Rückschlüsse für die Auslegung des Art. 13 I HZÜ sowie auch des Art. 12 I lit. b HBÜ gezogen werden. § 73 IRG erlaubt nicht die Verweigerung der Rechtshilfe aus staatlichen Interessen. Lediglich Individualinteressen rechtfertigen die Inanspruchnahme des Vorbehaltes. Insofern kann nicht aus dem Vergleich von § 73 IRG mit Art. 13 I HZÜ geschlossen werden, dass, weil § 73 IRG entgegen seinem Wortlaut als Vorbehalt zum Schutz staatlicher Interessen zu verstehen ist, dies auch für den zivilrechtlichen Rechtshilfevorbehalt gilt. Im Gegenteil

1008 Geimer, IZPR, Rn 2484.
1009 Geimer, IZPR, Rn 2485, Fn 363 mwN.
1010 Siehe D.I.2.f.cc.

kann die Parallele gezogen werden, dass mangels ausdrücklicher Kodifizierung der staatlichen Interessen diese auch nicht von Art. 13 I HZÜ und Art. 12 I lit. b HBÜ umfasst sind.

Ein Vergleich mit Art. 2 lit. b des Europäischen Übereinkommens über die Rechtshilfe in Strafsachen ergibt nichts anderes. Eine Rechtshilfeverweigerung aufgrund gegensätzlicher wesentlicher Interessen des ersuchten Staates ist anders als in Art. 2 lit. b des Europäischen Übereinkommens über die Rechtshilfe in Strafsachen im HBÜ und im HZÜ nicht gesondert vorgesehen. Unter den Vorbehalten des ordre public in Art. 13 I HZÜ und Art. 12 I lit. b HBÜ ist die Verweigerung der Rechtshilfe aufgrund außerhalb des ordre public verorteter staatlicher Interessen daher nicht möglich. Insbesondere die Zielsetzung der Übereinkommen steht der Aufnahme eines solchen Verweigerungsgrundes entgegen. Gegen die Berücksichtigung staatlicher Interessen spricht vor allem, dass es sich in Art. 13 I HZÜ und Art. 12 I lit. b HBÜ gerade nicht um politische Vorbehalte handelt.[1011]

III. Ergebnis

Der Prüfungsmaßstab des ordre public-Vorbehaltes in Art. 13 I HZÜ umfasst ebenso wie andere Vorbehalte des ordre public unter anderem die wesentlichen Grundsätze des deutschen Rechts. Insbesondere die Grundrechte kommen hierbei zur Anwendung. Daneben sind völkerrechtliche Grundsätze, in Deutschland über Art. 25 GG und Art. 59 II GG, Teil des Prüfungsmaßstabes. Speziell Art. 6 I EMRK und Art. 14 I IntPbpR können einschlägig sein. Darüber hinaus können Zustellungsersuchen nicht aufgrund entgegenstehender Interessen des ersuchten Staates in Form eines politischen Vorbehaltes abgelehnt werden.

1011 Siehe D.I.1.b.aa.ddd.

F. Fallgruppen

Bisher sind die Grundlagen für eine Prüfung des Vorbehaltes in Art. 13 I HZÜ ermittelt worden. Hierbei wurde festgestellt, dass es sich um einen Vorbehalt des ordre public handelt. Prüfungsgegenständlich sind über den Zustellungsakt hinaus auch die durch die zu beurteilende Zustellung eingeleiteten Abschnitte des ausländischen Verfahrens. Die Prüfung des Vorbehaltes erschöpft sich nicht nur in der Erledigung des Zustellungsersuchens als formelle Inkenntnissetzung des Empfängers des Schriftstücks, sondern berücksichtigt auch die weiteren Konsequenzen, die sich durch die erfolgreiche Übermittlung des Schriftstückes für den Adressaten ergeben. Die Auslegung des ordre public in Art. 13 I HZÜ erfolgt nach dem Recht des ersuchten Staates. Den Prüfungsmaßstab des ordre public bilden sowohl wesentliche nationale Rechtsgrundsätze als auch völkerrechtliche Normen.

Im vorliegenden Teil sollen nun einzelne Fallgruppen von Zustellungsersuchen im deutschen Rechtshilfeverkehr anhand der ermittelten Ergebnisse untersucht werden. Zunächst werden Zustellungen, die an den ersuchten Staat bzw. Organe des Staates selbst gerichtet sind (I./II.) und solche, die das Staatsangehörigkeitsrecht betreffen (III.), untersucht. Danach wird die Zustellbarkeit von *antisuit injunctions* thematisiert (IV.) Sodann wird auf den Schwerpunkt der Anwendung des Art. 13 I HZÜ in der Praxis eingegangen: diesen bilden Klagezustellungen an in Deutschland ansässige Unternehmen für in den USA eingereichte Klagen. Diskutiert wird die Verweigerung von Zustellungsersuchen im Rahmen der Einleitung der *pre-trial discovery* (V.). Zudem wird die Zustellungsversagung aufgrund von einzelnen Elementen des US-amerikanischen Prozessrechts untersucht (VI.). Dann wird die Verweigerung von Zustellungsersuchen aufgrund des Einwandes einer rechtsmissbräuchlich erhobenen Klage geprüft (VII). Zuletzt wird die Zustellbarkeit von Klagen aufgrund des *Alien Tort Claims Act* untersucht (VIII.), die derzeit Gegenstand von besonderer Aufmerksamkeit der US-Rechtsprechung sowie des deutsch-amerikanischen Rechtshilfeverkehrs sind.[1012]

1012 Die Verweigerung der Zustellung von einstweiligen Verfügungen und Anordnungen sowie Pfändungs- und Überweisungsbeschlüssen wird hier mangels Relevanz nicht untersucht. Seit 1998 sind diese Fälle nicht mehr als Beispiele für die Versagung der Zustellung in der ZRHO wie noch in § 59 III Nr. 1 ZRHO a.F. aufgeführt. Allein die Schweiz verweigert die Zustellung von Pfändungs- und Überweisungsbeschlüssen im internationalen Rechtshilfeverkehr, siehe Antwort zur Frage 49 im Questionnaire 2008. Siehe zu den beiden Fallgruppen die Untersuchung von zur Nieden, S. 123–124.

I. Zustellung an einen Staat

Bereits im Rahmen des Anwendungsbereichs des HZÜ wurde festgestellt, dass Klagen gegen Staaten aufgrund *acta iure imperii* nach dem HZÜ mangels Eröffnung des Anwendungsbereichs nicht zustellbar sind. Selbst wenn das Übereinkommen auf eine solche Zustellung anwendbar wäre, dann müsste sich diese an Art. 13 I HZÜ messen lassen.

Ein Rechtshilfeersuchen für die Zustellung einer Klage vor US-amerikanischen Gerichten, deren Gegenstand ein hoheitliches Handeln war, wurde im Herero-Fall gestellt.[1013] Im Herero-Fall hat sich die Zentrale Behörde unter Berufung auf „deutsche Hoheitsrechte" geweigert, die Klage gegen die Bundesrepublik Deutschland zuzustellen.[1014] Die USA geben denn auch im Questionnaire der Haager Konferenz zum HZÜ aus dem Jahr 2008 an, dass Souveränität und der ordre public als Ablehnungsgründe bei Zustellungen an ausländische Staaten benannt worden seien.[1015]

Das Vereinte Königreich berichtete, dass China Zustellungsersuchen an sich als Zustellungsadressat verweigerte, da ihre Ausführung seine Souveränität oder Sicherheit verletzen würde.[1016] Hong Kong gibt an, dass Zustellungsersuchen nicht ausgeführt wurden wegen unsachgemäßer Bezeichnung des Status der Hong Kong Special Administrative Region, die Teil der Volksrepublik China sei.[1017] Darin wurde eine Souveränitätsverletzung erachtet. Ob es sich dabei um diejenigen handelt, die das Vereinigtes Königreich erwähnt hat, ist unklar.

1. Verweigerungsgrund der Staatenimmunität

Ein Zustellungsersuchen kann im Fall von Klagen gegen den Staat aus Gründen der Staatenimmunität scheitern, worauf sich der Staat im Rahmen des Art. 13 I HZÜ berufen kann. Das Prinzip der Staatenimmunität stellt einen Schutz für die Souveränität des ersuchten Staates dar. Zustellungen in Zusammenhang mit hoheitlichem staatlichem Handeln können nur im Einklang mit den Regeln der Staatenimmunität erfolgen.[1018] Es liegt eine völkerrechtliche Immunitätsverletzung der Bundesrepublik Deutschland vor, wenn eine Zustellung darauf abzielt, gegen die Bundesrepublik Deutschland aufgrund hoheitlichem Handeln des Staates ein zivilrechtliches Gerichtsverfahren im Ausland zu eröffnen. Kein souveräner Staat darf über seinesgleichen ohne dessen Einwilligung zu Gericht sitzen.[1019]

1013 Siehe zu dem Fall ausführlich B.IV.3.a.
1014 Frankfurter Allgemeine Zeitung, 09.02.2004, Nr. 33, S. 1.
1015 Questionnaire 2008, Antwort USA zu Frage 49.
1016 Questionnaire 2008, Antwort UK zu Frage 25.
1017 Questionnaire 2008, Antwort Hongkong zu Frage 49.
1018 Practical Handbook, Rn 23.
1019 Professor Dr. Jörn Axel Kämmerer in der FAZ vom 06.08.2004, Nr. 181, S. 6.

Das Prinzip der Staatenimmunität schützt aber nicht vor fremder Gerichtsbarkeit bei *acta iure gestionis* des Staates.[1020] Daher kann der ersuchte Staat sich nicht auf Art. 13 I HZÜ berufen, wenn Gegenstand der ausländischen Klage sein geschäftliches Handeln ist.

Dennoch berief sich die frühere UdSSR auch bei Klagen gegen nicht-hoheitliches Handeln auf die Staatenimmunität. Aufgrund seines Wissens um diesen Umstand lehnte das LG Bonn die Einleitung eines Zustellungsersuchens nach dem HZPÜ an die UdSSR für eine Klage aufgrund von Schäden im Zusammenhang mit dem Reaktorunglück in Tschernobyl, die ein Berliner Kleingärtner geltend machen wollte, ab.[1021]

Bei der Berufung auf das Prinzip der Staatenimmunität ist zu beachten, dass es in jüngster Zeit Bestrebungen gibt, das Prinzip bei schwerwiegenden Menschenrechtsverletzungen aufzuweichen. So hat der italienische Kassationsgerichtshof die Vollstreckung von in Italien belegenem Vermögen des deutschen Staates aufgrund eines Urteils des griechischen obersten Gerichtshofes im Fall Distomo als zulässig erachtet.[1022] Der IGH hat jedoch entschieden, dass die Immunität Deutschlands vor italienischen Gerichten auch im Hinblick auf schwere Kriegsverbrechen nicht entfalle, selbst wenn die verletzten Normen zum völkerrechtlichen ius cogens zählen.[1023] Das Prinzip der Staatenimmunität gilt also für *acta iure imperii* fort.[1024]

Durch die Verweigerung des Zustellungsersuchens aufgrund der Staatenimmunität liegt auch keine unverhältnismäßige Einschränkung des Zugangs zu Gericht, wie ihn Art. 6 I EMRK garantiert, vor.[1025] Denn die EMRK muss soweit wie möglich unter Heranziehung anderer Regeln des Völkerrechts ausgelegt werden.[1026]

2. Ergebnis

Allgemein ist festzuhalten, dass eine Klage, die *acta iure imperii* zum Gegenstand hat, zum einen bereits nicht in den Anwendungsbereich des Art. 1 I HZÜ fällt und zum anderen aufgrund des Vorbehaltes des Art. 13 I HZÜ nicht zustellbar ist. Dies gilt jedoch nicht für geschäftliches Handeln des Staates.

Die Verweigerung der Zentralen Behörde, die Klage der Herero aufgrund des streitgegenständlichen hoheitlichen Handelns der Bundesrepublik Deutschland zuzustellen, war daher aus Gründen der Staatenimmunität unter Berufung auf Art. 13 I HZÜ zulässig.

Um die eingangs angesprochene Verletzung der Souveränität durch eine Falschbezeichnung Hong Kongs beurteilen zu können, fehlen Informationen zu dem

---

1020 Stein/von Buttlar, Rn 718.

1021 LG Bonn, IPRax 1987, 231; OLG Köln, IPRax 1987, 233; Besprechung von Mansel, IPRax 1987, 210–215.

1022 Süddeutsche Zeitung vom 06.06.2008, Nr. 130, S. 3, S. 4, S. 6.

1023 Germany v. Italy: Greece intervening vom 3.2.2012.

1024 Siehe auch Stürner, IPRax 2008, 197.

1025 Meyer-Ladewig, Art. 6 EMRK, Rn 26.

1026 Meyer-Ladewig, Art. 6 EMRK, Rn 26 mwN.

konkreten Fall. Sollte es sich lediglich um eine Falschbezeichnung handeln, ist fraglich, ob Art. 13 I HZÜ einschlägig ist.

II. Zustellung an ein Organ des Staates

Bei Zustellungsersuchen aufgrund eines Klagebegehrens gegen ein Organ des Staates kommt ebenfalls aus Gründen der Staatenimmunität eine Verweigerung der Zustellung nach Art. 13 I HZÜ in Betracht.

Drei Beispiele für eine Zustellung an ein Organ des Staates sind bekannt, in denen eine Zustellungsverweigerung nach Art. 13 I HZÜ bejaht wurde. Auf der Sitzung der Expertenkommission der Haager Konferenz 1977 zum HZÜ wurde das Beispiel einer Vorladung eines nationalen Souveräns vor ein ausländisches Gericht erwähnt.[1027] Bisher ist jedoch kein tatsächlicher Fall einer Vorladung überliefert. Diese würde auch bei privatem Handeln des Staatsoberhauptes einen Verstoß gegen den völkerrechtlichen Immunitätsgrundsatz darstellen.[1028] Staatsoberhäupter genießen während ihrer Amtszeit absolute Immunität auch für privates Handeln.[1029]

Weiterhin wurde ein ausländisches Schadensersatzverfahren gegen einen inländischen Richter aufgrund seiner richterlichen Tätigkeit im Inland als Beispielsfall erwähnt.[1030] Die rechtsprechende Tätigkeit des Richters ist ebenfalls als hoheitlich zu qualifizieren. Sie wird dem Staat zugerechnet und genießt daher völkerrechtliche Immunität.[1031] Abgesehen davon, dass der Anwendungsbereich für solche Fälle nicht eröffnet ist, würde ebenfalls eine Verletzung der Souveränität des ersuchten Staates vorliegen, was eine Zustellungsverweigerung nach Art. 13 I HZÜ rechtfertigt.

Im einzigen aus den USA bekannten Fall einer Zustellungsverweigerung handelt es sich um eine Klagezustellung an den Oberkommandierenden der US-Marine in Europa und zwei weitere Offizieren zu einem Gerichtsverfahren in den Niederlanden.[1032] Die US Navy lehnte es ab, sich im Streit um den Lohn eines niederländischen Bergungsunternehmers einem Londoner Schiedsgericht zu stellen. Daraufhin verklagte der niederländische Unternehmer den Kommandierenden Admiral der US-amerikanischen Marine in Europa und zwei weitere Offiziere auf Schadensersatz vor niederländischen Gerichten. Die Zustellung durch das US-amerikanische Justizministerium als Zentrale Behörde[1033] wurde im Hinblick auf Art. 13 I HZÜ

1027 Special commission 1977.

1028 Hopt/Kulms/von Hein, S. 135; Maack, S. 97.

1029 Stein/von Buttlar, Rn 723.

1030 Special commission 1977; Practical Handbook, Rn 180.

1031 Ebenso Maack, S. 97.

1032 Edwards v Bureau Wijsmuller Scheepvart – Transport – en Zeesleepvart Maatschappij BV (1988), Hof Amsterdam, 18.6.1987, NIPR 1987 Nr. 469, S. 512–519.; siehe auch Hopt/Kulms/von Hein, S. 136.

1033 Seit 2003 hat das private Unternehmen Process Forwarding International diese Funktion übernommen.

verweigert. Nach niederländischem Recht galt die Klage jedoch als wirksam zugestellt.[1034]

Wenn die US Navy den Bergungsunternehmer beauftragt hat, damit einen zivilrechtlichen Vertrag eingegangen ist und privatrechtlich gehandelt hat, genießt die Navy nicht den Schutz der Immunität für die zivilrechtliche Zahlungsklage. Fraglich ist es, ob die handelnden Personen persönlich belangt werden dürfen. Der Kommandierende Admiral der US-amerikanischen Marine in Europa und die beiden weiteren Offiziere haben nicht als Privatpersonen, sondern als Vertreter des US-amerikanischen Staates gehandelt. Die Immunität auf ausländischem Territorium stationierter Truppen richtet sich nach Völkervertragsrecht.[1035] Es ist davon auszugehen, dass die Beklagten durch ein Abkommen Immunität genossen haben.[1036]

Ebenso wie im Fall von Klagen gegen den Staat selbst gilt auch im Rahmen des Zustellungsersuchens an Organe des Staates, dass eine Differenzierung nach hoheitlichem und privatrechtlichem Handeln bereits für die Eröffnung des Anwendungsbereichs zu treffen ist. Jedoch gilt für Organe des Staates, die über Völkergewohnheitsrecht oder Völkervertragsrecht Immunität für ihr privatrechtliches Handeln genießen, dass ein Zustellungsersuchen für eine Klage aufgrund *acta iure gestionis* nach Art. 13 I HZÜ verweigert werden kann. Ein Eingreifen des Art. 13 I HZÜ ist dann möglich, wenn gegen die völkerrechtliche Immunität der handelnden Organe verstoßen würde.

III. Staatsangehörigkeitsrecht

Im erläuternden Bericht zum HZÜ ist als Beispiel für eine Verweigerung der Zustellung nach Art. 13 I HZÜ der Fall genannt, dass die Zustellungserledigung das Band der Staatsangehörigkeit zwischen dem Staat und seinen Angehörigen beeinträchtigen könnte.[1037]

Es ist schon fraglich, ob bei Verfahren, die die Staatsangehörigkeit betreffen, der Anwendungsbereich des HZÜ überhaupt eröffnet ist. Auch bei großzügiger Auslegung der Begriffe Zivil- und Handelssachen dürften Staatsangehörigkeitssachen nicht mehr im Anwendungsbereich des HZÜ liegen, da es sich dabei um hoheitliche Akte handelt.

Theoretisch vorstellbar wäre, dass die Rechtshilfe für ein Verfahren ersucht wird, welches negative Auswirkungen auf den Staatsangehörigkeitsstatus haben könnte. In der Literatur wird der Fall einer erfolgreichen Vaterschaftsanfechtung konstruiert, infolgedessen rückwirkend die Abstammung und ihre rechtlichen Konsequenzen des bisher als deutsch geltenden Kindes eines deutschen Vaters für

1034 So berichtet bei McClean, S. 33, Fn 87.
1035 Stein/von Buttlar, Rn 729.
1036 Dies ist regelmäßig der Fall so Stein/von Buttlar, Rn 729.
1037 Rapport explicatif, S. 375.

unwirksam erklärt wird.[1038] Dabei muss der im Ausland ansässige deutsche Vater die Vaterschaftsanfechtung im Ausland betreiben. Eine Zustellung über das HZÜ erfolgt an den in Deutschland ansässigen deutschen Abkömmling.

Im Rahmen der Prüfung des Art. 13 I HZÜ könnte eine Verletzung des Art. 16 I GG in Betracht kommen. Art. 16 I GG schützt vor dem Entzug der deutschen Staatsangehörigkeit. Der Schutzbereich des Art. 16 I GG setzt voraus, dass der Betroffene die deutsche Staatsangehörigkeit besitzt. Eine Erwerbsmöglichkeit der deutschen Staatsangehörigkeit findet sich in § 4 I StAG. Danach erwirbt ein Kind die deutsche Staatsangehörigkeit, wenn ein Elternteil diese besitzt. In Fällen, in denen nur der Vater deutscher Staatsangehöriger ist, regelt § 4 I 2 StAG, dass zur Begründung der Abstammung nach den deutschen Gesetzen die Anerkennung und Feststellung der Vaterschaft erforderlich ist.

Hieraus lässt sich schließen, dass, wenn die Voraussetzungen der Anerkennung und Feststellung der Vaterschaft nicht vorliegen, kein Erwerb der deutschen Staatsangehörigkeit nach § 4 I 1 StAG möglich ist. Insofern fällt das Kind auch nicht in den personellen Schutzbereich des Art. 16 I GG. Es liegt kein Entzug der deutschen Staatsangehörigkeit vor, wenn bereits kein wirksamer Erwerb der Staatsangehörigkeit gegeben ist. Eine Zustellung nach dem HZÜ im Fall einer Vaterschaftsanfechtung im Ausland verstößt nicht gegen Art. 16 I GG. Art. 13 I HZÜ greift daher nicht.

Demnach ist nicht nachvollziehbar, in welchen Fällen das Band der Staatsangehörigkeit zwischen dem Staat und seinen Angehörigen durch eine Zustellung nach dem HZÜ gefährdet sein und zu einer Zustellungsverweigerung nach Art. 13 I HZÜ führen könnte.[1039]

IV. Zustellung von *antisuit injunctions*

Antisuit injunctions sind Verfügungen eines Gerichts an einen Kläger, die Einleitung oder die Weiterführung eines Verfahrens vor ausländischen Gerichten in einer bestimmten Streitigkeit zu unterlassen.[1040]

Zum Teil wird die Zustellung von *antisuit injunctions* abgelehnt, denn nach ihrer Logik setze sich nicht diejenige Partei durch, auf deren Seite die besseren Gründe liegen, sondern diejenige, auf deren Seite das nationale Gerichtssystem mit den effektiveren Zwangsmitteln oder dem auf Grund der zufälligen Lokalisierung von Partei und Vermögenswerten der effektivere Zugriff möglich sei.[1041] Ein solches Prinzip sei bar jeden Gerechtigkeitswerts.[1042] *Antisuit injunctions* seien ein Anachronismus,

---

1038 Hopt/Kulms/von Hein, S. 139.

1039 Hopt/Kulms/von Hein, S. 139 Stellen noch als weiteres Beispiel den Fall von Doppelstaatlern des ersuchten wie auch des ersuchenden Staates vor, verneinen jedoch auch hier die Einschlägigkeit von Art. 13 I HZÜ.

1040 Siehe B.IV. 3.c.

1041 Pfeiffer, LMK 2009, 276971.

1042 Pfeiffer, LMK 2009, 276971.

der aus dem Geist hegemonialen Denkens geboren sei und dem man keine Träne nachweinen sollte.[1043]

Das OLG Düsseldorf verweigerte denn auch die Zustellung einer englischen *antisuit injunction* unter Berufung auf Art. 13 I HZÜ, da die Zustellung unvereinbar mit den Grundsätzen des deutschen Rechts und mit dem Völkerrecht sei.[1044] Zum einen würde durch die Zustellung der *antisuit injunction* in die Justizhoheit der Bundesrepublik Deutschland eingegriffen, zum anderen sei der Justizgewähranspruch verletzt.[1045]

Im Fall vor dem OLG Düsseldorf handelt es sich im Kern um eine Auseinandersetzung darüber, welche Gerichts- oder Schiedsgerichtsbarkeit über eine Vertragsstreitigkeit zwischen zwei Parteien entscheiden darf. Das englische Gericht kam dem Antrag auf Einleitung eines Verfahrens zum Erlass einer *antisuit injunction* nach, mit der die ausschließlich vereinbarte Zuständigkeit des London Court of International Arbitration für diese Vertragsstreitigkeit durchgesetzt werden sollte. Danach sollte die Fortführung eines in Deutschland bereits eingeleiteten Verfahrens des Adressaten sowie die Einleitung weiterer Verfahren verhindert werden.

Im Folgenden wird untersucht, ob die Zustellung gegen den über Art. 13 I HZÜ geschützten ordre public Vorbehalt verstößt. Dabei wird das Kriterium der Beachtung der anderweitigen Rechtshängigkeit und der Versagung der Anerkennung und Vollstreckung (1.) sowie die Rechtfertigung des Erlasses von *antisuit injunctions* mit dem Interesse an einem funktionierenden Rechtsverkehr untersucht (2.). Schließlich wird ein Verstoß gegen den Justizgewähranspruch des Empfängers der *antisuit injunction* (3.) sowie gegen die staatliche Souveränität geprüft (4.).

1. Beachtung anderweitiger Rechtshängigkeit und Versagung der Anerkennung und Vollstreckung

Es wird vertreten, dass keine allgemeine Aussage getroffen werden könnte, dass *antisuit injunctions* gegen den ordre public verstoßen würden.[1046] Solange die Priorität der Rechtshängigkeit beachtet werden würde, sollten die injunctions grundsätzlich zugestellt werden.[1047] Ist dies nicht der Fall, sollte erst die Anerkennung und Vollstreckung und nicht schon die Zustellung untersagt werden.[1048]

Die Beachtung der Priorität der Rechtshängigkeit, wie in § 261 III ZPO und Art. 27 I EuGVO für Zivilverfahren vor deutschen Gerichten vorgesehen, ist jedoch immer eine Prüfung, die das angerufene Gericht jeweils selbst vornehmen muss.[1049]

1043 Pfeiffer, LMK 2009, 276971.
1044 OLG Düsseldorf, IPRax 1997, 260; siehe hierzu Mankowski, EWiR Art. 13 HZÜ 1/96, 321; Mansel, EuZW 1996, 335; Maack, S. 84 ff.
1045 OLG Düsseldorf, IPRax 1997, 260 (261).
1046 Stürner, ZZP 109 (1996), 224 (229).
1047 Stürner, ZZP 109 (1996), 224 (229).
1048 Stürner, ZZP 109 (1996), 224 (232).
1049 So auch Practical Handbook, Rn 181.

Würde man die Vereinbarung von *antisuit injunctions* mit dem ordre public von der Prüfung der Priorität der Rechtshängigkeit durch das Gericht, welches die antisuit injunction erlässt, abhängig machen, dann würden nicht inländische Maßstäbe bei der Beurteilung der ordre public-Widrigkeit im Rahmen des Art. 13 I HZÜ angesetzt werden. Auf diese kommt es jedoch bei der Anwendung des Vorbehaltes an.[1050] Die Prüfung der Beachtung der anderweitigen Rechtshängigkeit hängt davon ab, ob eine positive Anerkennungsprognose für das zuerst angerufene Gericht aus der Sicht des inländischen Gerichts besteht. Darauf, ob das ausländische Gericht die anderweitige Rechtshängigkeit im Sinne des inländischen Rechts beachtet, hat das Gericht, auf dessen Verfahren sich die *antisuit injunction* auswirkt, keinen Einfluss.

Ebenso ist der Beachtung der Wirkung der *antisuit injunction* erst auf der Ebene der Anerkennung und Vollstreckung und nicht schon im Zustellungsstadium zu widersprechen. Denn die *antisuit injunction* ist aufgrund der bestehenden Zwangsmittel, sie auch ohne Anerkennung und Vollstreckung einer etwaigen Zwangsmaßnahme im Inland durchzusetzen, faktisch geeignet, auf den Willen der Partei und das inländische Verfahren einzuwirken.[1051] Die angedrohten Zwangsmaßnahmen in England bei der Anrufung des deutschen Gerichtes können Geldbuße, die Zwangsverwaltung des inländischen Vermögens oder selten Haftstrafen umfassen.[1052] Die Berücksichtigung dieser Wirkung ist legitim, denn die Beurteilung der Unvereinbarkeit eines Zustellungsersuchens mit dem ordre public ist auf der Grundlage einer Prognose zu treffen, die auch zukünftige Verfahrensschritte berücksichtigt.[1053] Eine Verweigerung des Zustellungsersuchens aufgrund des Art. 13 I HZÜ erfolgt, wenn das Verfahren, für das das Rechtshilfeersuchen gestellt wird, mit hinreichender Wahrscheinlichkeit zu einem Ergebnis führen wird, das mit dem deutschen ordre public nicht vereinbar ist. Ob ein solcher Verstoß durch das Zustellungsersuchen in Bezug auf eine *antisuit injunction* vorliegt, bleibt zu prüfen.

2. Rechtfertigung durch das Interesse am Funktionieren des Rechtshilfeverkehrs

Das Interesse am Funktionieren des internationalen Rechtsverkehrs allein reicht nicht aus, um die Durchführung der Zustellung von *antisuit injunctions* zu rechtfertigen.[1054] Wie bereits dargestellt ist die Berücksichtigung dieses Interesses aufgrund der Völkerrechtsfreundlichkeit des Grundgesetzes zwar verfassungsrechtlich geboten, aber dies darf per se nicht dazu führen, dass über eine ordre public-Widrigkeit hinweggesehen werden kann und ein Zustellungsersuchen erledigt werden muss.[1055] Bei der Beurteilung der ordre public-Widrigkeit wird kein inländischer Maßstab

1050 Siehe D. III.
1051 So auch Mansel, EuZW 1996, 335 (336).
1052 Maack, S. 55–56.
1053 Siehe D.II.1.
1054 So aber G. Geimer, S. 80.
1055 Siehe C.IV. sowie E.III.

wie bei innerdeutschen Sachverhalten angesetzt. Jedoch entbindet dies nicht die deutschen Behörden, dass ihre Handlungen an Art. 1 III GG und damit an den wesentlichen Grundsätzen des deutschen Rechts gemessen werden.

Zu berücksichtigen ist, dass Art. 13 I HZÜ gerade eine Grenze zieht im System des reibungslosen Funktionierens des Rechtshilfeverkehrs durch das HZÜ, um Zustellungsersuchen, die unvereinbar mit dem nationalen ordre public sind, nicht nachkommen zu müssen.[1056] Liegt also tatsächlich durch die Erledigung des Rechtshilfeersuchens in Bezug auf *antisuit injunctions* ein Verstoß gegen den deutschen ordre public vor, dann erlaubt Art. 13 I HZÜ gerade die Erledigung des Ersuchens zu verweigern. Eine Unvereinbarkeit mit dem deutschen ordre public wird zumeist anhand des Verstoßes gegen den Justizgewähranspruch des Zustellungsadressaten sowie gegen die Souveränität des ersuchten Staates behauptet.

3. Justizgewähranspruch

Das OLG Düsseldorf war der Ansicht, dass die Zustellung der *antisuit injunction* einen Eingriff in die Hoheitsrechte der Bundesrepublik Deutschland darstellt, denn der Grundsatz des freien Zugangs zu den deutschen Gerichten, der als solcher schon Ausdruck staatlicher Souveränität ist und von allen staatlichen Organen sichergestellt werden muss, umfasst auch das Recht jedes einzelnen, sein Anliegen einem Gericht zu unterbreiten.[1057]

Auch in der Literatur wird vertreten, dass eine Verweigerung der Zustellung von *antisuit injunctions* aufgrund der Vorgaben der Art. 2 I GG in Verbindung mit dem Rechtsstaatsprinzip und Art. 6 I EMRK geboten ist, da die Verfügung nicht mit dem Justizgewährungsanspruch des Adressaten vereinbar sei, der nur durch die gesetzlichen Vorschriften des Gerichtsstaates beschränkt werden könne.[1058] Eine gesetzliche Eingriffsgrundlage fehlt jedoch für die *antisuit injunction* und liegt auch nicht in Form des Zustimmungsgesetzes zum HZÜ vor. Eine Verletzung von Art. 6 I EMRK trete bereits durch die Zustellung ein, da von dieser die Wirksamkeit der *antisuit injunction* abhänge.[1059]

Der Justizgewähranspruch ist einerseits aus dem Grundgesetz in Art. 2 I GG in Verbindung mit dem Rechtstaatsprinzip in Art. 20 III GG und andererseits aus Art. 6 I EMRK herzuleiten. Es ist ein zentraler Aspekt der Rechtsstaatlichkeit, die eigenmächtig-gewaltsame Durchsetzung von Rechtsansprüchen zwischen Privaten grundsätzlich zu verwehren.[1060] Die Parteien sollen ihren Streit vor den Gerichten in einem geordneten Rechtsgang gewaltlos austragen und eine verbindliche

---

1056 Siehe D.I.5.

1057 OLG Düsseldorf, IPRax 1997, 260 (261).

1058 Hau, IPRax 1997, 245 (247).

1059 Hau, IPRax 1997, 245 (247); siehe auch die Besprechung Illmer, IPRax 2010, 456 (458) zur Prüfung des Justizgewähranspruchs aus französischer Sicht durch die Cour de Cassation.

1060 BVerfGE 54, 277 (292).

Entscheidung erwirken. Hier vereinen sich das innerstaatliche Gewaltverbot und das staatliche Gewaltmonopol.[1061] Nach dem Justizgewähranspruch hat der Bürger gegen den Staat den Anspruch, dass die Gerichte in seiner Sache tätig werden[1062] und gewährleistet den Zugang zum Gericht.[1063]

Wird eine *antisuit injunction* zugestellt, dann hat dies zur Konsequenz, dass dem Adressaten unmittelbar bei der Anrufung von inländischen Gerichten Zwangsmaßnahmen z.B. in Form von Geldbußen im Ausland drohen. Dadurch kann der Zugang zu Gericht im Inland für den Kläger faktisch behindert werden. Durch die mittelbaren Wirkungen der *antisuit injunction* kann er daran gehindert werden, die Gerichte im Inland anzurufen. Durch diese Wirkung wäre es möglich, dass der Justizgewähranspruch des Zustellunsgadressaten beeinträchtigt ist, denn der Anspruch schützt auch vor unzumutbaren Erschwernissen des Zugangs zu den Gerichten.[1064]

Es ist jedoch fraglich, ob der Justizgewähranspruch auch den Zugang zu einem bestimmten Gericht schützt. Denn in den Fällen, in denen die *antisuit injunction* zum Schutz eines ausländischen Gerichtsverfahrens erlassen wird, besteht für den Zustellungsadressaten im Inland die Möglichkeit des Zugangs zu diesem ausländischen Gericht fort. Für Streitigkeiten mit dominierender oder doch erheblicher Auslandsberührung darf im Einklang mit dem deutschen Justizgewähranspruch der Rechtsweg zu den deutschen Gerichten zugunsten einer auswärtigen Gerichtsbarkeit ausgeschlossen werden.[1065] Dies gilt aber nicht, wenn kein Auslandsbezug zum fremden Forum vorhanden ist oder seine Inanspruchnahme mangels rechtsstaatlicher Mindestanforderungen unzumutbar ist.[1066]

Vor englischen und US-amerikanischen Gerichten bestehen an der Erfüllung letzterer Voraussetzung keine Zweifel.[1067] Der Auslandsbezug wird ebenfalls vorhanden sein. Voraussetzung der *antisuit injunction* ist, dass eine Zuständigkeit von Gerichten oder Schiedsgerichten durchgesetzt wird. Hierfür bedarf es eines Bezugs zum Forum, sei es auch nur durch die Prorogation von inländischen Gerichten oder Schiedsgerichten durch eine Gerichtsstandsvereinbarung.

Ein Verstoß gegen Art. 6 I EMRK bei der Zustellung einer *antisuit injunction* liegt ebenfalls nicht vor, da diese Vorschrift nur den generellen Zugang zu den Gerichten, nicht jedoch den Anspruch auf Auswahl eines bestimmten Gerichts oder der Gerichte eines bestimmten Staates garantiert.[1068]

1061 BVerfGE 54, 277 (292).

1062 Brehm in Stein/Jonas, vor § 1 ZPO, Rn 284.

1063 Brehm in Stein/Jonas, vor § 1 ZPO, Rn 286.

1064 BVerfGE 88, 118 (124)= NJW 1993, 1635 mwN; Herzog in Maunz/Dürig, Art. 20 GG, Rn 135.

1065 Papier in Isensee/Kirchhoff, Band VIII, § 176, Rn 14.

1066 Papier in Isensee/Kirchhoff, Band VIII, § 176, Rn 14.

1067 Siehe bezüglich der Rechtsstaatlichkeit der US-amerikanischen Gerichtsbarkeit F. V.–VII.

1068 Dutta/Heinze, ZEuP 2005, 428 (453); Grothe, NUCL 2007, 33 (44); Maack, S. 184.

Auf den ersten Blick könnte hiervon der Fall zu differenzieren sein, in dem der Zugang zu einem staatlichen Gericht zugunsten eines Schiedsgerichtes grundsätzlich verhindert werden soll. Denn dann wäre durch den Erlass der *antisuit injunction* die Anrufung eines staatlichen Gerichtes versagt. Eine privatautonome Streitentscheidung durch eine Schiedsgerichtsbarkeit verdrängt jedoch nicht völlig die Zuständigkeit und Kontrollkompetenz der staatlichen Gerichte.[1069] Der Anspruch, ein staatliches Gericht bezüglich eines Streitgegenstandes anzurufen, kann durch eine wirksame Schiedsgerichtsvereinbarung derogiert sein, jedoch besteht der Justizgewähranspruch gegenüber staatlichen Gerichten in begrenztem Rahmen auch dann fort (siehe §§ 1032, 1033 ZPO). Wenn ein ausländisches Gericht daran gehindert wird, durch eine *antisuit injunction* die Vorfrage der Gültigkeit oder Anwendbarkeit der Schiedsvereinbarung zu prüfen, dann wird dem Kläger, der diese Vereinbarung für hinfällig, unwirksam oder nicht erfüllbar hält, der Zugang zu dem zuständigen staatlichen Gericht, das er angerufen hat, verwehrt.[1070] Er wird somit einer Form des gerichtlichen Rechtsschutzes beraubt, auf die er Anspruch hat.[1071]

Diese Argumentation überzeugt jedoch nicht. Gegen die Unvereinbarkeit von *antisuit injunctions* mit dem Justizgewähranspruch spricht die Tatsache, dass das staatliche Gericht in England (oder den USA), das die Verfügung erlassen hat, als dessen Voraussetzung prüfen muss, ob dem Antragsteller tatsächlich ein Recht zusteht, die Klage im Ausland zugunsten eines wirksam prorogierten Schiedsgerichts zu verbieten. Die Wirksamkeit der Schiedsvereinbarung ist Prüfungsgegenstand dieser materiellen Anspruchsgrundlage. Insofern hat der Antragsgegner die Möglichkeit sich an dieses staatliche Gericht zu wenden. So war es denn auch der High Court of Justice, Queen's Bench Division, Commercial Court of London, der den Antrag auf Einleitung eines Verfahrens zum Erlass einer *antisuit injunction* zugunsten der ausschließlich vereinbarten Zuständigkeit des London Court of International Arbitration im Fall vor dem OLG Düsseldorf zu prüfen hatte.

Somit liegt in den Fällen der Zustellung von *antisuit injunctions* weder zugunsten einer anderen Gerichtsbarkeit noch der Schiedsgerichtsbarkeit ein Eingriff in den Schutzbereich des Justizgewähranspruchs vor.

4. Kein Verstoß gegen die völkerrechtliche Souveränität

Gegen die Vereinbarkeit von *antisuit injunctions* mit dem deutschen ordre public Vorbehalt im Rahmen des Art. 13 I HZÜ könnte deren Unvereinbarkeit mit dem Grundsatz der völkerrechtlichen Souveränität der Staaten sprechen. Durch eine

---

1069 Papier in Isensee/Kirchhoff, Band VIII, § 176, Rn 13.

1070 So der EuGH, 10.2.2009 – Rs. C-185/07 – Allianz SpA, vormals Riunione Adriatica Di Sicurtà SpA u.a./West Tankers Inc., EuZW 2009, 215 (217) zur Begründung der Unvereinbarkeit der *antisuit injunction* mit der EuGVO; ebenso Lehmann, NJW 2009, 1645 (1646); Steinbrück, Civil Justice Quarterly 26 (2007), 358 (367).

1071 EuGH, 10.2.2009 – Rs. C-185/07 – Allianz SpA, vormals Riunione Adriatica Di Sicurtà SpA u.a./West Tankers Inc., EuZW 2009, 215 (217).

antisuit injunction wird dem Kläger untersagt, ein Verfahren im Ausland fortzuführen oder einzuleiten. Daher hat das OLG Düsseldorf die Ansicht vertreten, dass die Zustellung der *antisuit injunction* die Justizhoheit der Bundesrepublik Deutschland verletze, weil die deutschen Gerichte ausschließlich selbst nach den für sie geltenden Verfahrensgesetzen und nach den bestehenden völkerrechtlichen Verträgen darüber befinden, ob sie für die Entscheidung einer Streitsache zuständig sind, oder ob sie die Zuständigkeit eines anderen inländischen oder ausländischen Gerichtes zu respektieren haben.[1072]

Die US- amerikanische und englische Rechtsprechung ist der Ansicht, dass kein Völkerrechtsverstoß den Erlass einer *antisuit injunction* verbiete.[1073] Die englischen Gerichte betonen, dass sich die *antisuit injunction* aufgrund ihrer *in personam*-Wirkung nur an den Antragsgegner, nicht aber an das ausländische Gericht richtet.[1074] Das Verbot zielt auf die Einschränkung des Rechtswegs in Deutschland für den Beklagten. Eine *antisuit injunction* sei zwar eine mittelbare Beeinträchtigung der Arbeit der ausländischen Justiz. Deshalb müsse von dieser Möglichkeit mit Zurückhaltung und fairer Berücksichtigung ausländischer Justizgewährungsinteressen Gebrauch gemacht werden. Wenn dringende Bedürfnisse der Effizienz der Justiz aber einen solchen Eingriff nötig machen, sei er zulässig.

Dagegen betont das OLG Düsseldorf, dass das deutsche Gericht auf die Mitwirkung der Verfahrensbeteiligten angewiesen sei, andernfalls käme es zu einem Stillstand des Verfahrens.[1075] Daher sei die gegen Verfahrensbeteiligte gerichtete *antisuit injunction* durchaus geeignet, die Tätigkeit der deutschen Gerichte unmittelbar zu beeinflussen und in ihrer Wirkung unter bestimmten Umständen einer unmittelbar gegen das Gericht gerichteten Anordnung gleichzukommen.[1076]

Auch in der Literatur wird vertreten, dass das Verbot direkt auf die Einschränkung des Rechtswegs in Deutschland zielt.[1077] Der Betroffene sei durch die entsprechende Anordnung der *antisuit injunction* entweder aufgrund seiner Rechtstreue oder infolge drohenden Zwangs tatsächlich gehindert, das Verfahren in Deutschland weiter zu betreiben. Dadurch kann das Gericht keine Sachentscheidung treffen.[1078]

Zwar erkennt das Völkerrecht an, dass keinem Staat Jurisdiktionsgewalt über einen anderen Staat zukommt.[1079] Es mag hier zu einer mittelbaren Beeinträchtigung

---

1072 OLG Düsseldorf, IPRax 1997, 260 (261); EuGH, 10.2.2009 – Rs. C-185/07 – Allianz SpA, vormals Riunione Adriatica Di Sicurtà SpA u.a./West Tankers Inc., EuZW 2009, 215 (216).

1073 Siehe Schlosser, RIW 2006, 486 (490) mwN.

1074 Siehe Argumentation der Kläger und des Vereinigten Königreichs im Fall EuGH, 27.4.2004 – Rs. C-159/02 – Turner/Grovit u.a., EuZW 2004, 468 (469); Dutta/Heinze, RIW 2007, 411 (413) mwN.

1075 OLG Düsseldorf, IPRax 1997, 260 (261).

1076 OLG Düsseldorf, IPRax 1997, 260 (261).

1077 Mansel, EuZW 1996, 335 (336).

1078 So Mansel, EuZW 1996, 335 (336).

1079 Herdegen in Maunz/Dürig, Art. 25 GG, Rn 25.

der Ausübung der Justizgewalt des inländischen Gerichts durch die Wirkungen der zugestellten *antisuit injunction* kommen. Jedoch kann diese mittelbare Wirkung über den Umweg der *in personam*-Wirkung der *injunction* nicht mit einer Ausübung der direkten Jurisdiktionsgewalt über einen anderen Staat gleichgesetzt werden.

Gegen die Annahme eines Verstoßes gegen den Souveränitätgrundsatz spricht auch, dass völkerrechtlich die Justizhoheit nicht als besondere Form der staatlichen Souveränität existiert. Der Begriff der Justizhoheit ist unbestimmt und weder national noch international anerkannt.[1080] Über die Territorialhoheit eines Staates hinaus gibt es keine davon zu unterscheidende Justizhoheit.

Ebenso liegt keine völkerrechtlich relevante Beeinträchtigung der Personalhoheit, einer anerkannten Form der staatlichen Souveränität, vor. Die Personalhoheit schützt einen inländischen Beklagten nicht vor einem ausländischen Zivilverfahren.[1081] Zudem bedürfte es nach der anwendbaren *local remedies rule* der Erschöpfung des Rechtswegs in dem Forum, in dem die *antisuit injunction* erlassen wurde, bevor eine Verletzung der Personalhoheit zu staatlichen Schutzmaßnahmen durch den ersuchten Staat führt.

Zusammenfassend bleibt festzuhalten, dass durch die Erledigung des Zustellungsersuchens keine Verletzung der staatlichen Souveränität erfolgt, die eine Verweigerung der Rechtshilfe im Einklang mit Art. 13 I HZÜ rechtfertigen würde.

5. Ergebnis

Ein Ersuchen um die Zustellung von *antisuit injunctions* über das HZÜ scheitert nicht an dem Vorbehalt des Art. 13 I HZÜ. Methodisch erfolgt die Beurteilung der Zustellbarkeit nicht anhand der Beachtung der anderweitigen Rechtshängigkeit im Verfahren, bei dem die *injunction* erlassen wird. Ebenso kann die Frage der Vereinbarkeit mit inländischen Rechtsgrundsätzen aufgrund der Wirkung der Zwangsmittel, die mit der antisuit injunction verbunden sind, nicht erst im Rahmen der Anerkennung und Vollstreckung geprüft und im Zustellungsstadium offen gelassen werden.

Maßstab der Zustellbarkeit im Rahmen des Art. 13 I HZÜ ist allein der innerstaatliche ordre public. Die Zustellung einer *antisuit injunction* zugunsten der Zuständigkeit eines ausländischen Gerichts- oder Schiedsverfahrens an einen Beteiligten eines inländischen Gerichtsverfahrens verstößt nicht gegen den ordre public. Namentlich der Justizgewähranspruch des Zustellungsadressaten ist nicht beeinträchtigt. Ebenso besteht kein Verstoß gegen das völkerrechtliche Prinzip der Souveränität der Staaten, insbesondere der Justizhoheit. Daraus ergibt sich, dass solche Zustellungsersuchen erledigt werden müssen.

1080 Siehe D.I.1.b.aa.bbb.

1081 Siehe D.I.1.b.aa.ccc.

V. Zustellung eines *First Request for Production of Documents*

Unterschiedliche Ansichten zwischen den Landesjustizbehörden bestehen im Rechtshilfeverkehr zwischen den USA und Deutschland bezüglich der Vereinbarkeit von Zustellungen sogenannter *first request for production of documents* mit dem ordre public gemäß Art. 13 I HZÜ.

1. Der *First Request for Production of Documents* im System der *pre-trial discovery*

Zu Beginn des *pre-trial discovery*-Verfahrens sieht Rule 34 FRCP eine Zustellung der Aufforderung zur Vorlage von Beweismitteln, eines sogenannten *first request for production of documents*, zwischen den Parteien vor. In der Aufforderung wird den Parteien, von denen Beweismittel zur Herausgabe verlangt werden, freigestellt, ob sie die angefragten Dokumente den Anwälten der Kläger zur Einsicht und zur Kopie überlassen oder selbst Kopien anfertigen, die dann an die Klägeranwälte gesendet werden. Die Aufforderungen können sehr umfangreich sein. Mitunter umfassen sie über 3.000 Fragen.

2. Anwendungsbereich des HZÜ oder des HBÜ

Zum Teil wird vertreten, dass Zustellungen von *discovery requests* an Privatpersonen nicht unter das HZÜ fallen, sondern immer nach dem HBÜ vorzugehen sei.[1082] Da es sich um die Zustellung im Rahmen des Beweisverfahrens handelt, stellt sich die Frage nach der Abgrenzung des Anwendungsbereichs der beiden Übereinkommen.

Grundsätzlich bestimmt der Ursprungsstaat, ob er den Weg der Rechtshilfe über das HZÜ oder das HBÜ beschreiten möchte. Gemäß Art. 1 HBÜ kann der ersuchende Staat dann Rechtshilfe über das HBÜ ersuchen, wenn eine von dem ausländischen Gericht vorzunehmende Beweisaufnahme im Inland stattfindet. Die gerichtliche Behörde des Ursprungsstaates ersucht die zuständige Behörde eines anderen Vertragsstaates um die Vornahme einer Beweisaufnahme oder einer anderen gerichtlichen Handlung. Gemäß Art. 1 III HBÜ ist jedoch geregelt, dass ein Ersuchen nach Art. 1 I HBÜ nicht auf die Zustellung gerichtlicher Schriftstücke abzielen darf. Dies gilt auch für die Zustellung eines Schriftstückes, das eine Person dazu auffordert, dem Gericht eine Information zukommen zu lassen.[1083] Rule 34 FRCP sieht jedoch eine solche Zustellung vor.

Für die Anwendung des HZÜ spricht zudem, dass das Beweisverfahren nicht im Ausland, sondern in den USA nach Rule 34 FRCP stattfindet. Tatsächlich zielt bei einem *request for the production of documents* die zuzustellende Aufforderung auf

1082 Stürner, Der Justizkonflikt, S. 3 (47).
1083 Schlosser, EU-ZPR, Art. 1 HBÜ, Rn 3.

das Vorlegen der Dokumente in den USA ab. Dem Zustellungsadressaten wird nach Wahl die Zurverfügungstellung der Originale oder die Übersendung von Kopien auferlegt.

Daher ist der Anwendungsbereich des HZÜ eröffnet. Die Zustellung der Aufforderung erfolgt an in Deutschland ansässige Parteien demnach über die Übermittlungswege des HZÜ.

3. Versagungsgründe nach Art. 13 I HZÜ

a. *Pre-trial discovery*

Grundsätzlich ist das durch die Zustellung eingeleitete *pre-trial discovery*-Verfahren Gegenstand der ordre public-Prüfung im Rahmen des Art. 13 I HZÜ, da bei der Prüfung des Art. 13 I HZÜ auch die eingeleiteten Verfahren, für die das Zustellungsersuchen gestellt wird, am Vorbehalt zu messen sind und nicht nur der Zustellungsakt isoliert.[1084] Dabei ist zu beachten, dass nach der Zustellung des request eine 30-Tage-Frist beginnt, innerhalb der die Dokumente vorgelegt werden sollen. Es bestehen keine weiteren Verfahrensschritte, durch die die pre-trial discovery noch eingeleitet werden muss. Die Parteien können sich zwar gegen die Vorlagepflicht in den USA wehren,[1085] eine weitere Überprüfung des Verfahrens durch deutsche Rechtshilfebehörden findet jedoch nicht statt. Dies gilt umso mehr, als dass die USA die Übermittlungswege des HBÜ als nicht exklusiv ansehen.

Für die ordre public-Widrigkeit im Rahmen des Art. 13 I HZÜ wird die Unvereinbarkeit der *pre-trial discovery* mit tragenden Grundsätzen des deutschen Verfahrensrechts und den schutzwürdigen Interessen der Betroffenen angeführt.[1086] Die beklagte Partei würde bei Erledigung des Zustellungsersuchens, das auf die Zustellung einer Aufforderung zur Dokumentenvorlage gerichtet ist, in jedem Fall in ihrer Rechtsposition beeinträchtigt.[1087] Die Nachteile bestünden darin, dass kein Schutz mehr durch die deutschen Beweisaufnahmeregelungen oder – im Fall der Nichtmitwirkung – vor prozessualen Nachteilen gewährleistet sei.[1088] Denn die Durchführung der Vorlage der erfragten Dokumente liefe auf eine Ausforschung hinaus.[1089] Die *pre-trial discovery* überschreite die Grenzen der §§ 142, 144 ZPO.

1084 Siehe D.II.
1085 Zur Nieden, S. 199–200.
1086 So die Landesjustizverwaltung NRW im nicht veröffentlichtem Schriftverkehr mit dem BMJ.
1087 So die Landesjustizverwaltung NRW im nicht veröffentlichtem Schriftverkehr mit dem BMJ.
1088 So die Landesjustizverwaltung NRW im nicht veröffentlichtem Schriftverkehr mit dem BMJ.
1089 So die Landesjustizverwaltung NRW im nicht veröffentlichtem Schriftverkehr mit dem BMJ.

Zudem wird vertreten, dass ein Verstoß gegen die grundgesetzlich verankerte gerichtliche Beweiserhebung vorliege. Aufgrund des Art. 19 IV GG, der eine richterliche Nachprüfung in rechtlicher und tatsächlicher Hinsicht sichert, und des Richtervorbehaltes bezüglich der Ermittlung des entscheidungserheblichen Sachverhaltes aus Artt. 92, 97 GG wird ein Verstoß gegen unverzichtbare Grundsätze des freiheitlichen Rechtsstaates angenommen.[1090]

Hingegen hat der BGH entschieden, dass die Durchführung eines *pre-trial discovery*-Verfahrens für sich noch keinen Verstoß gegen den ordre public i. S. des § 328 I Nr. 4 ZPO begründet.[1091] Auch bei der Anwendung der Vorbehalte der Art. 13 I HZÜ und Art. 12 I lit. b HBÜ wird vertreten, dass die Erledigung eines Ersuchens im Zusammenhang mit einer *pre-trial discovery* nicht zu verweigern ist.[1092] Denn die Unterwerfung unter ein solches Verfahren stellt keinen offensichtlichen Verstoß gegen unverzichtbare Grundsätze eines freiheitlichen Rechtsstaates dar.[1093]

Dem ist zuzustimmen, denn insbesondere liegt kein Verstoß gegen den Grundsatz der richterlichen Beweiserhebung vor, denn der Richter ist in den USA durchaus auch am *pre-trial discovery*-Verfahren beteiligt. Gemäß Rule 26 (b) (2) (C) FRCP muss das Gericht unter bestimmten Voraussetzungen die Häufigkeit oder das Ausmaß der Beweiserhebung entweder in eigener Initiative oder aufgrund eines Parteiantrags beschränken. Gründe hierfür sind unter anderem:

(i) the discovery sought is unreasonably cumulative or duplicative, or can be obtained from some other source that is more convenient, less burdensome, or less expensive;
(ii) the party seeking discovery has had ample opportunity to obtain the information by discovery in the action; or
(iii) the burden or expense of the proposed discovery outweighs its likely benefit, considering the needs of the case, the amount in controversy, the parties' resources, the importance of the issues at stake in the action, and the importance of the discovery in resolving the issues.

Hierdurch wird deutlich, dass dem Gericht durchaus eine wichtige Rolle im discovery Verfahren zukommt und durch die Möglichkeit des Parteiantrags auch ein Instrument richterlicher Kontrolle besteht, welches den Anforderungen des Art. 19 IV GG entgegenkommt. Auch wenn die *pre-trial discovery* grundsätzlich von den Parteien betrieben wird, sehen die FRCP eine Entkoppelung vom Richtervorbehalt nicht vor.[1094]

Ebenso bestehen keine Bedenken hinsichtlich eines Verstoßes gegen Artt. 92, 97 GG, die die Ausübung der rechtsprechenden Gewalt durch unabhängige Richter

1090 Von Danwitz, DÖV 2004, 501 (509).
1091 BGH, NJW 1992, 3096 (3099).
1092 OLG Celle, Beschluss vom 20.7.2006 – 16 VA 4/05, BeckRS 2006, 9152; Ghassabeh, S. 246 ff; von Hein, RIW 2007, 249 (254); Martens, RIW 1981, 730; Stürner/Müller, IPRax 2008, 339 (343); zur Nieden, S. 210.
1093 BVerfG, RIW 2007, 211 (213); OLG Düsseldorf, NJW-RR 2007, 640 (642); Knöfel in Geimer/Schütze, Band I, A I 3f Nr. 375, S. 95; Stürner, JZ 1981, 521 (522).
1094 Ghassabeh, S. 247.

vorsehen. Die Ermittlung des entscheidungserheblichen Sachverhaltes ist auch im deutschen Recht eng mit dem Beibringungsgrundsatz verknüpft. Insofern kann der Richter gemäß §§ 138, 288 ZPO nur anhand der ihm von den Parteien beigebrachten Tatsachen und Beweise seine Sachverhaltsermittlung stützen. Nichts anderes gilt im US-amerikanischen Recht, denn zum Beispiel lässt sich aus Rule 52 (a) (1) FRCP folgern, dass der Richter durchaus den dem Urteil zugrunde liegenden Sachverhalt ausdrücklich ermitteln muss. Da also auch die Entscheidung des deutschen Richters über Notwendigkeit und Umfang einer Beweiserhebung vom streitigen Parteivortrag abhängt, kann durch die Rollen der Parteien im *pre-trial discovery*-Verfahren kein Verstoß gegen einen unverzichtbaren Grundsatz eines freiheitlichen Rechtsstaates liegen.[1095]

Für die Annahme einer ordre public-Widrigkeit wird auch der Verstoß gegen das verfassungsrechtlich verankerte Ausforschungsverbot ins Feld geführt.[1096] Dagegen wird jedoch überzeugend eingewandt, dass das Ausforschungsverbot schon im deutschen Recht nicht uneingeschränkt gilt, denn es bestehen zahlreiche einklagbare Auskunftsansprüche, die dem US-Recht fremd sind.[1097] Auch die Möglichkeit der Vorlagepflicht von Urkunden und Augenscheinobjekten Dritter gemäß §§ 142, 144 ZPO lässt an einem absoluten verfassungsrechtlichen Ausforschungsverbot zweifeln.

Bei der Untersuchung der *pre-trial discovery* anhand des Maßstabes des deutschen ordre public fehlt es den dargestellten Gegenansichten an einer gewissen Zurückhaltung beim Anlegen des Maßstabes des deutschen Rechts. Denn laut Bundesverfassungsgericht läuft die generelle Überprüfung ausländischer Klagen am Maßstab der deutschen Rechtsordnung dem Grundsatz zuwider, dass fremde Rechtsanschauungen und -ordnungen grundsätzlich zu achten sind, auch wenn sie im Einzelfall mit den deutschen Auffassungen nicht übereinstimmen.[1098] Dieser Grundsatz verbietet es, Rechtshilfebegehren nur deshalb nicht Folge zu leisten, weil sie sich auf dem deutschen Recht unbekannte Rechtsinstitute stützen.

b. Unbeachtlichkeit des Widerspruchs nach Art. 23 HBÜ

Vor dem Hintergrund des von Deutschland erklärten Vorbehaltes gemäß Art. 23 HBÜ werden Bedenken hinsichtlich der Durchführbarkeit der Ersuchen erhoben.[1099] Gemäß Art. 23 HBÜ darf jeder Vertragsstaat erklären, dass er Rechtshilfeersuchen nicht erledigt, die ein Verfahren zum Gegenstand haben, das in den Ländern des *common law* unter der Bezeichnung *pre-trial discovery* of documents bekannt ist. Gemäß § 14 AusführungsG zum HBÜ werden solche Ersuchen nicht erledigt. In

1095 So auch Ghassabeh, S. 248 mwN.
1096 Schütze, in: FS Boguslavskij, S. 325 (336) mwN.
1097 Ghassabeh, S. 250 mwN.
1098 BVerfG, RIW 2007, 211 (213).
1099 So die Landesjustizverwaltung NRW im nicht veröffentlichtem Schriftverkehr mit dem BMJ.

§ 14 II AusführungsG wurde die Möglichkeit des Erlasses einer Rechtsverordnung vorgesehen, um die Voraussetzungen der Erledigung solcher Ersuchen zu regeln. Diese ist jedoch nie erlassen worden. Daher werden im Rahmen des HBÜ keine Ersuchen zur Dokumentenvorlage im *pre-trial discovery*-Verfahren erledigt.

Nun könnte es dem Sinn und Zweck des erklärten Vorbehaltes zu Art. 23 HBÜ widersprechen, wenn ein solches Zustellungsersuchen im Rahmen des HZÜ erledigt werden würde. Der Schutzgedanke hinter Art. 23 HBÜ könnte leerlaufen.

Für die Durchführbarkeit des Zustellungsersuchens und gegen einen Widerspruch zum deutschen Vorbehalt nach Art. 23 HBÜ soll sprechen, dass der Vorbehalt primär darauf abzielt, die Gerichte nicht durch endlos lange Beweisaufnahmeverfahren zu belasten.[1100] Durch die Durchführung des Zustellungsersuchens findet jedoch keine Belastung der Gerichte statt. Das Ersuchen wird lediglich durch die Zentralen Stellen an die Adressaten weitergeleitet. Das Vorlegen der Dokumente nehmen diese gegebenenfalls selber vor. Daher greift der Art. 23 HBÜ schon nach seinem Sinn und Zweck hier nicht.

Zudem spricht für die Erledigung des Ersuchens, dass die Inkenntnissetzung der Zustellungsempfänger über die vorhandene Aufforderung in deren eigenem Interesse ist.[1101] Ob sie der Aufforderung nachkommen, haben sie selbst in der Hand. Bei der Anwendung des HBÜ greift hingegen Art. 10 HBÜ, wonach Zwangsmaßnahmen zur Durchsetzung der Erledigung nach nationalem Recht ergriffen werden können.

Abzulehnen ist auch die Ansicht, dass das HZÜ Souveränitätsverletzungen durch die Missachtung des HBÜ schützen soll.[1102] Fragen der Beweisaufnahmen aus dem HBÜ in das HZÜ zu verlagern wäre systemwidrig.[1103] Der Vorbehalt des Art. 13 I HZÜ ist unabhängig von etwaigen Verstößen gegen das HBÜ, vor allem dessen Art. 23 HBÜ anzuwenden. Der Anwendungsbereich des Art. 23 HBÜ ist schon nicht eröffnet. Darüber hinaus fließt der Rechtsgedanke des Art. 23 HBÜ auch nicht in die Prüfung des Art. 13 I HZÜ mit ein.

4. Ergebnis

Das Ersuchen um die Zustellung eines *first request for production of documents* sollte erledigt werden, denn ein solches ist mit dem über Art. 13 I HZÜ geschützten ordre public-Vorbehalt des deutschen Rechts vereinbar. Insbesondere liegen keine Verstöße gegen den Grundsatz der richterlichen Beweiserhebung, die richterliche Unabhängigkeit und das Ausforschungsverbot vor. Auch führt die Regelung des

1100 So die Bayerische Landesjustizverwaltung im nicht veröffentlichtem Schriftverkehr mit dem BMJ.

1101 So die Bayerische Landesjustizverwaltung im nicht veröffentlichtem Schriftverkehr mit dem BMJ.

1102 So aber von Danwitz, DÖV 2004, 501 (508); siehe zur Gegenansicht umfassend zur Nieden, S. 208–209.

1103 Von Hein, RIW 2007, 249 (254).

Art. 23 HBÜ nicht zu einer Unvereinbarkeit der Erledigung des Zustellungsersuchens mit dem in Art. 13 I HZÜ verankerten ordre public.

VI. Zustellung einer US-amerikanischen Klage an in Deutschland ansässige Beklagte

Oft werden alle Verfahrensbesonderheiten des US-amerikanischen Bundesrechts und des Rechts der verschiedenen Einzelstaaten kumulativ als Grundlage für ein Misstrauen gegen Verfahren vor US-Gerichten und eine mögliche Verweigerung der Zustellung einer Klage vor US-Gerichten angeführt. Zum Beispiel resümierte das OLG Koblenz, dass die ihm vorliegende und in ihrer Substanz unhaltbare Klage die Missbrauchsanfälligkeit der Rechtsinstitute einer Sammelklage (*class action*), der *American rule* über das Fehlen einer Anwaltskostenerstattung, der Möglichkeit der Geltendmachung von Strafschadensersatz im Kartellrecht (*treble damages*) und der Drohwirkung der auf Ausforschung gerichteten Voruntersuchung mit einer Verpflichtung zur Offenlegung von internen Unterlagen (*pre-trial discovery*) ausnutze.[1104]

Es gibt die Ansicht, dass im US-amerikanischen Prozess nicht alles so funktioniere, wie man dies für den rechtsstaatlich geprägten deutschen Zivilprozess voraussetzen dürfe.[1105] Aus der Sicht des Beklagten sei die Eröffnung eines gegen ihn gerichteten Verfahrens nichts anderes als die Freigabe eines Kampfes, in dem die Kläger nach allen Regeln einer hierzulande verpönten Kunst über ihn herfallen dürften und ihm selbst keine andere Wahl bleibe, als sich in derselben Weise zur Wehr zu setzen, wenn er nicht größten Schaden erleiden wolle.[1106]

Im Folgenden wird auf die Besonderheiten des US-amerikanischen Verfahrensrechts im Vergleich zum deutschen Prozessrecht einzeln eingegangen. Sie werden dahingehend untersucht, ob allein aufgrund der Tatsache, dass sie im System des US-Verfahrensrechts vorgesehen sind, eine Verweigerung der Zustellung einer US-Klage im Rahmen des Vorbehaltes des Art. 13 I HZÜ gerechtfertigt ist.

1. Klagen auf *punitive damages*

Mit der Geltendmachung von *punitive damages* begehrt der Kläger zusätzlich zum Schadensersatz eine Bestrafungssumme.[1107] Soweit diese Summe an den Staat abgeführt wird, liegt bereits keine Zivil- und Handelssache im Sinne des Art. 1 HZÜ vor, so dass der Anwendungsbereich des Übereinkommens nicht eröffnet ist. Allerdings finden im vertragslosen Rechtshilfeverkehr, um den als Konsequenz der

1104 OLG Koblenz, NJOZ 2005, 3122 (3143).
1105 Braun, ZIP 2003, 2225 (2229).
1106 Braun, ZIP 2003, 2225 (2229).
1107 Siehe Einzelheiten unter B.IV.3.d.

Nichteröffnung des Anwendungsbereichs ersucht werden kann, die Grundsätze des Art. 13 I HZÜ analoge Anwendung.

a. *Anerkennung eines* punitive damages *Urteils in Deutschland*

Nach der Rechtsprechung des BGH scheitert die Anerkennung und Vollstreckung eines US-amerikanischen Urteils, mit dem der Beklagte zur Zahlung von *punitive damages* verurteilt wird, wegen der Unvereinbarkeit mit dem ordre public gemäß § 328 I Nr. 4 ZPO.[1108] Insbesondere der Grundsatz der Verhältnismäßigkeit sei durch die Anerkennung und Vollstreckung eines *punitive damages* Urteils verletzt.[1109] Diesem Grundsatz trägt im Zivilrecht der Kompensationsgedanke beim Schadensersatz Rechnung. Regelmäßig ist allein der Ausgleich der durch den rechtswidrigen Eingriff gestörten Vermögensverhältnisse der unmittelbar Beteiligten das angemessene Ziel des über den Eingriff geführten Zivilprozesses.[1110] Hingegen fallen Sanktionen, die der Bestrafung und Abschreckung – also dem Schutz der Rechtsordnung im Allgemeinen – dienen, nach deutscher Auffassung grundsätzlich unter das Strafmonopol des Staates.[1111] Er übt es im öffentlichen Interesse in einer besonderen Verfahrensart aus, in dem einerseits die Amtsermittlung eine höhere Gewähr für die Richtigkeit der Sachentscheidung bieten soll und andererseits die Rechte des Beschuldigten stärker geschützt sind.[1112] Aus hiesiger Sicht erscheint es unerträglich, in einem Zivilurteil eine erhebliche Geldzahlung aufzuerlegen, die nicht dem Schadensausgleich dient, sondern wesentlich nach dem Interesse der Allgemeinheit bemessen wird und möglicherweise neben eine Kriminalstrafe für dasselbe Vergehen treten kann.[1113] Die zivilrechtsfremden Beweggründe sowie das Fehlen hinreichend bestimmter und zuverlässiger Begrenzungen im Falle der Anerkennung derartiger Urteile sind geeignet, die gesamten inländischen Haftungsmaßstäbe zu sprengen.[1114]

Der BGH ließ hingegen offen, ob die wenig bestimmbaren Voraussetzungen für den Erlass eines Urteils auf *punitive damages* und für deren Höhe an Art. 103 II GG zu messen sind und ob die Verurteilung zu Strafschadensersatz neben einer Kriminalstrafe aus deutscher Sicht unter das Verbot der Mehrfachbestrafung (Art. 103 II GG) fiele.[1115]

1108 Zustimmend Greger, in: Erlanger FS Schwab, S. 331 (340); Schütze, in: FS Nagel, S. 97 (105); Stiefel/Stürner, VersR 1987, 829 ff; kritisch Müller, S. 360–368.
1109 BGH, NJW 1992, 3096 (3104).
1110 BGH, NJW 1992, 3096 (3104).
1111 BGH, NJW 1992, 3096 (3104).
1112 BGH, NJW 1992, 3096 (3104).
1113 BGH, NJW 1992, 3096 (3104).
1114 BGH, NJW 1992, 3096 (3104).
1115 BGH, NJW 1992, 3096 (3104).

b. Vereinbarkeit mit dem ordre public-Vorbehalt nach Art. 13 I HZÜ

Die ordre public-Widrigkeit der *punitive damages*-Urteile im Rahmen der Anerkennung könnten auch eine Verweigerung der Rechtshilfe für Zustellungsersuchen nach Art. 13 I HZÜ zur Folge haben, wenn durch das Verfahren *punitive damages* verhängt werden könnten.[1116] Hierfür wird neben dem Verstoß gegen den verfassungsrechtlichen Verhältnismäßigkeitsgrundsatz zusätzlich ein Verstoß gegen das staatliche Strafmonopol, den Bestimmtheitsgrundsatz und das Verbot der Mehrfachbestrafung angeführt.[1117] Andere hingegen lehnen eine Verletzung des Verbots der Mehrfachbestrafung, des Bestimmtheits- und Verhältnismaßigkeitsgrundsatzes sowie die Missbrauchsgefahr von *punitive damages* durch Private ausdrücklich ab.[1118]

Zum Teil wird vertreten, dass atypische Klagen, die mit hoher Wahrscheinlichkeit zu einer Verurteilung zur Zahlung von *punitive damages* in einer Höhe führen würde, die das Vermögen des Adressaten weit übersteigt, nicht zugestellt werden sollten.[1119] In einem solchen Fall läge aufgrund des ruinösen Charakters der Klage ein so massiver Eingriff in das allgemeine Persönlichkeitsrecht der Betroffenen vor, dass der Verhältnismäßigkeitgrundsatz eine Ermessensreduzierung diktieren würde.[1120]

Sowohl in der Rechtsprechung als auch in der Literatur wird jedoch ganz überwiegend zu Recht von der Vereinbarkeit der Zustellung einer auf *punitive damages* gerichteten Klage mit dem ordre public-Vorbehalt in Art. 13 I HZÜ ausgegangen.[1121] Das Bundesverfassungsgericht entschied, dass die Gewährung von Rechtshilfe durch die Zustellung einer Klage, mit der Ansprüche auf *punitive damages* geltend gemacht werden, in der Regel nicht die allgemeine Handlungsfreiheit in Verbindung mit dem Rechtsstaatsprinzip verletzt.[1122]

Eine eingehende Untersuchung der ordre public-Widrigkeit der *punitive damages* ist bereits in anderen Werken umfassend erfolgt.[1123] Daher beschränkt sich die vorliegende Untersuchung auf die speziellen zustellungsrechtlichen Aspekte.

Dabei ist entscheidend, dass zum Zeitpunkt der Zustellung die Verurteilung zur Zahlung von *punitive damages* sehr ungewiss ist. Allein die theoretische Möglichkeit

1116 So Greger, in: Erlanger FS Schwab, S. 331 (341); Nodoushani, VersR 2005, 1313 (1315); Merkt, S. 148 ff; von Danwitz, DÖV 2004, 501 (509–510).

1117 Merkt, S. 148–157; Nodoushani, VersR 2005, 1313 (1315).

1118 Mörsdorf-Schulte, S. 298; Müller, S. 20–22.

1119 Brockmeier, S. 138.

1120 Brockmeier, S. 138.

1121 Bischof, S. 57; Ghassabeh, S. 258; zur Nieden, S. 128 ff.; G. Geimer, S. 76; Mörsdorf-Schulte, S. 44–49; Rogler, IPRax 2009, 223 (227); Schack, AG 2006, 823 (830); Stadler, JZ 1995, 718 (720); Witte, S. 175; a.A. Greger, in: Erlanger FS Schwab, S. 331 (340 f.); Merkt, S. 148 ff; Nodoushani, VersR 2005, 1313 (1315); von Danwitz, DÖV 2004, 501 (509–510).

1122 BVerfG, NJW 1995, 649.

1123 Siehe Brockmeier, Punitive damages, multiple damages und deutscher ordre public; Müller, S. 15–30; Mörsdorf-Schulte, Funktion und Dogmatik US-amerikanischer punitive damages; Merkt, S. 148 ff.

einer Verurteilung zu *punitive damages* reicht für einen Verstoß gegen die zustellungsrechtliche ordre public-Klausel nicht aus.[1124]

Erst recht ist es nicht denkbar, dass zum Zeitpunkt der Zustellung schon eine hohe Wahrscheinlichkeit der Verurteilung zur Zahlung von *punitive damages* – zumal in einer Höhe, die das Vermögen des Adressaten weit übersteigt – prognostizierbar ist. Dies wäre jedoch Voraussetzung dafür, dass die Verurteilung zur Zahlung von *punitive damages* Prüfungsgegenstand im Rahmen des Art. 13 I HZÜ ist und zu einer Verweigerung der Rechtshilfe führt.[1125] Erst bei Abschluss des Verfahrens mit dem Erlass des Urteils stellt sich heraus, ob der in Deutschland ansässige Beklagte tatsächlich auch zur Zahlung von Strafschadensersatz verurteilt wird.[1126] Die Erledigung des Zustellungsersuchens präjudiziert nicht die Vereinbarkeit mit dem anerkennungs- und vollstreckungsrechtlichen ordre public.[1127]

Der Beklagte kann in dem Verfahren in den USA auf eine Abweisung der Klage hinwirken.[1128] Dies ist ihm erst nach der Zustellung der Klage mit einer sogannten *motion to dismiss* nach Rule 12 (b) FRCP aufgrund fehlender internationalen, innerstaatlichen oder örtlichen Zuständigkeit des Gerichtes, formell und materiell mangelbehafteter Klageschrift oder fehlenden Zustellung der Klage: „lack of subject-matter jurisdiction, lack of personal jurisdiction, improper venue, insufficient process, insufficient service of process, failure to state a claim upon which relief can be granted" möglich.

Nur in ca. 5% der vor US-Gerichten eingeklagten Fälle erfolgt tatsächlich eine Verurteilung zu *punitive damages.* Daher ist es im Gegenteil sogar wahrscheinlich, dass dem Beklagten nie die Zahlung von *punitive damages* auferlegt wird, als dass er hierzu verurteilt wird. Zwar kann der Beklagte bei der Beendigung des Rechtsstreits durch einen Vergleich keine weitere Prüfung der Klage anhand der wesentlichen Grundsätze der deutschen Rechtsordnung nach erfolgreicher Zustellung der Klage einfordern. Dieser Umstand rechtfertigt die Einbeziehung der *punitive damages* in den Prüfungsgegenstand der ordre public-Prüfung im Rahmen des Art. 13 I HZÜ. Jedoch findet bei der Beendigung durch Vergleich auch keine Verurteilung zur Zahlung von *punitive damages* statt. Vielmehr wird eine abstrakte Summe an die Kläger gezahlt. Mangels negativer Gefahrenprognose ist daher eine Verweigerung der Zustellung aufgrund eines Verstoßes gegen den ordre public verankert im Vorbehalt des Art. 13 I HZÜ abzulehnen.[1129]

Zwar ist das Auslandsvermögen des in Deutschland ansässigen Beklagten dann nicht durch die nochmalige Überprüfung am Maßstab des deutschen ordre public

1124 Stadler, JZ 1995, 718 (720).

1125 Siehe D.II.3.

1126 So auch BVerfG, NJW 1995, 649 (650).

1127 Koch/Diedrich, ZIP 1994, 1830 (1831); Morisse, RIW 1995, 370 (372).

1128 BVerfG, NJW 1995, 649 (650).

1129 Ebenso Ghassabeh, S. 261.

vor der Vollstreckung des Urteils zu *punitive damages* geschützt.[1130] Insofern bietet der zustellungsrechtliche Vorbehalt des Art. 13 I HZÜ die letzte Möglichkeit einer solchen Prüfung. Jedoch ist die Wahrscheinlichkeit, dass eine solche Vollstreckung stattfindet, mit ca. 5% derart gering, dass es unverhältnismäßig wäre, die Zustellung aller Klagen auf *punitive damages* zu verweigern, wenn tatsächlich nur sehr wenige zu einer Gefährdung des deutschen ordre public führen würden.

2. Klage auf *treble damages*

Treble damages sind eine besondere Form von Schadensersatzansprüchen, bei denen eine Verdreifachung des tatsächlich entstandenen Schadens dem Geschädigten zugesprochen wird.[1131]

Die Beurteilung von *treble damages* im Hinblick auf den ordre public ist in der Literatur und Rechtsprechung schon eingehend untersucht worden.[1132] Dabei wird zum Teil argumentiert, dass *treble damages* im Rahmen des § 328 I Nr. 4 ZPO nicht anerkennungsfähig seien, denn bei ihnen überwiege – ähnlich wie bei *punitive damages* – der Strafcharakter.[1133]

Es wird vertreten, dass auch die Erledigung des Antrags auf Zustellung von *treble damages*-Klagen geeignet sei, den deutschen ordre public zu gefährden.[1134] Es bestünde eine Gefahr für den Verhältnismäßigkeitsgrundsatz und den aus ihm folgenden Kompensationsgedanken sowie dem Bereicherungsverbot des deutschen Schadensrechts.[1135] Ebenso seien *treble damages* geeignet, den Grundsatz des staatlichen Bestrafungsmonopols sowie das Verbot der Mehrfachbestrafung zu gefährden.[1136]

1130 Siehe zum grundsätzlichen verfassungsrechtlichen Schutz des Auslandsvermögens wie auch anderer im Ausland sich abspielender Sachverhalte, an denen deutsche Behörden mitwirken E.II.1.a.bb.

1131 Siehe ausführlich B.IV.3.e.

1132 BVerfG, NJW 2007, 3709; OLG Frankfurt, NJOZ 2006, 3575 (3585); Malzahn bezüglich GATT-widriger *treble damages*-Klagen, S. 397–402; Merkt, S. 158–182; Stiefel/Bungert, ZIP 1994, 1905–1918; Stürner, in: FS Schlosser, 967–983; Witte, Der US-amerikanische RICO-Act und deutsche Unternehmen, S. 178 ff.; Zekoll/Rahlf, JZ 1999, 384 (387–394).

1133 Schütze in Gloy/Loschelder/Erdmann, § 11, Rn 49; kritisch zum Strafcharakter Stürner, in: FS Schlosser, S. 967 (975) Das pönale Element sei mehr oder weniger nur als Nebeneffekt der Präventions- und Abschreckungsfunktion erkennnbar und trete dahinter zurück; a.A. Zekoll/Rahlf, JZ 1999, 384 (392), die in bestimmten Fallkonstellationen lediglich einen Verstoß gegen den Verhältnismäßigkeitsgrundsatz für denkbar halten.

1134 Merkt, S. 160; Stürner, in: FS Schlosser, S. 967 (980); a.A. Zekoll/Rahlf, JZ 1999, 384 (387).

1135 Merkt, S. 160; so auch OLG Koblenz, NJOZ 2005, 3122 (3144).

1136 Merkt, S. 160; so auch OLG Koblenz, NJOZ 2005, 3122 (3144).

Allerdings wird ein Verstoß gegen den zustellungsrechtlichen ordre public im Art. 13 I HZÜ zu Recht mehrheitlich abgelehnt.[1137] Die Rechtsprechung des Bundesverfassungsgerichtes zu *punitive damages* ist auf *treble damages* übertragbar, denn diese widersprechen der deutschen Rechtsordnung zumindest nicht stärker als *punitive damages*.[1138] Ebenso wie für die Zustellung einer Klage auf *punitive damages* gilt auch für *treble damages*, dass die Zubilligung eines über die Schadenskompensation um ein Mehrfaches hinausgehenden Zahlungsanspruchs rechtsstaatswidrig erscheint[1139], jedoch ist die Wahrscheinlichkeit, dass es tatsächlich zu dieser Zubilligung kommt, im Moment der Zustellung sehr gering. Zwar ist das durch die Zustellung eingeleitete Verfahren im Gerichtsstaat Prüfungsgegenstand des Vorbehaltes in Art. 13 I HZÜ.[1140] Nur die unwahrscheinliche Möglichkeit, dass es in der Zukunft zu einer solchen Verurteilung kommt, ist hingegen nicht geeignet eine Verweigerung der Rechtshilfe über Art. 13 I HZÜ zu rechtfertigen.

3. *Class Action*-Klagen

Bereits aufgrund der Regelung des Art. 13 II HZÜ folgt, dass ein Verfahren der *class action*-Klage nicht geeignet sein kann, den ordre public über Art. 13 I HZÜ zu gefährden. Denn gemäß Art. 13 II HZÜ darf die Erledigung nicht allein aus dem Grund abgelehnt werden, dass der ersuchte Staat nach seinem Recht ein Verfahren nicht kennt, das dem entspricht, für das der Antrag gestellt wird. Bei dem *class action*-Verfahren handelt es sich um eine solche Verfahrensbesonderheit des US-amerikanischen Rechts, deren mangelnde Existenz im deutschen Recht, zumindest in der in den USA bekannten Form, keine Berücksichtigung bei der Prüfung der Erledigung nach Art. 13 I HZÜ finden darf.

Darüber hinaus bestehen auch Zweifel, ob der deutsche ordre public durch eine *class action* gefährdet sein könnte. In Bezug auf die Anerkennungsfähigkeit von Urteilen aus einem *class action*-Verfahren wird nur vereinzelt vertreten, dass diese gegen den ordre public verstießen. Aufgrund der Unvereinbarkeit mit der Dispositionsmaxime und dem Grundsatz der Unzulässigkeit der Popularklage sei die Voraussetzung des § 328 I Nr. 4 ZPO nicht gewahrt.[1141] Dies sei der Tatsache geschuldet,

---

1137 BVerfG, NJW 2007, 3709; OLG Celle, Beschluss vom 20.7.2006 – 16 VA 4/05, BeckRS 2006, 9152; OLG Düsseldorf, NJW-RR 2009, 500; OLG Frankfurt, NJOZ 2006, 3575 (3585); OLG Naumburg, Beschluss vom 9.2.2006 – 4 VA 1/04, BeckRS 2006, 4720; Malzahn bezüglich GATT-widriger *treble damages*-Klagen auf der Grundlage des US Antidumping Act 1916, S. 401; Witte, S. 175; Zekoll/Rahlf, JZ 1999, 384 (387).

1138 Witte, S. 175; so auch Zekoll/Rahlf, JZ 1999, 384 (387).

1139 So das OLG Koblenz, NJOZ 2005, 3122 (3144), aber mit der Schlussfolgerung, dass sich daraus ergibt, die Zustellung nach Art. 13 I HZÜ zu verweigern.

1140 Siehe D.II.

1141 Mann, NJW 1994, 1187 (1188).

dass Geschädigte ohne Kenntnis und Wissen als Mitglied der *class* in den Prozess einbezogen würden.[1142]

Zur Veranschaulichung sei der Fall Wal-Mart erwähnt, in dem versucht wurde das Unternehmen im Namen von ca. 1,5 Millionen weiblichen Angestellten, die seit dem 26.12.1998 bei Wal-Mart in den USA beschäftigt waren und sind und die der in Frage stehenden Bezahlungs- und Beförderungspolitik und deren praktische Umsetzung unterworfen waren und sind, zu verklagen.[1143] Die Zertifizierung einer *class action* scheiterte jedoch im Verfahren vor dem Supreme Court an den Voraussetzungen des Rule 23 FRCP, vor allem an der Voraussetzung einer hinreichenden rechtlichen und tatsächlichen Gemeinsamkeit aller Fälle.

Aufgrund solcher Aufsehen erregender Fälle wird oft verkannt, dass auch in den USA die *class action* eine Ausnahme von der Regel ist, dass Rechtsstreitigkeiten im Interesse von und durch benannte Individualpersonen durchgeführt werden müssen.[1144] Zudem wird auch in der Europäischen Union über die Einführung von Sammelklageverfahren diskutiert. Daher kann man Sammelklagen nicht generell eine rechtsmissbräuchliche Absicht unterstellen.[1145]

In einer Reihe von europäischen Staaten gibt es bereits ähnliche Verfahrensarten als so genannte *opt-in*-Verfahren, bei denen sich Personen, die sich als Kläger einer Sammelklage anschließen wollen, dies durch eine ausdrückliche Erklärung gegenüber dem Prozessgericht tun müssen.[1146] Es ist keine Entscheidung bekannt, durch die einem Urteil aus europäischen Staaten im Rahmen derartiger Verfahren die Vollstreckbarerklärung nach der EuGVO versagt worden wäre.[1147]

Zudem ist auch in Deutschland seit der Einführung des Kapitalanleger-Musterverfahrens ein Verfahren des kollektiven Rechtsschutzes vorgesehen, so dass ein Verstoß gegen unverzichtbare Grundsätze des freiheitlichen Rechtsstaates aufgrund der Zustellung einer *class action*-Klage nicht angenommen werden kann.[1148]

Aber selbst bezüglich der *opt-out*-Verfahren des US-amerikanischen Rechts bestehen keine verfassungsrechtlichen Bedenken, denn diese werden ebenfalls in der EU diskutiert.[1149] *Opt-out*-Verfahren kennzeichnen sich dadurch, dass die Mitglieder der class ausdrücklich beantragen müssen, dass das Verfahren nicht in ihrem Namen geführt wird. Ansonsten entfaltet das Urteil oder der Vergleich für sie Rechtskraft.[1150]

1142 Mann, NJW 1994, 1187 (1188).
1143 Wal-Mart Stores Inc. v. Betty Dukes et al., 131 S. Ct. 2541 (2011); siehe zu dem Verfahren Linhart, RIW 2011, 395–398.
1144 Wal-Mart Stores Inc. v. Betty Dukes et al., 131 S. Ct. 2541 (2011).
1145 Brand, NJW 2012, 1116 (1118).
1146 Brand, NJW 2012, 1116 (1118).
1147 Brand, NJW 2012, 1116 (1118).
1148 OLG München, Beschluss vom 7.6.2006 – 9 VA 3/04, BeckRS 2006, 7453.
1149 Brand, NJW 2012, 1116 (1118).
1150 Hopt/Kulms/von Hein, S. 4.

Im Rahmen des § 328 I Nr. 4 ZPO wird eine Verletzung des Anspruchs auf rechtliches Gehör als möglich erachtet, wenn das *class action* Urteil auf dem *opt-out*-Mechanismus beruht.[1151] Es soll darauf ankommen, ob im ausländischen Erkenntnisverfahren hinreichende Anstrengungen unternommen wurden, um alle Gruppenmitglieder davon zu unterrichten, dass eine ihren Anspruch umfassende *class action* anhängig ist und sie eine Bindung an den Verfahrensausgang nur durch eine fristgerechte *opt-out*-Erklärung vermeiden können.[1152] Lässt sich nicht nachweisen, dass eine Chance zum *opt-out* bestand, wäre nicht nur der Anspruch auf rechtliches Gehör, sondern auch der Dispositionsgrundsatz der Gruppenmitglieder verletzt.[1153]

Jedoch ist im Rahmen des Art. 13 I HZÜ zu beachten, dass die möglicherweise verletzten Rechte der Kläger als nicht benannte *class action* Mitglieder keine Rechtsverletzung des Beklagten, an den in Deutschland zugestellt werden soll, nach sich zieht. Im Rahmen der Anerkennung mag die Verletzung des rechtlichen Gehörs der *class action* Mitglieder zu einem anderen Ergebnis hinsichtlich der ordre public-Widrigkeit führen, da die Regelung des § 328 I Nr. 4 ZPO nicht dem Schutz einer bestimmten Partei, sondern der Wahrung grundlegender Rechtsgrundsätze dient.[1154] Zum Zeitpunkt der Zustellung ist aber über den Antrag auf Zulassung als *class action* zumeist noch nicht entschieden, da in der Regel die Klageschrift mit dem Antrag auf Zulassung verbunden wird.[1155] Die Statthaftigkeit der Klage als *class action* steht zu diesem Zeitpunkt also noch nicht fest.[1156] Erst nach der Zulassung der *class action* werden die Möglichkeiten des *opt out* den Mitgliedern der *class* eingeräumt.[1157]

Daher ist die Zustellung einer Klage nach dem HZÜ dem in Deutschland ansässigen Beklagten nicht von vorneherein deshalb zu versagen, weil es sich um ein *class action*-Verfahren handelt.[1158]

4. Die *American rule of costs*

Anders als in Bezug auf *punitive damages, treble damages* und die *class action* ist die Belastung des Beklagten mit der Zahlung von erheblichen Rechtsverteidigungskosten im Zeitpunkt der Zustellung bereits real.[1159] Der Beklagte weiß in der Regel um

1151 Stadler, in Musielak, § 328 ZPO, Rn 26.
1152 Stadler in Musielak, § 328 ZPO, Rn 26.
1153 Stadler in Musielak, § 328 ZPO, Rn 26.
1154 So Stadler in Musielak, § 328 ZPO, Rn 26.
1155 Hopt/Kulms/von Hein, S. 27.
1156 Rasmussen-Bonne, in: FS Hay, S. 323 (335).
1157 Hopt/Kulms/von Hein, S. 29.
1158 So auch BVerfG, NJW 2007, 3709 (3711); OLG Düsseldorf, NJW-RR 2009, 500 (501); Ghassabeh, S. 246; Greiner, S. 162; G.Geimer, S. 77; Mark, EuZW 1994, 238 (239); Rasmussen-Bonne, in: FS Hay, S. 323 (337); Rogler, IPRax 2009, 223 (226); zur Nieden, S. 126.
1159 So auch Ghassabeh, S. 239.

die drohende Zustellung, so dass bereits vor sowie nach erfolgreicher Zustellung die Vorbereitungen für einen drohenden Prozess laufen. Dazu gehört neben der Mandatierung von Anwälten unter anderem die Sicherung von Daten für eine zukünftige *pre-trial discovery*, um mögliche Nachteile durch die Vernichtung relevanter Beweismittel zu vermeiden.[1160]

Sowohl hinsichtlich der *American rule of costs*, die keine Kostenerstattung der unterlegenen Partei vorsieht, als auch der Erfolgshonorare für die Anwälte der Parteien wird die Ansicht vertreten, dass eine ordre public-Widrigkeit vorliege.[1161]

Dem ist jedoch zu widersprechen. Bezüglich der Anerkennung von US-Urteilen hat der Bundesgerichtshof 1992 zu Recht eine ordre public-Widrigkeit der kostenrechtlichen Besonderheiten im US-Zivilprozess aufgrund eines Verstoßes gegen Grundrechte der Parteien oder gegen das Gebot der Rechtsstaatlichkeit verneint.[1162]

Ebenso wird für die Prüfung des ordre public im Rahmen des Art. 13 I HZÜ vertreten, dass kein Verstoß gegen unverzichtbare rechtsstaatliche Grundsätze dadurch vorliegt, dass die obsiegende Partei nach amerikanischem Recht keine Erstattung der außergerichtlichen Kosten verlangen kann.[1163] Fehlende Kostenerstattung ist auch dem deutschen Recht nicht völlig fremd (vgl. § 12a I 1 ArbGG).[1164]

Zudem besteht nach ständiger Rechtsprechung der US-Gerichte die Möglichkeit in Abweichung von der *American rule of costs* die Kosten dem Kläger aufzuerlegen, wenn dessen Klage „in bad faith, vexatiously, wantonly or for oppressive reasons" erhoben bzw. geführt wurde.[1165] Möglich ist auch eine Widerklage wegen *wrongful civil proceedings*.[1166]

Für die Beurteilung von Erfolgshonoraren gilt nichts anderes, denn auch das deutsche Recht kennt in §§ 4a RVG, 49b II 1 BRAO die Möglichkeit dieser Kostenvereinbarung.

Eine Zustellung einer US-amerikanischen Klage scheitert daher gemäß Art. 13 I HZÜ nicht daran, dass der Beklagte dem US-amerikanischen Kostenrecht unterworfen wird.

5. Das Verfahren der *pre-trial discovery*

Zustellungsersuchen bezüglich eines *first request for production of documents* wurden bereits untersucht.[1167] Deren Erledigung ist vereinbar mit dem Vorbehalt des Art. 13 I HZÜ.

1160 Siehe hierzu Junker, Electronic discovery und ders., Discovery.

1161 Schütze, RIW 1993, 139 (140); siehe zu den Besonderheiten des US-amerikanischen Zivilverfahrensrechts bezüglich der Verfahrenskosten bereits B.IV.3.g.

1162 BGH, NJW 1992, 3096 (3099).

1163 OLG Düsseldorf, BeckRS 2008, 23173.

1164 OLG Düsseldorf, BeckRS 2008, 23173.

1165 Rogler, IPRax 2009, 223 (228) mwN.

1166 Rogler, IPRax 2009, 223 (228).

1167 Siehe F.V.

Gegenstand der Untersuchung in diesem Abschnitt sind Klagezustellungen, um deren Erledigung entweder in Kombination mit der Zustellung eines *first request for production of documents* ersucht wird oder die isoliert erledigt werden sollen, aber deren Durchführung zu der Einleitung eines *pre-trial discovery*-Verfahrens führen werden.

Zum Teil wird behauptet, dass die Zustellung einer Klageschrift isoliert oder/und in Kombination mit der Aufforderung zur Dokumentenvorlage im Wege der *pre-trial discovery* am Art. 13 I HZÜ scheitert.[1168] Es wird vorgebracht, dass die Möglichkeit der Durchführung einer unmittelbaren Beweiserhebung im Weg der *pre-trial discovery* außerhalb des im HBÜ bestimmten Verfahrens eine Gefahr für die deutsche Justizhoheit darstelle, vor allem im Hinblick auf den rechtsstaatlich grundlegenden Vorbehalt richterlicher Beweiserhebung.[1169]

Richtig ist, dass die Beweiserhebung für US-Verfahren im Ausland häufig außerhalb der Wege des HBÜ erfolgt, da die USA das HBÜ als nicht exklusiv ansehen.[1170] Insofern findet oft keine weitere ordre public-Kontrolle im Wege der Rechtshilfe, insbesondere des Art. 12 I lit. b HBÜ statt, und Art. 23 HBÜ kommt ebenfalls nicht zur Anwendung.

Ebenfalls ist Prüfungsgegenstand im Rahmen des Art. 13 I HZÜ richtigerweise auch das durch eine zugestellte Klage eingeleitete Verfahren der *pre-trial discovery.*[1171]

Jedoch verstößt die *pre-trial discovery* nicht gegen den deutschen ordre public.[1172] Daher liegt auch kein Grund für die Verweigerung der Rechtshilfe nach Art. 13 I HZÜ vor.[1173]

Zudem darf an sich generell eine verfahrensrechtliche Besonderheit keine Rolle bei der Prüfung des Art. 13 I HZÜ spielen. Dies ergibt sich schon aus Art. 13 II HZÜ. Wenn ein Verfahren allerdings gegen den ordre public des ersuchten Staates verstößt, dann dürfte der ersuchte Staat die Erledigung des Zustellungsersuchens verweigern. Ein solcher Verstoß liegt bei dem Verfahren der *pre-trial discovery* aber gerade nicht vor.

Würde tatsächlich die Möglichkeit der Durchführung einer *pre-trial discovery* zur Bejahung eines ordre public-Verstoßes ausreichen, dann käme dies einer Justizverweigerung im deutsch-amerikanischen Rechtshilfeverkehr gleich. Das Zivilverfahren in den USA kennt kein anderes Beweiserhebungsverfahren als die *pre-trial discovery.* Eine *discovery* losgelöst davon gibt es nicht.

1168 Ohne nähere Begründung Bellinghausen, PHi 2003, 222 (225); ebenso von Danwitz, DÖV 2004, 501 (509); Schütze, in: FS Boguslavskij, S. 325 (336) mwN.

1169 Von Danwitz, DÖV 2004, 501 (509).

1170 Siehe B.II.2.

1171 Siehe E.II.

1172 Siehe F.V.

1173 OLG Düsseldorf, BeckRS 2008, 23173; BVerfG, Beschluss vom 24.01.2007 – 2 BvR 1133/04, BeckRS 2009, 71201, Rn 15; OLG Naumburg, Beschluss vom 9.2.2006 – 4 VA 1/04, BeckRS 2006, 4720.

6. Das System der Richterwahl

In der überwiegenden Mehrzahl der US-Bundesstaaten werden die Richter der einzelstaatlichen Gerichte vom Volk gewählt. Diesen Wahlen gehen oft kostspielige Wahlkämpfe voraus, in denen die Kandidaten zum Teil mit erheblichen Spendengeldern von Unternehmen und Kanzleien unterstützt werden, über deren Verfahren die Richter nach ihrer Wahl entscheiden müssen.[1174]

a. Anerkennungsrechtliche ordre public-Widrigkeit der Gerichtsverfahren vor gewählten Richtern

Daher wird vertreten, dass Urteile, die von einem gewählten Richter erlassen wurden, gemäß § 328 I Nr. 4 ZPO nicht anerkannt und vollstreckt werden dürfen, da sie ordre public-widrig seien.[1175] Es liege ein Verstoß gegen die Unparteilichkeit und die Unabhängigkeit der Richter vor, die zu den Grundprinzipien des deutschen Rechts zählen.[1176] Das deutsche Recht lässt in § 42 ZPO schon den Anschein der Parteilichkeit eines Richters für seine Ablehnung genügen.

Eine andere Ansicht differenziert bei der Beurteilung der ordre public-Widrigkeit danach, ob im konkreten Fall der durch eine Partei im Richterwahlkampf finanziell unterstützte Richter offensichtlich parteiisch zugunsten dieser Partei gehandelt hat.[1177] Dabei sollen die Grenzen der Anerkennungsfähigkeit vom US Supreme Court im Fall Hugh M. Caperton v. A.T. Massey Coal Company[1178] aufgezeigt worden sein.[1179] Das deutsche Gericht müsse die Anerkennungsfähigkeit einer solchen Entscheidung nach denjenigen Maßstäben beurteilen, die sich aus der Entscheidung des US Supreme Court ergeben.[1180] Notfalls müsse das deutsche Anerkennungsgericht die Leitsätze des US Supreme Court fortbilden.[1181] Praktisch würde eine solche Versagung jedoch kaum Relevanz haben, da nach der *local remedies rule*[1182] die benachteiligte Partei ihre Rechtsmittel vor den US-amerikanischen Gerichten zunächst ausschöpfen müsse.[1183] Aus der völkerrechtlichen Regel folgt, dass ein Verfahrensbeteiligter zunächst den innerstaatlichen Rechtsweg mit sämtlichen, zur Verfügung stehenden Rechtsbehelfen beschreiten muss, bevor überhaupt in Betracht kommt, dass er vor deutschen Gerichten im Anerkennungsverfahren geltend

1174 Siehe zu den Einzelheiten des Verfahrens Sandrock, RIW 2009, 577 (582–584).
1175 Schütze, ZVglRWiss 100 (2001), 464 (470); a.A. Rohe, in: FS Vollkommer, S. 291 (309) sowohl bezüglich der Zustellung als auch der Anerkennung und Vollstreckung.
1176 Schütze, ZVglRWiss 100 (2001), 464 (469).
1177 Sandrock, RIW 2009, 577 (585).
1178 200 U.S. 321.
1179 Sandrock, RIW 2009, 577 (585).
1180 Sandrock, RIW 2009, 577 (585).
1181 Sandrock, RIW 2009, 577 (585).
1182 Siehe hierzu D.I.1.b.aa.ccc.
1183 Sandrock, RIW 2009, 577 (585).

machen kann, dass die Entscheidung des US-Gerichtes gegen die US-Verfassung verstößt. Ob er hiermit im Anerkennungsverfahren überhaupt Gehör finden darf, ist so gleich zu klären.

b. Beurteilungsmaßstab der ordre public-Prüfung

Sollte die Besonderheit der Richterwahl im US-Recht der Bundesstaaten per se tatsächlich zu einer ordre public-Widrigkeit von Urteilen dieser Gerichte führen, hätte dies auch im Rahmen der Betrachtung von Art. 13 I HZÜ bei der Zustellung solcher Klagen Relevanz. Denn unweigerlich hat die Zustellung einer Klage an in Deutschland ansässige Beklagte vor Gerichten einzelner Bundesstaaten die Unterwerfung unter die Rechtsprechungsgewalt der Richter der einzelstaatlichen Gerichte zur Folge.

Jedoch reicht bei der Beurteilung der ordre public-Widrigkeit einer Klage nicht der Vergleich zwischen den einfachgesetzlichen Bestimmungen des deutschen Rechts, hier besonders § 42 ZPO, und dem US-Recht. Die einfachgesetzliche Regelung des § 42 ZPO kann nicht der Maßstab sein, an dem die ordre public-Widrigkeit der Zustellung zu messen ist. Nur wesentliche Grundsätze der Rechtsordnung bilden den über den ordre public zu prüfenden Inhalt.[1184] Fremde Rechtsanschauungen und -ordnungen sind grundsätzlich zu achten, auch wenn sie im Einzelfall mit den deutschen Auffassungen nicht übereinstimmen.[1185]

An der herausragenden Bedeutung der richterlichen Unabhängigkeit und Unparteilichkeit als wesentlichem Grundsatz der verfassungsrechtlichen Ordnung in Deutschland besteht kein Zweifel. Die Unabhängigkeit der Rechtspflege ist ein wesentlicher Grundsatz des Staatsaufbaues der Bundesrepublik Deutschland.[1186] Sie wird durch den Gewaltenteilungsgrundsatz (Art. 20 II 2, III GG) und durch die den Richtern als den Amtsträgern, denen die rechtsprechende Gewalt anvertraut ist (Art. 92 Hs. 1 GG), eingeräumte Unabhängigkeit (Art. 97 GG) gewährleistet.[1187] Als konkrete Ausprägung des in Art. 20 II 2 GG normierten Gewaltenteilungsgrundsatzes partizipiert die Garantie der richterlichen Unabhängigkeit mittelbar an der Ewigkeitsgarantie des Art. 79 III GG und gehört zu den grundlegenden Prinzipien der freiheitlichen demokratischen Grundordnung im Sinne des Art. 20 II 2 GG.[1188] Zudem besteht ein Zusammenhang mit der Rechtsweggarantie nach Art. 19 IV GG: Nur unabhängige Richter können den danach gebotenen effektiven Rechtsschutz leisten. Der elementare Grundsatz der sachlichen und persönlichen Unabhängigkeit des Richters gehört zu den für das Amtsrecht der Richter charakteristischen hergebrachten Grundsätzen im Sinne des Art. 33 V GG.[1189]

1184 Siehe E.
1185 BVerfG, RIW 2007, 211 (213).
1186 Hillgruber in Maunz/Dürig, Art. 97, Rn 1.
1187 Hillgruber in Maunz/Dürig, Art. 97, Rn 1.
1188 Hillgruber in Maunz/Dürig, Art. 97, Rn 2.
1189 Hillgruber in Maunz/Dürig, Art. 97, Rn 3.

Allein diese Grundsätze bilden den Maßstab für die Beurteilung der ordre public-Widrigkeit eines Zustellungsersuchens. Eine Orientierung an vom Supreme Court aufgestellten Maßstäben widerspricht dem Sinn und Zweck des ordre public-Vorbehaltes. Der Supreme Court kann nicht die wesentlichen Grundsätze der deutschen Rechtsordnung bestimmen oder hierfür Orientierung bieten. Er prüft das Recht der Bundesstaaten anhand der US-Verfassung. Diese ist kein Maßstab für die wesentlichen Grundsätze des deutschen Rechts.

c. *Stellungnahme*

Auf die Befolgung der *local remedies rule* im Verfahrensstaat kommt es nicht an, wenn der ordre public-Verstoß nicht auf einer rechtswidrigen Handlung des Gerichts beruht, sondern dem ausländischen Verfahrensrecht selbst entspringt.[1190] Hier kann mangels Relevanz für die Beurteilung der ordre public-Widrigkeit dahinstehen, ob es bei der Beurteilung der Anerkennungsfähigkeit tatsächlich auf die Erschöpfung der Rechtsschutzmöglichkeiten im Urteilsstaat ankommt.[1191] Bei der Prüfung der Erledigung des Zustellungsersuchens kann noch nicht verlangt werden, dass der Rechtsschutz gegen eine Besetzung des Gerichtes ausgeschöpft wurde. Die Zustellung wird zu Anfang des Gerichtsverfahrens bewirkt. Der Beklagte konnte zu diesem Zeitpunkt noch nicht die inländischen Abwehrmöglichkeiten einer Klage ausschöpfen.

Dessen ungeachtet ist der Auffassung zuzustimmen, dass ein Verstoß gegen den ordre public zu einer Zustellungsverweigerung führen kann, wenn offensichtlich ist, dass der zuständige Richter parteiisch und einer Partei gegenüber abhängig handeln wird. Insofern wäre auch nach deutschen Maßstäben eine Verfassungsbeschwerde im Fall Hugh M. Caperton v. A. T. Massey Coal Company erfolgreich.[1192]

Nach dem Einlegen der Berufung, aber vor Beginn des Berufungsverfahrens fanden Richterwahlen zum Supreme Court of Appeals of West Virginia statt. Der Vorstandsvorsitzende des in der ersten Instanz verurteilten Unternehmens unterstützte massiv finanziell mit Erfolg einen bestimmten Kandidaten für einen Sitz im Supreme Court of Appeals, dem zuständigen Berufungsgericht. Tatsächlich hob der Supreme Court of Appeals das erstinstanzliche Urteil auf, nachdem alle Bemühungen des Klägers, den gewählten neuen Richter von der Entscheidung wegen dessen Parteilichkeit auszuschließen, scheiterten. Eine derartige persönliche Abhängigkeit eines Richters würde im deutschen Recht gegen Art. 97 GG verstoßen. Seine Unabhängigkeit wäre aufgrund der eindeutigen Unterstützung durch den Beklagten, dem er letztlich seine richterliche Position zu verdanken hat, nicht gewährleistet. Ähnlich sah es auch der Supreme Court und bejahte einen Verstoß gegen die *due process clause.*[1193]

1190 Bach in Vorwerk/Wolf, § 328 ZPO, Rn 45.
1191 Siehe zum Streit Stadler in Musielak, § 328 ZPO, Rn 29 mwN.
1192 Ausführlich zu der Entscheidung siehe Sandrock, RIW 2009, 577 ff.
1193 Siehe hierzu B.IV.3.d.

Die abstrakte Möglichkeit der Beeinflussung der Richter allein durch die Tatsache, dass sie gewählt werden und hierfür von Parteien oder Kanzleien unterstützt werden, verstößt indes nicht gegen die deutschen verfassungsrechtlichen Grundsätze und rechtfertigt keine Zustellungsverweigerung im Rahmen des Art. 13 I HZÜ. Allein die Geeignetheit Misstrauen gegen die richterliche Unabhängigkeit gemäß § 42 ZPO zu bejahen, stellt noch keine Grundlage für die Zustellungsverweigerung dar.

Findet allerdings im Vorfeld eines Verfahrens eine konkrete Beeinflussung im Hinblick auf die richterliche Entscheidung in diesem Verfahren statt, dann ist auch im Rahmen des Art. 13 I HZÜ der Verstoß gegen wesentliche Grundsätze der deutschen Verfassung bereits so erheblich, dass er zu einer Zustellungsverweigerung führen muss. Die Unabhängigkeit und Unparteilichkeit des Richters wäre nicht gewährleistet, denn das von ihm zu fällende Urteil ist quasi als Gegenleistung für die Wahlkampfunterstützung im Vorfeld zu verstehen.

Allerdings ist bei größeren Verfahren oft ein sogenanntes *multiparty, multiforum jurisdiction*-Verfahren als Vorverfahren vorgeschaltet.[1194] Dabei wird ein Gericht zur vorprozessualen Koordinierung von oft mehreren hundert vor verschiedenen Gerichten anhängigen Verfahren betraut. Am Ende des Koordinierungsprozesses werden die eingereichten Klagen in aller Regel wieder an die Ausgangsgerichte in den einzelnen Bundesstaaten zurückverwiesen, aus denen sie stammen. In solchen Fällen ist es unmöglich, im Vorhinein zu wissen, welcher Richter zuständig für den Fall sein wird. Zudem wird die Zustellung vom Kläger betrieben. Es wird aus den zuzustellenden Unterlagen nicht ersichtlich, welche Richter am Verfahren beteiligt sein werden.

Zumeist zeigt sich ein parteiisches und abhängiges Verhalten eines Richters erst im Rahmen des Verfahrens und ist zum Zeitpunkt der Zustellung noch nicht ersichtlich.

d. Ergebnis

Zustellungsersuchen für Verfahren vor US-Gerichten, deren Richter durch eine Wahl bestimmt wurden, können im Allgemeinen erledigt werden, da kein Verstoß gegen den über Art. 13 I HZÜ geschützten ordre public-Vorbehalt vorliegt. Bestehen jedoch im konkreten Fall Anhaltspunkte dafür, dass die Unabhängigkeit der Rechtspflege nicht gewährleistet ist, dann kommt eine Zustellungsverweigerung unter Berufung auf Art. 13 I HZÜ in Betracht.

1194 Siehe 28 U.S.C. § 1369.

7. *Jury Trial*

In etwa einem Drittel der zivilrechtlichen Gerichtsverfahren in den USA entscheiden Geschworene über die Tatfragen und zumeist auch über die zugesprochene Schadenshöhe.[1195] Dem Richter bleibt die Entscheidung über Rechtsfragen.[1196]

Ein *jury trial* wird von Unternehmen gefürchtet, denn es ist wird angenommen, dass sich die Mitglieder der *jury* mit den geschädigten Klägern besonders dann verbunden fühlen, wenn es sich um eine Privatperson handelt und auf der Beklagtenseite ein finanzkräftiges Unternehmen steht.[1197] Gegner der *jury trial*-Verfahren bemängeln, dass die *jury* oftmals unkalkulierbare Entscheidungen trifft.[1198] Denn es komme mehr auf die psychologischen Tricks der Anwälte als auf bewiesene Tatsachen an.[1199]

Zum Teil wird eine Entscheidung im *jury trial* daher an sich als Verstoß gegen den ordre public angesehen und als Grund für die Verweigerung der Zustellung US-amerikanischer Klagen benannt.[1200] Es wird weiter angeführt, dass bei der Verhängung von *punitive damages* die vom Staat unabhängig konzipierte *jury* strafe.[1201] Die Macht der *jury* sei weder auf ein bestimmtes Maß noch auf einen bestimmten Personenkreis oder auf einen bestimmten Sach- oder Lebensbereich beschränkt.[1202]

Allerdings ist zu berücksichtigen, dass der Richter die von der *jury* für angemessen gehaltenen *punitive damages* herabsetzen kann.[1203] In dem berühmten McDonald's Fall der Verbrennung einer Kundin durch verschütteten heißen Kaffee setzte der Richter das Urteil auf Zahlung von 3 Millionen US-Dollar durch die *jury* um 80% auf 600.000 US-Dollar herunter.[1204] Eine solche Herabsetzung findet in 20%, bei hohen Summen in 40% der Fälle statt.[1205] Daher ist die *jury* zwar in ihrer Entscheidungsfindung unabhängig, die tatsächlich ausgesprochenen „Strafen" durch *punitive damages* können jedoch durch den Berufsrichter beschränkt werden.

Die Macht der *jury* ist zudem auf die als Geschworenen ernannten Laienrichter für den einzelnen Prozess beschränkt. Die Auswahl der *jury* erfolgt durch ein kompliziertes Verfahren, das von dem Demokratiegedanken besonders geprägt ist.[1206]

1195 Schack, Einführung, S. 62; siehe auch umfassend zum *jury trial* Mormann, RIW 2011, 515–522.
1196 Schack, Einführung, S. 62.
1197 Nodoushani, VersR 2005, 1313; zur empirischen Untersuchung dieser Annahme siehe Mormann, RIW 2011, 515 (520–522).
1198 Nodoushani, VersR 2005, 1313.
1199 Mormann, RIW 2011, 515 (516).
1200 Mörsdorf-Schulte, S. 298; Schütze, ZVglRWiss 100 (2001), 464 (469).
1201 Mörsdorf-Schulte, S. 298.
1202 Mörsdorf-Schulte, S. 298.
1203 Schack, Einführung, S. 66.
1204 Mormann, RIW 2011, 515 (520) mwN.
1205 Schack, Einführung, S. 66.
1206 Mormann, RIW 2011, 515 (517).

Gegen die Annahme der ordre public-Widrigkeit im Rahmen des Art. 13 I HZÜ spricht bereits die Tatsache, dass erst nach der Zustellung der Klage feststeht, ob es überhaupt zu einem *jury trial* kommt, da die Parteien auf ihr Recht hierauf verzichten können.[1207] Vor allem in Wirtschaftsstreitigkeiten verzichten die Parteien oft auf ihr Recht auf einen *jury trial* nach Rule 38 (d) FRCP. Ein solcher Verzicht wird sogar dadurch begünstigt, dass die Parteien einen besonderen fristgebundenen Antrag auf *jury trial* nach Rule 38 (b), (d) FRCP stellen müssen.[1208] Allein die Möglichkeit der Urteilsfindung in einem *jury trial* reicht nicht aus, um einen Verstoß gegen den deutschen ordre public anzunehmen.

Zudem haben empirische Studien nicht zweifelsfrei die tatsächliche Voreingenommenheit der Geschworenen im Hinblick auf die Bevorzugung der Kläger und der besonderen Berücksichtigung des Beklagtenvermögens belegen können.[1209] Dies ist in Ansätzen nur für die Benachteiligung von Unternehmen allgemein und die Zusprechung von größeren Schadensersatzsummen der Fall.[1210] Bezüglich der Höhe der zugesprochenen Schadensersatzsummen durch die *jury* ist jedoch zu berücksichtigen, dass diese häufig durch den Berufsrichter herabgesetzt werden.

Jedenfalls reichen diese Merkmale des US-*jury trial* nicht, um einen Verstoß gegen das verfassungsrechtliche Recht auf einen unbefangenen Richter, einen wesentlichen Grundsatz des deutschen Rechts und Inhalt des ordre public, zu rechtfertigen.[1211] Der Vorwurf der konzeptionellen Befangenheit der Geschworenen ist zu pauschal und nicht belegbar.[1212]

8. Ergebnis

Keine Besonderheit des US-Rechtsystems ist als solche geeignet, eine Verweigerung der Zustellung aufgrund eines Verstoßes gegen den ordre public zu rechtfertigen.[1213]

Bezüglich der möglichen Verurteilung zu *punitive damages* und *treble damages* gilt, dass im Verfahrensstadium der Zustellung keine hinreichende Wahrscheinlichkeit besteht, dass tatsächlich ein derartiges Urteil zu Lasten des Zustellungsadressaten erlassen wird. Ebenso ist es bei der Erledigung des Zustellungsersuchens zumeist noch nicht absehbar, ob das Verfahren als *class action* betrieben wird, da hierüber oft erst nach erfolgreicher Zustellung entschieden wird. Zudem würde ein solches Verfahren keine verfassungsmäßigen Rechte des Beklagten verletzen. Eine Einführung von Sammelklagen wird auch auf europäischer Ebene diskutiert und ist in geringem Umfang in Deutschland bereits erfolgt.

1207 So auch Ghassabeh, S. 257.
1208 So auch Schack, Einführung, S. 62.
1209 Mormann, RIW 2011, 515 (519–522).
1210 Mormann, RIW 2011, 515 (521).
1211 So auch Ghassabeh, S. 258; Rogler, IPRax 2009, 223 (227).
1212 Ghassabeh, S. 258.
1213 So auch BVerfG, NJW 2007, 3709 (3710) hinsichtlich der Unvereinbarkeit mit unverzichtbaren Grundsätzen eines freiheitlichen Rechtsstaats.

Die Konsequenz der Klagezustellung im Hinblick auf die Anwendung der *American rule of costs* verstößt nicht gegen den ordre public-Vorbehalt in Art. 13 I HZÜ, denn die *rule* enthält Elemente, die dem deutschen Recht nicht fremd sind. Ebenso rechtfertigt die Einleitung eines Verfahrens, in dem es möglicherweise zu einer *pretrial discovery* kommt, nicht eine Zustellungsverweigerung. Diese Verfahrensbesonderheit ist nicht ordre public-widrig. Per se nicht gegen den zustellungsrechtlichen ordre public verstößt auch nicht die Konsequenz der Einleitung eines Verfahrens vor einem US-Gericht, dessen Mitglieder gewählt wurden, oder eines *jury trial* Verfahrens. Der Rechtspflege kann in beiden Fällen nicht generell die Unabhängigkeit abgesprochen werden.

Auch in der kumulativen Betrachtung der Verfahrenseigenarten liegt kein Grund für eine Verweigerung der Zustellung nach dem ordre public in Art. 13 I HZÜ vor. Dabei ist zu beachten, dass in ähnlicher Form die meisten Regelungen des US-amerikanischen Rechts bei einer Neuordnung des Rechts auch in der Bundesrepublik Deutschland eingeführt werden könnten.[1214] Wenn die Besonderheiten des US-Rechtsystems wirklich gegen den deutschen ordre public verstoßen würden, dann wäre ihre Einführung im deutschen Recht nicht möglich.

VII. Zustellung einer rechtsmissbräuchlichen Klage

Obwohl die einzelnen Besonderheiten des US-amerikanischen Zivilverfahrensrechts nicht geeignet sind, eine Verweigerung der Zustellung, wie in Art. 13 I HZÜ vorgesehen, zu begründen, wird diskutiert, ob das Zustellungsersuchen bezüglich einer rechtsmissbräuchlichen Klage verweigert werden soll. In Fällen offensichtlich unbegründeter, exorbitanter Forderungen mit unmittelbarem oder mittelbarem wirtschaftlichen Druckcharakter solle die Rechtshilfe verzögert bzw. abgelehnt werden.[1215] Art. 13 I HZÜ greife auch dann ein, wenn derartige Klagen eine Dimension erreichen, welche die wirtschaftliche Existenz des Adressaten bedrohten.[1216] Das Anerkennungs- und Vollstreckungsverfahren schütze dann nicht hinreichend vor einer Auslandsvollstreckung und vor dem möglichen Reputationsverlust.[1217] Zudem reiche spätere Abhilfe gegen den massiven Kostendruck bei der Beweisführung nicht aus.[1218] Auch könne der Umstand, dass der Adressat mit Hilfe möglicher anderer Zustellungsformen im Gerichtsstaat in Anspruch genommen werde, kein Grund sein, eine derartige Zustellung im Inland vorzunehmen.[1219]

Die Rechtsmissbräuchlichkeit soll sich aus dem bewussten Ausnutzen der klägerfreundlichen Verfahrensbesonderheiten des US-Rechts zur Erzwingung eines

1214 Tomuschat, IPRax 1996, 83(85).
1215 Rohe, in: FS Vollkommer, S. 291 (308).
1216 Rohe, in: FS Vollkommer, S. 291 (309).
1217 Rohe, in: FS Vollkommer, S. 291 (308).
1218 Rohe, in: FS Vollkommer, S. 291 (309).
1219 Rohe, in: FS Vollkommer, S. 291 (309).

Vergleichs auf der Grundlage inhaltsleerer Klageforderungen ergeben. Dabei ist zu berücksichtigen, dass es keine einheitliche internationale Definition einer rechtsmissbräuchlichen Klage gibt. Die hier diskutierten Konstellationen zeichnen sich dadurch aus, dass der Kläger eine formale Rechtsposition nutzt, um Druck auf den Beklagten auszuüben oder ihn zu erpressen.[1220]

Das Schutzbedürfnis der Beklagten vor solchen Klagen liege vor allem dann auf der Hand, wenn unter Missbrauch der Justiz Rechtsstreitigkeiten nur deshalb angestrengt werden, um Beklagte und – im Falle Bertelsmanns zahlungskräftige Unternehmen – allein aufgrund der Tatsache der Klageerhebung und der damit verbundenen Lästigkeit sowie der Behandlung in den Medien in die Knie zu zwingen, indem sich jene durch einen Vergleichsschluss von dem Druck erlösen.[1221] Ließe die deutsche Justiz in einem solchen Fall Art. 13 I HZÜ „leer laufen", käme dies einer Beihilfe zur Erpressung nahe.[1222] Der Versuch, staatliche Gerichte durch die Zustellung zu missbrauchen, um den Druck auf das Unternehmen zu erhöhen, stelle eine Gefährdung der Sicherheit des Rechtsstaats und somit der Bundesrepublik Deutschland, wie es Art. 13 I HZÜ vorsehe, dar.[1223]

Auch das Bundesverfassungsgericht hält einen Verstoß gegen den zustellungsrechtlichen ordre public des Art. 13 I HZÜ für möglich, wenn die ausländische, im Klageweg geltend gemachte Forderung – jedenfalls in ihrer Höhe – offenkundig keine substanzielle Grundlage hat.[1224] Würden Verfahren vor staatlichen Gerichten in einer offenkundig missbräuchlichen Art und Weise genutzt, um mit publizistischem Druck und dem Risiko einer Verurteilung einen Marktteilnehmer gefügig zu machen, könnte dies deutsches Verfassungsrecht verletzen.[1225]

Das Bundesverfassungsgericht hält fest, dass, soweit ein Kläger allein die aus der Sicht der deutschen Rechtsordnung schwächere Position des Beklagten für die Rechtsdurchsetzung ausnutzt, dies allein noch nicht den Vorwurf rechtsmissbräuchlichen Verhaltens begründet; vielmehr müssen das Ziel und die konkreten Umstände des Klageverfahrens auf einen offensichtlichen Rechtsmissbrauch schließen lassen.[1226]

Voraussetzung hierfür ist eine Offenkundigkeit des rechtsmissbräuchlichen Charakters der Klagen.[1227] Anhaltspunkte für ein rechtsmissbräuchliches Vorgehen können regelmäßig darin zu sehen sein, dass die erhobene Klageforderung auch in ihrer Höhe offensichtlich keine Grundlage hat, dass der Beklagte mit dem angegriffenen Verhalten offensichtlich nichts zu tun hat oder dass erheblicher, auch publizistischer

---

1220 So Huber, in: FS Jayme, S. 361 (368).
1221 Schwung, AG 2006, 818 (819–820).
1222 Schwung, AG 2006, 818 (820).
1223 Rothe, RIW 2003, 859 (864).
1224 BVerfG, NJW 2003, 2598 (2599); GRUR 2013, 534 (535).
1225 BVerfG, NJW 2003, 2598 (2599).
1226 BVerfG, NJW 2007, 3709 (3710).
1227 BVerfG, NJW 2007, 3709 (3711).

Druck aufgebaut wird, um den Beklagten in einen an sich ungerechtfertigten Vergleich zu zwingen.[1228]

Jedoch haben die deutschen Gerichte mit Ausnahme des OLG Koblenz bisher in keinem Fall die offensichtliche Rechtsmissbräuchlichkeit einer zuzustellenden US-amerikanischen Klage bejaht. Das OLG Koblenz nahm an, dass die Erledigung des Zustellungsersuchens wegen eines offensichtlichen Missbrauchs des Klagerechts abzulehnen ist, weil die Kläger selbst ihr Ziel als nur „de facto legal" bezeichnen, den Beklagten Handlungen in einem Drittstaat zu untersagen und sie dafür zu bestrafen, obwohl diese Handlungen den behaupteten Kartellrechtsverstoß nicht darstellen können, weil dessen Wirkung im Einklang mit einem Importverbot nach US-amerikanischem Arzneimittelrecht steht.[1229] Das Ziel der Klage ist danach erkennbar nicht auf die Herbeiführung eines Gerichtsurteils ausgerichtet.[1230] Vielmehr zielt die nach rechtlicher Fiktion der Klägerstellung jedes Arzneimittelverbrauchers in den USA von einer uferlos breiten Klägerfront mit unbegrenztem Schadensersatzverlangen erhobene Sammelklage auf die Abpressung eines Vergleichs.[1231] Dies geschieht unter Entfaltung publizistischen Drucks, durch schikanöse Ausforschung der Beklagten im Rahmen einer *pre-trial discovery* und durch den Zwang zur Aufwendung erheblicher Anwalts- und Sachverständigenkosten ohne Erstattungsmöglichkeit selbst im Fall des Obsiegens der Beklagten.[1232] Bei dieser Lage ist nicht erst die Überprüfung eines künftigen Urteils, das voraussichtlich gar nicht ergehen wird, sondern schon die Klagezustellung der maßgebliche Eingriffsakt, der am deutschen ordre public zu messen ist.[1233]

Hinsichtlich des Verweigerungsgrundes des Rechtsmissbrauchs stellt sich die Frage, ob die Erhebung einer missbräuchlichen Klage überhaupt gegen den ordre public verstößt (1.) sowie wie (2.) und ob eine Prüfung der Rechtsmissbräuchlichkeit vorzunehmen wäre (3.). Sodann werden mögliche Grundrechtsverstöße diskutiert, die der in Deutschland ansässige Beklagte einer rechtsmissbräuchlichen Klage erleiden könnte (4.).

1. Schutz vor unzulässiger Rechtsausübung kein Teil des ordre public

Es wird vertreten, dass dem Beklagten vor rechtmissbräuchlichen Klagen ein verfassungsrechtlicher Schutz zusteht, der Teil des zustellungsrechtlichen ordre public ist. Es dürfe nicht im freien Belieben des Klägers stehen, ob der Beklagte einem zivilprozessualen Einlassungszwang ausgesetzt wird oder nicht.[1234] Dies sei eine

1228 BVerfG, NJW 2007, 3709 (3711); GRUR 2013, 534 (535).
1229 OLG Koblenz, NJOZ 2005, 3122 (3140).
1230 OLG Koblenz, NJOZ 2005, 3122 (3140).
1231 OLG Koblenz, NJOZ 2005, 3122 (3140).
1232 OLG Koblenz, NJOZ 2005, 3122 (3140).
1233 OLG Koblenz, NJOZ 2005, 3122 (3140).
1234 Braun, ZIP 2003, 2225 (2228).

Konsequenz des vom Bundesverfassungsgericht in anderem Zusammenhang hochgehaltenen Rechts, „in Ruhe gelassen zu werden".[1235] Im deutschen Prozessrecht werde der Beklagte einem Zwang, sich verteidigen zu müssen, nur dann ausgesetzt, wenn es dafür nach dem Urteil eines neutralen Dritten einen plausiblen Grund gebe.[1236] In allen anderen Fällen dürfe der Beklagte auf die schützende Hand des Staates vertrauen.[1237] Wenn bei einer im Ausland erhobenen Klage der Staat diese schützende Hand wegziehe, mehr noch: wenn er dem Auslandskläger ohne Rücksicht darauf, was dieser mit seiner Klage auslöse, Hilfestellung leiste und dadurch seine eigenen Bürger willkürlichen Angriffen aussetzen dürfte, dann wäre das im Ergebnis nicht anders zu beurteilen, als würde der Staat selbst seine Bürger in diese Lage versetzen.[1238] Sinn der Verfassung bestünde darin, die Bürger vor einer solchen Behandlung zu schützen.[1239]

Im Folgenden werden die eben skizzierten Thesen anhand einer Untersuchung der Existenz eines verfassungsrechtlichen „Rechts in Ruhe gelassen zu werden" (a.), der deutschen Rechtspraxis bei der Erhebung inländischer rechtsmissbräuchlicher Klagen (b.) und der verfassungsrechtlichen Vorgaben zum Schutz des Beklagten vor rechtsmissbräuchlichen Klagen überprüft.

a. Zweifel an der Existenz eines allgemeinen verfassungsrechtlichen Rechtes „in Ruhe gelassen zu werden" über Art. 13 GG hinaus

Zweifelhaft erscheint, ob das „Recht in Ruhe gelassen zu werden", was das Bundesverfassungsgericht für Bürger in ihren Wohnräumen Art. 13 I GG entnimmt[1240], auf die Konfrontation mit vermeintlich rechtsmissbräuchlichen Klagen im Ausland übertragen werden kann.

Art. 13 GG ist ein Abwehrrecht zum Schutz der räumlichen Privatsphäre. Der Schutz der Wohnung nach Art. 13 GG soll „Störungen vom privaten Leben fernhalten".[1241] Schutzgut des Grundrechts ist die räumliche Sphäre, in der sich das Privatleben entfaltet, und Art. 13 GG gewährleistet das Recht, in diesen Räumen in Ruhe gelassen zu werden.[1242]

Die Dimension des staatlichen Eingriffs in die Sphäre des Einzelnen durch beispielsweise eine polizeiliche Durchsuchung ist nicht vergleichbar mit der Zustellung einer im Ausland anhängigen Klage an einen Inländer. Zwar handelt es sich dabei auch um einen staatlichen Hoheitsakt[1243], jedoch erscheint schon wegen der

1235 Braun, ZIP 2003, 2225 (2227) mwN.
1236 Braun, ZIP 2003, 2225 (2229).
1237 Braun, ZIP 2003, 2225 (2229).
1238 Braun, ZIP 2003, 2225 (2229).
1239 Braun, ZIP 2003, 2225 (2229).
1240 BVerfG, NJW 2001, 1121 (1122).
1241 Papier in Maunz/Dürig, Art. 13 GG, Rn 1.
1242 Papier in Maunz/Dürig, Art. 13 GG, Rn 1.
1243 Siehe C.

unterschiedlichen Eingriffsintensität eine Übertragbarkeit des Rechtes „in Ruhe gelassen zu werden" nicht analogiefähig.

b. Behandlung einer rechtsmissbräuchlichen inländischen Klage in Deutschland

Gegen eine Verweigerung der Rechtshilfe bei vermeintlich rechtsmissbräuchlichen Klagen spricht der Vergleich zur Behandlung solcher Klagen nach deutschem Recht vor deutschen Gerichten. Anerkannte Fallgruppen rechtsmissbräuchlicher Klagen lassen sich auch im deutschen Recht finden. Zum Beispiel handelt ein Aktionär entsprechend dem Gedanken des § 226 BGB rechtsmissbräuchlich, wenn er die Klage mit dem Ziel erhebt, die verklagte Gesellschaft in grob eigennütziger Weise zu einer Leistung zu veranlassen, auf die er keinen Anspruch hat und billigerweise auch nicht erheben kann.[1244]

Im deutschen Recht gilt, dass eine solche rechtmissbräuchliche Klage unbegründet und nicht schon wegen mangelnden Rechtsschutzbedürfnisses unzulässig ist.[1245] Als Folge wird dem Beklagten eine solche Klage zugestellt. Zulässigkeit und Schlüssigkeit einer Klage sind nicht Voraussetzung für deren Zustellung nach deutschem Recht. Die Klage gegen Bertelsmann im Jahr 2003 wäre nach deutschem Recht, wenn der Kläger sie bei inländischen Gerichten eingereicht hätte, zugestellt worden mit der Folge, ohne Zutun der Beklagten umgehend abgewiesen zu werden.[1246]

c. Verfassungsrechtlicher Schutz des Beklagten vor rechtsmissbräuchlichen ausländischen Klagen

Die einfachgesetzlichen Maßstäbe anhand derer die Rechtsmissbräuchlichkeit einer Klage ermittelt wird, lassen nicht den Schluss zu, dass ein verfassungsrechtlicher Schutz vor der Inanspruchnahme durch die Zustellung rechtsmissbräuchlicher Zivilklagen besteht. Einzig der Schutz des in Deutschland ansässigen Beklagten vor ausländischen rechtsmissbräuchlichen Klagen über Art. 2 I GG i.V.m. dem Rechtsstaatsprinzip kommt in Betracht. Das Rechtsstaatsprinzip ist als eines der elementaren Prinzipien des Grundgesetzes Teil des deutschen ordre public und hat im Grundgesetz in zahlreichen Vorschriften eine nähere Konkretisierung erfahren.[1247] Art. 2 I GG bildet die allgemeine verfassungsrechtliche Grundlage zur Geltendmachung des Rechtsstaatsprinzips durch den Bürger.

Jedoch kann nach Ansicht des Bundesverfassungsgerichtes den deutschen Rechtshilfebehörden kein Vorwurf eines unverhältnismäßigen Eingriffs in die allgemeine Handlungsfreiheit gemacht werden, wenn sie die prozessrechtlichen

1244 KG, vom Urteil vom 29.10.2010 – 14 U 96/09, BeckRS 2010, 29599.
1245 KG, vom Urteil vom 29.10.2010 – 14 U 96/09, BeckRS 2010, 29599.
1246 Dies erkennt Braun, ZIP 2003, 2225 (2228).
1247 BVerfGE 20, 323 (331).

Grundlagen des ausländischen Rechts bei der Zustellung der Klage in Deutschland nicht überprüfen.[1248] Es besteht also keine Pflicht der Prüfung, ob eine rechtsmissbräuchliche Klage vorliegt, deren Zustellung begehrt wird.

Zu einer anderen Ansicht könnte man gelangen, wenn man richtigerweise als Prüfungsgegenstand im Rahmen des Art. 13 I HZÜ über den Zustellungsakt hinaus das durch die Zustellung eingeleitete Verfahren bestimmt.[1249] Gerade in Konstellationen, in denen eine Klage als rechtsmissbräuchlich deklariert wird, wird mit der Zustellung oft nur der Versuch unternommen, den Vergleichsdruck zu erhöhen. Ziel der Zustellung ist daher zumeist nicht die Einleitung eines Klageverfahrens, das mit einem anerkennungsfähigen Urteil auch in Deutschland seine Wirkung entfaltet. Gerade vor diesem Hintergrund muss geprüft werden, ob die Erhebung einer rechtsmissbräuchlichen Klage gegen das Rechtsstaatsprinzip verstößt. Eine mögliche Verletzung des Rechtsstaatsprinzips wird anhand des Justizgewähranspruchs (aa.), dem Grundsatz der Waffengleichheit (bb.) und der Völkerrechtsfreundlichkeit des Grundgesetzes (cc.) untersucht.

aa. Justizgewähranspruch

Anhand des Justizgewähranspruchs aus Art. 19 IV und Art. 20 III GG lässt sich kein verfassungsrechtlicher Schutz vor der Zustellung rechtsmissbräuchlicher Klagen konstruieren. Der Bürger hat durch das Grundgesetz im Gegenteil ein ausgeprägt starkes Recht auf Zugang zu Gericht, nicht ein Recht auf Schutz vor Gerichtsverfahren. Das Rechtsstaatsprinzip in Art. 20 III GG fordert die Gewährung eines wirksamen Rechtsschutzes.[1250] Das Prinzip gewährleistet über Art. 19 IV GG hinaus wirksamen Rechtsschutz auch in bürgerlich-rechtlichen Streitigkeiten.[1251] Bei Rechtsstreitigkeiten zwischen Privaten muss der Staat verfassungsrechtlich Schutz bieten, dies folgt aus dem Gewaltmonopol des Staates. Subsidiär ist die Polizei zuständig und primär besteht die Möglichkeit der Streitbeilegung vor Gericht.

Im Rahmen der Prüfung der Verletzung des Art. 2 I GG i.V.m. dem Rechtsstaatsprinzip infolge der Inanspruchnahme durch eine rechtsmissbräuchliche Klage müsste der Justizgewähranspruch des Klägers bei der Rechtfertigung des Eingriffs berücksichtigt werden.[1252] Der allgemeine Justizgewähranspruch umfasst das Recht auf Zugang zu den Gerichten und eine grundsätzlich umfassende, tatsächliche und rechtliche Prüfung des Streitgegenstandes sowie eine verbindliche Entscheidung durch den Richter.[1253] Eine Verletzung des Justizgewähranspruchs des Klägers kommt grundsätzlich in Betracht, da ihm die Zustellung seiner Klage an den in Deutschland ansässigen Beklagten verweigert wird. Dadurch wird ihm

---

1248 BVerfG, RIW 2007, 211 (213).
1249 Siehe D.II.
1250 Herzog/Grzeszick in Maunz/Dürig, Art. 20, Rn 21.
1251 Herzog/Grzeszick in Maunz/Dürig, Art. 20, Rn 21.
1252 So Oberhammer, IPRax 2004, 40 (44); Stadler, JZ 2007, 1047 (1051).
1253 BVerfGE 85, 337 (345).

die Möglichkeit genommen, durch die Zustellung nach dem HZÜ ein Verfahren gegen den Beklagten in den USA zu eröffnen. Zwar bestehen andere Möglichkeiten der Inlandsklagezustellung in den USA[1254], jedoch dürfen diese für den Aspekt der Berücksichtigung der Interessen des Klägers bei der Abwägung der Zustellbarkeit keine Rolle spielen. Sie würden lediglich eine Umgehung bzw. Konsequenz der noch zu prüfenden verweigerten Zustellung darstellen.

Allerdings kann sich der Kläger nicht auf eine Verletzung des verfassungsrechtlichen Justizgewähranspruchs berufen, da ihm die Möglichkeit des Rechtsschutzes vor deutschen Gerichten unbenommen ist. Ein Recht auf Zugang zu einem bestimmten Gericht sieht der Justizgewähranspruch nicht vor.[1255] Jedoch ist bei der Prüfung der Zustellbarkeit auch das Recht des Klägers, die Justiz der USA in Anspruch zu nehmen, zumindest aufgrund des Respekts vor der ausländischen Rechtsordnung zu berücksichtigen.

bb. Der Grundsatz der Waffengleichheit

Auch der Grundsatz der Waffengleichheit ist nicht verletzt durch eine rechtsmissbräuchliche Klage. Der Grundsatz der Waffengleichheit betrifft die Chancengleichheit bei der gerichtlichen Durchsetzung der subjektiven Rechte der Parteien.[1256] Als Bestandteil des Anspruchs auf einen fairen Prozess, gestützt auf Art. 2 I GG in Verbindung mit Art. 20 III GG, ist er verfassungsrechtlich abgesichert. Das Bundesverfassungsgericht charakterisiert ihn als die verfassungsrechtlich gewährleistete Gleichwertigkeit der prozessualen Stellung der Parteien vor dem Richter.[1257] Hierzu zählt eine gleichmäßige Verteilung des Risikos am Verfahrensausgang und an der Kostenbelastung[1258], die Pflicht des Gerichts zur Gleichbehandlung der Parteien[1259] und die Pflicht zur ausgleichenden Verhandlungsführung.[1260]

Die Zustellung einer rechtmissbräuchlichen Klage lässt aber die prozessuale Chancengleichheit unberührt. Es ist nicht ersichtlich, wieso bei einer rechtsmissbräuchlichen Klage der Kläger eine bessere Chance der gerichtlichen Durchsetzung seiner subjektiven Rechte hat. Dies gilt vor allem, wenn die Klage als unbegründet abgewiesen wird. Auch in den USA würde eine rechtsmissbräuchliche Klage Sanktionen ausgesetzt sein, die zu ihrer Abweisung führen würden.[1261]

1254 Ghassabeh, S. 127 ff.

1255 Siehe hierzu F.IV.1.

1256 Rauscher in MüKo-ZPO, Einleitung, Rn 222.

1257 BVerfGE 52, 156.

1258 BVerfGE 52, 144; 74, 94.

1259 BVerfGE 55, 94; 69, 140.

1260 BVerfGE 52, 156.

1261 Siehe F.VII.3.

cc. Völkerrechtsfreundlichkeit des Grundgesetzes

Selbst wenn ein Eingriff in den Schutzbereich in Art. 2 I GG i.V.m. dem Rechtsstaatsprinzip vorliegen sollte, dann ist im Rahmen der Verhältnismäßigkeit die Völkerrechtsfreundlichkeit des Grundgesetzes zu berücksichtigen.[1262] Zudem haben die Vertragsstaaten einander durch Abschluss des HZÜ und der restriktiven Regelung der Kontrollbefugnisse der Zentralen Behörde einen Vertrauensvorschuss eingeräumt, den sie grundsätzlich jeder Klage entgegenbringen.[1263]

d. Ergebnis

Es ist festzuhalten, dass ein Schutz des Beklagten davor verklagt zu werden, nicht Bestandteil des deutschen ordre public ist, denn ein solcher zählt nicht zu den wesentlichen Grundsätzen des deutschen Rechts.[1264] Weder der Justizgewähranspruch noch der Grundsatz der Waffengleichheit oder die Völkerrechtsfreundlichkeit des Grundgesetzes erlaube es von einem verfassungsrechtlichen Schutz vor rechtsmissbräuchlichen ausländischen Klagen auszugehen. Ein solches Recht in Bezug auf rechtsmissbräuchliche Klagen kann auch nicht aus Art. 13 GG hergeleitet werden.

Tatsächlich würde eine rechtsmissbräuchliche Klage in Deutschland nach deutschem Recht auf einfachgesetzlicher Grundlage als unschlüssig und daher unbegründet abgewiesen werden. Ähnlich wie in Deutschland gibt es in US-amerikanischen Zivilverfahren die Möglichkeit einer richterlichen Prüfung bei unzulässigen und unschlüssigen Klagen durch eine sogenannte *motion to summary judgement*. Insofern besteht sowohl im deutschen als auch im US-amerikanischen Recht durch die Zustellung einer unzulässigen oder unschlüssigen Klage noch keine Einlassungspflicht auf eine solche Klage, gegen die sich der Beklagte nicht wehren könnte.

2. Schlüssigkeitsprüfung

Zum Teil wird vertreten, dass eine Evidenzkontrolle stattfinden solle, die sich aber lediglich auf die Einhaltung der Formalien und der Prüfung einer Gefährdung staatlicher Souveränität und Sicherheit beschränke.[1265] Eine Prüfung der Rechtsmissbräuchlichkeit der Klage gehe über die zulässige Evidenzkontrolle hinaus.[1266] Hier wird aber verkannt, dass die Formulierung „Gefährdung der staatlichen Souveränität und Sicherheit" in Art. 13 I HZÜ gleichbedeutend mit dem *ordre public international* ist. Insofern ergibt sich daraus, dass die Rechtsmissbräuchlichkeit – so sie denn als wesentlicher Grundsatz des deutschen Rechts und Inhalt des *ordre public international* anerkannt ist – durchaus im Rahmen des Art. 13 I HZÜ zu prüfen ist. Jedoch stellt sich die Frage, ob die Rechtsmissbräuchlichkeit bereits zum Zeitpunkt

1262 So auch zur Nieden, S. 267.
1263 Zur Nieden, S. 267.
1264 So auch Malzahn, S. 399.
1265 Koch/Horlach/Thiel, RIW 2006, 356 (361).
1266 Koch/Horlach/Thiel, RIW 2006, 356 (362).

der Zustellung derart greifbar ist, dass eine Verletzung des deutschen ordre public zur Verweigerung des Zustellungsersuchens führen muss.

Für die Prüfung der offensichtlichen Rechtsmissbräuchlichkeit der Klagen anhand deren Schlüssigkeit spricht, dass sich die Zustellung einer ausländischen Klage in ihren Wirkungen wesentlich von der Klagezustellung in einem innerstaatlichen Verfahren unterscheidet. Durch sie wird nicht nur die Rechtshängigkeit begründet, sondern es wird die Jurisdiktion eines ausländischen Gerichts auf das ausländische Territorium erstreckt.[1267] Dies folgt bereits aus dem Konzept der Zustellung als Hoheitsakt.[1268]

Es wird vorgeschlagen, die Klagezustellungen einer Evidenzkontrolle durch die zuzustellende Behörde zu unterziehen, um die Zustellung rechtsmissbräuchlicher Klagen zu verhindern.[1269]

Dabei wird auf die Grundsätze der offensichtlichen Nichtigkeit eines Verwaltungsaktes nach § 44 VwVfG verwiesen.[1270] Die schwere Fehlerhaftigkeit des Verwaltungsaktes muss für einen unvoreingenommenen verständigen Beobachter ohne weiteres erkennbar sein.[1271] Es darf nach Lage der Dinge für einen solchen Durchschnittsbetrachter nicht die ernsthafte Möglichkeit bestehen, dass der Bescheid doch rechtmäßig sein könnte.[1272] Dem Verwaltungsakt muss die Fehlerhaftigkeit „auf die Stirn geschrieben sein".[1273]

Keinesfalls soll durch die Zentrale Behörde bereits eine vorweggenommene *révision au fond* stattfinden. Vielmehr wird vorgeschlagen, anhand der Höhe der Klageforderung zu ermitteln, ob diese bereits bei oberflächlicher Betrachtung außerhalb jedes Verhältnisses steht.[1274]

3. Keine Prüfung der Rechtsmissbräuchlichkeit einer US-amerikanischen Klage

Es sprechen jedoch einige Gründe gegen die Zustellungsverweigerung einer US-amerikanischen Klage aufgrund ihrer Rechtsmissbräuchlichkeit anhand einer Evidenzkontrolle.

Zum einen taugt die Höhe der geltend gemachten Klageforderung nicht als Anhaltspunkt für ihre Rechtsmissbräuchlichkeit. Die Aussagekraft der Höhe der geltend gemachten Klageforderung ist im US-Verfahren eher als gering einzuschätzen. Die Klageschrift hat nur eine geringe Bedeutung, denn sie dient vorwiegend der Information des Beklagten über das Verfahren im Allgemeinen und enthält keine

1267 Greger, in: Erlanger FS Schwab, S. 331 (337); Merkt, S. 173.
1268 Siehe C.
1269 Zur Nieden, S. 242 ff, so schon OLG Koblenz, NJOZ 2005, 3122 (3142).
1270 Zur Nieden, S. 242 mwN.
1271 Schemmer in Bader/Ronellenfitsch, § 44 VwVfG, Rn 17.
1272 Schemmer in Bader/Ronellenfitsch, § 44 VwVfG, Rn 17.
1273 Kopp/Ramsauer, § 44 VwVfG, Rn 12.
1274 Zur Nieden, S. 243.

endgültige quantitative Streitgegenstandsbestimmung.[1275] Auch eine astronomisch hohe Schadensersatzforderung hat keine Präjudizwirkung auf das Fortschreiten des Verfahrens und keinen unmittelbaren Einfluss auf die Höhe des Vergleichs.[1276] Weiterhin ist zu berücksichtigen, dass es nach US-amerikanischem Recht dem Kläger frei steht, zunächst eine Klageschrift über einen unbezifferten oder geringfügigen Betrag zustellen zu lassen und die Klageforderung anschließend beliebig aufzustocken.[1277] In einem solchen Fall ist es nicht Aufgabe der um Zustellung ersuchten deutschen Hoheitsträger, selbständig eine mögliche Schadenssumme zu ermitteln und diese ins Verhältnis zu dem schädigenden Ereignis oder gar der wirtschaftlichen Leistungsfähigkeit des Zustellungsempfängers zu setzen.[1278]

Die Prüfung der Rechtsmissbräuchlichkeit anhand einer Evidenzkontrolle wird kritisiert, denn auch im deutschen Recht wird vor der Zustellung nicht geprüft, ob eine Klage rechtsmissbräuchlich ist. Eine Schlüssigkeitsprüfung findet weder nach deutschen noch nach staatsvertraglichen Rechtsvorstellungen statt.[1279] Da auch nach deutschem Recht keine Schlüssigkeitsprüfung erfolgt, gibt es keinen Grund dafür, für eine ausländische Klage, die ein Verfahren vor einem ausländischen Gericht einleiten soll, höhere Hürden aufzustellen.[1280] Der Beklagte ist gegen den offensichtlichen Rechtsmissbrauch in den USA nicht schutzlos, deshalb ist er in Deutschland im Zustellungsverfahren nicht schutzbedürftig.[1281] Auch nach Ansicht des OLG Frankfurt kann dem Vorbringen des Antragstellers, das von der Klägerin betriebene Verfahren sei rechtsmissbräuchlich, nicht nachgegangen werden, da die Beurteilung, ob eine Partei Rechtsmissbrauch betreibt, dem erkennenden Gericht überlassen werden muss.[1282] Hierfür ist eine Anhörung der amerikanischen Klägerin nötig.[1283]

Tatsächlich steht dem Beklagten in den USA die Beantragung einer *motion to dismiss*, einer *motion for summary judgement* und der Schutz der Rule 11 (c) FRCP zu.[1284] Mit der *motion for summary judgement* besteht nach Rule 56 FRCP die Möglichkeit, eine aus rechtlichen oder tatsächlichen Gründen haltlose Klage durch *summary judgement* abzuweisen.[1285] So wurde zum Beispiel die Herero-Klage gegen deutsche

---

1275 Ghassabeh, S. 270 mwN.

1276 Ghassabeh, S. 271.

1277 Schack, AG 2006, 823 (830).

1278 BVerfG, Beschluss vom 04.09.2008 – 2 BvR 1739/06, 2 BvR 1811/06, 2 BvR 1739, 1811/06, BeckRS 2010, 51386.

1279 Rasmussen-Bonne, in: FS Hay, S. 323 (335).

1280 Rogler, IPRax 2009, 223 (228); gegen eine Schlüssigkeitsprüfung auch OLG Frankfurt, NJOZ 2006, 3575 (3586); OLG München, NJW 1992, 3113; Hau, ZZPInt 6 (2001), 249 (253); Zekoll, NJW 2003, 2285 (2887).

1281 Rogler, IPRax 2009, 223 (228).

1282 OLG Frankfurt a.M., NJW-RR 2002, 357 (358).

1283 OLG Frankfurt a.M., NJW-RR 2002, 357 (358).

1284 Rogler, IPRax 2009, 223 (228).

1285 Stürner, JZ 2006, 60 (63f).

Unternehmen in den USA unter anderem wegen fehlender Schlüssigkeit des Vorliegens eines Verstoßes gegen den *Alien Tort Claims Act* abgewiesen.[1286]

Rule 11 FRCP ermöglicht die Verhängung von Sanktionen, wenn die eingereichten Schriftsätze unangemessene Zwecke verfolgen oder in rechtlicher oder tatsächlicher Hinsicht unsubstantiiert sind.

Im Rahmen des Klageverfahrens in den USA ist gemäß Rule 12 FRCP ein Antrag auf *dismissal* erst nach der Zustellung der Klage möglich. Der Vorwurf der Nichterschöpfung der *local remedies*[1287] – so ein solcher denn erhoben werden kann – greift also insofern nicht, da diese Abwehrmöglichkeit erst nach Zustellung der Klage besteht. Aber gleichzeitig kann sich die zustellende deutsche Behörde darauf verlassen, dass dem in Deutschland ansässigen Beklagten nach der Zustellung der Klage Rechtsschutzmöglichkeiten in den USA zustehen.

4. Grundrechtsprüfung

Die Zustellungsadressaten von vermeintlich rechtsmissbräuchlichen US-Klagen in Deutschland haben eine Verletzung ihrer Grundrechte über Art. 2 I GG i.V.m. dem Rechtsstaatsprinzip hinaus, insbesondere Art. 14 I und Art. 12 GG durch die Erledigung des Zustellungsersuchens durch die deutschen Behörden gerügt. Eine Verletzung von Art. 12 I und Art. 14 I GG ergebe sich daraus, dass die Zustellungsadressatin durch die Belastung mit den Kosten für ein Ausforschungsbeweisverfahren ohne Erstattungsmöglichkeit und die eventuelle Haftung auf dreifachen Schadenersatz ohne Regressmöglichkeit in ihrer Existenz bedroht sei.[1288]

Die Berechtigung dieses Vortrags wird im Folgenden untersucht. Bei der Prüfung der Grundrechtsverletzung ist zu berücksichtigen, dass im Einklang mit unter E. II. 1. gefundenen Ergebnissen die deutschen Grundrechte auf die Erledigung des Zustellungsersuchens anzuwenden ist, weil der deutsche Hoheitsträger dabei an Art. 1 III, 19 IV 1 und 20 III GG gebunden ist. Für einen möglichen Eingriff in den Schutzbereich eines Grundrechtes ist es irrelevant, dass sich wesentliche Teile des Tatbestandes im Ausland abspielen, lediglich auf der Ebene der Rechtfertigung des Eingriffs spielt die Inlandsbeziehung eine Rolle.

a. Art. 14 I GG

Bei der Prüfung von Art. 14 I GG muss man zwischen dem Schutz des inländischen und dem des ausländischen Vermögens differenzieren. Das im Inland belegene Vermögen ist nicht durch eine Zustellung gefährdet, da eine Vollstreckung in inländisches Vermögen erst nach erfolgreicher Anerkennung nach § 328 ZPO möglich

1286 Herero People's Reparation Corp. v. Deutsche Bank AG, 370 F.3d 1192 (D.C. Cir. 2004).

1287 Siehe D.I.1.b.aa.ccc.

1288 BVerfG, Beschluss vom 04.09.2008 – 2 BvR 1739/06, 2 BvR 1811/06, 2 BvR 1739, 1811/06, BeckRS 2010, 51386, Rn 9.

ist.[1289] Diese umfasst die Prüfung des Verstoßes gegen den ordre public und somit die Grundrechte des Vollstreckungsschuldners gemäß § 328 I Nr. 4 ZPO.[1290] Selbst bei der Erzielung eines Vergleichs im *class action*-Verfahren findet die Überprüfung statt, denn das den Vergleich bestätigende Urteil des *class action settlement* ist wegen seiner Rechtskraftwirkung nach § 328 ZPO zu beurteilen.[1291]

Bei der Vollstreckung in das im Ausland belegenes Vermögen haben die deutschen Behörden nicht die Möglichkeit einer ordre public-Prüfung des Urteils gegen den in Deutschland ansässigen Beklagten. Daher kommt grundsätzlich eine Gefährdung der Eigentumsgarantie in Betracht.[1292]

Bezieht man in die Prüfung mit ein, dass die Klagezustellung wegen der späteren Verteidigung im US-Verfahren zu einer finanziellen Belastung des Beklagten führt, dann könnte auch dadurch eine Gefährdung des Vermögens des Beklagten vorliegen. Die inländischen Zustellungsadressaten tragen denn auch vor: Da die Zustellung der Klage schon wegen der mit dem Verfahren verbundenen Kostenlast und die zu erwartende Höhe der geltend gemachten Forderungen in die Substanz des Unternehmens eingreife, sei auch Art. 14 I GG durch die angegriffenen Entscheidungen verletzt.[1293]

Jedoch ist Art. 14 I GG weder durch die Gefährdung des Auslandsvermögens noch durch die hohen Verfahrenskosten verletzt. Zum einen ist umstritten, ob das Vermögen an sich vom Schutzbereich des Art. 14 I GG umfasst ist.[1294] Zudem berührt der Umstand, Partei in einem US-amerikanischen Verfahren zu sein, nicht die Sachsubstanz des Eigentums, sondern stellt allenfalls eine abstrakte Gefährdung dar.[1295] Zwar gilt, dass in besonderen Fällen eine bloße, wenn auch ernsthafte Grundrechtsgefährdung die Verfassungsbeschwerde bereits zulässig sein lassen kann.[1296] Jedoch muss die Gefährdung eine verletzungsgleiche Beeinträchtigung hervorrufen.[1297] Durch die Zustellung einer Klage, durch die der Beklagte sich nun in den USA in einem Verfahren verteidigen muss, liegt keine solche verletzungsgleiche Beeinträchtigung vor. Der Abschluss des Verfahrens, sei es durch Vergleich oder Urteil, durch das eine Disposition über das Eigentum des Beklagten allenfalls in Betracht käme, hängt von dem weiteren Verlauf des gesamten weiteren Verfahrens ab und ist im Moment der Zustellung nicht vorhersehbar.

1289 Merkt, S. 171.

1290 Merkt, S. 172.

1291 Stadler, JZ 2007, 1047 (1049).

1292 Merkt, S. 172; zu den verschiedenen Elementen des Schutzbereichs des Art. 14 I GG bezüglich des Rechts am eingerichteten und ausgeübten Gewerbebetrieb und der unternehmerischen Entscheidungsfreiheit siehe zur Nieden, S. 255–257.

1293 So der Vortrag der Beschwerdeführer im Verfahren BVerfG, NJW 2007, 3709.

1294 Siehe hierzu Axer in Epping/Hillgruber, Art. 14 GG, Rn 55.

1295 Zur Nieden, S. 255–256.

1296 Korioth, Rn 236.

1297 Korioth, Rn 236.

Die Minderung des Vermögens des Beklagten aufgrund der Ausgaben zur Rechtsverteidigung in einem rechtsstaatlichen Verfahren ist zudem verfassungsrechtlich gerechtfertigt. In diesem Zusammenhang spielt die Tatsache eine Rolle, dass es sich um Vermögen handelt, das im Ausland liegt und dass der Respekt vor fremden Rechtsordnungen den Eingriff rechtfertigt.

Das Bundesverfassungsgericht hat eine Verletzung von Art. 14 I GG mangels einer gegenwärtigen und unmittelbaren Betroffenheit in von Art. 14 I GG geschützten Rechtsgütern durch den Akt der Klagezustellung ausgeschlossen.[1298] Die Zustellung einer Klage – gleichgültig, ob es sich um eine inländische oder ausländische Klage handelt – bezieht den Empfänger in ein Gerichtsverfahren ein, trifft aber keine Aussage über den Ausgang des Verfahrens.[1299]

Insofern sprach das Gericht dem Zustellungsadressaten bereits die Beschwerdebefugnis ab. Für einen Eingriff in Art. 14 I GG bleibt daher – zu Recht – kein Raum.

b. Art. 12 I GG

Zustellungsadressaten haben öfters eine Verletzung ihres Grundrechtes aus Art. 12 I GG durch die positive Zustellungsentscheidung der Zentralen Behörde gerügt.[1300] Die Erwerbstätigkeit der Beschwerdeführerin sei betroffen durch die Zustellung, denn wegen der mit dem Verfahren verbundenen Kostenlast und der zu erwartenden Höhe der geltend gemachten Forderungen greife die Zustellung der Klage in die Substanz des Unternehmens der Zustellungsadressatin ein.[1301]

Bei einer möglichen Verletzung des Art. 12 I GG muss berücksichtigt werden, dass das Grundrecht neben einem subjektiv-rechtlichen Freiheitsrecht auch eine objektiv-rechtliche, wertentscheidende Grundsatznorm enthält.[1302]

aa. Eingriff in den Schutzbereich des Art. 12 I GG

Art. 12 I GG schützt die Freiheit der Auswahl und der Ausübung von erwerbsbezogenen Tätigkeiten in allen denkbaren Formen als Teilhabe am Wettbewerb.[1303] Die grundrechtliche Gewährleistung umfasst aber nicht einen Schutz vor Einflüssen auf die wettbewerbsbestimmenden Faktoren. Insbesondere umfasst das Grundrecht keinen Anspruch auf Erfolg im Wettbewerb und auf Sicherung künftiger Erwerbsmöglichkeiten. Vielmehr unterliegen die Wettbewerbsposition und damit auch der Umsatz und die Erträge dem Risiko laufender Veränderung je nach den Marktverhältnissen.[1304] Die Erwerbsmöglichkeiten sind daher nicht unter Art. 12 I GG

1298 BVerfG, NJW 2007, 3709 (3711).
1299 BVerfG, NJW 2007, 3709 (3711).
1300 Ausführliche Prüfung des Art. 12 I GG siehe zur Nieden, S. 257–259.
1301 BVerfG, NJW 2007, 3709.
1302 Scholz in Maunz/Dürig, Art. 12 GG, Rn 5.
1303 Schmidt in Erfurter Kommentar zum Arbeitsrecht, Art. 12 GG, Rn 9.
1304 BVerfG, NJW 2002, 2621 (2622).

geschützt. Demnach liegt schon keine Berührung des Schutzbereichs vor. Aufgrund der Markttätigkeit der Zustellungsadressaten in den USA entfalten sich in Form von US-Gerichtsverfahren die spezifischen Risiken dieses Marktes. Die positive Zustellungsentscheidung ist eine mittelbare Folge der Geschäftstätigkeit des Beklagten in den USA.[1305]

Es liegt ebenfalls kein Eingriff in den Schutzbereich des Art. 12 I GG durch deutsche Staatsgewalt vor. Als Abwehrrecht schützt Art. 12 I GG vor Regelungen mit Berufsbezug. Ein Eingriff in Art. 12 I GG ist nicht ersichtlich, weil einer Klagezustellung selbst keine berufsregelnde Tendenz zukommt.[1306] Auch fehlt es einer Klagezustellung an markt- und wettbewerbsregelnder Tendenz.

Durch die Klagezustellung ist weder der Schutzbereich des Art. 12 I GG berührt, noch liegt ein Eingriff in diesen vor.

bb. Schutzpflicht aus Art. 12 I GG

Wenn der Schutzbereich des Art. 12 I GG eröffnet wäre, dann wären zudem sich aus dem Grundrecht ergebende positive Schutzpflichten des Staates für den Bürger zu prüfen. Solche objektiv-rechtlichen Schutzpflichten sind vom Gesetzgeber zu erfüllen, wobei diesem allerdings ein relativ breiter Gestaltungs- und Ermessensspielraum offen steht.[1307] Entscheidend ist, ob die in Deutschland veranlasste Zustellung nach dem HZÜ dazu führt, dass der Zustellungsadressat in Bezug auf Eingriffe in Art. 12 I GG schutzlos gestellt wird. Dabei ist zu berücksichtigen, ob und wie dem Grundrechtsträger zumutbare Möglichkeiten offen stehen, die Grundrechtsbeeinträchtigung durch eigene Aktivitäten zu verhindern oder zu beseitigen. Dem Zustellungsadressaten steht in den USA ein rechtsstaatliches Verfahren zur Verfügung, um sich gegen die drohenden Belastungen effektiv zu wehren.[1308] Daher liegt schon keine Verletzung der Schutzpflichten dadurch vor, dass die deutschen Behörden dem Zustellungsersuchen nachkommen.

5. Ergebnis

Die Zustellung einer vermeintlich rechtsmissbräuchlichen Klage scheitert nicht am ordre public-Vorbehalt des Art. 13 I HZÜ. Der Schutz des Beklagten vor rechtsmissbräuchlichen Klagen ist nicht Bestandteil des deutschen ordre public. Durch eine solche Klage liegt auch keine Verletzung der Grundrechte, namentlich des Art. 2 I GG i.V.m. dem Rechtsstaatsprinzip, Art. 20 III GG oder Art. 14 I und Art. 12 I GG vor. Zudem findet keine Prüfung der Schlüssigkeit der eingereichten Klage durch die Rechtshilfebehörden statt.

1305 Ghassabeh, S. 265.
1306 BVerfG, NJW 2007, 3709 (3711); GRUR 2013, 534 (535).
1307 Scholz in Maunz/Dürig, Art. 12 GG, Rn 5.
1308 Siehe F.VII.3.

VIII. Zustellung einer Klage aufgrund des *Alien Tort Claims Act*

Die Zustellung einer Klage, die auf der Annahme einer als exorbitant angesehenen internationalen Zuständigkeit des Gerichts – wie zum Beispiel dem *Alien Tort Claims Act* (ATCA) – beruht, könnte nach Art. 13 I HZÜ verweigert werden, wenn durch diese Zustellung der ordre public des ersuchten Staates verletzt würde. Der ATCA ist eine Zuständigkeitsvorschrift, die es ausländischen Klägern erlaubt gegen zumeist international agierende Großkonzerne wegen der Beihilfe zur Verletzung einer völkerrechtlichen Norm eine Klage vor US-Gerichten einzureichen. Durch die Entscheidung des Supreme Court im Fall Kiobel v. Royal Dutch Petroleum[1309] wird die Bedeutung der Klagen auf der Grundlage des ATCA allerdings abnehmen. Das Gericht hat entschieden, dass die *presumption against extraterritoriality*[1310] eine Anwendung des ACTA auf extraterritoriale Sachverhalte verbiete.

Das OLG Koblenz hat angenommen, dass die Inanspruchnahme extraterritorialer Rechtsprechungsgewalt im konkreten Fall das völkerrechtliche Territorialitätsprinzip verletze und daher völkerrechtswidrig sei.[1311] Eine deutsche Gesellschaft wurde im vorliegenden Fall wegen extraterritorialer Handlungen in einem Drittstaat (Kanada) vor einem US-amerikanischen Gericht verklagt. Dieses Begehren könne im konkreten Fall nicht durch Klagezustellung im Inland als Hoheitsakt gefördert werden, weil es die Hoheitsrechte der Bundesrepublik Deutschland i.S. von Art. 13 I HZÜ gefährde.[1312]

Ebenso wird vereinzelt in der Literatur von der Unzustellbarkeit von Klagen, die auf vermeintlich völkerrechtswidrigen exorbitanten Zuständigkeiten beruhen, ausgegangen. Dabei wird eine Verbindung zu dem vom OLG Düsseldorf entschiedenen Fall zur ordre public-Widrigkeit von Zustellungen von *antisuit injunctions* gezogen.[1313] In deutsche Hoheitsrechte werde eingegriffen, wenn ein ausländischer Staat unzulässiger Weise eine Zuständigkeit für sich in Anspruch nehme, die den Beklagten des deutschen Forums beraube.[1314] Es mache keinen Unterschied, ob der ausländische Staat die Prozessführung in dem gegebenen Forum untersagt oder diese usurpiert, indem er eine völkerrechtswidrige eigene Zuständigkeit – durch den ATCA – schaffe.[1315] Die Völkerrechtswidrigkeit ergebe sich zum einen aus dem Verstoß gegen Art. 6 I EMRK, da die Regelung den Zugang zu den Gerichten zur Durchsetzung zivilrechtlicher Ansprüche sichere.[1316] Der Justizgewähranspruch

1309 133 S.Ct. 1659 (2013).
1310 Siehe hierzu Morrison v. National Australia Bank Ltd., 130 S. Ct. 2869 (2010).
1311 OLG Koblenz, NJOZ 2005, 3122 (3146).
1312 OLG Koblenz, NJOZ 2005, 3122 (3146).
1313 Schütze, RIW 2009, 497 (498).
1314 Schütze, RIW 2009, 497 (498).
1315 Schütze, RIW 2009, 497 (498).
1316 Schütze, RIW 2009, 497 (498).

werde beschränkt, wenn ein fremder Staat völkerrechtswidrig eine Zuständigkeit usurpiere.[1317]

Zum anderen sei durch die Ausübung der Zuständigkeit nach ATCA dem Völkergewohnheitsrecht verletzt. Die Zuständigkeit US-amerikanischer Gerichte unter dem ATCA sei nicht durch eine völkerrechtlich gebotene Nähebeziehung, dem *genuine link* gedeckt. Sie verstoße gegen das völkerrechtliche Verbot der Usurpierung internationaler Zuständigkeit und sei – außerhalb der USA – unbeachtlich.[1318] Daraus folge, dass eine Zustellung von auf ATCA gestützten Klagen nach Art. 13 I HZÜ zu verweigern sei.[1319]

Auch die Bundesrepublik Deutschland mahnt in ihrem Amicus Curiae Brief vor dem US-Supreme Court im Fall Kiobel die Berücksichtigung engerer Nähebeziehungen zu anderen Gerichtsbarkeiten als derjenigen der USA an.[1320] Der Supreme Court solle die unterinstanzlichen Gerichte instruieren die Zuständigkeit in ATCA Fällen ausländischer Kläger gegen ausländische Beklagte betreffend Aktivitäten im Ausland nur auszuüben, wenn es keine Möglichkeit für die ausländischen Kläger gibt, die Sache vor anderen Gerichtsbarkeiten mit einer größeren Nähebeziehung zu verfolgen.[1321] Nach dieser Ansicht sollte die USA nur eine Art Notzuständigkeit bereithalten.

Ebenso mahnt die Bundesrepublik an, dass die *local remedies rule* im Einklang mit dem Prinzip der *international comity* in Fällen zu beachten sei, in denen es keine signifikante Nähebeziehung zu den USA gebe und in denen ein angemessenes ausländisches Forum ein Interesse an dem Fall hat, das gegenüber demjenigen der USA überwiege.[1322]

Im Kontext der Untersuchung der Zustellbarkeit nach dem HZÜ stellt sich die Frage, ob die Haltung, die in diesen Empfehlungen an das Gericht deutlich wird, dazu führt, dass alle Fälle, in denen sich die US-Zuständigkeit aus dem ATCA ergibt, als ordre public-widrig einzuordnen sind. Es ist zu untersuchen, ob die Inanspruchnahme einer Zuständigkeit des ATCA tatsächlich gegen das Völkerrecht, namentlich dem Grundsatz des *genuine link* für die Inanspruchnahme der internationalen Zuständigkeit verstößt.

1317 Schütze, RIW 2009, 497 (498).

1318 Schütze, RIW 2009, 497 (500).

1319 Schütze, RIW 2009, 497 (500); a. A. ausdrücklich Schack Einführung, Rn 97, in Fn 331: „Erst recht lässt sich auf diese Weise keine angeblich völkerrechtswidrige Zuständigkeit US-amerikanischer Gerichte abwehren".

1320 Amicus Curiae Brief of the Federal Republic of Germany, S. 3.

1321 Amicus Curiae Brief of the Federal Republic of Germany, S. 3.

1322 Amicus Curiae Brief of the Federal Republic of Germany, S. 4.

1. Keine Völkerrechtswidrigkeit der Zuständigkeit der US-Gerichte nach dem ATCA

Bei der Beurteilung der Völkerrechtswidrigkeit ist zu beachten, dass die Klagemöglichkeit, die der ATCA eröffnet, von Völkerrechtlern oft als sehr begrüßenswert empfunden wird, weil sie als effektiv zur Durchsetzung internationaler menschenrechtlicher Verpflichtungen erachtet wird.[1323] Denn die Staaten sind auch in breitem Umfang völkerrechtlich verpflichtet, transnationalen Unternehmen in Bezug auf die Einhaltung grundlegender Menschenrechte und sozialverträglicher Standards Grenzen zu setzen.[1324] Eine effektive Umsetzung des Völkerrechts geschieht, indem der Staat dem Völkerrecht in Form nationaler Gesetzgebung nationale Anwendbarkeit verschafft und indem die so geschaffenen Rechte von Betroffenen auf gerichtlichem Wege eingeklagt werden können.[1325]

Aus völkerrechtlicher Sicht ist auch nicht zu beanstanden, dass die Anwendung des ATCA in möglicherweise über die universell anerkannten Standards des universellen Menschenrechtsschutzes hinausgeht.[1326] Es ist umstritten, ob die von nichtstaatlichen Akteuren begangene Anstiftung oder Beihilfe zu einem Völkerrechtsdelikt tatsächlich eine individuelle Verantwortlichkeit nach dem derzeitigen Völkerrecht begründen.[1327] Grundlage für die Anwendung ist das nationale Recht.[1328] Dieses darf aus völkerrechtlicher Sicht weiter gehen als der universelle Menschenrechtsstandard.

Die USA berufen sich bezüglich der Zuständigkeit der Bundesgerichte nach dem ATCA in Zivilrechtssachen ohne Bezug zu den USA auf die Anwendung des Universalitätsprinzips.[1329] International wird das Universalitätsprinzip als Prinzip der stellvertretenen Strafrechtspflege verstanden und auf die Strafverfolgung international geschützter Rechtsgüter beschränkt.[1330] Dies stellt eine Ausnahme zum Territorialitätsprinzip dar, nachdem ein territorialer Bezug zwischen dem Sachverhalt und dem Staat, der diesen regelt, bestehen muss.[1331] Völkerrechtlich anerkannte Ausnahmen extraterritorialer Gesetzgebungskompetenz beschränken sich auf wenige Normen des Völkerstrafrechts. Eine extraterritoriale zivilrechtliche Gesetzgebungskompetenz

1323 Weilert, ZaöRV 2009, 883 (894).
1324 Weilert, ZaöRV 2009, 883 (889).
1325 Weilert, ZaöRV 2009, 883 (890).
1326 Seibert-Fohr, ZaöRV 2003, 195 (201).
1327 Seibert-Fohr, ZaöRV 2003, 195 (201); siehe hierzu ausführlich Reinhard, RIW 2008, 676 (678–680).
1328 Seibert-Fohr, ZaöRV 2003, 195 (201); allerdings ist die Rechtsquelle des Federal Common Law als Maßstab für die Beihilfe umstritten, siehe hierzu Reinhard, RIW 2008, 676 (679).
1329 Feldberg, S. 200 mwN.
1330 Feldberg, S. 200.
1331 Näher zum Territorialitätsprinzip siehe Bertele, S. 65, insbesondere S. 73ff.

ist völkerrechtlich nicht vorgesehen.[1332] Durch das Universalitätsprinzip kann die Inanspruchnahme von Rechtsprechungsgewalt der US-Gerichte daher nicht gerechtfertigt werden.

Tatsächlich stellt die Inanspruchnahme der US-amerikanischen Gerichtsbarkeit aber keinen Verstoß gegen das völkerrechtliche Erfordernis des *genuine link* bzw. das Territorialitätsprinzip dar, denn ihren Anforderungen wird Genüge getan.[1333] Das *genuine link*-Erfordernis ist völkerrechtlich verankert und dadurch Teil des zu prüfenden ordre public-Vorbehaltes in Deutschland. Es wird völkerrechtlich auf das Einmischungs- und Interventionsverbot, das Rechtsmissbrauchsverbot, das Prinzip der friedlichen Koexistenz der Staaten und schließlich auf das Rücksichtnahmegebot gestützt.[1334] Mittels einer Interessenabwägung wird konkret individuell unter Einbeziehung der spezifisch betroffenen Interessen ausländischer Staaten die Zulässigkeit der Kompetenzausübung ermittelt.[1335]

Das *genuine link*-Erfordernis verlangt völkerrechtlich für die Eröffnung einer gerichtlichen Zuständigkeit, dass es zumindest irgendeinen Bezug des Rechtsstreits zum Forumstaat gibt.[1336] Um den Voraussetzungen des *genuine link* gerecht zu werden, reicht es, dass die sogenannten *minimum contacts* Voraussetzung für die Bejahung der *personal jurisdiction* vorhanden sind, die auch in ATCA-Verfahren zusätzlich zu den Voraussetzungen des ATCA hinsichtlich der *subject matter jurisdiction* geprüft werden.[1337] Bei juristischen Personen kann diese durch „doing business" erfüllt werden.[1338] Die Voraussetzungen für das Vorliegen der *general personal jurisdiction* in Bezug auf außerhalb der USA ansässige Unternehmen sind indes durch das Urteil des Supreme Court im Fall Daimler AG v. Bauman verschärft worden.[1339] Danach kann die *general jurisdiction* in einem Bundesstaat nur bejaht werden, wenn die Anknüpfungspunkte so kontinuierlich und systematisch vorhanden sind im Vergleich zu den nationalen und globalen Aktivitäten des Unternehmens, dass es in dem Staat tatsächlich „zu Hause" ist.

Entgegen der Ansicht des OLG Koblenz ist bei dem Vorliegen eines solchen *genuine link* ein Verstoß gegen das Territorialitätsprinzip durch die Inanspruchnahme der

---

1332 Feldberg, S. 201.

1333 So auch Abel, S. 239; Rau, IPRax 2000, 558 (560); ebenso bejaht vom OLG Düsseldorf, NJW-RR 2010, 573 (576), da die in Deutschland ansässige Beklagte über Standorte in den USA verfügte.

1334 Ziegenhain, S. 47.

1335 Ziegenhain, S. 48.

1336 BVerfG, NJW 1983, 2757 (2761) „hinreichendes sachgerechtes Anknüpfungsmoment"; Mark/Ziegenhain, NJW 1992, 3062 (3063), zustimmend Wollenschläger, IPRax 2002, 96 (97).

1337 Abel, S. 151.

1338 Abel, S. 152; siehe zum doing business Gerichtsstand Ghassabeh, S. 62–64.

1339 Daimler AG v. Bauman, 134 S. Ct. 746 (2014).

US-amerikanischen Gerichte ausgeschlossen.[1340] Dadurch sind die *minimum contacts* gewahrt und ein territorialer Bezug der Klage zum Forum gegeben.

Die Beziehung zur Gerichtsbarkeit muss aus der Perspektive des *genuine link*-Erfordernisses nicht die stärkste sein im Vergleich zu anderen Jurisdiktionen. Im nationalen deutschen Recht werden die internationalen Zuständigkeitsvorschriften auch deshalb nicht als erfüllt erachtet, weil es kein besser geeignetes Forum gibt.

Die Frage nach einem besser geeigneten Forum, zu dem eine stärkere Beziehung des Rechtsstreits besteht, ist bei der Prüfung von der Lehre des *forum non conveniens* als weiterer Prüfungsschritt nach der Bejahung von *minimum contacts* zu beachten.[1341] Danach kann ein an sich für einen Rechtsstreit zuständiges US-amerikanisches Gericht auf die Ausübung seiner Gerichtsbarkeit verzichten zugunsten eines anderen Gerichts, das geeigneter erscheint die Sachentscheidung zu treffen. Diese Lehre ist allerdings nicht auf völkerrechtliche Vorgaben des *genuine link* zurückzuführen. Der Amicus Curiae Brief der Bundesrepublik Deutschland ist denn auch so zu verstehen, dass im Rahmen der *forum non conveniens* Prüfung die angesprochenen Aspekte der Beziehung des Rechtsstreits zu anderen Jurisdiktionen unter anderem aufgrund der *international comity* zu berücksichtigen sind. Zwingende völkerrechtliche Gründe für die Beachtung der vorgeschlagenen Aspekte der *local remedies rule* und der Beschränkung auf eine Art Notzuständigkeit bei fehlenden Anknüpfungspunkten mit dem US-Forum sind nicht vorhanden oder ihre Existenz ist umstritten.[1342]

Im Rahmen der Prüfung des *forum non conveniens* wird in den USA auch die von Deutschland angemahnte *local remedies rule* geprüft.[1343] Ob die Erschöpfung des Rechtsweges vor den Gerichten des Staates, in dem sich die Menschenrechtsverletzung ereignet hat, aus völkerrechtlicher Sicht wirklich eine Voraussetzung ist für die Bejahung der Zuständigkeit der US-Gerichte nach dem ATCA, kann hier daher dahinstehen.[1344]

Zudem ist aus völkerrechtlicher Sicht zu beachten, dass die praktische Anwendung des ATCA neben dem Prinzip des *forum non conveniens* eingeschränkt wird durch die in den USA angewandte *political question doctrine*, die *act of state doctrine* und dem *Foreign Sovereign Immunities Act* (FSIA).[1345]

1340 So auch Piekenbrock, IPRax 2006, 4 (9); a.A. Abel, S. 226–246 hinsichtlich der materiellen Regelungskompetenz bei einer Verletzung des Völkerrechts durch Ausländer im Ausland zu Lasten von Ausländern. Über das Territorialitätsprinzip ließe sich ein hinreichender Bezug zwischen Sachverhalt und regelndem Staat in einem ATCA Verfahren nicht begründen (S. 228). Letztlich kommt er zu dem Ergebnis, dass einer solchen Regelung wie das ATCA durch die USA völkerrechtlich auch nichts entgegensteht.

1341 Siehe zur Lehre von *forum non conveniens* und ATCA Klagen Abel, S. 152.

1342 Zur *local remedies rule* siehe Abel, S. 248–251; Feldberg, S. 212.

1343 Abel, S. 250; Reynolds/Zimmer, RIW 2012, 139 (140).

1344 Siehe hierzu ausführlich Abel, S. 248–251.

1345 Reynolds/Zimmer, RIW 2012, 139 (140); Weschka, ZaöRV 2006, 625 (643).

Auf der Grundlage der *political question doctrine* soll verhindert werden, dass Gerichte Entscheidungen treffen, die außenpolitisch negative Implikationen haben. Die Doktrin steht im Zusammenhang mit der Gewaltenteilung in den USA und der ausschließlichen Zuständigkeit der US-Regierung für außenpolitische Fragen.[1346]

Nach der *act of state doctrine* dürfen US-Gerichte Hoheitsakte eines fremden Staates nicht der gerichtlichen Kontrolle unterziehen.[1347] Dies könnte die außenpolitischen Beziehungen der USA beeinflussen, deren Pflege grundsätzlich der Exekutive obliegt.

Zum FSIA hat der Supreme Court entschieden, dass dieser Klagen gegen Staaten bezüglich *acta iure imperii* abschließend regelt und keine Ausnahme bei der Verletzung fundamentaler Normen des Völkerrechts macht.[1348]

Zusammenfassend bleibt festzuhalten, dass durch Klagen aufgrund des ATCA keine Verletzung völkerrechtlicher Normen erfolgt. Aus menschenrechtlichen Gesichtspunkten ist die Klagemöglichkeit des ATCA im Gegenteil begrüßenswert, denn Klagen gegen Menschenrechtsverletzungen wird dadurch entweder überhaupt oder zusätzlich ein Forum eingeräumt, in dem sie nach rechtsstaatlichen Aspekten sicher Gehör finden. Durch die Anwendung der US-amerikanischen Regelungen der internationalen Zuständigkeit wird die völkerrechtliche Voraussetzung des *genuine link* aufgrund der Prüfung von *minimum contacts* erfüllt.

2. Kein Verstoß gegen Justizgewähranspruch durch ATCA-Zuständigkeit

Es liegt kein Verstoß gegen den unter anderem durch Art. 6 I EMRK garantierten Justizgewähranspruch vor. Bei Klagen aufgrund des ATCA ist zu beachten, dass die Regelungen des ATCA oft überhaupt erst ein Forum vor Gerichten eröffnen, in dem ein rechtsstaatliches Verfahren möglich ist. Das Gesetz führt dazu, dass dem Justizgewähranspruch der Kläger genüge getan wird. Diese Sicht trifft nicht auf Verfahren gegen deutsche Unternehmen zu, diese könnten immer auch in Deutschland an ihrem allgemeinen Gerichtsstand verklagt werden. Jedoch zeigt das Beispiel des Falles Doe v. Unocal[1349], bei dem die Menschenrechtsverletzungen in Myanmar begangen wurden, dass dies längst nicht immer der Fall ist.

Zudem garantiert Art. 6 I EMRK nicht einen vom Kläger zu bestimmenden Zugang zu einem bestimmten Gericht und dessen Zuständigkeit. Dem Justizgewähranpruch ist solange genüge getan, wie dem Kläger überhaupt eine Klagemöglichkeit vor einem staatlichen Gericht offen steht.[1350] Daher geht ein Vergleich mit der vermeintlichen Unzustellbarkeit von *antisuit injunctions* fehl. Schon bei *antisuit*

1346 Reinhard, RIW 2008, 676 (680).

1347 Abel, S. 130 mwN.

1348 Rau, IPRax 2000, 558 (559) mwN.

1349 248 F.3d 915 (9th Cir. 2001).

1350 Siehe F.IV.1.

injunctions gilt, dass diese nach Art. 13 I HZÜ zustellbar sind, wenn damit nicht die Möglichkeit der Inanspruchnahme staatlicher Gerichte vereitelt wird.[1351]

Selbst wenn die Zuständigkeit US-amerikanischer Gerichte eröffnet ist, bedeutet dies nicht, dass der freie Zugang zu deutschen Gerichten ausgeschlossen ist.[1352] Dies ergibt sich schon aus dem Prinzip des *forum non conveniens*, der dem Beklagten grundsätzlich den Einwand zu erheben gestattet, dass das Verfahren effektiver vor einem Gericht in einem anderen Staat verhandelt werden könne.[1353]

3. Keine Zustellungsverweigerung nach Art. 13 I HZÜ

Da die Inanspruchnahme der Zuständigkeit der US-Gerichte nach dem ATCA kein völkerrechtswidriges Handeln darstellt, folgt hieraus auch kein Verstoß gegen den ordre public, wie er im Rahmen des Art. 13 I HZÜ zu prüfen ist. Eine Verletzung der wesentlichen Grundsätze des deutschen Rechts darüber hinaus ist nicht ersichtlich.

Weiterhin folgt aus der Regelung des Art. 13 II HZÜ, dass eine Zustellung nicht verweigert werden darf, weil ein Vertragsstaat die ausschließliche Zuständigkeit für die Sache in Anspruch nimmt. Im HZÜ ist keine Überprüfung der internationalen Zuständigkeitsnorm, auf die sich das ausländische Gericht bezieht, vorgesehen. Aus Art. 13 II HZÜ folgt im Gegenteil, dass eine solche nicht stattfinden darf.[1354]

Daher steht der ordre public-Vorbehalt des Art. 13 I HZÜ der Zustellung einer Klage auf der Grundlage des ATCA nicht entgegen.[1355]

IX. Ergebnis

Bezogen auf die diskutierten Fallgruppen ist Ergebnis der Arbeit, dass einige Zustellungsersuchen bereits mangels Eröffnung des Anwendungsbereichs nach dem HZÜ nicht durchführbar sind. Dies trifft zum einen auf Zustellungen an Staaten oder staatliche Organe in Verfahren, deren Gegenstand *acta iure imperii* bilden, zu. Diese Ersuchen scheitern ebenfalls an dem Vorbehalt des Art. 13 I HZÜ aufgrund Verstoßes gegen die Staatenimmunität. Zum anderen ist schon der Anwendungsbereich für einige Besonderheiten des US-amerikanischen Zivilverfahrensrechts (*punitive damages* im Zusammenhang mit *split-recovery statutes* und *parens patriae treble damages*-Klagen) nicht eröffnet, darüber hinaus liegt jedoch kein Verstoß gegen den ordre public-Vorbehalt des Art. 13 I HZÜ vor.

In Bezug auf Zustellungen im Zusammenhang mit dem Recht der Staatsangehörigkeit ist kein Fall denkbar, in dem ein Rechtshilfeersuchen zu verweigern ist. *Antisuit injunctions* sind zustellbar und verstoßen weder gegen völkerrechtliche

1351 Siehe F. IV.
1352 OLG Düsseldorf, NJW-RR 2010, 573 (576).
1353 OLG Düsseldorf, NJW-RR 2010, 573 (576).
1354 So auch Ghassabeh, S. 244.
1355 So auch Feldberg, S. 209.

Grundsätze der staatlichen Souveränität noch gegen den Justizgewähranspruch des Zustellungsadressaten.

Zustellung von Klagen vor US-Gerichten, mit denen die Einleitung eines *pre-trial discovery*-Verfahrens begehrt wird oder die die Einleitung dieses Verfahrens zur Folge haben, scheitern nicht am ordre public-Vorbehalt des Art. 13 I HZÜ. Es liegt durch die Erledigung der Ersuchen kein Verstoß gegen das Verbot von Ausforschungsbeweisen vor. Zudem ist weder der Grundsatz der richterlichen Beweiserhebung noch der Unabhängigkeit der Gerichte verletzt.

Letzterer Grundsatz ist auch nicht bei Zustellungen beeinträchtigt, die eine Einleitung eines Gerichtsverfahrens vor gewählten Richtern oder einer *jury* zur Folge haben.

Im Rahmen der Prüfung des ordre public-Vorbehaltes des Art. 13 I HZÜ bestehen gegen die Zustellung einer Klage auf *punitive damages*, *treble damages* oder/und eines *class action*-Verfahrens keine Bedenken. Ob es tatsächlich zu einer Verurteilung zur Zahlung von *punitive* oder *treble damages* im *class action*-Verfahren kommt, ist zum Zeitpunkt der Zustellung der Klageschrift nicht hinreichend wahrscheinlich, als dass von einer ordre public-Widrigkeit der Erledigung der Ersuchen ausgegangen werden könnte.

Da Elemente der *American rule of costs* auch dem deutschen Recht nicht fremd sind, kann nicht von einer ordre public-Widrigkeit einer Klagezustellung, durch die der Zustellungsadressat der *rule* unterworfen wäre, ausgegangen werden.

Der Schutz vor rechtsmissbräuchlichen Klagen ist nicht Bestandteil des ordre public in Deutschland, so dass das Zustellungsersuchen, was mit einer vermeintlich rechtsmissbräuchlichen Klage in Verbindung steht, nicht am Vorbehalt des Art 13 I HZÜ scheitert.

Die Erledigung von Klagezustellungen aufgrund des *Alien Tort Claims Act* verletzt weder völkerrechtlich den *genuine link*-Grundsatz noch verfassungsrechtlich den Justizgewähranspruch. Solche Klagen sind nach Art. 13 I HZÜ zuzustellen.

G. Fazit

Die vorliegende Arbeit beantwortet die beiden in der Praxis relevantesten und umstrittensten grundsätzlichen Fragestellungen bei der Anwendung des HZÜ. Zum einen wird der Anwendungsbereich des Übereinkommens definiert und zum anderen wird bestimmt, wie der Vorbehalt in Art. 13 I HZÜ zu prüfen ist.

Methodisch wurden die Ergebnisse zu den Ausgangsfragen auf der Grundlage von verfassungsrechtlichen sowie völkerrechtlichen Vorgaben entwickelt, die die Parameter für die Leistung der internationalen Rechtshilfe bestimmen. Aufgrund der Intensität mit der diese Parameter bei den Prüfungsschritten berücksichtigt werden, trägt die Arbeit zu neuen wissenschaftlichen Erkenntnissen bei. Diese zeichnen sich besonders auch durch die ausgeführten umfassenden Vergleiche mit anderen nationalen Rechtsordnungen, anderen Rechtshilfeübereinkommen im Zivil-, Straf- und Verwaltungsrecht sowie Regelungen auf anderen Gebieten des Internationalen Zivilverfahrensrechts aus.

Ausgangspunkt der Untersuchung war die Anwendung des HZÜ in Deutschland, jedoch geht die Arbeit in ihrer Bedeutung sowohl hinsichtlich ihres Erkenntnisgewinns als auch aufgrund der Anwendung der rechtsvergleichenden Methodik weiter über den nationalen rechtlichen Kontext hinaus.

Trotz des hier vertretenen Ergebnisses, dass bezogen auf die diskutierten Anwendungsfälle selten ein Zustellungsersuchen weder an der fehlenden Eröffnung des Anwendungsbereichs des Übereinkommens noch an dem Vorbehalt des Art. 13 I HZÜ scheitert, wurden dennoch grundsätzliche Erkenntnisse hinsichtlich der Definition vor allem der Zivil- und Handelssache sowie der Rechtsnatur des Art. 13 I HZÜ gewonnen. Aufgrund der analytischen Tiefe, mit der diese Ergebnisse vor allem anhand von Rechtsvergleichen und der verfassungs- und völkerrechtlichen Vorgaben entwickelt wurden, beseitigen sie einige Unsicherheiten, die bei der Anwendung des HZÜ bestanden.

Es wurde deutlich, dass der Anwendungsbereich vertragsautonom zu definieren ist und es auf den materiell-rechtlichen Gehalt der Klage als Streitigkeit um private Rechte und Rechtsverhältnisse zwischen Privaten ankommt.

Die Einordnung der Zustellung als Hoheitsakt wurde bekräftigt. Daraus folgt die Bindung der Behördenentscheidung an Art. 1 III GG und den damit einhergehenden Schutzanspruch der durch das staatliche Handeln beeinträchtigten natürlichen oder juristischen Person.

Art. 13 I HZÜ enthält einen rechtshilferechtlichen ordre public-Vorbehalt, dessen Inhalt die wesentlichen unverzichtbaren Rechtsgrundsätze des ersuchten Staates im Sinne des *ordre public international* aus seiner jeweiligen Sicht sind.

Insbesondere der Vergleich mit anderen Übereinkommen hat gezeigt, dass die Formulierung des Vorbehaltes eine rechtshilferechtliche Besonderheit darstellt. Aufgrund dieser Erkenntnis, der Entstehungsgeschichte sowie des Sinns und Zwecks der Norm ist der Schluss, dass es sich bei Art. 13 I HZÜ um einen ordre public-Vorbehalt handelt, zwingend.

Zu den wesentlichen unverzichtbaren Rechtsgrundsätzen zählen auch ungerechtfertigte Verletzungen von wesentlichen Individualrechten, insbesondere den Grundrechten, die die Annahme eines ordre public-Verstoßes im Rahmen des Art. 13 I HZÜ erlauben. Ebenso sind Menschenrechtsverletzungen insbesondere Art. 6 I EMRK und Art. 14 I IntPbpR zu prüfen. Politische Interessen des um Rechtshilfe ersuchten Staates sind nicht Prüfungsinhalt des Vorbehaltes. Eine Beschränkung des Prüfungsmaßstabes auf die Verletzung völkerrechtlicher Normen durch die Erledigung des Zustellungsersuchens ist weder völkerrechtlich noch verfassungsrechtlich gerechtfertigt.

Gegenstand der Prüfung des ordre public sind über den Zustellungsakt hinaus auch die durch die Zustellung erzielten Wirkungen im ausländischen Verfahren des um Rechtshilfe ersuchenden Staates. Es bedarf einer hinreichenden Wahrscheinlichkeit, dass diese Folgen eintreten, um bei der Prüfung des ordre public Berücksichtigung zu finden.

Art. 13 I HZÜ räumt dem Vertragsstaat bei der Beurteilung eines ordre public-Verstoßes eine Einschätzungsprärogative ein, denn nur der jeweilige Rechtshilfestaat kann einen Verstoß seines innerstaatlichen ordre public definieren. Der ersuchende Staat hat nicht die Kompetenz die Beurteilung der Unvereinbarkeit mit dem ordre public durch den ersuchten Staat nachzuprüfen.

Eine einfache Definition, wann der Vorbehalt des ordre public in Art. 13 I HZÜ unabhängig von dem konkreten Zustellungsersuchen eine Verweigerung der Rechtshilfe vorsieht, kann nicht vorhergesagt werden. Als grundsätzliche Parameter können die Vereinbarkeit der Erledigung des Ersuchens und dessen Konsequenzen mit den nationalen verfassungsrechtlichen Grundsätzen sowie das völkerrechtliche ius cogens dienen. Insofern leistet die Arbeit einen Beitrag zur Beantwortung der Frage, wann die Durchführung eines ausländischen Zustellungsersuchens die Hoheitsrechte und die Sicherheit der Bundesrepublik Deutschland gefährdet.[1356] Sie vermag nicht pauschale Antworten für die Möglichkeit der Erledigung jedes denkbaren Zustellungsersuchens zu liefern.

Daher ist es zutreffend, wenn dem Bundesverfassungsgericht auch in Zukunft eine Wächterrolle mit heiklen Abwägungen im Einzelfall prophezeit wird.[1357] Ein Verstoß gegen die verfassungsrechtlichen und völkerrechtlichen Grundsätze ist im jeweiligen Einzelfall zu bestimmen.

1356 siehe Einleitung.

1357 Tomuschat, IPRax 1996, 83 (85). Daran hat sich trotz der Jahre, die seitdem vergangen sind, nichts geändert.

H. Abkürzungsverzeichnis

All E.R	All England Law Reports
Am. J. Comp. L.	The American Journal of Comparative Law
Am. J. Int'l L.	The American Journal of International Law
ATCA	Alien Tort Claims Act
B.U. Int'l L. J.	Boston University International Law Journal
Cir.	Circuit (US Courts of Appeal)
Colo. Law.	Colorado Lawyer
D.C. Cir.	District of Columbia Circuit (US Court of Appeals)
D.D.C.	District of Columbia (United States District Court)
F. 2d	Federal Reporter, Second Series
F. 3d	Federal Reporter, Third Series
F. Supp.	Federal Supplement
F.R.D.	Federal Rules Decision
FRCP	Federal Rules of Civil Procedure
FSIA	Foreign Sovereign Immunities Act
GA Res.	General Assembly Resolution
Geo. L. J.	Georgetown Law Journal
Harv. J.L. & Pub. Pol'y	The Harvard Journal of Law & Public Policy
HR	Hoge Raad
I.L.M.	International Legal Materials
Int'l & Comp. L.Q.	International and Comparative Law Quarterly
IntPbpR	Internationaler Pakt für bürgerliche und politische Rechte
Land Use & Envtl L	Journal of Land Use & Environmental Law
N.D. Cal.	Northern District of California (US District Court)
N.D. Ill.	Northern District of Illinois
NJ	Nederlandse Jurisprudentie
NUCL	Nihon University Comparative Law
O.R. (2d)	Ontario Reports, Second Series
Ohio St.3d	Ohio State Reports, Third Series
RvdW	Rechtspraak van de Week
S. Ct.	Supreme Court Reporter
S.D.N.Y.	Southern District Court of New York
U.S.	United States Reports
U.S. Briefs	U.S. Supreme Court Briefs
U.S.C.	United States Code

Washburn L.J.	Washburn Law Journal
WL	Westlaw
WLR	Weekly Law Reports
ZRHO	Rechtshilfeordnung für Zivilsachen

I. Literaturverzeichnis

Abad, Roberto A., The Challenge of Accession, The Philippine Perspective on the Service Convention 4th Hague Conference on Private International Law Track 1 – Legal Cooperation and Litigation October 26, 2011, Makati City, Philippines, abrufbar unter http://www.law.upd.edu.ph/iils_ap4_hcch_manila_philippines/index.php?option=com_content&view=category&id=60&Itemid=80 (zitiert: Abad, The Challenge of Accession The Philippine Perspective on the Service Convention 4th Hague Conference on Private International Law Track 1 – Legal Cooperation and Litigation October 26, 2011)

Alley, Edwin R., Hague Conference on Private International Law: 1989 Special Commission Meeting on the Operation of The Hague Evidence Convention and The Hague Service Convention, 8 B.U. Int'l L. J. 187 (1990)

Abel, Alexander, Der Alien Tort Statute nach der Entscheidung des US-Supreme Court in der Sache Sosa v. Alvarez-Machain, Aachen 2007

Bader, Johann/ **Ronellenfitsch**, Michael, Beck'scher Online-Kommentar VwVfG, 16. Auflage, München 2012 (zitiert: Bearbeiter in Bader/Ronellenfitsch)

Baumbach, Adolf/ **Lauterbach**, Wolfgang/ **Albers**, Jan/ **Hartmann**, Peter, Zivilprozessordnung, 70. Auflage, München 2012 (zitiert: Baumbach/Lauterbach/Albers/Hartmann)

Bechtold, Rainer, Kartellgesetz, 6. Auflage, München 2010

Bellinghausen, Rupert, Bundesverfassungsgericht gewährt vorläufigen Rechtsschutz gegen die Zustellung einer US-Sammelklage, PHi 2003, 222

Berger, Anja Gitta/ **Wilske**, Stephan, Der U.S. Supreme Court und Punitive Damages, RIW 2007, 245

Bernhardt, Rudolf, Encyclopedia of public international law, Band III, Amsterdam, 1997 und Band IV, Amsterdam 2000 (zitiert: Encyclopedia of public international law, Band)

Bischof, Thomas, Die Zustellung im internationalen Rechtsverkehr in Zivil – oder Handelssachen, Zürich 1997

Bockslaff, Klaus, Das völkerrechtliche Interventionsverbot als Schranke außenpolitisch motivierter Handelsbeschränkungen, Berlin 1987

Böckstiegel, **Karl-Heinz/ Schlafen**, Dieter, Die Haager Reformübereinkommen über die Zustellung und die Beweisaufnahme im Ausland, NJW 1978, 1073

Böhmer, Christof, Spannungen im deutsch-amerikanischen Rechtsverkehr in Zivilsachen, NJW 1990, 3049

Brand, Peter-Andreas, US-Sammelklagen und kollektiver Rechtsschutz in der EU, NJW 2012, 1116

Braun, Johann, Einlassungszwang bei einer Klage auf Zahlung von 17 Mrd. Dollar?, ZIP 2003, 2225

Bretschger, Roman, Unternehmen und Menschenrechte, Zürich 2010

Brockmeier, Dirk, Punitive damages, multiple damages und deutscher ordre public, Tübingen 1999

Bungert, Hartwin, Buchbesprechung zu Merkt, Hanno, Abwehr der Zustellung von „punitive damages"-Klagen, NJW 1996, 3405–3406 (zitiert: Bungert, NJW 1996)

Bungert, Hartwin, Kurzkommentar zu BVerfG, Beschl. v. 3.8.1994 – 1 BvR 1279/94, EWiR Art. 13 HZÜ 1/94, 1111 (zitiert: Bungert, EWiR Art. 13 HZÜ 1/94)

Bungert, Hartwin, Vollstreckbarkeit US-amerikanischer Schadensersatzurteile in exorbitanter Höhe in der Bundesrepublik, ZIP 1992, 1707 (zitiert Bungert, ZIP 1992, 1707)

Burbank, Stephen B., The Class Action in American Securities Regulation, ZZPInt 4 (1999), 321

Corrigan, Michael V./ **Wilske**, Stephan, Punitive Damages wieder vor dem U.S. Supreme Court, RIW 2007, 32

Dale, John G., Free Burma – Transnational Legal Action and Corporate Accountability, Minneapolis 2011

De Lind van Wijngaarden-Maack, Martina, Vorlage an den EuGH zur Vereinbarkeit von antisuit injunctions mit dem EuGVÜ, IPRax 2003, 153

Dutta, Anatol/ **Heinze**, Christian A., Prozessführungsverbote im englischen und europäischen Zivilverfahrensrecht, ZEuP 2005, 428 (zitiert: Dutta/Heinze, ZEuP 2005)

Dutta, Anatol/ **Heinze**, Christian A., Antisuit injunctions zum Schutz von Schiedsvereinbarungen, RIW 2007, 411 (zitiert: Dutta/Heinze, RIW 2007)

Engel, Kirsten H., State Standing in Climate Change Lawsuits, 28 J. Land Use & Envtl L. 217 (2011)

Enonchong, Nelson, Public Policy in the Conflict of Laws: A Chinese Wall Around Little England?, 45 Int'l & Comp. L.Q. 633 (1996)

Epping, Volker/ **Hillgruber**, Christian, Beck'scher Online-Kommentar Grundgesetz, 15. Auflage, München 2012 (zitiert: Bearbeiter in Epping/Hillgruber)

Erb, Max/ **Kohlhaas**, Georg, Strafrechtliche Nebengesetze, 188. Ergänzungslieferung, München 2012 (zitiert: Erb/Kohlhaas)

Feldberg, Anja, Der Alien Tort Claims Act, Berlin 2008

Fischer, Nikolaj, Zivilverfahrens – und Verfassungsrecht, Berlin 2002

Fleischhauer, Jens, Inlandszustellung an Ausländer, Berlin 1996

Fogt, Morten M./ **Schack**, Haimo, Keine Urteilszustellung im deutsch-dänischen Rechtsverkehr?, IPRax 2005, 118

Fritz, Torsten, Punitive/examplary damages in den USA und ihre Qualifikation als Zivilsache, Münster 2004

Garrity, Kelly-Rose, Whose Award Is It Anyway?: Implications of Awarding the Entire Sum of Punitive Damages to the State, 45 Washburn L.J. 395 (2006)

Geimer, Gregor, Neuordnung des internationalen Zustellungsrechts, Berlin 1999 (zitiert: G.Geimer)

Geimer, Reinhold, Anmerkung zu BGH, Beschluss vom 9.5.1990 – XII ZB 133/88, ZZP 103 (1990), 477 (zitiert: Geimer, ZZP 103 (1990))

Geimer, Reinhold, Internationales Zivilprozessrecht, 6. Auflage, Köln, 2009 (zitiert: Geimer, IZPR)

Geimer, Reinhold/ **Schütze**, Rolf A., Internationaler Rechtsverkehr in Zivil- und Handelssachen, 42. Ergänzungslieferung, München Oktober 2011 (zitiert: Bearbeiter in Geimer/Schütze)

Geulen, Reiner/ **Sebok**, Anthony J., Deutsche Firmen vor US-Gerichten, NJW 2003, 3244

Ghassabeh, Amir-Said, Die Zustellung einer Punitive-Damages-Sammelklage an beklagte deutsche Unternehmen: zugleich ein Beitrag zum „unnötigen" transatlantischen Justizkonflikt, Frankfurt am Main 2009

Gilles, Peter, Thesen zu einigen rechts- und verfassungs-, verfahrens- und justizpolitischen Aspekten des Themas: „Grundrechtsverletzungen bei der Zwangsvollstreckung", in: Beys, Kostas E. (Hrsg.), Grundrechtsverletzungen bei der Zwangsvollstreckung, Athen 1996, S. 111 (zitiert: Gilles, in: Grundrechtsverletzungen bei der Zwangsvollstreckung)

Goldstein, Lee Katherine, Splitting Punitive Damages with the State – Split-Recovery Statuses Do More Harm Than Good, 38 Colo. Law. 105 (2009)

Gloy, Wolfgang/ **Loschelder**, Michael /**Erdmann**, Willi, Handbuch des Wettbewerbsrechts, 4. Auflage, München 2010

Grabenwarter, Christoph, Europäische Menschenrechtskonvention, 4. Auflage, München 2009

Greger, Reinhard, Verfassung und internationale Rechtshilfe, in: Waldner, Wolfram/ Schwab, Karl-Heinz (Hrsg.), Erlanger Festschrift für Karl Heinz Schwab, Pressath 1990, S. 331 (zitiert: Greger, Erlanger FS Schwab)

Greiner, Christoph, Die Class Action im amerikanischen Recht und der deutsche ordre public, Frankfurt am Main 1997

Grothe, Helmut, Die Bedeutung von anti suit in junctions im Internationalen Zivilprozessrecht Europas, Comparative Law, Nihon University, Volume 24, 2007, S. 33

Grützner, Heinrich/ **Pötz**, Paul-Günter/ **Kreß**, Claus, Internationaler Rechtshilfeverkehr in Strafsachen, 3. Auflage, Heidelberg 2012

Hartley, Trevor C., Comity and the Use of Antisuit Injunctions in International Litigation, 35 Am. J. Comp. L. 487 (1987)

Hau, Wolfgang, Anmerkung zu OLG FF/M v. 13.2.2001, ZZPInt 6 (2001), 245 (zitiert: Hau, ZZPInt 6 (2001))

Hau, Wolfgang, Zustellung ausländischer Prozeßführungsverbote: Zwischen Verpflichtung zur Rechtshilfe und Schutz inländischer Hoheitsrechte, IPRax 1997, 245 (zitiert: Hau, IPRax 1997)

Hay, Peter, US-Amerikanisches Recht, 5. Auflage, München 2011

Heckel, Martin, Die fiktive Inlandszustellung auf dem Rückzug – Rückwirkungen des europäischen Zustellungsrechts auf das nationale Recht, IPRax 2008, 218

Heidenberger, Peter, U.S. Supreme Court wird über die Anwendung des Haager Beweisübereinkommens entscheiden, RIW 1986, 489

Heiderhoff, Bettina, Anmerkung zu EuGH, Urteil vom 13.10.2005 in der Rechtssache Scania Finance France SA gegen Rockinger Spezialfabrik für Anhängerkupplungen GmbH & Co., Rs. C-552/03, ZZPInt 10 (2005), 296

Herdegen, Matthias, Völkerrecht, 11. Auflage, München 2012

Hess, Burkhard, Aktuelle Brennpunkte des transatlantischen Justizkonflikts, AG 2005, 897 (zitiert: Hess, AG 2005)

Hess, Burkhard, Transatlantische Justizkonflikte, AG 2006, 809 (zitiert: Hess, AG 2006)

Heß, Burkhard, Zustellung von Schriftstücken im europäischen Justizraum, NJW 2001, 15 (zitiert: Heß, NJW 2001)

Heß, Burkhard, Die Anerkennung eines Class Action Settlement in Deutschland, JZ 2000, 373 (zitiert: Heß, JZ 2000)

Hess, Burkhard, Kriegsentschädigung aus kollisionsrechtlicher und rechtsvergleichender Sicht, in: Heintschel v. Heinegg, Wolff / Kadelbach, Stefan / Hess, Burkhard u.a. (Hrsg.), Entschädigung nach bewaffneten Konflikten, BerDtGeVR 40 (2003), Heidelberg, S. 107 (zitiert: Hess, BerDtGeVR 40 (2003))

Hess, Burkhard, Staatenimmunität bei Menschenrechtsverletzungen, in: Geimer, Reinhold (Hrsg.), Festschrift für Rolf A. Schütze zum 65. Geburtstag, Wege zur Globalisierung des Rechts, München 1999, S. 269 (zitiert: Hess, in: FS Schütze)

Hess, Burkhard, Urteilsfreizügigkeit und ordre public-Vorbehalt bei Verstößen gegen Verfahrensgrundrechte und Marktfreiheiten, IPRax 2001, 301 (zitiert: Hess, IPRax 2001)

Hofmann, Hasso, Die Grundrechte 1789–1949–1989, NJW 1989, 3177

Hofmann, Rainer M./ **Hoffmann**, Holger, Ausländerrecht Handkommentar, Baden-Baden 2008 (zitiert: Bearbeiter in: Hofmann/Hoffmann, HK-AuslR, Art, Rn)

Hollmann, Hermann, Auslandszustellung in US-amerikanischen Zivil- und Verwaltungssachen, RIW 1982, 784

Hopt, Klaus J./ **Kulms**, Rainer/ **von Hein**, Jan, Zur Zustellung einer US-amerikanischen Class Action in Deutschland, ZIP 2006, 973 (zitiert: Hopt/Kulms/von Hein, ZIP 2006)

Hopt, Klaus J./ **Kulms**, Rainer/ **von Hein**, Jan, Rechtshilfe und Rechtsstaat – die Zustellung einer US-amerikanischen class action in Deutschland, Tübingen 2006 (zitiert: Hopt/Kulms/von Hein)

Huber, Peter, Playing the Same Old Song: German Courts, the "Napster"-Case and the International Law of Service of Process, in: Mansel, Hans-Peter/Pfeiffer, Thomas/ Kronke, Herbert u.a. (Hrsg.), Festschrift für Erik Jayme, Band 1, München 2004, S. 361

Illmer, Martin, La vie après Gasser, Turner et West Tankers – Die Anerkennung drittstaatlicher anti-suit injunctions in Frankreich, IPRax 2010, 456

Ipsen, Knut, Völkerrecht, 5. Auflage, München 2004

Isensee, Josef/ **Kirchhoff**, Paul, Handbuch des Staatsrechts, Band VIII, 3. Auflage, Heidelberg, 2010

Jaenicke, Günther, Zur Frage des internationalen Ordre public, in: Kaiser, Joseph H., Internationale und nationale Zuständigkeit im Völkerrecht der Gegenwart, BerDtGeVR 7 (1967), S. 77 (zitiert: Jaenicke, BerDtGeVR 7 (1967))

Jarass, Hans D./ **Pieroth**, Bodo, Grundgesetz für die Bundesrepublik Deutschland, 11. Auflage, München 2011

Jastrow, Serge-Daniel, Auslandszustellung im Zivilverfahren – Erste Praxiserfahrungen mit der EG-Zustellungsverordnung, NJW 2002, 3382

Jayme, Erik/ **Hausmann**, Rainer, Internationale Privat- und Verfahrensrecht, 15. Auflage, München 2010

Jonas, [o.Vorn.] Das Deutsch-Britische Abkommen über den Rechtsverkehr von 20. März 1928, JW 1929, 88

Juenger, Friedrich K./ **Reimann**, Mathias, Zustellung von punitive damages nach dem Haager Zustellungsübereinkommen, NJW 1994, 3274

Junker, Abbo, Discovery im deutsch-amerikanischen Rechtsverkehr, Heidelberg 1987 (zitiert: Junker, Discovery)

Junker, Abbo, Electronic Discovery gegen deutsche Unternehmen – Rechtliche Grenzen und Abwehr-strategien, Frankfurt am Main 2008 (zitiert: Junker, Electronic Discovery)

Junker, Abbo, Internationales Zivilprozessrecht, München 2012 (zitiert: Junker, IZPR)

Kälin, Walter, Menschenrechtsverträge als Gewährleistung einer objektiven Ordnung, in: Kälin, Walter/ Riedel, Eibe H./ Karl, Wolfram u.a. (Hrsg.), Aktuelle Probleme des Menschenrechtsschutzes, BerDtGeVR Band 33 (1994), Heidelberg, S. 9

Kälin, Walter/ **Künzli**, Jörg, Universeller Menschenrechtsschutz, Basel 2005

Kämmerer, Axel/ **Föh**, Jörg, Das Völkerrecht als Instrument der Wiedergutmachung?, Archiv des Völkerrechts 42 (2004), 294

Klode, Michael, Punitive Damages – Ein aktueller Beitrag zum US-amerikanischen Strafschadensersatz, NJOZ 2009, 1762

Knöfel, Oliver, Beweishilfe im deutsch-türkischen Rechtsverkehr, IPRax 2009, 46

Koch, Harald/ **Zekoll**, Joachim, Zweimal amerikanische ‚punitive damages' vor deutschen Gerichten: – Der Unterschied zwischen Zustellung einer Klage und Anerkennung eines Urteils, IPRax 1993, 288

Koch, Harald/ **Diedrich**, Frank, Grundrechte als Maßstab für Zustellungen nach dem Haager Zustellungsübereinkommen?, ZIP 1994, 1830

Koch, Harald/ **Horlach**, Christin/ **Thiel**, Diana, US-Sammelklage gegen deutsche Unternehmen?, RIW 2006, 356

Kölbel, Ralf, Zur wirtschaftsstrafrechtlichen Institutionalisierung des Whistleblowing, JZ 2008, 1134

Kokott, Juliane, Grund -und Menschenrechte als Inhalt eines internationalen ordre public, in: Coester-Waltjen, Dagmar/ Kronke, Herbert/ Kokott, Juliane (Hrsg.), Die Wirkungskraft der Grundrechte bei Fällen mit Auslandsbezug, BerDtGeVR 38 (1998), Heidelberg, S. 71

Kondring, Jörg, Vom stillen Ende der Remise au Parquet in Europa, RIW 2007, 330

Kopp, Ferdinand O./ **Ramsauer**, Ulrich, Verwaltungsverfahrensgesetz, 13. Auflage, München, 2012

Korioth, Stefan, Das Bundesverfassungsgericht, 8. Auflage, München 2010

Krause, Jan, Anti-suit injunctions als Mittel der Jurisdiktionsabgrenzung, Münster 2005 (zitiert: Krause)

Krause, Jan, Turner/ Grovit – Der EuGH erklärt Prozessführungsverbote für unvereinbar mit dem EuGVÜ, RIW 2004, 533 (zitiert, Krause, RIW 2004)

Kronke, Herbert, Die Wirkungskraft der Grundrechte bei Fällen mit Auslandsbezug, in: in: Coester-Waltjen, Dagmar/ Kronke, Herbert/ Kokott, Juliane (Hrsg.), Die Wirkungskraft der Grundrechte bei Fällen mit Auslandsbezug, BerDtGeVR 38 (1998), Heidelberg, S. 33

Lehmann, Matthias, Anti-suit injunctions zum Schutz internationaler Schiedsvereinbarungen und EuGVVO, NJW 2009, 1645

Lehmann, Matthias, Eine neue Ära der extraterritorialen Anwendung US-amerikanischen Rechts, RIW 2010, 841

Leipold, Dieter, Lex fori, Souveränität, Discovery, Heidelberg 1989

Lejeune, Matthias, Anmerkung zu BVerfG, Beschl. v. 25.7.2003 – 2 BvR 1198/03, CR 2003, 764

Linhart, Karin, Zu groß für eine Class Action?, RIW 2011, 395

Linke, Hartmut, Die Probleme der internationalen Zustellung, in: Gottwald, Peter (Hrsg.), Grundfragen der Gerichtsverfassung – Internationale Zustellung, Bielefeld 1999, S. 95

Löwe, Ewald/ **Rosenberg**, Werner, Die Strafprozessordnung und das Gerichtsverfassungsgesetz, Band V, 26. Auflage, Berlin 2008 (zitiert: Bearbeiter in Löwe/ Rosenberg)

Lorenz, Dirk, Der territoriale Anwendungsbereich der Grund- und Menschenrechte: zugleich ein Beitrag zum Individualschutz in bewaffneten Konflikten, Berlin 2005

Maack, Martina, Englische antisuit injunctions im europäischen Zivilrechtsverkehr, Berlin 1999

Malzahn, Christian, GATT-widrige Treble Damages-Klagen auf der Grundlage des US Antidumping Act 1916: eine Untersuchung der Rechtsstellung beklagter deutscher Unternehmen im US-amerikanischen und deutschen Recht, Frankfurt am Main 2003

Mankowski, Peter, Kurzkommentar zu OLG Düsseldorf 10.1.1996 – 3 VA 11/95, EWiR Art. 13 HZÜ 1/96, 321

Mann, Roger, Anerkennungsfähigkeit von US-amerikanischen „class-action"-Urteilen, NJW 1994, 1187

Mansel, Heinz-Peter, Grenzüberschreitende Prozeßführungsverbote (antisuit injunctions) und Zustellungsverweigerung, EuZW 1996, 335

Mansel, Heinz-Peter, Zustellung einer Klage in Sachen „Tschernobyl", IPRax 1987, 210

Martens, Dirk-Reiner, Erfahrungen mit Rechtshilfeersuchen aus den USA nach dem Haager Beweisaufnahme-Übereinkommen, RIW 1981, 725

Mark, Jürgen, Amerikanische Class Action und deutsches Zivilprozessrecht, EuZW 1994, 238

Mark, Jürgen/ **Ziegenhain**, Hans-Jörg, Der Gerichtsstand des Vermögens im Spannungsfeld zwischen Völkerrecht und deutschem internationalen Prozeßrecht, NJW 1992, 3062

Maunz, Theodor/ **Dürig**, Günter, Grundgesetz Kommentar, 64. Ergänzungslieferung, München 2012 (zitiert: Bearbeiter in Maunz/Dürig)

McCaffrey, Stephen/**Main**, Thomas O., Transnational Litigation in Comparative Perspective, New York 2010

McClean, David, International co-operation in civil and criminal matters, Oxford 2002

McQuiston, Doug, Splitting Punitive Damages with the State – An Idea Whose Time has Come (Again), 38 Colo. Law. 105 (2009)

Meier, Andreas, Die Anwendung des Haager Beweisübereinkommens in der Schweiz, Basel 1999

Meng, Werner, Extraterritoriale Jurisdiktion im öffentlichen Wirtschaftsrecht, Berlin 1994

Merkt, Hanno, Abwehr der Zustellung von „punitive damages" – Klagen, Heidelberg 1995

Meron, Theodor, Extraterritoriality of Human Rights Treaties, 89 Am. J. Int'l L. 78 (1995)

Meyer, Jürgen, Charta der Grundrechte der Europäischen Union, 3. Auflage, Baden-Baden 2011

Meyer-Ladewig, Jens, Europäische Menschenrechtskonvention, 3. Auflage, Baden-Baden 2011

Möhlenbruch, Rudolf, „Gerichtstage“ in Israel Zur Hoheits- und Gerichtsgewalt deutscher Sozialgerichte im Ausland, NZS 2011, 417

Morisse, Heiko, Die Zustellung US-amerikanischer Punitive-damages-Klagen in Deutschland, RIW 1995, 370

Mormann, Felix, Zwischen Parteilichkeit und gelebter Demokratie: der Jury Trial im US-amerikanischen Zivilprozess, RIW 2011, 515

Mörsdorf-Schulte, Juliana, Spezielle Vorbehaltsklauseln im Europäischen Internationalen Deliktsrecht?, ZVglRWiss 104 (2005), 192 (zitiert: Mörsdorf-Schulte, ZVglRWiss 104 (2005))

Mörsdorf-Schulte, Juliana, Funktion und Dogmatik US-amerikanischer punitive damages, Tübingen 1999 (zitiert: Mörsdorf-Schulte)

Mössle, Karen Ilka, Internationale Forderungspfändung, Berlin 1991 (zitiert: K.I. Mössle)

Mössle, Klaus P., Extraterritoriale Beweisbeschaffung im internationalen Wirtschaftsrecht, Baden-Baden 1990 (zitiert: Mössle)

Mullenix, Linda S., Re-Interpreting American Class Action Procedure: The United States Supreme Court Speaks, ZZPInt 5 (2000), 337

Müller, Peter, Punitive Damages und deutsches Schadensersatzrecht, Berlin 2000

Müller-Glöge, Rudi/ **Preis**, Ulrich/ **Schmidt**, Ingrid, Erfurter Kommentar zum Arbeitsrecht, 12. Auflage, München 2012 (zitiert: Bearbeiter in Erfurter Kommentar zum Arbeitsrecht)

Musielak, Hans-Joachim, Kommentar zur Zivilprozessordnung mit Gerichtsverfassungsgesetz, 9. Auflage, München 2012

Nagel, Heinrich/ **Gottwald**, Peter, Internationales Zivilprozessrecht, 6. Auflage, Köln 2007

Naumann, Ingrid, Englische anti-suit injunctions zur Durchsetzung von Schiedsvereinbarungen, Tübingen 2008

Nodoushani, Manuel, Die Gefahr der Punitive Damages für deutsche Unternehmen, VersR 2005, 1313

North, Peter/ **Fawcett**, J.-J., Cheshire and North's Private International Law, 13. Auflage, Oxford 1999

Nowak, Manfred, U.N. Convent on Civil and Political Rights CCPR Commentary, 2. Auflage, Kehl am Rhein 2005

Oberhammer, Paul, Deutsche Grundrechte und die Zustellung US-amerikanischer Klagen im Rechtshilfeweg, IPRax 2004, 40

Palandt, Otto, Bürgerliches Gesetzbuch, 73. Auflage, München 2014

Paulus, Christoph, Abwehrstrategien gegen unberechtigte Klagen in den USA, RIW 2006, 258

Peter, Christoph, Zielkonflikte zwischen Rechtsschutz und Effizienz im Recht der internationalen Amts- und Rechtshilfe, in: Ehrenzeller, Bernhard/ Behnisch, Urs Robert (Hrsg.), Aktuelle Fragen der internationalen Amts- und Rechtshilfe – Referate der Tagung vom 24. November 2004 in Olten, Schriftenreihe des Instituts für Rechtswissenschaft und Rechtspraxis, 33, St. Gallen 2005, S. 189 (zitiert: Peter, in: Aktuelle Fragen der internationalen Amts- und Rechtshilfe)

Peters, Anne/ **Altwicker**, Tilmann, Europäische Menschenrechtskonvention, 2. Auflage, München 2012

Pfeiffer, Thomas, EuGH: Anti-suit injunction auch auf der Grundlage einer Schiedsvereinbarung unvereinbar mit Brüssel I-Verordnung, LMK 2009, 276971

Pfeil-Kammerer, Christa, Deutsch-amerikanischer Rechtshilfeverkehr in Zivilsachen, Tübingen 1987

Pfennig, Günter, Die internationale Zustellung in Zivil- und Handelssachen, Köln 1988

Piekenbrock, Andreas, Zur Zustellung kartellrechtlicher treble damages-Klagen in Deutschland, IPRax 2006, 4

Popp, Peter, Grundzüge der Internationalen Rechtshilfe in Strafsachen, Basel 2001

Prütting, Hanns, Ein neues Kapitel im Justizkonflikt USA-Deutschland, in: Mansel, Hans-Peter/Pfeiffer, Thomas/ Kronke, Herbert u.a. (Hrsg.), Festschrift für Erik Jayme, Band 1, München 2004, S. 709

Rasmussen-Bonne, Hans-Eric, Zum Stand der Rechtshilfepraxis bei Zustellungsersuchen von US-Schadensersatzklagen nach dem Beschluss des Bundesverfassungsgerichtes vom 25. Juli 2003, in: Rasmussen-Bonne, Hans-Eric/ Freer, Richard/ Lüke, Wolfgang/ Weitnauer, Wolfgang (Hrsg.), Balancing of Interests, Festschrift für Peter Hay, Frankfurt am Main 2005, S. 323

Rau, Markus, Domestic Adjudication of International Human Rights Abuses and the Doctrine of Forum Non Conveniens – The Decision of the U.S. Court of Appeals for the Second Circuit in Ken Wiwa v. Royal Dutch Petroleum Company, ZaöRV 2001, 177

Rau, Markus, Schadensersatzklagen wegen extraterritorial begangener Menschenrechtsverletzungen: der US-amerikanische Alien Tort Claims Act, IPRax 2000, 558

Rauscher, Thomas/ **Wax**, Peter/ **Wenzel**, Joachim, Münchener Kommentar zur Zivilprozessordnung mit Gerichtsverfassungsgesetz und Nebengesetzen, 3. Auflage, München 2008 (zitiert: Bearbeiter in MüKo-ZPO) sowie 2. Auflage, München 2000 (zitiert: Bearbeiter in MüKo-ZPO, 2. Auflage)

Reinhard, Jakob, Der US-amerikanische Alien Tort Claims Act als Grundlage für eine Sammelklage, RIW 2008, 676

Reinhard, Jakob, Sammelklagen von Ausländern in den USA gegen ausländische Beklagte nach dem Alien Tort Claims Act, RIW 2009, 500

Reynolds, Lauren/ **Zimmer**, Mark, Haften Unternehmen nach dem US-amerikanischen Alien Tort Statute?, RIW 2012, 139

Rietema, Paul B., Reconceptualizing Split-Recovery Statutes: Philip Morris USA v. Williams, 127 S. Ct. 1057 (2007), 31 Harv. J.L. & Pub. Pol'y 1159 (2008)

Riezler, Erwin, Internationales Zivilprozessrecht, Berlin 1949

Ristau, Bruno, Service of Process Abroad: The Practice in the United States, in: Gottwald, Peter (Hrsg.), Grundfragen der Gerichtsverfassung – Internationale Zustellung, Bielefeld 1999, S. 71 (zitiert: Ristau, Service of Process Abroad)

Ristau, Bruno, International Judicial Assistance, Washington D.C., 1984 (zitiert: Ristau, International Judicial Assistance)

Rivers, Julian, Menschenrechtsschutz im Vereinigten Königreich, JZ 2001, 127–132 (zitiert: Rivers, JZ 2001)

Rivers, Julian, Grundrechtsprinzipien in England: Verhältnismäßigkeit und richterliche Kontrollkompetenzen, in: Siekmann, Jan-R. (Hrsg.), Die Prinzipientheorie der Grundrechte, Baden-Baden 2007, S. 231 (zitiert; Rivers, Grundrechtsprinzipien in England)

Robbers, Gerhard, Sicherheit als Menschenrecht, Baden-Baden 1987

Rogler, Jens, Die Entscheidung des BVerfG vom 24.1.2007 zur Zustellung einer US-amerikanischen Klage auf Strafschadensersatz: Ist das Ende des transatlantischen Justizkonfliktes erreicht?, IPRax 2009, 223

Rohe, Mathias, Zur Neuorientierung des Zustellungsrechts, in: Greger, Reinhard (Hrsg.), Neue Wege zum Recht: Festgabe für Max Vollkommer zum 75. Geburtstag, Köln, 2006, S. 291

Roth, Herbert, Remise au parquet und Auslandszustellung nach dem HZÜ, IPRax 2000, 497

Rothe, Oliver Zustellung einer US-am Schadensersatzklage nach dem HZÜ: Verstoß gegen das Rechtsstaatsprinzip?, RIW 2003, 859

Sandrock, Otto, Eine US-Prozesspartei sponsort die Wahl eines US-Richters, RIW 2009, 577

Schack, Haimo, Ein unnötiger transatlantischer Justizkonflikt: die internationale Zustellung und das Bundesverfassungsgericht, AG 2006, 823 (zitiert: Schack, AG 2006)

Schack, Haimo, Einführung in das US-amerikanische Zivilprozessrecht, 4. Auflage, München 2011 (zitiert: Schack, Einführung)

Schack, Haimo, Internationales Zivilverfahrensrecht, 5. Auflage, München 2010 (zitiert: Schack, IZVR)

Schädel, Peter, Die Bewilligung internationaler Rechtshilfe in Strafsachen in der Europäischen Union, Baden-Baden 2005

Schilling, Theodor, Internationaler Menschenrechtsschutz: das Recht der EMRK und des IPbpR, 2. Auflage, Tübingen 2010

Schlochauer, Hans-Jürgen, Wörterbuch des Völkerrechts, Band II, Berlin 1961

Schlosser, Peter, Extraterritoriale Rechtsdurchsetzung im Zivilprozess, in: Rauscher, Thomas/ Mansel, Heinz-Peter (Hrsg.), Festschrift für Werner Lorenz zum 80. Geburtstag, München 2001, S. 497 (zitiert: Schlosser, in: FS Lorenz)

Schlosser, Peter, Anti-suit injunctions zur Unterstützung von internationalen Schiedsverfahren, RIW 2006, 486 (zitiert: Schlosser, RIW 2006)

Schlosser, Peter, Die internationale Zustellung zwischen staatlichem Souveränitätsanspruch und Anspruch auf ein faires Verfahren, in: Ballon, Oskar J./ Hagen, Johann J. (Hrsg.), Verfahrensgarantien im nationalen und internationalen Prozessrecht, Festschrift für Franz Matscher, Wien 1993, S. 387 (zitiert: Schlosser, in: FS Matscher)

Schlosser, Peter, Internationale Rechtshilfe und rechtsstaatlicher Schutz von Beweispersonen, ZZP 94 (1981), 369 (zitiert: Schlosser, ZZP 94 (1981))

Schlosser, Peter, EU-Zivilprozessrecht, 2. Auflage, München 2003 (zitiert: Schlosser, EU-ZPR)

Schlueter, Linda L., Punitive Damages, 5. Auflage, New York 2005

Schmidt, Christian, Anti-suit injunctions im Wettbewerb der Rechtssysteme, RIW 2006, 492

Schneider, Hilka, Class Action – Rechtspolitische Fragen in den USA und Anerkennung in Deutschland, Münster 1999

Schoch, Friedrich/ **Schmidt-Aßmann**, Eberhard/ **Pietzner**, Rainer, Verwaltungsgerichtsordnung, 22. Ergänzungslieferung, München 2011 (zitiert: Bearbeiter in Schoch/ Schmidt-Aßmann/ Pietzner, VwGO)

Schönke, Adolf/ **Schröder**, Horst, Strafgesetzbuch, 28. Auflage, München 2010 (zitiert: Bearbeiter in Schönke/Schröder)

Scholz, Peter, Die Internationalisierung des deutschen ordre public und ihre Grenzen am Beispiel islamisch geprägten Rechts, IPRax 2008, 213

Schomburg, Wolfgang/ **Lagodny**, Otto/ **Gleß**, Sabine/ **Hackner**, Thomas, Internationale Rechtshilfe in Strafsachen: Kommentar zum Gesetz über die internationale Rechtshilfe in Strafsachen (IRG), 5. Auflage, München 2012

Schroeder, Hans-Patrick, Anmerkung zu EuGH (Große Kammer), Urteil vom 10.2.2009 – C-185/07 Allianz SpA, vormals Riunione Adriatica Di Sicurtà SpA u.a./West Tankers Inc., EuZW 2009, 218

Schütz, Dieter, Der internationale ordre public: der Ausschluss völkerrechtswidrigen fremden Rechts im internationalen Privatrecht der Bundesrepublik Deutschland, Frankfurt am Main 1984

Schütze, Rolf, Die Anerkennung und Vollstreckbarerklärung US-amerikanischer Schadensersatzurteile in Produkthaftungssachen in Deutschland, in: Nagel,

Heinrich/ Habscheid, Walther J/ Schwab, Karl Heinz (Hrsg.), Beiträge zum internationalen Verfahrensrecht und zur Schiedsgerichtsbarkeit, Festschrift für Heinrich Nagel zum 75. Geburtstag, Münster 1987, S. 392 (zitiert: Schütze, in: FS Nagel)

Schütze, Rolf, Prozessführung und – risiken im deutsch-amerikanischen Rechtsverkehr, Heidelberg 2004 (zitiert: Schütze, Prozessführung)

Schütze, Rolf, Die Verweigerung der Klagezustellung bei völkerrechtswidriger Usurpierung internationaler Zuständigkeit, RIW 2009, 497 (zitiert: Schütze, RIW 2009)

Schütze, Rolf, Die Anerkennung und Vollstreckbarerklärung US-amerikanischer

Punitive-Damages-Urteile in Deutschland, RIW 1993, 139 (zitiert: Schütze, RIW 1993)

Schütze, Rolf, Zur Zustellung US-amerikanischer Klagen in Deutschland, in: Trunk, Alexander/ Boguslavskij, Mark M. (Hrsg.), Russland im Kontext der internationalen Entwicklung: internationales Privatrecht, Kulturgüterschutz, geistiges Eigentum, Rechtsvereinheitlichung, Festschrift für Mark M. Boguslavskij, Berlin 2004, S. 325 (zitiert: Schütze, in: FS Boguslavskij)

Schütze, Rolf, Richterwahlsponsoring – Überlegungen zur ordre public Widrigkeit von Urteilen US-amerikanischer Staatsgerichte, ZVglRWiss 100 (2001), 464 (zitiert: Schütze, ZVglRWiss 100 (2001))

Schwarze, Torsten, „Das Ende des Schreckens?" – Beschränkung der punitive damages durch den US-Supreme Court, NZG 2003, 804

Schwung, Siegfried, Transatlantische Justizkonflikte aus Unternehmenssicht, AG 2006, 818

Seibert-Fohr, Anja, Die Deliktshaftung von Unternehmen für die Beteiligung an im Ausland begangenen Völkerrechtsverletzungen – Anmerkungen zum Urteil Doe I v. Unocal Corp. des US Court of Appeal (9th Circuit), ZaöRV 2003, 195

Sharkey, Catherine M., Punitive Damages as Societal Damages, The Yale Law Journal, Volume 113 (2003), 347

Sharma, Daniel H., Zustellungen im europäischen Binnenmarkt, Berlin 2003

Siehr, Kurt, Grundfragen der internationalen Rechtshilfe in Zivilsachen, RIW 2007, 321

Smith, Lesley Jane, Antisuit Injunctions, Forum non Conveniens und International Comity, RIW 1993, 802

Spickhoff, Andreas, Eheschließung, Ehescheidung und ordre public, JZ 1991, 323

Spinellis, Dionysos, Das Auslieferungs- und Rechtshilfeabkommen zwischen der Europäischen Union und den USA- Hoffnung, Kritik und Verteidigung-, in: Arnold, Jörg (Hrsg.), Menschengerechtes Strafrecht, Festschrift für Albin Eser, München 2005, S. 873

Stadler, Astrid, Anmerkung zu BVerfG 1994, JZ 1995, 718 (zitiert: Stadler, JZ 1995)

Stadler, Astrid, Anmerkung zu BVerfG v. 24.1.2007 – 2 BvR 1133/04, JZ 2007, 1047 (zitiert: Stadler, JZ 2007)

Stadler, Astrid, Die gerichtliche Überprüfung von Zustellungsverfügungen der Zentralen Behörde nach erfolgter Zustellung, IPRax 1992, 147 (zitiert: Stadler, IPRax 1992)

Stadler, Astrid, Ordnungsgemäße remise au parquet, IPRax 2006, 116 (zitiert: Stadler, IPRax 2006)

Stadler, Astrid, Das Europäische Zivilprozessrecht – Wie viel Beschleunigung verträgt Europa?, IPRax 2004, 2 (zitiert: Stadler, IPRax 2004)

Stadler, Astrid, Schutz des Unternehmensgeheimnisses, Tübingen 1986 (zitiert: Stadler)

Staudinger, Ansgar, Schadensersatzrecht – Wettbewerb der Ideen und Rechtsordnungen-, NJW 2006, 2433

Stein, Friedrich/ **Jonas**, Martin, Kommentar zur Zivilprozessordnung, 22. Auflage, Tübingen 2003

Stein, Torsten/ **von Buttlar**, Christian, Völkerrecht, 13. Auflage, München 2012

Steinbrück, Ben, Die Unterstützung ausländischer Schiedsverfahren durch staatliche Gerichte, Tübingen 2009 (zitiert, Steinbrück, Unterstützung)

Steinbrück, Ben, The Impact of EU Law on Anti-suit injunctions in aid of English arbitration proceedings, Civil Justice Quarterly 26 (2007), S. 358–375 (zitiert: Steinbrück, Civil Justice Quarterly 26 (2007))

Stiefel, Ernst C., „Discovery"-Probleme und Erfahrungen im Deutsch-Amerikanischen Rechtshilfeverkehr, RIW 1979, 509

Stiefel, Ernst C./ **Bungert**, Hartwin, Anerkennungsfähigkeit und Vollstreckbarkeit US-amerikanischer RICO-Urteile in der Bundesrepublik Deutschland, ZIP 1994, 1905

Stiefel, Ernst C./ **Stürner**, Rolf, Die Vollstreckbarkeit USA-amerikanischer Schadensersatzurteile exzessiver Höhe, VersR 1987, 829

Stiefel, Ernst C./ **Petzinger**, Walter F., Deutsche Parallelprozesse zur Abwehr amerikanischer Beweiserhebungsverfahren, RIW 1983, 242

Stolz, Gerald, Die Ordre Public Klausel des EuGVÜ in der Rechtsprechung des EuGH-EuGH, NJW 2000, 1853, NJW 2002, 541

Stürner, Michael, Staatenimmunität bei Entschädigungsklagen wegen Kriegsverbrechen, IPRax 2011, 600 (zitiert: Stürner, IPRax 2011)

Stürner, Michael, Staatenimmunität und Brüssel I-Verordnung: die zivilprozessuale Behandlung von Entschädigungsklagen wegen Kriegsverbrechen im Europäischen Justizraum, IPRax 2008, 197 (zitiert: Stürner, IPRax 2008)

Stürner, Rolf, Persönlichkeitsschutz und Geldersatz, AfP 1998, 1–10 (zitiert: Stürner, AfP 1998)

Stürner, Rolf, Der Justizkonflikt zwischen den USA und Europa, in: Habscheid, Walther J. (Hrsg.), Der Justizkonflikt mit den Vereinigten Staaten von Amerika, Bielefeld 1986, S. 3 (zitiert: Stürner, Der Justizkonflikt)

Stürner, Rolf, Die verweigerte Zustellungshilfe für U.S.-Klagen oder der „Schuss übers Grab", JZ 2006, 60 (zitiert: Stürner, JZ 2006)

Stürner, Rolf, Rechtshilfe nach dem Haager Beweisübereinkommen für Common Law-Länder, JZ 1981, 521 (zitiert: Stürner, JZ 1981)

Stürner, Rolf, Vereinbarkeit von treble damages mit dem deutschen ordre public, in: Bachmann, Birgit u.a. (Hrsg.), Grenzüberschreitungen: Beiträge zum Internationalen Verfahrensrecht und zur Schiedsgerichtsbarkeit, Festschrift für Peter Schlosser zum 70. Geburtstag, Tübingen 2005, S. 967 (zitiert: Stürner, in: FS Schlosser)

Stürner, Rolf, Europäische Urteilsvollstreckung nach Zustellungsmängeln, in: Nagel, Heinrich/ Habscheid, Walther J/ Schwab, Karl Heinz (Hrsg.), Beiträge zum internationalen Verfahrensrecht und zur Schiedsgerichtsbarkeit, Festschrift für Heinrich Nagel zum 75. Geburtstag, Münster 1987, S. 446 (zitiert: Stürner, in: FS Nagel)

Stürner, Rolf/ **Müller**, Therese, Aktuelle Entwicklungstendenzen im deutsch.amerikanischen Rechtshilfeverkehr, IPRax 2008, 339 (zitiert: Stürner/Müller, IPRax 2008)

Stürner, **Rolf/ Stadler**, Astrid, Zustellung von „punitive damages"-Klagen an deutsche Beklagte nach dem Haager Zustellungsübereinkommen, IPRax 1990, 157 (zitiert: Stürner/Stadler, IPRax 1990)

Sujecki, Bartosz, Anmerkung zu EuGH (Große Kammer), Urt. v. 18.10.2011 – C-406/09 (Realchemie Nederland/Bayer CropScience AG), EuZW 2012, 159

Thomas, Peter C./ **Wilske**, Stephan, Die Exxon Valdez-Entscheidung des U.S. Supreme Court und deren Bedeutung für die künftige Höhe von Punitive Damages, RIW 2008, 668

Tomuschat, Christian, Grundrechtsfestung Deutschland?, IPRax 1996, 83

Trittmann, Rolf, Anwendungsprobleme des Haager Beweisübereinkommens im Rechtsverkehr zwischen der Bundesrepublik und den Vereinigten Staaten von Amerika, Frankfurt am Main 1989

Trittmann, Rolf/ **Leitzen**, Mario, Haager Beweisübereinkommen und pre-trial discovery: Die zivilprozessuale Sachverhaltsermittlung unter Berücksichtigung der jeweiligen Zivilprozessrechtsreformen im Verhältnis zwischen den USA und Deutschland, IPRax 2003, 7

von Bar, Christian, Menschenrechte im Kollisionsrecht, in: Kälin, Walter/ Riedel, Eibe H. / Karl, Wolfram u.a. (Hrsg.), Aktuelle Probleme des Menschenrechtsschutzes, BerDtGeVR Band 33 (1994), Heidelberg, S. 191

von Danwitz, Thomas, Verfassungsfragen des deutsch-amerikanischen Rechtshilfeverkehrs, DÖV 2004, 501

von Hein, Jan, Bundesverfassungsgericht gestattet Zustellung einer US-amerikanischen Klage auf Punitive Damages, RIW 2007, 249

Vagts, Detlef/ **Murray**, Peter, Entschädigungsklagen der Zwangsarbeiter unter nationalsozialistischer Herrschaft: der nicht beschrittene Weg, ZZPInt 7 (2002), 333

Verheyen, Roda/ **Lührs**, Michael, Klimaschutz durch Gerichte in den USA, ZUR 2009, 73

Volken, Paul, Die internationale Rechtshilfe in Zivilsachen, Zürich 1996

Völker, Christian, Zur Dogmatik des ordre public, Berlin 1998

Vollkommer, Max, Disharmonien und Spannungen im internationalen Rechtshilfeverkehr zwischen den USA und Deutschland (Zustellungen und Ladungen), ZZP 80 (1967), 248

Voltz, Markus, Menschenrechte und der ordre public im Internationalen Privatrecht, Frankfurt am Main 2002

Vorwerk, Volkert/ **Wolf**, Christian, Beck'scher Online-Kommentar ZPO, 5. Auflage, München 2012 (zitiert: Bearbeiter in Vorwerk/Wolf)

von Hülsen, Hans-Viggo, Kanadische und Europäische Reaktionen auf die US „pre-trial discovery", RIW 1982, 537

von Staudinger, Julius, Kommentar zum Bürgerlichen Gesetzbuch mit Einführungsgesetz und Nebengesetzen, Berlin 2003

Wagner, Rolf, Vom Brüsseler Übereinkommen über die Brüssel I-Verordnung zum Europäischen Vollstreckungstitel, IPRax 2002, 75 (zitiert: Wagner, IPRax 2002)

Wagner, Rolf, Vereinheitlichung des Internationalen Privat- und Zivilverfahrensrechts neun Jahre nach Inkrafttreten des Amsterdamer Vertrags, NJW 2008, 2225 (zitiert: Wagner, NJW 2008)

Wazlawik, Thomas, Der Anwendungsbereich des Haager Beweisübereinkommens und seine Beachtung im Rahmen der pre-trial discovery durch US-amerikanische Gerichte, IPRax 2004, 396

Welp, Dietrich, Sitzung der Expertenkommission von 1989, RabelsZ 54 (1990), 364

Weschka, Marion, Human Rights and Multinational Enterprises: How Can Multinational Enterprises Be Held Responsible for Human Rights Violations Committed Abroad?, ZaöRV 2006, 625

Wiehe, Herbert, Zustellungen, Zustellungsmängel und Urteilsanerkennungen am Beispiel fiktiver Inlandszustellungen in Deutschland, Frankreich und den USA, München 1993

Wilske, Stephan/ **Krapfl**, Claudia, Zur Qualität von Übersetzungen bei der Zustellung ausländischer gerichtlicher Schriftstücke, IPRax 2006, 10

Winkler, Agnes, Zulässigkeit und Rechtswirkungen von Vorbehalten nach der Wiener Vertragsrechtskonvention, Hamburg 2007

Witte, Jan Christoph, Der US-amerikanische RICO-Act und deutsche Unternehmen, Heidelberg 1998

Wölki, Christoph, Das Haager Zustellungsabkommen und die USA, RIW 1985, 530

Wollenschläger, Peter, Zum Merkmal des hinreichenden Inlandsbezuges in § 23 ZPO – Auslegungsdifferenzen in den verschiedenen Verfahrensarten der Zivilprozessordnung?, IPRax 2002, 96

Zdeb, Sara, From *Georgia v. Tennessee Copper* to *Massachusetts v. EPA: Parens Patriae* Standing for State Global-Warming Plaintiffs, 96 Geo. L. J. 1059 (2008)

Zekoll, Joachim, Neue Maßstäbe für Zustellung nach HZÜ?, NJW 2003, 2885

Zekoll, Joachim/ **Rahlf**, Nils, US-amerikanische Antitrust-Treble-Damages-Urteile und deutscher ordre public, JZ 1999, 384

Ziegenhain, Hans-Jörg, Extraterritoriale Rechtsanwendung und die Bedeutung des Genuine-Link-Erfordernisses, München 1992

Zöller, Richard, Zivilprozessordnung, 29. Auflage, Köln, 2012 (zitiert: Bearbeiter in Zöller)

zur Nieden, Wolf, Zustellungsverweigerung rechtsmissbräuchlicher Klagen in Deutschland nach Artikel 13 des Haager Zustellungsübereinkommens: zugleich ein Beitrag zum deutsch-amerikanischen Justizkonflikt, Frankfurt am Main 2011

Berliner Schriften zum internationalen und ausländischen Privatrecht

Herausgegeben von Helmut Grothe

Band 1 Petra Wutzo: Arzneimittelwerbung des Herstellers und Verbraucheransprüche im deutschen und französischen Recht. 2009.

Band 2 Ilias Chamos: Die Umsetzung der Verbraucherkreditrichtlinie 87/102/EWG in Deutschland und Griechenland. Unter besonderer Berücksichtigung personaler und dinglicher Kreditsicherheiten. 2010.

Band 3 Eva Schäper: Gewinnzusagen. Materiellrechtliche, international verfahrensrechtliche und kollisionsrechtliche Untersuchung des Anspruchs aus § 661a BGB. 2010.

Band 4 Bernhard Kunkler: Das internationale Zivilverfahren im französischen Rechtskreis. Eine rechtsvergleichende Untersuchung des autonomen internationalen Zivilverfahrensrechts Frankreichs, Belgiens und Québecs. 2010.

Band 5 Ulrike von Paris: Die Streitverkündung im europäischen Interventionsrecht. 2011.

Band 6 Julia Parastandeh-Chehr: Die Geschäftsbesorgung im schweizerischen und deutschen Recht. 2012.

Band 7 Julia Koch: Die Anwendung islamischen Scheidungs- und Scheidungsfolgenrechts im Internationalen Privatrecht der EU-Mitgliedstaaten. Eine rechtsvergleichende Analyse unter besonderer Berücksichtigung des nationalen und europäischen ordre public. 2012.

Band 8 Dimitar Varimezov: Grenzüberschreitende Rechtsverletzungen im Bereich des gewerblichen Rechtsschutzes und das anwendbare Recht. 2012.

Berliner Schriften zum internationalen, ausländischen und deutschen Privatrecht

Band 9 Anja Costas-Pörksen: Anwendungsbereich und ordre public-Vorbehalt des Haager Zustellungsübereinkommens. 2016.

Band 10 Thomas Voigtländer: Das Potential der Regel aus *Rylands v. Fletcher*. Gefährdungshaftung im englischen *Common Law of Torts*. 2016.

www.peterlang.com

www.ingramcontent.com/pod-product-compliance
Ingram Content Group UK Ltd.
Pitfield, Milton Keynes, MK11 3LW, UK
UKHW021842290926
8980IPUK00005B/602

9 783631 666418